탈식민 논의와 미학의 목소리

인문사회과학총서 67

탈식민 논의와 미학의 목소리

조규형

고려대학교출판부
KOREA UNIVERSITY PRESS

|책머리에|

이 책에 실린 글들은 주로 탈식민론의 관점에서 영문학 및 비평이론을 논의하였다. 탈식민론은 문화의 정치적 의미에 주목하면서, 특히 문화와 문화 간의 위계적 관계를 완화하고 해소하고자 한다. 영문학과 비평이론 분야에서 탈식민 논의가 본격화된 것은 1990년대 이후이지만, 짧은 기간 동안 이룬 성과는 상당하다. 이러한 접근 방법은 한편으로 영문학의 가치와 권위가 정치문화적 자장 안에서 가능한 것이었다는 점을 분명히 하였으며, 다른 한편으로 영문학의 바깥에 위치한 타자의 입장에서 영문학을 볼 수 있는 방법을 제공하였다. 하지만 이러한 방식에 대한 아쉬움과 폐해로 남는 것은 문학과 문화에 있어서 미학적 차원이 과연 완전히 용도폐기될 수 있는 것이냐는 점이다. 더 나아가 날로 새로워지고 있는 전 지구적 환경에서 탈식민론이 얼마나 현실 설명력을 가지고 있는가라는 의구심 또한 있는 것이 사실이다. 현시점의 탈식민론을 재점검하고자, 이 책의 전반부는 주로 이론적 측면에서, 후반부는 주로 구체적 경우 특히 문학작품 읽기의 측면에서 탈식민론의 주요 과제들을 집중적으로 논의하였다.

제1부는 탈식민론의 근저를 이루는 관계인 주체와 타자의 관계를 정리하는 것에서 출발하여, 이에 대한 탈식민론적 시각에 내포된 윤리적 차원과 미학적 차원의 문제를 논의하였다. 더불어 탈식민론의 형성과정과 문제의식을 살피고자, 1980년대 이후의 다양한 문학과 문화이론의 흐름이 탈식민론과 연결되는 방식을 설명하였으며, 특히 이러한 흐름 가운데 윤리적 차원에 대한 강조가 낳은 미학적 사상捨象의 문제를 다루었다.

제2부는 탈식민론이 새로운 전 지구적 환경 특히 사이버 공간에서 갖는 의미를 논하였다. 오늘날 신자유주의의 전 지구적 확산과 병행하여 사이버 공간이 확대됨에 따라 식민 혹은 탈식민의 관점은 더 이상 문제되지 않는 것으로 여겨질 수 있다. 하지만 이 논의는 한편으로 식민과 탈식민의 문제가 오늘의 사이버 공간에서 어떻게 재연되고 있는지를 보여 주며, 다른 한편으로 탈식민론이 이러한 사이버 공간의 문제를 다루는 데 있어서 갖는 적실성과 효용성을 살펴보고자 하였다. 이를 위해 먼저 사이버 공간과 소설문학과의 관계를 점검하였으며, 이 두 문화 형식을 '후기인쇄문화'로 파악하였다. 여기에서 '후기'란 사이버 문화가 소설 형식과 같은 높은 단계의 인쇄문화에 대해 연장과 단절이라는 측면을 동시에 갖는다는 점을 나타내고 있으며, 이러한 위치 설정이 사이버 문화에서 가장 문제시되는 인간의 몸과 사회공동체를 논의하는 기조가 되고 있다.

제3부는 20세기 초반의 영문학 그리고 전 세계에 걸친 영어문학에서 식민과 제국 그리고 탈식민의 문제를 가장 첨예하게 드러내고 있는 작품들을 되돌아보았다. 첫 장에서는 영문학의 정전에서 서구 이외의 지역이 어떻게 모험과 욕망의 장으로 편입되어져 왔는가를 논의하였다. 이어지는 장들에서는 20세기 초 동양과 아프리카를 배경으로 한 작품을 산출한 대표적 작가인 키

플링과 콘래드 그리고 오웰에서 보이는 동정적, 윤리적, 그리고 자유주의적 시각과 이에 내재하는 한계 등을 설명하였다. 이들 작가에 이어 각각 아프리카, 동양, 서인도 지역에서 영어로 작품을 써 온 대표적 작가인 아체베와 루시디 그리고 월코트를 예로 들어 영문학이 영어문학으로 확대되는 과정과 그 의미를 되새겨 보면서, 특히 이들에서 보이는 영문학으로의 편입과 이에 대한 저항의 문제를 설명하였다. 이 장의 글들은 애초 이 분야에 대한 재론과 소개의 차원에서 쓴 것들이다.

제4부는 탈식민 이론과 궤를 같이 하는 최근의 문학을 논한 다음, 윤리적 요청과 미학적 차원이 탈식민 텍스트 읽기와 함께 할 수 있는 방식을 논의하였다. 첫 장은 탈식민 문화론이 주로 거론한 문화의 상호 편입과 전복 그리고 혼종의 구도가 구현된 것으로 여겨지는 다문화주의에 내재하는 논리와 그 한계를 지적하였다. 다음 두 장은 민족국가 단위의 문학을 넘어서면서 영어를 사용하는 코즈모폴리턴 문학의 가능성과 그 조건을 살펴보았으며, 이와 동시에 영어권에서 진행되고 있는 소위 되받아 쓰기 방식으로 타자의 입장에서 영문학의 정전을 다시 쓰려는 시도들이 갖는 의의를 짚어 보았다. 마지막 장은 개별자의 개별성을 강조하는 윤리와 미학이 서로 교호하는 논리를 점검하였다. 여기에서는 문학이 개별자에 대한 관심과 배려를 강조하는 윤리를 담지하고 있는 만큼, 문학공간 역시 일정한 개별자로 상정되고 그 미학이 모색될 것을 제안하고 있다.

탈식민론의 내재적 논리와 그 진행과정에서 문제시되는 윤리와 미학이라는 두 축은 아포리아적 구도 속에 있다. 도식적으로 말하자면 이러한 상황은 두 축 사이를 부단히 움직이는 운동성에 의해 극복 혹은 포월包越될 수 있을 것이다. 문화와 문학에 있어 윤리와 미학이라는 두 축이야말로 끊임없이 편입하고 전복하며 혼종되어 왔고 또 그것은 지속되어야 할 운동이다. 편입과 전복 그리고 혼종의 개념은 탈식민론에서 여러 문화 사이의 관계를 설명하기 위해 사용되어 왔다. 이러한 문화적 운동은 정치사회적 측면과 함께 윤리와 미적 차원이 교직하는 측면에서도 논구될 필요가 있다. 탈식민론에서 미학이 윤리적 고려와 배타적이기보다는 상호 긴장하고 갈등하며, 교호하고 길항하는 측면은 계속적인 고민이 필요한 사안으로 남아야 한다.

이 책은 기왕에 발표한 글들을 모아 수정하고 정리한 것이다. 이 작업이 지난 몇 해 동안 쓴 글이 어떠한 내러티브를 만들어 왔는지를 스스로 관찰해 보고, 이후의 내러티브를 함께 생각해 보는 계기가 되기를 바란다.

2007년 11월

조규형

| 차례 |

I. 탈식민의 윤리와 미학

제1장

주체와 타자—우리 문화와 영문학

I

주체가 스스로에 대하여 생각한다는 것은 자신을 객관화하는 한 과정이다. 이때 최소한 주관과 객관은 혼재되어 나타난다. 이러한 혼재는 가능성과 한계의 혼재를 의미할 수 있다. 이것은 주관을 가능성으로, 객관을 한계로만 인식하는 것은 아니다. 그것은 주체와 객체가, 그리고 가능성과 한계가 상호 보완적 관계에 있음을 말한다. 우리는 여기를 회색지대灰色地帶라 할 수 있을 것이다. 이 회색지대의 내용은 개인과 집단의 의지와 결단에 의해, 역사적으로 결정된다.

라캉Jacques Lacan의 정신분석은 이러한 구도에 대한 논의라 여겨질 수 있다. 그의 '거울 단계'le stade du miroir는 어린아이가 거울 앞에서 자신을 대상이자 주체로 인식하게 되는 예를 들어 주체와 객체의 관계를 설명한다. 라캉에 따르면 아이는 (그리고 어른인 우리도) 거울 앞에서 단지 자신의 모습을 있는 그대로 보는 것만은 아니다. 거울 앞에 선 나는 내 모습을 보고, 한층 완벽한 나에 대한 기대를 키우며, 나를 남들과 비교해 보면서 이들과 동화하려고 노력한다. 그런 만큼 거울이란 나와, 이와는 달리 상상되는 나 사이의 간극, 그리고 거기에서 생성되는 욕망을 확인해 주며, 이에 따라 자아를 만들어 가도록 한다. 이러한 거울 단계는 한 인간의 내면과 외면세계가 만나는 시기이자 회색지대이며, 성장과정 가운데 거치는 한 단계이면서도 일생 동안 그 흔적이 지속된다. 사십여 년에 걸친 라캉의 인간 주체에 대한 연구는 이러한 회색지대를 출발점으로 하여, 사회문화적 상관관계를 거쳐, 점차 내면의 욕구에 대한 논의로 귀착하고 있다. 그의 용어로 말하자면, 주객의 분화와 동화가 요동하는 상상계l'imaginaire에서 시작하여 언어적이고 문화적인 상징계le symbolique를 거쳐 내면적 실재계le réel로 관심이 이동하였다고 할 수 있다. 거울 단계는 우리가 세계 속에서 주로 자신에 대한 상상 혹은 오인méconnaissance을 통해 존재하지 않는 자신을 형성하는 과정이다. 그렇기 때문에, 인간의 사회화에 대한 라캉의 생각은 기본적으로 주관적 자아의 허위성을 밝히는 것으로 이해되어 왔다. 하지만 인간의 오인이나 오해라는 말은 어떻든 인간의 주관과 바깥세계의 객관이 만나는 것을 표현하고 있다고 할 수 있다. 특히, 라캉의 마지막 관심이 그 "생성 과정이 본래적일 수 있는" 인간의 욕망에 집중되었던 점을 감안하면, 우리는 그가 초기 이론에서부터 인간의 주관적 기저를 완전히 포기하고 있지 않다고 해야 할 것 같다(정문영 63 64 참조).

인간의 주관적 능력을 객관적으로 주어진 자연세계와 사회구조 속에서 파악하는 것은 라캉의 체계가 사회적 지평 위에서 설명될 때 더욱 분명해진다. 시대적 배경 또 사유양식에 있어서, 알튀세르Louis Althusser는 라캉이 갖는 사회 문화적 의미를 생각하는 데 도움을 준다. 가령 알튀세르가 사회적 이념이란 개인들이 자신들의 존재조건을 '상상적'으로 이해한 결과라고 정의한 경우에서와 같이, 인간은 냉엄한 외부세계를 자신에 맞게 재단하여 이해한다. 여기에서 알튀세르가 '개인들'이라는 복수를 쓰고 있는 이유는 그가 사회적 이념의 생산과 운용을 주로 사회의 제도적 장치에서 찾고 있기 때문이다. 즉, 사회·문화·사법·정치·경제 제도 등 사회적 제도가 우리의 근본적 현실의 이해를 매개하고 있다는 것이다. 그런 만큼, 우리에게 현실은 '있는 그대로의 현실'로 다가오지 않고, 항상 이미 사회 제도적 장치에 의해 매개된 상태로 다가온다. 개인이 스스로를 주체적 개인이라 생각하는 것은 바로 사회적 구조가 만들어 낸 하나의 환상이라는 이러한 알튀세르의 이론이 '구조주의적' 마르크시즘으로 이해되는 이유가 여기에 있다.

하지만, 알튀세르에 있어서도 인간의 주관적 인식과 실천이 전적으로 부정되고 있다고는 볼 수 없을 것이다. 그것은 오직 주관적 실천이 "집단적으로 매개"되어 있다는 것이 강조되고 있을 뿐이기 때문이다. 알튀세르의 이론적 배경이 특히 사회 구성원들의 정치적 실천에 대한 회의와, 동시에 이러한 실천에 대한 갈구가 고조된 1960년대의 프랑스에 있음을 주목할 필요가 있다. 알튀세르가 제시하고 있는 것은 개인적 실천의 한계이지만, 이와 동시에 최소한 개인 내지는 인간의 주관적 인식과 실천에 대한 포기를 의미하지는 않는다. 인간의 집단화는 곧 객관화를 의미하게 되지만, 이러한 객관화가 전적으로 인간화를 포기하는 것은 아니다. 인간이 자신을 객관화하는 방식은 다양하다. 집단화는 그 가운데 하나에 불과하며, 그것은 단지 역사적 조건에 의해 가장 효과적이거나 유일한 선택으로 여겨져 왔을지 모른다

인간의 외부적 지향이 아닌, 내면적 지향에서도 자신을 객관화하려는 의지가 있다. 가령 우리의 꿈이 어느 만큼은 이러한 기능을 행하고 있는 듯하다. 무의식을 의식화하는, 특히 이야기화하는 것의 중요성이 여기에 있다. 인

간이 자신에 대하여 이야기하는 것도 자신을 객관화하는 중요한 방식 가운데 하나이다. 정신분석학에서 가장 중요한 위치에 있다고 할 수 있는 서술적 치유talking cure라는 개념에서 보이듯 언어의 치유적 측면을 감안하면, 이야기의 중요성을 다시 확인할 수 있다. 다시 말하면, "무의식이 있던 곳에 의식이 와야 한다Wo es war, soll Ich werden. 이것은 문화적 작업이며, 화란의 조이데르 바다를 배수하는 것과 다르지 않다"(Freud, "The Dissection of the Psychical Personality" 80). 이것은 후기의 프로이트Sigmund Freud가 자신의 정신분석학의 의의를 한마디로 요약한 말이다. 그의 후기의 문화 전반에 대한 논의에서 보이듯이, 이것은 집단, 문명, 문화 등으로 불리는 공동체를 구성해 같이 살아가야 하는 인간의 괴로움을 말하고 있지만, 언어활동을 통한 자신의 객관화가 갖는 중요성을 말하고 있는 부분이기도 하다. 이것은 이야기 혹은 말의 투명성을 상정하고 있지 않으며, 이것은 언어가 단순히 매개적으로만 존재하지 않고, 치유적이고도 구성적으로 작용하고 있다는 것을 말해 준다.

크리스테바Julia Kristeva는 이러한 자기서술의 중요성을 "과정으로서의 주체"sujet en process, subject-in-process라 요약한다(*Desire in Language* 135). 그것은 주체가 어떠한 구체적 실체이기보다는 과정으로 있다는 것이다. 그러나 여기에서의 과정은 단순히 언어화 과정은 아니다. 그녀의 시론詩論은 이러한 생각의 틀을 보여 준다. 그녀에게 시는 언어 이전의 세계the semiotic와 언어 세계the symbolic 사이의 긴장, 즉 이 두 영역 사이의 역동적 과정이 의미를 형성하는 힘으로 파악된다. 이와 동일하게, 우리 의식의 정체성 역시 언어적 과정으로 파악되며, 주체 그리고 주체에 대한 의식 모두가 세계와 언어의 역동적 과정으로 여겨진다.

이것은 언어를 통한 객관화의 가능성을 말하는 대목이지만, 이러한 객관화는 상식적 의미의 객관화와는 그 과정과 의의에 있어서 차이를 갖는다. 라캉의 경우가 또 한 예가 될 수 있을 것이다. 라캉의 경우 언어는 또 다른 무의식 혹은 타자의 의식이다. 이는 의식의 객관화가 언어를 통할 수밖에 없고, 한 주체가 스스로 개발해 낸 스스로의 언어라는 것이 있을 수 있는 것일까 하는 물음에 대한 답일 수 있다. 라캉의 장자莊子에 대한 언급은 바로 이러한 면모에 대한 관찰이다. 이것은 바로 장자가 자신이 나비가 되어 날아 다니던 꿈을 꾸고서 자신은 혹여 원래 나비인데 장자인 꿈을 꾸고 있는 게 아닌가 의심하였던 일화를 설명하는 부분이다. 라캉에 따르면, "사실, 장자가 그의 근원 가운데 하나를 깨닫게 된 것은 그가 나비인 때이다. 이것은 장자를 장자 자신만의 색상으로 그리는 나비가 바로 장자였고 또 장자라는 것이다. 그리고 바로 이것 때문에 궁극적으로 장자는 장자이다"("Split" 76). 이는 분명히 이제까지 논의한 자아의 객관화 문제를 설명하는 대목이다. 하지만 더 나아가 이 부분은 우리를 중요한 논점으로 이끈다.

라캉의 장자에 대한 해석은 주관의 객관화가 일회적으로 진행될 수 없음을 말하고 있다. 그는 나비의 입장에서 자신을 생각하는, 즉 객관화하는 기회를 가짐으로써 자신을 총체화하여 파악할 수 있었다. 그러므로 장자의 주체적 인식은 순간순간의 반성적 과정에 다름 아닌 것으로 보인다. 이 과정적이고도 상대적인 주체구성에서 더 나아가, 라캉의 관찰은 이러한 과정적 순환을 가능케 하는 타자적, 객관적 존재 (나비 혹은 언어) 자체의 중요성을 말한다. 그리고 여기에서도 더 나아가 이러한 타자가 주체적 자아라는 영역에 이미 개입하여 들어와 있다는 엄연성을 되새기고 있으며, 바로 이 내재화된 타자가 주체의 가장 중요한 부분 즉 장자의 나비로 설명된다고 할 수 있다. 이러한 논리 속에서, 주체에 내재하는 타자는 그 존재설정에서 나타나듯이 '관계적 존재'이며, 이러한 의미에서 그것은 존재하지 않으면서 존재한다고 말할 수 있다. 이것의 연장선에 있는 것이 알튀세르의 효과로서의 사회구성이라 할 수 있겠다. 그의 이론이 구조주의적이라 불리는 것에서 보이듯이, 어떤 특정한 사회구성체는 그 자체보다는 한 사회 전체라는 거대 구성체의 영향과 효과 가운데 생성, 유지된다는 것이다. 라캉의 설명에 있어 궁극적으로 다른 부분은, 그의 관심은 (정신분석학도로서 당연히) 이러한 순환적 과정 속에 드러나는 효과로서의 주체로 시작하여 주체로 돌아온다는 것일 뿐이다.

II

주체가 역동적 '과정' 속에 있다 함은, 혹은 그것이 '과정' 그 자체에 불과하다 함은, 주체의 존재를 부정하거나 '분열된' 주체를 이끌어내는 것은 아니다. 이것은 주체가 복잡한 과정 속의 의식으로 있다는 것을 말하고 있을 뿐이다.

주체와 객체를 이어주는 역동적 과정은 무엇인가. 그것의 가장 근접한 예로 농사일에서의 호미와 쟁기와 같은 것을 떠올릴 수 있다. 이들은 나의 노동이 외부세계에서 객관화되는 것을 돕는다. 우리는 앞에서 언어를 통한 주체의 객관화에 대해 언급하였다. 즉 이야기는 나를 객관화하는 중요 기재였다. 그러므로 언어현상은 분명 주체의 객관화이고, 동시에 객체의 주관화이다. 그에 따라 이러한 과정은 양자에게 새로운 형성적 기회로 작용하게 된다. 이것은 또 정치적, 윤리적 공간의 확대를 의미한다. 주어진 객관적 조건을 서술함으로써 그것의 변화 가능성을 증가시킨다는 것이다. 여기에서 기술記述이 어떻게 가능적 공간의 확대 재생산으로 이어지는 것인가는 다시 짚고 넘어가야 할 부분이다.

언어적 기술記述이 사물 자체로서의 현실과 단순한 반영적 관계에 있지 않다는 것은 근대 서양철학의 경우 헤겔의 중요한 강조점이기도 하다. 헤겔철학은 칸트철학에 대한 답변이자, 근래에 현실과 언어세계 사이의 불완전한 반영관계를 재강조하고 있는 소위 포스트모더니즘의 논리를 제공하고 있다. (다시 한번 여기에서 분명해지는 것은 하나의 생각이 다른 생각과 흑백논리로 구별되지는 않는다는 것이다. 포스트모더니즘이 헤겔식의 총체적 사유에 대한 반론인 것은 사실이지만, 그것과의 일정한 철학적 연관성을 무시할 수 없을 것이다.) 칸트철학은 궁극적으로 사물 자체의 차원을 부정할 수 없는 영역으로 상정하는 것과 그 논구 과정에서 보이듯 철학적 사유 안에서 언어의 도구적 투명성을 당연시하고 있는 것으로 보인다. 특히 언술행위가 권력의 장場 안에 있고, 언술행위를 통하여 권력이 행사되고 유지된다는 푸코의 연구에서, 그리고 이와 방법론적 연장선상에 있다고 할 수 있는 사이드Edward Said의 주장, 즉 동양세계에 대한 서양세계의 시각이 직접적인 경험보다는 오랜 세월 속에 형성된 이야기들—그것이 여행기로 혹은 진지한 학문적 연구로 여겨지든—에 의한 것이라는 주장에서 보이듯이, 언어의 기술적記述的 투명성은 재검토되어 왔다.

언술행위의 불투명성과 불완전성은 적극적인 주목과 함께 중요한 문화적 도구로 사용될 가능성을 갖고 있다. 포스트모더니즘에 대한 재고의 관점에서 출발한 탈식민에 대한 논의는 현실과 언어의 비반영 관계를 긍정적으로 이용하고 있다. 이러한 점에서, 언술행위를 위주로 한 탈식민 이론은 사이드의 논지에서 더 나아가 언어의 내적특성에 대한 성찰에 깊이를 더하고 있다. 가령, 바바Homi Bhabha는 언술행위 특유의 양가성ambivalence이 갖는 긍정적 측면을 재조명하면서, 지배행위가 어떻게 언술행위에 의존하며, 이것이 어떻게 지배자의 의도대로 투명하게 작용하지 않는지를 밝히고 있다(*The Location of Culture* 85-92). 특히 그의 주안점인 탈식민의 이론적 모색은 식민적 상황에 있어서 식민적 언술과 탈식민적 언술이 혼재되어 있고, 이러한 상황 속에서 필연적으로 탈식민적 언술이 도출되어 왔다는 것을 주장한다. 가령, 피식민의 목소리는 애초에 식민적 언술에 대항하기 위해 이를 받아들이고 모방하는 과정에서 그것에 대한 아이러니컬한 차원을 노정하고 발전시키게 된다는 것이다. 이것은 언어의 거의 필수적인 속성, 즉 소위 메타 언어적이라는, 언어 스스로 자신을 성찰하는 차원에 기인하는 것이기도 하다. 이러한 '세련된' 이론화는 지배적 언술 내에서 대항적 언술이 생성될 수 있는 가능성과 그 작용을 정교화하는 이론적 노력의 소산이다. 언술 텍스트와 언술 내용 사이의 관계, 그리고 언어적 표현과 언술주체의 의도 사이의 관계 등이 언술행위에 대한 포스트모더니즘의 주요 논점이라면, 바바의 논의는 포스트모던의 논리를 적절히 이용하고 있는 탈식민의 공식이다.

하지만 이러한 바바의 견해는 이론적 공간 내의 논리에 주로 주목한 결과인 것으로 보인다. 그런 만큼, 그것은 언어와 현실과의 관계를 너무나 낙관적으로 처리하고 있다는 느낌을 준다. 그의 주장을 이론적으로 극단화한다면, 식민적 언술이 언술행위의 내재적 논리에 의해 자연스레 탈식민적 언술을 생산할 수 있다는 것이다. 이러한 논리는 문화적 충돌 현상을 보는 긍정적 시각에 기인하고 있으며, 이것은 그 전반적 시각에 있어서 오늘날 우리에게 상당한 의의를 갖는 것으로 평가될 수도 있다. 무엇보다도 그는 오늘의 문화논의의 장에서 문화적 혼재가 갖는 긍정적 측면을 적극적이고 세련된 형태로 재정돈하고 있다. 여기에서 긍정적이라 함은 문화적 혼재가 언술행위의 차원에서와 같이 지극히 역동적인 과정임에 주목하면서, 약자의 언술행위가 갖는 전복적 가능성, 그런 만큼 긍정적 방향으로의 진행 가능성을 가볍게 여기지 않는 것을 말한다. 그러나 이러한 논지는 긍정적 가능성만큼이나, 그 현학적 논리 속에 내재적 모순을 갖고 있는 것으로 보인다. 우선 그것은 언술활동이 작동하는 현상을 언어의 내면적 원리에서 찾으면서, 궁극적으로는 이것이 (극단적 의미에서 사물 자체로 존재하는) 현실세계를 변화시킬 수 있다는 논리를 이끌어 내고 있다. 그러나 우리가 인정하고 있는 언어와 현실과의 교통은 일방적이거나 직선적이지 않다. 양자 사이에는 다원적인고도 중층적인 매개가 존재함을 인정하지 않을 수 없을 것이다. 여기에서 근본적이고도 최종적으로 문제가 되는 것은 언어와 현실이 정확히 어느 정도의 배분으로 그 힘을 발휘하고 있는지를 한층 면밀히 추궁하는 것일 터이다.

우리가 논의한 바와 같은 주체의 자기반성적 기능은 언어의 경우에도 해당된다기보다는 언어에서 대표적으로 나타나며 또 주체의 자기반성적 기능의 많은 부분이 여기에 기인한다고까지 말할 수 있을 것이다. 우리는 앞에서 라캉의 시각을 빌려 개인의 주체 형성이 얼마나 자신의 반성적 객관화인가에 대해 생각해 보았다. 언어의 자기반성적 속성과 이러한 주체의 형성을 설명하는 논리는 긴밀히 연관되어 있는 게 사실이다. 언어는 사회적 관점에서는 주로 타자의 목소리로 주체에게 다가오며, 그것은 주체에게 사회적 무의식으로 작용한다. 주체에게 언어는 타자의 목소리로 된 무의식이고, 이로부터 우리의 무의식이 언어적 구조로 되어 있다는 라캉의 명제가 가능해진다. 애초부터 프로이트의 정신분석학은 어린 시절부터 언어유희를 통해 어떻게 인간이 주어진 한계적 여건 속에서 자기위안과 이러한 여건을 나름대로 통제하고자 하는 희원을 보여 주고 있는지를 밝힌 바 있다. 프로이트에게는, 체계적으로 추구되지 못했지만, 인간에게 갖는 언어의 역할에 대한 통찰이 있는 것이 사실이다. 라캉이 언어와 무의식을 연관시킨 것은 이와 같은 프로이트의 관찰과 더불어,

동시대의 주요 사유방법 가운데 하나였던 구조주의를 그 배경으로 한다고 할 수 있다.

프로이트와 라캉에게 언어는 인간에게 주어진 물리적 한계와 사회적 소외를 다루는 유용한 도구이지만, 그것의 작용은 간단하고 일목요연하게 파악될 수 없는 부분이다. 어떻든 여기에서도 분명해지는 것은 언술행위와 현실세계와의 관계는 복잡한 방식으로 얽혀 있다는 것이다. 또 이에 준하여, 언술행위 내에서도 식민과 피식민의 논리는 일방적 작용관계이기보다는 교호와 갈등의 관계에 있다는 잠정적 판단을 가능케 한다. 그러면서도, 여기에는 또 언어라는 감옥을 넘어, 동도서기東道西器나 중체서용中體西用의 구호에서와 같은 탈식민 운동이 문화와 문명의 혼재가 긍정적 방향으로 작용할 수 있다는 신념과 희원을 담고 있음을 보여 준다. 그리고 그 근본 논리에 있어서 혼재에 대한 긍정적 인식에는 단절과 새로운 시작의 가능성이 함께하고 있다는 믿음을 보여 주고 있다. 이것은 지극히 분명치 않은 논리 속에서도 우리의 삶과 행동의 논리를 제시하고 있는 부분이다. 바바의 문화적 혼재에 대한 긍정적 이론화는 그것이 비록 극단적으로 포스트모던과 정신분석에서 그 사유의 틀을 가져오고 있음에도, 이들과의 연계로부터 단절로 나아가는 그의 이론적 논의는, 이야기하고 이론적 토의를 한다는 것이 주어진 현실을 단지 기술記述하는 차원에 있지 않고, 윤리적인 선택의 공간을 넓히는 실천적이고도 창조적인 차원에 접근하는 과정임을 보여 준다(Bhabha, *The Location of Culture* 19-39 참조).

III

사회적 언술의 현실 재구성력과 창조적 기능은 문학과 문화의 중요성으로 연결된다. 그것은 문학과 문화가 사회적 언술이라는 기능을 수행하고 동시에 그러한 기능이 이룩한 결과물이기도 하다는 두 가지 중요성을 갖기 때문이다. 하지만 사회적 기능으로서의 언술이 문학과 문화를 생산하고 있다는 것은 너무나 소박한 현실 인식일 수 있다. 따라서 어떤 민족의 기원신화가 그 민족을 성립시켰다는 것보다는, 오히려 그러한 신화가 어떻게 그 민족 집단에 의해 유지되고 재충전되었는가가 중요할 수 있다는 것을 언급할 필요가 있다. 왜냐하면 이미 생성된 내용이 그것을 있게 하는 조건을 추발적으로 만들어내고 지속시키는 점에도 유의해야 하기 때문이다. 이미 정립된 언술이 언술의 온전한 기능을 순치시켜 버린 경우 또한 점검되어야 한다. 이것의 가장 최악의 경우는 "나의 언어는 타자의 언어"라는 라캉의 명제가 식민화 현실 속에서 구현된 경우라 하겠다. 식민 상황에 대한 논의는 언술공간과 문화 상징계의 내용적 구성에 관한 투쟁으로서의 의미를 갖게 된다.

이러한 이유로, 기존의 타자적 서술을 주체적으로 재서술하는 작업이 중요한 의미를 갖는다. 그 한 예는 영문학의 경우 콘래드Joseph Conrad를 중심으로 설명될 수 있을 것이다. 콘래드는 폴란드 출신이다. 그에게 영어는 세 번째 언어로 20세 이후에 본격적으로 익힌 것이다. 그는 바다를 좋아했고, 선장의 지격을 갖출 정도로 당시 대영제국의 배가 가는 세계 주요 지역을 직접 경험하고, 후에 이를 되돌아 볼 수 있었다. 이와 같은 언어문제와 현장체험 등이 콘래드로 하여금 유럽 이외의 외부세계를 이해하고 이를 배경으로 하는 작품들을 쓰는 데 도움을 주게 된다. 이러한 면모가 기존의 영국의 정체성을 재생산하는 것으로 의심될 수 있었던 다른 영국작가들의 경우와 달리, 그의 경우 이를 흔드는 것으로 여겨질 수 있게 했다. 이러한 의미에서 가령 그 대표적 예라 할 수 있는 중편《암흑의 핵심*Heart of Darkness*》(1899)이《블랙우즈 매거진*Blackwood's Magazine*》이라는 중산층 여성을 위한 잡지에 연재되었던 것(1899)은 매우 전략적인 선택으로 여겨질 수 있다. 즉, 이는 당대 영국의 식민지 사업에 어떠한 형식으로든 연루되지 않을 수 없었던 중산층 여성들에게 식민사업의 진정한 의미를 환기하는 언어행위일 수 있었고, 기존의 언술체계 즉 영문학에 대한 한 코멘트로서의 위치를 갖게 될 수 있었다.

하지만 영문학에서 이 이야기의 아프리카가 그 배경적 의미를 넘어 하나의 중요한 중심적 논제로서 의미를 갖게 된 것은 사실 최근에 와서이다. 그것은《암흑의 핵심》이라는 글이 당대에 읽히는 환경적 요인과 함께, 콘래드의 서술 형식이 모더니즘이라 통칭되는 언어에 대한 복합적 관심이 시작되는 시기의 한 현상으로서, 그 비유와 상징 그리고 아이러니로 인해 서술 형식 자체에 비평의 관심이 집중되어 왔음에 기인한다. 이에 따라 그 서술 형식 자체가 암흑의 핵심이라고도 여겨져 왔다고 할 수 있다. 다시 말하자면, 콘래드의 이 작품을 해석하는 데 있어서 그 독서 공간과 작품 내적 공간에 많은 에너지를 쏟아 왔을 뿐이며, 사회·역사적 공간으로서의 아프리카를 생각하게 하는 면보다는, 그것을 제시하는 방식에 관심을 집중해 왔다. 이런 만큼 이 작품은 분명 정교한 문학적 언술행위와 외부세계 사이의 소격을 보여 주고 있음에 분명하다. 그러나 이것은 우리의 언술행위는 항상 구체적인 사회·역사적 상황으로부터 유리된 것이라는 보편적 명제를 유출할 우려가 있다. 이러한 논의는 결론적으로 콘래드의 문학, 보다 구체적으로는《암흑의 핵심》이 아프리카에 대한 서구열강의 폭력적 지배를 어느 정도 우리의 의식의 영역으로 끌어들였느냐는 것에 모아질 수 있다. 여기에서의 잠정적 문제제기와 결론은 콘래드의 이 소설이 한층 분명하게 이러한 문제를 끌어들이고 고발하고 있지 않다는 것이다. 이것은 형식 구조적 문학론에서 제기되어 아직도 유효하다고 생각되는 소설의 언어적 특화현상이 낳은 외부현실과의 유격을 재확인하는 경우일 수 있다. 하지만 이 소설의, 혹은 이의 연장선에서 문학적 언술의 진정한 의미는 콘래드와 전혀 다른 경우에 대한 고찰 이후에 재론해야 할 것이다.

콘래드의 이 작품 그리고 그의 문학에 대한 아프리카 등 제3세계로부터의 반응은 매우 집요하다. 그것은 소설 혹은 비평 형식을 통해 하나의 작은 계보를 형성해 왔다고 해도 과언이 아니다. 이 가운데, 소설로서 아체베Chinua Achebe의 《모든 것이 무너져 내리다*Things Fall Apart*》(1958)는 콘래드의 《암흑의 핵심》에 대한 명시적 반응이자 다시쓰기의 시도로 여겨져 왔다. 여기에서는 이야기 서술의 화자가 콩고강 유역의 익보Igbo족의 영웅 오콩코Okonkwo이다. 이를 통해 아체베는 콘래드의 소설에서 목소리를 갖지 못했던 원주민에게 목소리를 부여하고 있다. 콘래드의 소설에 의해 아프리카의 목소리가 정당하게 반영되고 있지 못하다는 것이 아체베의 문제의식이다. 아체베는 이와 유사한 상황을 인간과 언어와의 관계에 대해 논의하면서 아프리카의 민담의 예를 들어 설명한다.

> 죽은 이들이 맨 처음 세상에 나타났을 때, 사람들은 이들이 생명을 다시 부여받아 원래의 옛집에서 살 수 있는지를 묻고자 하늘의 신 추쿠Chuku에게 사신을 보냈다. 사람들은 개를 그들의 사신으로 택했다. 그러나 개는 추쿠에게 곧바로 가지 않고 중간에 빈둥댔다. 두꺼비가 추쿠에게 가는 전언을 우연히 듣고서 인간을 혼내 주고자, 개를 앞질러 추쿠에게 먼저 도착했다. 두꺼비는 인간들은 죽은 후에 세상으로 다시 돌아올 욕심이 전혀 없다는 말을 전하러 왔

> 다고 말했다. 추쿠는 인간들의 소원을 존중할 것이라고 선언했고, 개가 진짜 전언을 가지고 도착했을 때에도, 자신의 결정을 번복하지 않으려 했다. 이래서, 비록 인간이 다시 태어날 수는 있지만, 동일한 육체와 인격을 가지고 되돌아올 수는 없게 되었다. (*Hope* 136)

이것은 아체베에게 언어와 인간의 운명을 말해 주는 이야기이면서, 우리에게 아직도 유효한 교훈으로, 어떤 말이 본래의 의도대로 의미를 갖지 못하도록 간섭하는 행위를 경고하고 있는 이야기이다. 왜냐하면 언어를 중간에서 낚아채 그 의미를 왜곡하는 경우 언어는 진리에서 분리되면서 인간에게 악과 공포를 낳는 도구가 되기 때문이다(*Hope* 137).

그러나 아체베의 이러한 노력으로서의《모든 것이 무너져 내리다》가 진정으로 익보의 문화와 역사를 정확하게 보여 주고 있는지는 다시 한번 생각해야 될 부분이다. 이제껏 우리가 면밀하게 주의해 왔듯이, 익보라는 주체가 객체화되는 과정은 면밀한 관찰이 요구된다. 소설 내용에 있어서 아체베는 익보의 문화가 얼마나 충분히 문화라 불리울 수 있는 나름대로의 수준이 있음을 보여 주려는 데 주력하고 있다고 말할 수 있다. "내가 나에게 그래하면 나의 신 치도 나에게 그래한다"[W]hen a man says yes his *chi* says yes also(*Things* 29)는 주인공 오콩코의 믿음에서와 같이 백인들이 정치적으로 개입하기 이전의 익보 사회는 신과 사회 그리고 개인이 각자의 독자성을 갖으면서도 상호 연계된 유기체적 구조를 형성하고 있었던 것으로 평가된다. 또한 익보의 정치체제는 유럽의 민주주의 체제에 비견될 수 있는 것으로 제시된다. 이러한 체제에서 오콩코가 과실에 의한 살인을 저질렀을 때 그에게 내린 7년 동안의 망명은 여러 가지로 타당한 벌이었다. 여기에다가, 아체베는 익보 문화가 갖는 한계를 지적하는 데도 소홀치 않고 있다. 가령, 엄격한 신분제에 따라 마을의 가장 낮은 천민계급이 기독교의 선교에 동참하게 되는 예에서 보이듯, 한 문회의 내적 한계를 지적하고 있다. 그러나 우리에게 이와 같은 한계를 환기하면서, 아체베는 궁극적으로는 자신이 익보 문화를 진솔하게 보여 주고 있음을 강조하고 있다고 보여진다. 아체베의 이 작품은 나름대로의 장단점과 자기 정당성을 갖는 한 문화가 어떻게 외부의 정치적 폭력에 의해 와해되었는가를 묘사하고 있다. 이러한 의미에서《모든 것이 무너져 내리다》는 나이지리아 독자들만큼이나, 유럽의 독자들을 염두에 두고 있다고 말할 수 있다. 이것은 자신의 문화에 대한 논의의 장에 묵시적으로 개입하게 되는 다른 문화의 존재를 확인하는 전형적 예이다. 그런 만큼 그것은 또 한 문화의 자기정체성을 확보하는 데 있어서 타자의 존재는 논리적 전제이기도 하다는 것을 보여 주고 있다.

이것에서 우리는 지배적 문화에 대한 정면적 반응의 의의와 동시에 그 한계에 맞닥뜨리게 된다. 아체베와는 다른 각도에서 콘래드를 보는 해리스 Wilson Harris의 경우, 문학이 보다 복합적이고도 우회적인 현상임을 강조하고 있다. 정확하게 말하자면 해리스의《공작의 궁전*The Palace of Peacock*》(1960)은 아체베의《모든 것이 무너져 내리다》만큼 의도적으로 콘래드의《암흑의 핵심》을 다시 쓰고 있지는 않다. 하지만, 우리는 그 소재와 주제 면에서 두 작품을 비교하지 않을 수 없다. 해리스는 남미의 가이아나 출신으로서 결코 자연스럽지만은 않은 과정을 거쳐 인종적, 문화적으로 혼재된 환경에 대해 재음미한다. 여러 가지 측면에서 가이아나는 대영제국의 변방 가운데 변방이라고 할 수 있다. 그러면서도 이 지역은 영국과 영문학이 외부세계를 상상하고 자신의 정체성을 확인하는 유용한 도구 가운데 하나로서의 역할을 떠맡아 왔다.

월터 로리Walter Ralegh는 《가이아나의 발견*The Discovery of Guiana*》(1596)에서 가이아나를 황금의 보고로 여기고 있으며, 그 주변의 수리남Surinam은 중요한 초기 영소설에 속하는 애프라 벤Aphra Behn의 《오루노코, 왕족 노예의 기록*Oroonoko, or the History of the Royal Slave*》(1688)의 배경을 이루고 있다. 가이아나는 이와 같은 주된 역할로서만이 아니라, 오늘날 우리의 눈에 확연히 띄지는 않지만, 여러 소설에 등장하면서 영국의 제국주의적 정체를 일깨워 준다. 가령 가장 잘 알려진 초기 영소설인 디포Daniel Defoe의 《로빈슨 크루소*Robinson Crusoe*》(1719)에서는 주인공이 자신이 소유하고 있는 브라질의 농장에 노예를 몰래 들여오고자 항해를 떠나는데 배가 여기에 흐르는 오루노코 강에서 멀지 않은 바다의 무인도에 표류한 것으로 되어 있다(32).

이것은 우리로 하여금 소위 주변이라고 여겨지는 것이 중심에 대해 갖는 중요성을 엿보게 한다. 우리는 이제 우리에게 거의 잊혀진 존재로 남아 있는 가이아나에 대해 짧게나마 다시 생각해 볼 필요가 있다. 가이아나는 우선 남미에도 영국의 식민지가 있었다는 것을 통해 영국의 식민지 사업의 범위를 되새기게 한다. 영국이 본토의 경공업과 아프리카의 노예 그리고 서인도 제도의 사탕수수를 잇는 삼각무역으로 그 식민지 사업의 기본 골격을 갖추고 있을 때, 가이아나는 (당시뿐만 아니라 지금도) 서인도 제도의 일부로 여겨질 정도로 이 축의 중요한 한 부분을 형성하고 있었다. 하지만 가이아나는 이러한 무역관계의 골격이 변화함에 따라 전 지구적 자본주의의 확장이 미치는 인위적이고도 일방적인 변화를 겪을 수밖에 없었다. 가이아나는 남미 원주민과 포르투갈 그리고 화란의 영향권을 거쳐 영국의 지배를 받게 되지만 그 산업인구의 절대다수는 아프리카에서 강제로 이주시켜 온 흑인들이었다. 사탕수수라는 단일품종에 집중한 농업활동이 배태한 경제적 불안전성은, 인구비례의 불균형에 의해 백인 지배계층이 갖게 되는 불안과 겹치면서, 정치 문화적으로 안정되고 균형 잡힌 발전의 여지를 가질 수 없게 했다. 가령, 영국의 노예해방령이 있은 이후 19세기 중반부터는 흑인노예의 대체인력으로 또 다른 영국의 식민지였던 인도로부터 계약제 노동력이 유입되며 이들의 계약 종료와 함께 19세기 말엽에는 중국인들이 기초 노동력으로 수입되게 된다. 현재 가이아나의 과반수를 넘는 인구는 인도계이다. 그 나머지는 흑인과 중국, 스페인, 인디오, 영국계로 구성되어 있다. 이와 같이 인도계의 인구가 지배적인 남미의 한 나라에서 우리는 자본주의와 식민주의가 산출한 엄청난 역사적 굴곡을 보게 된다(Parry & Sherlock 참조).

이러한 가이아나에서 해리스의 문학은 혼재의 창조성을 말하고 있다. 이미 1960년대에 그의 소설은 1990년대에 와서 이론적으로 논의되기 시작한 혼재의 긍정적 측면을 이야기하고 있다. 사실 여러 가지 다양한 문화가 섞여 하나의 문화를 이루는 것은 문화형성의 역사적 상식이었음에 분명하지만 이것이 한층 분명히 의식되고, 주목을 받게 된 것은 역사상 자주 있어 왔던 것 같지는 않다. 인종 간의 혼합에 대한 제도적 억압과 관리는 이러한 문화적 교접을 다양성의 제고를 통한 긍정적 전이보다는, 불순한 요소와의 결합에 의한 순수성의 퇴화로 여기는 생각과 평형관계를 이루고 있다고 말할 수 있다. 해리스 자신이 인종적으로 그리고 문화적으로 어느 한 집단에 속한 것으로 보이지 않는다. 이러한 점에서 그의 소설은 소설의 지향점—모든 다양함을 포괄하려는 의지—을 가장 극명하게 보여 주는 경우라고 할 수 있다.

그와 콘래드의 차이는 여기에서 분명하다. 그의 《공작의 궁전》은 《암흑의 핵심》에서와 달리 흑과 백을 명백히 구분하지 않는다. 콘래드의 경우에서 흑과 백, 문명과 야만, 선과 악이 서로 얽히면서 인식론적 구분의 문제를 제기한다면, 해리스는 인식론적 통합에의 가능성과 희원을 담고 있다. 우선 해리스의 배를 채우고 있는 인물들로 선장격인 던Donne과 그의 동생인 화자는 영국인이지만, 다른 인물들 가령 다실바DaSilva 쌍둥이, 비질런스Vigilance, 캐롤Carroll 등 등장인물 대부분은 순수한 혈통이기보다는 포르투갈, 인디언, 흑인 등 가이아나를 대표할 수 있을 정도로 다양하다. 사실 이 이야기의 화자는 꿈과 현실, 과거와 현재를 구별하지 않는 거의 정신분열적 상태의 서술로 우리에게 다가온다.

내용은 매우 간단해서, 던이 도망가 버린 원주민 노예들을 찾아 일단의 인물들을 데리고 강을 거슬러 올라가면서 많은 희생을 치르고 거기엔 자기 자신도 포함된다는 이야기이다. 이러한 여정의 말미에 도달한 거대한 폭포를 배경으로 하는 큰 공간에서 화자는 모든 갈등이 해소되는 한 순간의 깨달음을 얻게 된다. 미지의 강을 거슬러 올라가는 여정에 따라 진행되는 이야기는 그 기본적 구조에 있어서《암흑의 핵심》과 비슷하지만, 실질적 내용은 여러 가지 차이점을 갖는다. 이 가운데 가장 큰 차이는 이 이야기가 도달하는 결론적 메시지일 것이다. 이야기의 마지막에 캐롤이 부르는 공작의 울음소리와 같은 휘파람 소리는 이들이 마침내 도달한 곳을 공작의 궁전으로 화하게 한다. 화자는 이러한 음악에 대해 다음과 같이 말한다.

> 바깥 세계의 여러 환상에서 벗어나, 궁전 안에 굳건히 선 우리를 채운 소리는 기억의 연속과는 달랐다. 그것은 우리 안에서 모든 충만한 성취와 이해가 구분되지 않는 순간이었다. 우리의 겉치레와 허위 그리고 자만이었던 인식과 감성만으로 반응했던 모든 것들을 이제 다시 생각하고 되새기는 여유를 갖는다. 춤과 창조라는 말의 시원인 우주 속에서의 완전한 영혼과 생명, 자신의 진정

한 보이지 않는 타자와 반대자를 알고 껴안을 수 있도록 한순간에 행해진 별빛 공작과의 교감, 그리고 욕망의 무분별과 좌절 속의 잔인함과 혼란이 없는 자신의 진정한 이질적인 영적 사랑으로 꿈 위로 높이 떠받들어진 나, 음악 속의 내가 바로 나이다. 그것은 불모의 세계 속에서 느끼는 불안과 파멸에 대한 나의 잊혀진 두려움마저 제거하면서, 내가 이제 가지게 되고 깊이 알게 된 충만한 성취의 춤이었다.

In the rooms of the palace where we firmly stood—free from the chains of illusion we has made without—the sound that filled us was unlike the link of memory itself. It was the inseparable moment within ourselves of all fulfillment and understanding. Idle now to dwell upon and recall anything one had ever responded to with the sense and sensibility that were outward manner and vanity and conceit. One was what I am in the music—buoyed and supported above dreams by the undivided soul and anima in the universe from whom the word of dance and creation first came, the command to the starred peacock who was instantly transported to know and to hug himself his true invisible otherness and opposition, his true alien spiritual love without cruelty and confusion in the blindness and frustration of desire. It was the dance of all fulfillment I now held and knew deeply, cancelling my forgotten fear of strangeness and catastrophe in a destitute world. (*Palace* 116)

그의 소설 내용에 그리고 서술 스타일에서도 나타나는 이러한 의식은 그가 콘래드와 아체베를 둘러싼 논쟁에 대해 자신의 입장을 정리하는 글에서 공동체의 형상을 제시하면서 더욱 분명해진다. 여기에서 그는 유럽뿐만 아니라 아프리카도 사회형성의 원리를 너무나 동질적인 것을 지향하는 데 두고 있다고 지적한다.

> 살아 있는 미래를 창조하려는 사회로 나아가는 데 있어서의 관건은 지배적 주체가 여러 지배적 체제 내에서 단지 한 부분에 지나지 않음을 인정하도록 변화시키려는 급진적 미학에 있다. 이를 통해 지배적 체제의 선입관을 꿰뚫어 분해함으로써, 자의로 혹은 강요로 떠나와야 했던 구세계에서 한때는 일원론적 절대원칙과 일원론적 행동규범으로 행세할 수 있었지만 이제는 스스로의 부분성을 인정하는 부분들로 구성된 복합적 전체가 어느 정도 작용할 수 있도록 하는 것이다. (Harris, "Frontier" 263)

그에게 문화의 혼재는 그것이 자의에 의한 것이든 타의에 의한 것이든 있는 그대로 받아들여야 할 주어진 현실이다. 그리고 그것은 문화의 현실적 실재와 건설적 당위이기도 하다. 매우 형식 논리적이고 궤변적으로 보이지만, 모든 구성원의 부분성을 인정한다는 것은 동시에 전체적인 공통성의 존재를 인정하는 것이며, 이는 또다시 부분의 부분적 공통성을 반증하는 것으로 귀결된다.

문화적 혼재에 주목하는 것은 다양성과 궁극적 보편성 양자를 동시에 인정하는 것이다. 언술행위를 통해서 정면으로 지배적인 언술을 전복하려는 것은 이러한 점에서 복잡한 양상을 띠게 된다. 즉 지배 언술과 반대 언술의 관계는 절대적 차이와 함께 부분적 공통성을 공유한다. 아체베의 경우, 그의 소설 형식 자체가 이를 증명하고 있는데, 이는 우선 그러한 형식은 주로 서구 소설이 그 직접적 모델이라 말할 수 있기 때문이다. 더 나아가, 주인공 오콩코의 영웅적 일생과 그 퇴락은 희랍 비극적 요소 특히 오이디푸스의 삶을 떠올리게 하는데, 문학적 영향 혹은 의도적 선택이거나 모든 문화에 공통적일 수 있는 영웅적 서사에의 욕망이 낳은 우연한 결과이든, 그것은 아체베가 설정한 지배언술과 저항언술이 어떤 보편성에 기초하여 차별성을 생산하는 프로젝트임을 보여 준다. 다시 말하면, 이것은 문화의 보편성과 특수성에 대한 대체적인 혼재를 증기하고 있는 경우가 되면서, 이것이 구체적으로 어떠한 면모를 갖는 것이든 아체베의 소설과 같이 오늘날 문화적 활동과 설득력은 보편성과 특수성이 혼재되어 있다는 일반론을 가능케 할 것 같다. 아체베의 문제의식은 대체질서를 찾지 못한 세계의 모습을 그리고 있다. 그리고 그것은 결론적으로 역사를 되돌릴 수 없다는 뼈아픈 인식 속에서 한 사회와 문화의 혼재를 현실적이고 당위적인 차원에서 인정해야 한다는 것을 일깨워 준다.

타자를 현실적이고도 당위적인 윤리적 차원에서 인정한다는 것은 여러 가지 의미를 갖는다. 이것은 종교의 영역에서 가장 의미 깊게 탐구되어 온 바 있다. 그에 미치지는 못하지만 다른 사유양식에 있어서도 타자의 문제는 항상 부재의 모습으로 형성적인 힘을 행사하고 있다. 주어진 현실을 넘어서려는 유토피아적 사유나, 생태 환경적 준거의 재도입을 주장하는 운동, 그리고 현실의 삶을 불확실성 속에서 파악하려는 것 등은 이러한 논리와 윤리를 구체적으로 실현하고자 하는 예이다. 사실 위에서 우리의 논의를 이끌어 내는 데는 주로 오늘의 이론가들이 거명되었지만, 이러한 주체와 객체 상호에 대한 타자성의 문제는 철학의 역사가 시작하는 시점에서부터 제기되어 왔다고 말할 수 있을 것이다. 서양철학의 경우, 칸트와 헤겔의 관념론, 후설과 하이데거 그리고 사르트르의 현상학과 실존주의, 가다마의 해석학, 동양철학의 음양의 원리와 이기론, 그리고 오늘날 가령 투웨이밍杜維明에서와 같이 주체와 객체의 관계 속에서 생성되는 주체의 문제는 동서의 철학의 주된 주제라 말할 수 있다(Theunissen과 Tu 참조). 그럼에도 이제까지의 논의는 이러한 문제의 틀이 한층 구체적으로 오늘의 문화논의와 어떻게 연관될 수 있는지를 생각해 본다는 관점에서 제기한 것이다. 특히 항용 철학과 대비되는 문학적 특성인 구체성을 살리는 측면에서 이러한 논의가 문학과 문화를 소재로 하여 재설정되는 것은 의미 있는 작업이 될 수 있으리라 생각된다.

IV

주체의 객관화는 주체가 애초에 주체와는 이질적이라고 생각되어 온 것을 이미 어떻게 얼마나 포함하고 있는가, 즉 타자화되어 있는가를 말한다. 여기에서는 이와 같이 자신을 되돌아보고 타자의 엄연성을 인정하는 과정을 문화라 정의하고자 한다. 즉 자신을 되돌아보며 가꾸는 과정에서 자신을 형성하는 논리와 윤리를 확인하는 것이 우리가 문화라 일컫는 것의 주된 부분이라는 것이다. 이러한 관점에서 우리는 우리문화에 이미 어떻게 얼마나 다른 문화가 들어와 있는가, 즉 타자에 의해 생성되었는가를 이해하고, 이를 주체의 객관화로서의 문화를 인식하는 계기로 성찰해야 될 때인 듯하다. 우리 안에 이미 들어와 있는 타자가 얼마나 우리의 주체성립에 기여하고 있는지를 인식하는 것은 주체적 주체가 항상 열린 주체임을 인식하는 것으로 이어져야 할 것이며, 이렇게 열린 주체에 기반한 반성적 사유를 우리가 문화라 통칭하는 것임이 다시 한번 분명해져야 한다.

어차피 우리가 문화라 이름하는 것은 자연의 상태와 대비된 것으로 시작된다. 그러면서도, 우리는 여기에서도 문화와 자연의 관계를 또다시 이분법적으로 생각하는 것에 대해 생각해 볼 필요가 있다고 하겠다. 문화는 인위적 성과가 최대한 자연스럽게 생활의 일부이자 원리로 여겨지고 있는 경우라는 점에서, 우리는 여기에서 문화와 자연의 긴장관계와 보합관계를 인식하지 않을 수 없다. 그렇기 때문에 자연을 반성적으로 처리하고, 이러한 결과로 또다시 자연스러워진 문화를 계속 반성적으로 처리를 하는 형식이 진정한 문화의 내용이다. 여기에서 형식이라 함은 외면적 윤곽이나 의례이기보다는 형성적 힘을 가리킬 것이다. 데리다Jacques Derrida는 문화를 스스로를 전복하는 힘이라 정의한다.

> 한 문화에 적절한 것은 그 스스로에게 일치하지 않는 것이다. 이것은 어떤 정체성을 갖지 않는다는 것이 아니라, 자신의 정체성을 찾을 수 없는 것이며, '나' 혹은 '우리'라 확정적으로 얘기할 수 없는 것이다. 이것은 또 오직 자신에 대한 불일치로서만 혹은 오직 자신과의 차이라는 점에서만 주체를 형성할 수 있다는 것을 의미한다. 이러한 자신과의 차이 없이는 문화도 문화적 정체성도 존재하지 않는다. (*The Other Heading* 9-10, 또한 82-83 참조)

해체론의 중요성은 주어진 조건을 극단적으로 반성적으로 생각한다는 데 있다. 데리다의 반성적 사고로서의 문화는 이러한 해체론의 전반적 과제를 분명히 하고 있다.

우리는 이를 현재 중요한 문화적 과제로 언급되고 있는 세계화 문제와 연결해 볼 수 있을 것이다. 즉 작금에 제기되는 세계화의 논제는 바로 우리 문화의 객관화를 말하는 것이어야 하며, 이는 우리 문화에 대한 반성적 사유의 새로운 계기에 다름 아니어야 하는 것으로 보인다. 오늘날 세계의 눈에 일본의 문화가 분명한 정체성을 갖는 것으로 보이는 것은 그들의 외국문화 접촉의 역사와 무관한 것이 아니다. 이러한 경험에서와 같이 우리 문화의 세계화 문제는 철학적 의미에서의 세계화 즉 우리가 논의한 주관의 객관화라는 명제의 구체적 연장선에 있어야 한다.

그럼에도 우리는 문화가 철학적 공간에서와 달리 순수한 논리 영역이기보다는 정치적 자장 안에 있음을 잊지 말아야 할 것이다. 이것은 우리의 문화, 혹은 보다 적극적 명제로서의 민족문학을 논함에 있어서도 마찬가지일 것이다. 다시 말하자면, 문화의 세계화 문제에 있어서 염려스러운 진단은 문화가 전 지구적으로 급속히 이동하며, 이 과정 속에서 문화와 거대자본의 연계가 두드러지고 있다는 것이다.[1] 이는 《악마의 시*The Satanic Verses*》(1988)와 그에 따른 이슬람 세계에서의 파문으로 기억되는 루시디Salman Rushdie를 예로 들어 설명할 수 있다. 그는 인도, 보다 정확하게는 봄베이 출신의 작가이다. 루시디의 경우는 오늘날 문학 활동이 얼마나 전 지구적으로 긴밀히 엮어지고 있는가를 보여 준다. 이 소설이 인도와 영국을 그 배경으로 한다는 의미에서뿐만 아니라, 그것이 지구상의 가장 중요한 문화권 간의 충돌을 야기한 것에서 볼 수 있듯이, 소설은 내용과 외적환경의 측면에서 전 지구적 공간 내의 현상으로서의 문화현상을 예증하는 좋은 예가 되고 있다. 이 소설과 그 이후에 발표된 루시디의 작품들은 작가의 연고 지역인 인도와 파키스탄을 비판하는 시각을 담고 있다. 그런 만큼 루시디의 이러한 시각은 런던을 중심으로 한 세계적인 출판자본과 결합하여, 제3세계에 대한 오리엔탈리즘을 상품화하는 것이라는 혐의를 받을 수밖에 없었다.

관건은 루시디의 소설이 얼마나 런던의 자본의 산물인가, 혹은 자신의 일차 문화에 대한 독자적이고 비판적 견해인가를 결정하는 것이다. 이것은 여러 가지 방식으로 결정될 수 있지만, 우선적으로 객관적이기보다는 주관적

1 부르디외Pierre Bourdieu의 문화 자본론을 전 지구적 현실 속에서 파악하면서, 어떻게 상상력 자체가 국경을 넘어 경제 자본화하는가는 아파두라이Arjun Appadurai 참조.

으로 결정되어야 할 것이다. 여기에서 객관적이라 함은 서방세계로서의 영국과 동양으로서의 이슬람 모두에게 적용될 수 있는 결론을 말하지만, 주관적이라 함은 구체적으로 동양의 경우에 추구할 수 있는 태도를 결정하는 것이다. 이러한 의미에서, 이슬람 세계는 루시디의 경우를 서방세계의 이념을 다시 한번 파악하는 계기로뿐만 아니라, 자신의 문화를 반성적으로 성찰하는 계기로 삼아야 한다는 것이다. 이는 제3세계가 루시디의 경우에서와 같이 제1세계와 3세계에 걸쳐 있는 중요한 문학과 문화현상을 적극적으로 '문화적으로' 즉 반성적으로 사용할 수 있어야 한다는 것이다. 이는 요즘 우리의 관심을 끄는 영국과 미국 내의 소수민족 문학의 의미를, 지배문화인 영미문화뿐만 아니라 그 출신지 문화를 문화가 되게 하는 실천의 측면에서 모색해야 한다는 것이기도 하다.

이것은 결론적으로 정치적 약세에 있는 문화들이 이를 자기 문화의 비판적 이해로 연결해야 한다는 것이다. 이것이 진정한 의미에서 영미문학 혹은 영어권 문학의 민족 국가적 이해일 것이다. 이에 따라 어떠한 문학이 영미제국주의의 여파로 영어를 사용하는 경우에도, 영미문화를 중심으로 이해되는 만큼이나, 그 지역문화의 연장선에서도 긍정적으로 이해되어야 한다. 어떻든 여기에서 분명해진 것은 이러한 전 지구적 차원으로 확대되고 있는 문화적 혼재를 한 문화 단위가 자신을 되돌아볼 수 있는 계기로 삼는 시각으로의 전환이 한층 요구된다는 것이다.[2] 자신에게서 또는 자신을 배경으로 도출

2 이 점은 가령 몇 해 전 프랑스에서 문제되었던 무슬림 여성들의 히자브라는 머리 가리개 착용의 경우를 한 예로 설명할 수 있겠다. 물론 학생들이 이를 착용할 경우 문화적 차이를 이유로 등교를 허용할 수 없다는 프랑스 당국이 우선적으로 문제시되어야 한다. 이러한 정책은 유럽 전역으로 들어오는 외국인 이민자에 대해 갖는 부정적 감정의 한 표현이기도 하다. 이러한 경우에도 또한 문제시되어야 할 것은 프랑스의 무슬림들이 프랑스 문화 속에서 히자브에 대해

된 상상적 차원의 것을, 그것의 명백한 내용과 주의·주장의 차원을 넘어 자신의 문화—'반성과 성찰'로서의 문화—로 삼는 것의 가능성과 의의가 여기에 있다. 다시 이야기하면 이는 문화를 위한 상상력의 필요성과 중요성을 말하는 대목이라는 점에 유의해야 한다.

한 문화가 다른 문화와 접촉할 경우, 이제껏 주로 오염과 잡식 그리고 지배관계에서만 다루어진 것에 대한 반성이라는 점에서 이것은 우리의 주목을 받을 만하다. 가령, 현재 외국인 배우자와 근로자의 유입에 결부되어 제기되고 있는 문화적 주체성에 대한 위기감은 우리 문화를 객관화하는 계기이기도 해야 할 것이다. 문화위기의 시기는 새로운 문화를 창출할 수 있는 기회의 시기이기도 하다는 논리이다. 여기에서도 우리가 앞에서 논구한 반성적 과정으로서의 주체형성이라는 논리는 이러한 상황이 우리 문화의 정체성에 갖게 되는 의미를 점검하게 할 것이다. 그것은 우리의 문화적 내용이 석가여래상에, 서원에, 남대문에, 성황당에, 장승에 못지않게, 이들이 과연 얼마나 반성적 과정으로서의 우리의 삶, 즉 우리의 언술세계 속에서 유효하게 유통되고 있는가에 의해 결정된다는 것을 말한다. 이와 같은 의식으로서의 문화의 중요성은 파농Frantz Fanon의 이론과 실천의 귀결점이기도 하다. 파농에 따르면, "자아의식은 대화의 문을 닫는 것이 아니다. 철학적 사유는 그것이 대화를 오히려 가능케 하는 것이라고 가르친다. 민족주의가 아닌, 민족의식이 우리에게 국제적 차원을 부여하게 될 유일한 것이다"(*Wretched* 247). 이것은 그가 항용 폭력적 방법에 의한 탈식민 운동에 집착했다는 선입견과 달리, 그가 해

진정한 반성적 성찰을 하였는가이다. 그들의 저항적 반응이 히자브를 무반성적으로 자기의 문화로 (특히 여성에 대한 차별적 제도인지 여부를 묻지 않고) 받아들인 것이라면, 이것은 한편으로 무슬림들에게 자신의 주체를 반성적으로 정립하는 계기로 작용해야 한다는 것이다.

결하고자 한 문제적 구조 즉 진정한 탈식민은 내면적 자기비판을 위한 여지를 확보함으로써 진정으로 완수된다는 것으로 스스로의 프로젝트를 요약하는 부분이기도 하다.

파농이 제안하는 민족의식은 무의식과 같은 복잡한 방식으로 생산된다. 이와 관련하여 앤더슨Benedict Anderson이 특히 민족과 국가공동체의 구성 원리로서 간명하게 표현한 상상된 공동체Imagined communities에 대한 논의를 우리는 다른 입장에서 접근할 필요가 있다. 기본적으로 앤더슨의 논의가 주목을 받는 이유 중 하나는 우리가 알고 있는 민족주의가 남미나 인도네시아와 같은 비서구 지역에서 배태되고 발전된 정치 이데올로기라는 주장이기 때문이다. 또 다른 이유는 그의 연구가 어떻게 신문과 소설과 같은 인쇄매체가 한 집단의 공동체 의식의 형성에 기여했는가를 밝혀 문학 연구가들의 주목을 받으면서 그들의 논리전개에 큰 기여를 해 왔기 때문이다.

이 두 가지 이유는 우리로 하여금 앤더슨의 논의를 매우 유용한 도구로 받아들이도록 하기에 충분하다. 하지만 우리는 신문과 소설 등의 인쇄매체가 갖는 특성으로 지금과 같은 전파매체 시대에 비교해 두드러지는 그 반성적 능력에 주목할 필요가 있다. 가령 텔레비전 뉴스와 비교하면 신문의 뉴스는 항상 우리를 기계적 시간의 흐름으로부터 자유롭게 한다는 것, 즉 되돌아가 곰곰이 읽을 수 있다는 것이다. 이에 따라 그것이 상상적 공동체를 형성할 뿐만 아니라, 그 허실을 드러낼 수 있는 것이었다. 그러면서도 우리의 입장에서 정작 주목해야 될 것은 그의 연구가 공동체 의식을 상상된 것으로 보는 과정에서 이를 허황되거나, 허위에 찬 지배구조로만 보고 있지 않다는 것이다. 이 연구는 상상의 공동체가 하나의 예술품과 같이 인위적으로 완성된 것이라는 주장을 통해 공동체의 완성을 위한 한 지표를 제공한다. 특히 미완성이거나, 억압적이거나, 혼란된 상황 속의 공동체를 미적으로 완성된 공동체로 이끌어 가는 과정을 보여 준다는 데에 이것의 또 다른 의의가 있다. 이는 괴테나 쉴러 시대의 미적 국가론과는 달리 한층 현실적인 관점을 갖는다. 그것이 어떻게 개체성이 최대한 확대되면서 국가적 통합을 이룰 수 있을 것인가 하는 철학적 물음이었다면, 앤더슨의 경우는 집단적 유대의 문화적 형성이라는 약간은 다른 시각에서의 접근이라 할 수 있다. 공동체의 근본구조가 인위적으로 상상된 것이라는 논의에서 얻을 수 있는 교훈은 우리가 지나치게 과도하게 상상된 공동체 의식과 너무나 불충분하게 상상된 공동체 모두를 경계해야 한다는 것이다. 스포츠에서와 같이 과도하게 쇼비니즘적으로, 무반성적으로 상상된 공동체, 남북분단의 원인과 결과로 인해 불충분하게 상상된 공동체 모두는 허위와 고통의 원인으로 생각되는바, 우리는 비판적이고 반성적으로 상상된 문화적 (무)의식의 확대를 지향해야 할 것이다.

이러한 문화적 구도 안에서의 개인은 어떠한 방식으로 존재하는가. 이제 우리의 실천적 과제는 바흐친Mikhail Bakhtin의 도식을 원용하여 이야기한다면 공동체의 외적, 내적 대화성의 제고라 설명할 수 있을 것이다. 바흐친에 따르면 개인의 언술은 진공상태가 아닌 항상 타자와의 관계 속에 있으며, 이것이 그러한 언술의 의미와 사회적 역할을 결정하는 관건이 된다. 이러한 개인의 언술행위에 내재하는 타자와의 대화성이 집단적 지평으로 용이하게 전이될 수 있는 것만은 아니다. 즉 한 집단이 타 집단과 외적 대화성을 갖기 위해서는 그 내적 대화성을 억압하는 것으로 귀착될 수 있기 때문이다. 한 정치 문화단위가 타 정치 문화단위와 대화적 위치에 있기 위한 (대항하면서 자기정체성을 확보하고 유지하기 위해서) 한 단위로의 통합은 내적 대화성의 제약을 요구하면서 이를 정당화할 수 있다. 구체적 개인의 경우는 집단단위 내와 외 모두에 대해 대화적 긴장관계를 견지하는 주체성립의 과정을 필요로 하게 된다. 바흐친이 소설의 대화적 지평을 실제로 그렇게 되어 있다는 차원에서 인정하는 것은 그러한 대화적 지평의 윤리적 가치를 강조하는 것으로 보인다. 그의 이론은 사회적 상상력과 형식적 상상력 사이의 논쟁을 불러일으키는 만큼 그 구조에 있어 사회미학이라 할 수 있으며, 이의 연장선에는 윤리적 요청이 포함된다고 평가할 수 있다. 바흐친을 원용하여 얻어질 수 있는 결론은 개인과 문화의 주체성은 타자와 혼재된 긴장관계의 망 속에 형성되어 있다는 것과, 그의 소설론이 그러하듯 소설적 언술의 대화성 역시 기술적記述的으로 그러하고, 그것이 또 윤리적 요청倫理的要請이라는 것이다. 이것은 앞에서 보았듯이 현실적인 것과 당위적인 것이 서로에게 타자적인 보합적 구도를 형성하고 있기 때문이다.

그러면서도 이러한 여러 차원의 긴장관계를 유지시키는 것은 각 주체가 타자에게 열린 상태로 있다는 것, 다시 말해 주체의 자기충족성이나 완전해체 사이의 선택을 벗어나는 구도이다. 두 대척적 관점 사이에서 제3의 차원을 모색하는 것의 중요한 의의는 각 구성체의 내적 욕망이 다른 차원에 의해 전적으로 치환될 수 없다는 것이라 바꿔 말할 수 있겠다. 그것은 또 한 개인의 욕망이 전적으로 사회역사적 차원의 것으로, 한 문화가 전적으로 세계문화로 전이될 수 없음을 상정하는 것이 중요하다는 것이다. 일반화하여 이야기한다면 그것은 보편성을 상정하는 것의 중요성만큼이나 개인적 욕망의 상성이 갖는 중요성을 말하며, 변증법적 과정인 정반합의 지양의 과정에서 전적으로 타자화될 수 없는 잉여를 상정하는 것의 윤리적 중요성을 말하는 것이다. 라캉이 "지양은 철학의 달콤한 꿈 가운데 하나이다"The *Aufhebung*[sublation] is one of those sweet dreams of philosophy("Love Letter" 156)라고 한 말은 이러한 경우를 염두에 둔 것이다.

주체의 성립과정에서 논리적이고 윤리적으로 상정해야 할 주체와 타자의 운동과정과 이러한 과정에서 또다시 상정되어야 할 잉여의 문제는 여러 가지 시사점을 갖는다. 그 가운데 하나는 문학연구의 방법론적 전제와 연관해서일 것이다. 특히 현재 영미에서 문학과 문화를 논하는 데 있어서 중요한 방법으로 귀착한 신역사주의와 문화이론의 한 전제는 이러한 관점에서 되새길 필요가 있다. 가령 신역사주의에서는 '에너지의 순환'circulation of energy이라는 명제에서와 같이 한 영역의 논리가 다른 영역의 논리와 긴밀히 연관됨에 주목한다. 그것은 소위 경계의 소멸이나 최소한 경계의 재구획을 지향하고, 문학과 문화가 사회역사적 조건들과 교호하는 과정과 정도에 주목하면서, 이전의 방법론이 갖는 폐쇄성을 극복하고자 한다. 그러므로 여기에서는 주체의 형성이 주로 사회화의 관점에서 결정되는 것으로 보고 있다. 이에 비해 그린블라트Stephen Greenblatt가 염두에 두고 있는 것은 역사적 반향resonance 가운데 경이로움wonder을 높이려는 것이다. 그는 신역사주의가 지배적 방법론이 되어 가는 시점에서 쓴 글에서 이를 명백히 하고 있다. 여기에서 그는 코르테스Hernando Cortez가 유럽에 보낸 멕시코의 물품들을 보고 뒤러Albrecht Dürer가 느낀 경이로움에 주목하면서 다음과 같이 말한다.

> 예술가의 반응에 내재된 권력과 부의 관계를 무시하는 것은 오류이지만, 내 생각엔 그 반응을 그러한 관계의 직접적 표현이라고 해석하는 것 또한 오류일 것이다. 왜냐하면 뒤러는 정치구조와 시장으로부터 최소한 부분적으로는 독립된 미적이해—놀라움과 감탄과 앎의 한 형식—를 말하고 있기 때문이다. ("Resonance and Wonder" 88)

그린블라트의 역사주의는 주로 문학이 어떻게 당대의 역사와 공명하는 관계에 있었는가에 초점을 맞춰 온 것으로 여겨졌었다. 하지만 그는 궁극적으로 반향을 낳는 경이를 찾는 것이었지, 역사적 배경이라는 반향을 밝힘으로써 경이를 없애려는 것은 아님을 천명하고 있다. 이러한 관점에서 신역사주의의 기조를 설정한 그의 여러 저술과 함께 정복의 역사와 마술적 경이로움의 관계를 논한 저술(*Marvelous Possessions*) 역시 동일한 무게로 함께 읽혀야 한다. 그에게 미적 경이로움이란 역사적 조건과 상호 타자적 관계로 존재로 하면서, 이것은 문학에서 기술적 차원과 윤리적 차원, 사실적 차원과 상상적 차원, 어떠한 질문에 대한 답변자로서의 차원과 끝없는 질문제기자로서의 차원 모두가 완전히 상호 치환될 수는 없는 운동의 과정에 있음을 함의하고 있다.

이와 같은 문학의 타자적 차원은 우리가 우리를 계속적으로 초월할 수 있는 문화적 계기를 제공하는 발판 역할을 한다. 물론 문학에서 발견되는 이러한 차원은 그것의 상상적 차원에 있다고 할 수 있다. 이러한 점에서 우리는 주체의 상상적 차원에 라캉의 경우보다 더 적극적인 의미를 부여하는 카스토리아디스Cornelius Castoriadis에 귀 기울일 수 있겠다. 그는 라캉의 상상계l'imaginaire를 한층 적극적으로 주관적 측면에서 해석하고자 한다. 그는 상상계가 무엇의 반영이기보다는 전무인 상태에서 출발한다는 것을 강조하면서, 이를 진정한 의미의 상상의 차원으로 이해하고자 한다. "내가 말하는 상상계는 어떤 것의 상像이 아니다. 그것은 형상과 형식을 끊임없이 근본적으로 불확정적으로 (사회·역사적이고도 심리적으로) 창조하는 것이다. 이러한 전제 위에서만 '어떤 것'의 존재문제가 얘기될 수 있다"(3). 이것은 문학적 상상력과 같은 차원의 존재에 대한 논리와 윤리를 말해 준다. 그리고 이러한 윤리와 미학의 구도는 주체와 타자, 우리의 문화와 영문학, 그리고 문학이론과 문학의 관계를 논함에 있어서 연역적 논거를 제공할 수 있을 것이다. 문학이론이 문학작품을 스스로의 반성적 계기로 여겨야 할 이유가 여기에 있다.

■《영어영문학》(1998)

제2장

역사를 거슬러 새로운 역사로

—신역사주의에서 탈식민으로

I

'역사 바로 세우기'라는 한동안의 화두는 역사주의에 대한 신역사주의New Historicism의 명제일 수 있다. '역사 바로 세우기'의 논리는 오늘의 역사를 왜곡된 것으로 간주하며, 올바른 역사가 존재한다는 믿음을 전제로 한다. 하지만 여기에는 역사란 우리가 올바르다고 생각하는 방향으로 정립해 나가야 한다는, 따라서 역사는 항상 우리가 만들어 이를 지켜가야 한다는 전제 또한 내재한다. 역사를 중요시하고, 이러한 역사의 논리를 체계화하는 역사주의의 면모는 신역사주의에 와서 더욱 정교하게 실천되고 있다고 할 수 있다. 그런 만큼 신역사주의의 '역사 바로 세우기'는 역사주의의 논리와 의의를 끝까지 추구하여 기실 그 출발점과는 전혀 다른 면모를 보이는, 일면 역사 허물기 작업으로까지 보인다.

역사주의는 시간의 흐름에 주목한 존재론이자 인식론이다. 그것은 지나간 것과 지금, 어제와 오늘을 상호 비교하면서 서로의 내용과 의미를 조율한다. 그러나 이 비교의 포인트는 시간상의 한 지점이기보다는 그 시간 속에 형성된 일정한 공간이다. 특히 문학과 문화를 보는 방법론으로서의 역사주의는 어떤 사태의 배경, 즉 이러한 사태가 형성되는 역사적 공간의 조건과 내용을 강조하고자 한다. 우리의 일상적 경험 모두는 시간과 공간 속에 이루어지지만, 역사주의적 경험은 주로 시간을 공간화한다고 할 수 있을 것이다. 아무튼 역사주의는 그 내면적 논리에 있어서 시간과 공간의 차원이 문제적 구조를 형성하고 있다고 할 수 있지만, 역사주의 프로젝트의 이러한 면모는 논리적 모순에도 불구하고 그것의 존재이유와 문제의식을 요약하는 것이기도 하다.

II

신역사주의가 역사주의와 갖는 연계와 차별의 관계는 신역사주의의 이해에 도움을 준다. 신역사주의에서 특히 의식하고 있는 것은 19세기 이래로 서구에서 지속되어 온 역사주의적 방법이다. 이러한 역사주의는 전반적으로 이성에의 신뢰와 확대를 도모하는 계몽의 프로젝트에 대한 반론(Hamilton 2)과, 당대의 민족국가의 공고화와 상관관계를 갖는다. 한편으로 역사주의는 이성에 정초하여, 시대와 장소를 뛰어넘어 보편성을 추구하는 계몽주의와 반대의 입장에 서 있다. 그것은 구체적으로 모든 사회·문화원리가 시간의 무한궤도 속에서 끊임없이 재해석되어야 할 가능성과 필연성을 갖고 있음을 주장한다. 다른 한편으로 역사주의는 한 국가의 과거와 현재의 시대적, 민족적 차별성을 강조하면서, 자신의 민족사와 문화의 정당성과 가치를 강조하려는 의도를 노정하였다. 하지만 신역사주의에 와서 이 양자는 일정한 반성적 변화를 겪고 있다. 전체적으로 반성의 대상이 계몽론적 발전관에서는 미개한 과거였다면, 신역사주의에서는 오히려 오늘이라는 기준이며, 기존의 자민족 중심적 태도는 여러 문화 간의 접촉, 교류, 그리고 변화의 지점과 과정에 대한 관심으로 이동하였다.

하지만 신역사주의를 계몽의 프로젝트에 대한 일괄적 반론으로 보기는 힘들다. 가령 칸트Immanuel Kant의 계몽의 내용과 이에 대한 푸코Michel Foucault의 재론은 계몽의 프로젝트에 대한 신역사주의의 입장을 대변하고 있다고 할 수 있다. 칸트는 1784년 〈계몽이란 무엇인가?Was ist Aufklärung?〉 라는 짧은 에세이에서 계몽을 인간이 '스스로 야기한 미성숙'으로부터 벗어나 이성적으로 사고하게 되는 필연적·역사적 과정임을 강조한다(Kant, "An Answer to the Question: 'What is Enlightenment?'" 54). 푸코는 약 200년 후 이에 대한 같은 제목의 재론인 〈계몽이란 무엇인가?Qu'est-ce que les lumières?〉(1984)에서 이성이 우위를 점하게 되는 사회적 조건을 밝히는 것의 중요성을 말한다. 그에게 이성의 우위는 시대적 조건에 기인하는 사회현상으로서, 한층 궁극적인 질문은 이러한 사회역사적 조건의 내용에 대한 것이어야 한다. 덧붙여 여기에서 푸코가 문제시하고 있는 것은 칸트에게 인간의 무지는 스스로에 의해 야기된 것이고, 인간이 이를 교정해야 할 주체로 설정되고 있는 점이다(Foucault, "What Is Enlightenment?" 35). 표면적으로 푸코가 지나치게 형식논리에 집착하고 있는 듯 보일지 모르지만, 여기에서 그의 문제의식은 분명하다. 그는 한편으로 칸트가 인간 이성의 한계성 속에 이성의 능력과 내용을 밝히려 노력하고 있다고 평가하면서(*Order of Things* 317 참조), 이의 연장선에서 그 자신은 보다 개인적인 의지적 차원, 즉 윤리적 차원의 중요성을 강조하고자 한다. 그의 후기에 언급된 '삶의 미학'aesthetics of existence은 칸트에게서와 같이 "인간다움으로의 해방"이 아니라, 보들레르의 댄디와 같이 개인이 자신의 삶을 항상 창조하고 "스스로를 생산해내는" 것이어야 함을 말한다(*Politics* 49; "What Is Enlightenment?" 40-42; Dolar 266 참조). 이것은 분명 이성이나 비판보다는 의지적 결단이 중요시되는 근거이지만, 이러한 지향이 이성에 정면으로 대치되거나 이를 전적으로 회의하는 논리인지는 분명치 않다. 그 시작점의 일정한 의도와 달리, 푸코의 작업 과정과 그 궁극적 결론이 계속적인 비판과 반성적 사유과정 자체를 부정하고 있지 않는 것으로 보이기 때문이다.

'역사 바로 세우기'의 문제에서 분명해진 것이지만, 역사의 서술은 많은 부분이 민족과 국가 단위에 의해 의식적으로 이루어진다. 각 민족 단위로 역사를 재서술하고, 박물관을 세우고 하는 것들은 국가건설, 특히 결코 자연스럽지만은 않은 민족국가라는 형식의 인위적 면모를 거의 자연스러운 차원의 것으로 설정하기 위한 장치들이다(Anderson 194 참조). 이러한 민족국가의 형성에 있어서 두드러지는 것이 문학과 역사를 통하여 민족국가 형식에 미적 차원을 부여하는 작업이다. 벌랜트Lauren Berlant가 라캉의 이론을 빌어 명명한 '국가적 상징의 공간'space of the National Symbolic의 형성에 있어서 역사적 서사가 차지하는 비중은 막대하다(15). 후발 국가에게 이러한 민족 국가적 혹은 민족주의적 역사서술의 틀은 식민·제국주의적 국가에 대한 저항담론의 기능을 해 왔다. 외부적 존재에 대해 동등한 대화관계를 수립하는 데 있어 순기능을 한 민족주의적 담론은, 반면 내부적 대화관계를 억압하려는 경향을 띠곤 했다. 이는 내부적 대화관계의 억제를 통해 힘을 결집하여 외부적 대화관계를 유지하기 위해서였다. 이러한 민족주의적 역사서술은 필연적으로 위계적 구조, 즉 단성적 목소리를 담아 왔다. 특히 하위층과 여성의 목소리를 담지 못하는 민족주의적 역사서술의 불완전성에 대한 지적은 지속되고 있다. 가령 인도의 하위층 연구(Guha & Spivak 참조)와 하위층 여성에 대한 연구(Sangari & Vaid 참조)가 그 대표적 예이다. 여기에서 전자는 인도의 민족주의적 역사학이 얼마나 일부 부르주아 엘리트 중심의 담론이었는가를 밝히고 있다면, 후자는 민족주의와 하위층 연구 모두에서 배제된 하위층 여성의 문제를 거론하고 있다. 그러나 이는 신역사주의의 영향이나 그 한 측면이기보다는, 역사적 이해에 면밀한 반성을 촉구하는 독자적 목소리를 형성하면서 신역사주의를 넘어 탈식민 이론에로 관심을 이끄는 데 중요한 역할을 하고 있다.

신역사주의는 역사주의와의 연계와 차별에 못지않게, 동시대 다른 방법론과 긴장 관계에서 생성되고 전개되어 왔다. 우선 신역사주의를 표방하는 비평에서 자주 마르크스주의와의 차별성이 강조되고 있지만, 오히려 넓은 의미에서의 연계가 강조되어야 할 것이다. 신역사주의의 마르크스주의와의 차별점은 그것이 마르크스주의의 해방의 논리를 하나의 거대서사로 여기고 있다는 것이다. 이것은 분명 마르크스주의에 대한 포스트모더니즘의 반론을 이어받은 것이기도 하다. 그러면서도 신역사주의가 특히 거대서사로서의 마르크스주의에 제기하는 불만은, 그에 따른 지나친 법칙성으로 인해 모든 역사적 사건들이 개별적인 차별성을 잃고 항상 하나의 차원에서 해석되고 예측된다는 데 있다(Greenblatt, "'Intensifying the surprise" 126). 신역사주의는 마르크스주의가 역사와 사회의 운동에 있어서 문화 혹은 언어 현상을 필연적으로 단순화하고 있다는 불만 또한 갖고 있다. 물론 마르크스주의는 '이론적 실천'이라는 명제에서 나타나듯 이론적 차원을 등한히 하고 있는 것은 아니지만, 아직 구조주의나 포스트모더니즘에서와 같은 언어적 매개에 대한 충분한 고려에는 미치지 못하고 있는 느낌이다. 반면 신역사주의는 역사 해석에 있어서 문화적, 언어적 차원을 도입하여, 사회 전반의 텍스트성을 간과하지 않는다. 이것은 신역사주의가 그만큼 이론적, 문화적 활동의 정당성과 효율성을 강조하고 있다는 것을 보여 준다. 여기에서 분명해지는 것은 신역사주의와 마르크스주의의 차별성이 역사적 현실과 문화적 텍스트를 잇는 연결고리에 부여하는 역할의 정도 차이에 있다는 것이다. 다른 한편으로 양자의 전반적인 연속성으로 1960년대 자유주의적 세대가 학계의 중심으로 부각되는 시점에 신역사주의가 있다고 설명하기도 한다. 여러 가지 반론에도 불구하고 문학을 역사와 사회전반의 현상과 연결하려고 노력한다는 관점에서 신역사주의는 분명 오늘의 학계 내에서 좌파적 시각에 일정한 도움을 주고 있다고 해야 할 것이다.

마르크스주의와의 연관과 달리, 신역사주의는 정신분석학과 차별의 관점에서 이해되어 왔다. 우선적으로 정신분석학이 주로 인간의 내면세계에 집중했다면, 역사주의는 외부 세계에 주목해 왔다고 할 수 있다. 역사주의는 프로이트의 이론이 시대와 장소에 관계없이 인간의 보편적 특질을 말하고 있는 듯한 부분에 특히 거부감을 표시한다. 가령, 프로이트의 이론이 무엇보다도 핵가족이라는 특정한 사회현상 혹은 자본주의 체제와 관계한다는 주장(Jameson, *The Political Unconscious* 62 참조; Timpanaro 13)은 역사주의적 반론의 한 예에 불과하다. 푸코의 초기 저작인 《정신병과 심리학*Maladie mentale et psychologie*》은 그의 프로이트에 대한 생각의 궤적을 잘 보여 준다. 2부로 구성된 이 저작은 1954년에 처음 출판되었으며, 특히 제2부는 1962년에 다시 쓰여서 출판되었다. 이 책 1부에서 프로이트적 용어와 조건에 의한 논의와 평가는 2부에서 푸코 자신의 용어로 대체되면서, 광인의 모습을 규정해 가는 사회의 체계적 행태와 그 조건을 밝히는 작업으로 옮아가고 있다(*Mental Illness and Psychology* 79-80). 그린블라트의 정신분석학에 대한 불만 역시 이러한 선상에 있다. 가령, 그는 16세기 프랑스에서 남편인 마르탱 게르Martin Guerre라 자처하며 부인을 빼앗으려 했던 희귀한 이야기를 통해, 인간의 주체가 정신적이기보다는 얼마나 육체적이고 사회적인 것에 의해 확인되고 인정되며, 더 나아가 오늘날 정신분석학에서 상정하는 의미에서의 주체가 초역사적이기보다는 사실 르네상스기를 거치면서 역사적으로 형성된 것임을 주장한다. 이를 통해 그는 정신분석학이 보편성보다는 역사적 조건의 자장 안에 있으며, 그것은 역사에 앞서기보다는 항상 역사의 뒤편에서 역사를 정리하면서 생겨나는 후발적 해석체계에 불과하다고 말한다(Greenblatt, "Pyschoanalysis and Renaissance Culture" 216 & 221). 하지만 그린블라트 자신을 포함하여, 요즘에는 신역사주의가 정신분석학을 원용하거나, 그것과 연계하려는 시도가 증가하고 있다. 이 점은 분명 전통적 역사주의와는 다른 신역사주의의 면모 혹은 신역사주의 이후에 대한 모색의 일환으로 보이며 이에 관해서는 이 장의 말미에서 다시 논의할 것이다.

해체론은 신역사주의와 가장 근접한 갈등관계에 있었다고 할 수 있다. 이는 고지히Wlad Godzich가 드 만Paul de Man의 법칙화하지 않는 지속적인 해체적 읽기를 평가하면서 잘 지적하고 있다. 그에 따르면, 윤리적, 정치적 문학비평에 있어서 "미학적 판단은 이념적 가치 구조물에 의해 대체되거나 덧씌워지게 되었으며, 이 이념적 가치 구조물이 오늘날 항용 미학적인 것으로 간주되고 있다. 그러나 드 만이 주장하듯이, 저변에 깔려 있는 미학적 판단은 이러한 덧씌움을 용인하려 하지 않는 동시에 적극적으로 이를 제기하고자 한다. 오로지 글 읽기와 같은 행위를 통해서만이 우리는 이러한 과정에 접근할 수 있으며 또한 이념적 덧씌움에 대한 자료의 저항을 체험할 수 있다"(에쉬 564). 이러한 관점에서 역사주의 등 외연적 지평에서의 읽기는 글 읽기를 체계화함으로써, 지속적 읽기의 가능성을 한순간과 단면적 틀로 안정화하면서 궁극적으로 진정한 읽기 과정을 포기한다는 것이다. 2차 대전 당시의 드 만의 친나치적 글을 둘러싼 논쟁은 신역사주의가 해체론 자체를 역사화하려는 시도이기보다는 신역사주의와 해체론의 이전투구로 보였다. 이에 따라 그것은 어느 정도 역사주의의 냉혹한 진실 발굴이자 그 자체의 단순성과 경직성을 노정하면서, 문학적 방법론에 대한 평가와 논의이기보다는 그러한 방법론을 둘러싼 세속적 권력관계의 흐름을 더 잘 보여 주는 예이기도 했다. 그런 만큼 그것은 문학연구 방법론이 현실적 연관성을 보여 준다는 점에서 결론적으로는 신역사주의의 승리라고 할 수 있을지 모르나, 그것의 극단적 단면을 보여주면서 제3의 방법론으로 나아가야 한다는 계기를 제공했다고 해도 과언이 아니다.

그러나 한편 이러한 해체적 읽기의 논리가 신역사주의적 읽기로 이어지고 있는 바는 간과할 수 없다. 신역사주의의 읽기는 현재 해석자의 역사적 공간에 흐르는 에너지에 주목하면서 항상 불안정성 위에 놓여 있다. 여기에서 신역사주의는 해체적 읽기의 정신을 나름대로 견지하고 있는 방법론으로 보여진다. 신역사주의 이론가 몬트로스Louis Montrose는 해체적 읽기의 "텍스트 바깥의 것은 없다"는 명제가 텍스트 담론의 이데올로기적 힘을 강조한다고 평가한다. 구체적으로 그는 해체론이 서구의 위계적으로 구조화된 이항 대립적 이데올로기를 분석하는 가장 강력한 도구라고 평가하면서, "해체적 실행이 또한 무엇보다도 정치적이며 제도적인 실행"임을 인정하고 있다(몬트로스 574). 여기에서 신역사주의가 해체적 읽기에 내재한 정치적 함의를 어느 정도 이어받고 있는 방법론임을 알 수 있다.

이제까지의 논의대로 신역사주의는 여러 가지 방법론과 이론적 시각들을 결합하고 있다. 여기에서는 이러한 여러 요소가 모순 없이 유기적으로 연관되기보다는 상호 갈등하고 충돌하는 가운데 오히려 탄력성 있는 실천 모델로 기능하고 있다. 이와 같이 여러 가지 요소가 통합되기보다는 상호 긴장하며, 단절된 방법론으로서의 신역사주의는 어느 정도 실용주의라는 미국적 면모와 그 궤를 같이하는 것으로 보인다. 가령 미국의 대표적 신실용주의자 로티Richard Rorty에서와 같이 지식이 실재 세계와 반영관계에 있지 않다는 반표상적 언어관, 다시 말해 지식과 언어가 '자연의 거울'mirror of nature이 아니라는 주장 등은 신역사주의의 등장과 활동의 여지를 부여하였다고 할 수 있다. 물론 신역사주의와 해체론의 분위기 속에 나온 하나의 유형인 신실용주의는 전적으로 어떤 형식이 되었든 모든 이론적 작업을 거부하고 있으나(Michaels & Knapp), 이러한 극단적 면모가 신역사주의와 상통한다고 보기는 어렵다. 다른 한편으로, 민주주의 정치체제를 인류 역사의 끝, 즉 정점으로 여기면서 미국적 체제의 승리를 말하는 후쿠야마Francis Fukuyama의 《역사의 종언*The End of History*》(1992)과 신역사주의가 비교될 때 분명해지는 것은, 계속적인 해석 가능성을 열어두면서 근본적 진리의 발견을 부정하는 신역사주의와 신실용주의가 공히 극히 보수적인 경향들과 거리를 두고 있음을 알 수 있다.

III

방법론에 있어 총체적 시가에 대한 거부감은 역사의 흐름 자체를 단절된 불연속의 역사로 보게 한다. 벤야민Walter Benjamin이 "야만의 문서가 아닌 문화의 문서는 없다"("Eduard Fuchs" 233)라는 명제로 요약한 바와 같이, 이것은 일직선적인 역사발전에 대한 반성에서 시작한다. 그는 역사서술에 내재한 인위적 왜곡을 피하기 위해 푹스Eduard Fuchs의 무작의적이고도 단편적인 자료 수집 그리고 지배적, 억압적 서술로서의 역사를 벗어나는 불연속적 역사기록에 주목한다. 하지만, 신역사주의의 불연속적 역사 인식은 푸코에게 가장 직접적인 영향을 받았다고 할 수 있다. 푸코는 자신의 방법을 기존의 지성사history of ideas와 구별하여 지식의 고고학archaeology of knowledge이라 명명하는데, 여기에서의 고고학적 분석archaeological analysis은 깨진 도자기의 파편을 찾듯이 지식의 체계로 조직되지 않은 파편을 찾는다. 이는 수집된 파편으로 원래의 도자기를 복원하기 위한 것은 아니다. 파편들을 하나의 도자기로 복원하는 것은 필연적으로 하나의 위계질서, 하나의 서사라는 고정된 틀 속에 편입시켜 이 과정에서 상실되는 의미에 주목하지 않기 때문이다. 푸코에 의하면, 파편은 우선적으로 파편이라는 그 자체의 속성에 의해 연구되어, 도자기 형식 자체에 내재한 논리를 밝히는 역할을 해야 한다. 이 파편이 중심부 역사에서 배제된 여러 역사적 사건들이라고 할 때, 여기에 내재한 문제의식은 보다 분명해진다. 이를 적절히 설명해 주는 용어인 푸코의 '효과로서의 역사'effective history는 역사상의 사건을 어떤 항상적 변수보다는 각자의 가장 고유한 특성과 그것이 가장 첨예하게 발현되는 관점에서 보도록 권한다. 이것은 개체가 구조 내에서 영향을 행사하는 방식이 구조 내에서의 동질성보다는 차별성에 의한다는 것이다. 그런 만큼 그에게 "지식은 이해understanding가 아닌 단절cutting을 위한 것"(Foucault, "Nietzsche" 87-88), 즉 구별을 위한 것이 된다.

단절의 역사를 하나의 서사로 만드는 과정을 관찰하면, 역사 서술 자체에 또 다른 의문을 제기할 수 있다. 그것은 분명 역사서술이 얼마나 주변적인 것을 제외해 왔는가를 환기시킨다. 그러나 실제로 신역사주의가 본격적으로 역사학 분야 내에서 역사서술상의 기법 등에 어떤 직접적인 영향을 미치고 있는지는 분명하지 않다. 이러한 문제에 관해서 우리는 우선 역사 서술에서는 전혀 고려되지 않았거나 주변화되어 왔던 문학적 소여가 이제 일정한 중요성을 인정받았다는 것을 언급할 수 있다. 아리스토텔레스 이래로 역사학에 대한 문학의 우위는 문학연구 분야에서는 계속 주장되어 왔지만, 요즘에는 한층 본격적으로 역사와 문학과의 긴밀한 관계, 더 나아가 오히려 역사적 담론에 끼친 문학적 담론의 중요성이 부각되고 있다고 할 수 있다. 그 대표적인 경우가 역사학자 화이트Hayden White라 할 수 있다. 그는 19세기의 중요한 서구 역사가들 즉 헤겔, 미셸레, 랑케, 부르크하르트, 마르크스, 크로체 등에서 역사의 서사구조narrative structure가 어떻게 로망스, 비극, 희극 등과 같은 문학적 서사구조를 채용하고 있는지를 밝히고 있다(7).

또한 문학과 역사와의 관계에서 문학적인 것의 중요성은 역사 해석과 관련해서 파악된다. 역사와 연대기의 차이에서 분명하듯이, 역사는 단순한 시간 순서에 의한 기록이 아니라, 일정한 공간에서 시간 순서에 의해 일어나는 사건들의 인과관계를 밝혀 적는 것임은 주지의 사실이다. 여기에 필연적으로 역사가의 해석 체계와 의지가 개입된다. 하지만 신역사주의에 와서 더욱 더 역사서술에 있어서 개개 사건의 해석 작업과, 텍스트화된 역사를 지속적으로 재해석하는 작업의 중요성이 새로워졌다고 할 수 있다. 여기에서 우리는 문학해석 전통의 기원이 된 해석학Hermeneutics을 떠올리게 된다. 해석학은 가다머Hans-Georg Gadamer에 와서 하나의 절정을 이루고 있는데, 그의 저서 《진리와 방법*Wahrheit und Methode*》은 우리가 진리라고 일컫는 것이 얼마나 방법론적 진리를 의미하는지를 밝히고 있다. 그런 만큼 특히 자연 과학과 달리 인문학적 진리의 존재방식으로서의 방법은 객체적이기보다는 조정negotiations의 방식으로 존재한다. 신역사주의로 옮겨 오면, 과거에 대한 인지와 해석이라는 진리의 추구에 있어서 중요한 역할을 하는 것은 현재라는 조건과 현재의 해석자이다. 성서 해석학이 겸허하게 성서에 나타나는 신의 뜻을 파악하려고 했다면, 인본주의적 해석학은 오늘의 해석자의 지평의 한계와 함께 이에 대한 한층 적극적인 가치부여라는 전기를 가져왔었다. 그러나 신역사주의에서의 현재는 한편으로는 역사가 오늘에 의해 항상 재해석된다는 차원과 함께, 오늘의 역사 해석자가 당면한 인식론적, 존재론적 한계를 경고하는 차원을 갖는다. 이러한 한계 의식 속의 조정과 화의는 분명 신역사주의의 중요 테제로 인식되고 있다.

문제는 이러한 조정과 화의를 통한 교환과 순환—그것이 과거와 현재의 순환이든 텍스트와 실제 역사의 순환이든—이 진정으로 모든 실질적 경계들을 넘나드는 정도의 것인가이다. 그러한 교역은 결국 일정한 테두리를 벗어나지 못하고 있는 것이 아닌가? 신역사주의의 형식주의적 면모에 대한 공격은 가장 신랄하고도 아직 유효한 것으로 보인다. 초기의 리유Alan Liu는 신역사주의의 명제인 '텍스트의 역사성과 역사의 텍스트성'the historicity of texts and the textuality of history(Montrose 23)은 텍스트 내에 갇힌 해석학적 순환에 불과하다고 지적한다. 그는 해체론이 궁극적으로 형식주의적 틀에서 벗어나지 못한 것과 같이, 신역사주의는 일종의 재구성Reconstruction이라 평가한다(755 & 742). 이것은 신역사주의가 시간을 공간화함으로써 구조주의와 동일한 모습을 갖게 된 것이라는 지적과도 연관된다(Lehan 참조). 더 나아가 우리는 역사의식이라는 것 자체가 형식주의적 차원을 근간으로 하고 있다는 주장을 접할 수 있다. 이에 관해서는 특히 가셰Rodolphe Gasché의 견해에 귀 기울일 필요가 있다. 그에 따르면, 미학 이론의 정초를 세웠다고 할 수 있는 바움가르텐

Alexander Baumgarten 이래로 역사담론은 미학담론의 한 형태로서, 모든 역사주의적 노력은 총체성과 개별성이 어우러지는 일종의 거대한 시적인 질서를 형성하게 된다는 것이다(Gasché 141, 148, 151).

역사가 항상 시적질서에 버금가는 총체적 형식으로 우리에게 다가온다는 것은, 모든 역사적 인식과 이해에는 필연적으로 질서 정연한 형식미가 내재하고 있다는 것을 생각하게 한다. 그러므로 여기에서 일반적으로 신역사주의를 이해하는 데 항상 문제시되어 왔던 전복과 재강화의 문제를 재조명해야 할 것이다. 신역사주의는 그 초기에서부터 엘리자베스 시대와 같은 절대국가와 문학 그리고 문화 활동이 어떻게 서로 관련되어 있는지에 관심을 가져왔다. 여기에서 신역사주의는 세련된 마르크스주의 문학이론이 항상 증명하려고 노력해 온 문학의 전복적 차원에 대해 냉정한 판단을 내렸다. 그것은 표면적으로 전복적인 것이 오히려 어떻게 체제 유지적 차원을 갖는지, 다른 의미에서는 한 체제가 스스로의 형식을 유지하기 위해 얼마나 피상적으로만 체제 전복적인 것들을 생산하고 과시하고 있는지를 경고한다. 하지만 신역사주의가 더욱 전개됨에 따라 이에 대한 그린블라트의 대답은 불확실하다기보다는 매우 유동적인 것으로 변한다. 우리는 그의 초기 비평에서 "전복은 항상 끝없이 있으나, 오직 우리에게만 없다"There is subversion, no end of subversion, only not for us("Invisible Bullets" 45)라는 비관적인 결론을 접할 수 있었다. 이는 역사적 흐름 속에서는 여러 가지 정치·사회적 전복이 끊임없이 반복되고 있다고 해석될 수 있지만, 그것은 현재가 아닌 역사적 과거에 대해 판단하는 과정에서 인지된 것에 불과한 것이라는 설명이다. 하지만 그는 다른 글에서 이러한 역사적 과정 속에서도 개인적 개입의 여지를 전적으로 배제하고 있지는 않으며, 어떠한 체제 유지적 차원도 자기 전복적 차원으로 변형될 수 있다고 말한다(*Learning* 164-165). 신역사주의의 '에너지의 순환'circulation of energy 이라는 명제에서 보이듯 끊임없는 운동적 차원에의 관심이 여기에도 유지되고 있음을 알 수 있다. 이러한 명제가 지리적, 시간적, 영역적인 구획을 넘나드는 현상뿐만 아니라, 이러한 넘나들기가 평형을 찾기보다는 끊임없는 순환적 운동과정에 있음을 강조하는 것이라면, 이는 문학의 체제 전복과 재강화 일반에 관해서도 적용된다고 할 수 있다. 그러므로 항용 영국의 문화 유물론 Cultural Materialism과 비교하여 보다 보수적인 경향으로 인식되어 온 신역사주의에서도, 문화일반의 (조심스럽게 긍정과 부정이 반복되고 있는) 전복적 차원에 대한 정당한 주목이 요구된다.

오늘의 문화현상을 보는 제임슨Fredric Jameson과 리오타르Jean-François Lyotard의 견해차에 당면한 그린블라트의 제안은 문화해석에 필요한 이러한 역동적 과정의 한 예가 되고 있다("Towards a Poetics of Culture" 5-6). 그에 따르면, 오늘의 문화현상을 해석하는 데 있어서, 제임슨은 이를 지나치게 단편화와 파편화의 차원 즉 총체성의 결여에서, 리오타르는 이를 너무나 개체성이 파괴되는 것을 우려하는 차원 즉 개체성의 결여에서 그 문제점을 찾고 있다. 이와 같이 대립되는 주장 사이에서 그린블라트는 자본주의 사회 내에서는 파편화와 동일화가 동시에 진행되고 있거나 최소한 빠르게 상호 교차 반복되면서, 이들이 마치 동시적으로 일어나는 것으로 보인다고 설명한다. 여기에서 우리는 신역사주의가 참으로 자본주의적 논리 위에 있는 방법론임을 보게 된다. 즉 신역사주의에서의 순환적 면모와 끊임없는 움직임의 강조는 교환에 의해 가치를 창조하는 자본주의의 논리와 상동적 관계에 있는 것으로 보인다. 이것은 물론 신역사주의의 내면논리이거나 한계이면서도, 또한 그것이 오늘의 현상을 분석하는 데 적절한 방법론임을 시사하는 것일 수 있다.

이러한 문화현상의 체제전복과 재강화에 대한 논의는 궁극적으로 개체와 구조 사이의 관계 설정이라는 가장 근본적인 질문으로 이어진다. 신역사주의가 문학과 문화 연구에 있어서 개인적 차원을 극복하려는 여러 시도 가운데 가장 최근의 것임은 분명하다. 개인의 주체적 실천에 대한 지나친 강조는 오히려 개인에 대한 비가시적인 사회적 통제수단을 망각하는 경향이 있다는 것을 지적한다는 점에서(강두형 222), 신역사주의는 어느 정도 구조주의적 사고의 연장선에 있다. 특히 이는 알튀세르가 구조주의와 마르크시즘을 결합함으로써 구조주의적 마르크시즘으로 공식화해 해결하려 한 고민을 이어받고 있다. 주지하다시피, 알튀세르는 이데올로기라는 현상을 기존의 마르크스주의에서와 같이 한 지배집단의 이념으로 한정하기보다는, 사회구조적인 필연적 현상으로서 개인주체의 형성 원리로 인정하고 있다. 하지만 이와 동시에 토대 구조가 상부 구조를 절대적으로 지배한다는 논리 대신에 각 사회 영역의 상대적 자율성의 여지를 마련한 알튀세르에도 귀 기울일 필요가 있다. 바흐친의 대화적 전복 관계론이나 "저항 없는 권력관계는 없다"There are no relations of power without resistances(*Power/Knowledge* 142)는 푸코의 정리 등에서도 신역사주의가 내비치고 있는 인간 주체와 사회구조의 역학관계를 읽을 수 있다. 애초부터 그린블라트의 깊은 관심 또한 바로 자아 형성의 문제였으며, 그의 잠정적 결론은 자아가 절대 권력에 대한 복종에서 형성되었지만 그러한 자아는 계속적으로 자기전복의 과정 속에서 단순한 법칙화를 거부하고 있음을 강조한다(Greenblatt, *Renaissance Self-Fashioning* 9).

이러한 개체와 구조와의 관계를 문학현상 일반을 예로 하여 정리할 필요가 있다. 그것은 문학현상이 우리의 우선적 관심사이기도 하면서, 동시에 구조와 개체의 관계에 대한 은유적 설명의 역할을 할 수 있기 때문이다. 문학의 문학적, 미적 차원, 그것이 사회에 대하여 갖는 비판적 거리와 전복적 차원은 신역사주의 이전에 마르크스주의와 같은 사회문화적 비평에서 복잡한 이론화 과정의 한가운데에 있었다. 그런 만큼, 표면적으로 신역사주의가 이러한 문학의 미적 특수성과 전복적 차원이 궁극적으로는 현실 유지와 공고화의 방편에 지나지 않는다고 주장했을 때, 그것은 문학에 관련된 이들이 이제껏 인정하기를 꺼려했던 것을 너무나 적나라하게 인정하는 결과를 가져왔다. 하지만 신역사주의의 장에서 문학은 아직 문제적 위치에 있다고 할 수 있다. 사회적 구조 내의 예술적 차원에 대한 물음과 이를 역사의 주변부에서 중심부로 연결하려는 노력은 신역사주의에 지대한 영향을 미친 인류학자 기어츠Clifford Geertz에서 만날 수 있다. 그의 '두터운 묘사'thick description는 일상의 체험 속에서 얻어진 역사 주변부의 일화가 얼마나 문화 전반 그리고 역사의 중심부와 긴밀히 연결되어 있는가를 보여 주는 예로 주목되어 왔다. 사실 많은 신역사주의자들이 작품의 해석에 있어 작가의 사소한 일상사를 깊이 읽거나, 혹은 전혀 관련이 없어 보이는 당대의 한 주변사로부터 자신의 글을 시작하고 있는 것은 인도네시아 발리 지역의 닭싸움의 의미를 사회 구조적 차원으로 확장해 가는 기어츠의 스타일에 영향받았다. 하지만 기어츠에게 이러한 면이 특히 두드러진 것은 사실이지만, 이것은 인류학 일반에서 발견되는 기술방식이라 할 수 있다. 오히려 신역사주의에 대한 기어츠의 영향은 그의 작업이 보여 주고 있는 예술과 사회와의 관계라 해야 할 것이다. 가령, 그는 이슬람 문화에 있어서 시가 코란과 일상의 삶 사이에서 불안한 위치를 차지하고 있음을 보여 준다. 그것은 종교같이 신성한 것도 또 일상의 웅변같이 세속적인 것도 아니다. 이러한 위치 파악에 함의된 것은 문학을 단지 의사소통의 수단이나 해석해야 될 코드의 수준을 넘어, 생각의 한 형식으로 여겨야 한다는 것이다. 즉 예술은 외부 현실에의 의존과 그로부터의 자율과 초월 사이에서 카테고리를 정할 수 없는 위치에 있다(Geertz 117 & 120; Connor 237). 이러한 문희의 이중적 차원에 대한 한층 면밀한 관찰과 정리는 그 자체로 신역사주의의 중요한 과제 가운데 하나이다. 동시에 이것은 개체와 구조 사이의 관계를 모색하려는 노력의 또 다른 출발점이 되고 있다.

IV

한국에서의 신역사주의의 역사는 대략 1980년대 말에 시작된 것으로 여겨진다. 그것은 애초에 포스트모더니즘에 대한 불만과 이에 대한 대체의 논리로 관심을 끌었다고 할 수 있다(윤호병 288). 당시에 여전히 포스트모던에 대한 불만은 한편으로 그것이 우리의 현실을 설명하는 적절한 이론적 모델인가와, 다른 한편으로 오늘이 포스트모던의 모습을 갖는다면 이것이 가장 바람직한 사회의 모습인가에 대한 의문에 연유한 것 같다. 이러한 포스트모던의 논의에 대한 의문과, 민족문학론이 경직성을 노정(류보선 참조)하는 듯한 시점에서 신역사주의는 한층 사실성에 천착하는 논리로서 호소력 있게 다가왔다. 민족문학론과 포스트모던론이 정正과 반反의 관계에 있었다면, 어느 정도는 신역사주의가 이에 대한 합의 위치에 있는 것으로 느껴진다. 하지만 이는 단지 시간의 순서에 의한 논리 관계일 뿐, 진정으로 그 내용에 있어서 신역사주의가 합合의 관계에 있다고 평가하기는 힘들다. 포스트모더니즘이 개체적 자유를 우선한 철학이었다면, 신역사주의는 개체의 논리를 성립시키고 동시에 한계 짓는 (불평등한) 역사적 조건을 보다 세밀화하고 있다. 또한 신역사주의는 특정한 국지적 사회와 문화에 전 지구화하는 자본주의적 순환의 역학 관계를 환기해 줌으로써, 우리의 민족문학론에 일정한 반성적 성찰을 촉구한 것으로 보인다.

신역사주의는 문학이 문화와 사회적 공간에 관련되면서 언어 습득으로부터 지역학에까지 연계됨을 숙지시켰다. 신역사주의가 우리에게 문학에 대한 새로운 시각을 제시했다는 의의에도 불구하고, 한국에서의 영문학 등 외국문학 연구의 폭을 진정으로 넓혔는지는 분명치 않다. 그것은 특히 신역사주의적 연구에서 필수적인 것으로 보이는 일차적 역사 자료의 부재 때문이다. 가령 우리의 실정에서 각 시대의 대표적 신문 등이 얼마나 이용 가능한지 회의적일 수밖에 없기 때문이다. 다른 한편으로 문학연구 방법 자체가 여느 때보다 더 자본화되면서 소모품화하고 빨리 순환되면서, 우리가 이론에 따른 수확을 챙기기에 앞서 그것을 그저 소화하는 것에 급급하고 있음을 본다. 서두에서 우리는 역사주의와 신역사주의가 역사적 인식소인 시간을 공간의 차원으로 옮겨 놓고 있음을 보았다. 이러한 시간의 공간화는 변화의 문제에 대한 조망을 결여하고 있는 것으로 보인다. 푸코의 단절의 연속으로서의 역사는 윌리엄스Raymond Williams가 제시한 잔여, 지배, 부상 문화와 같은 단순하면서도 설득력 있는 역사 변화의 구도에도 미치지 못하고 있다. 그런 만큼 자주 지적되고 있듯이 신역사주의는 오히려 역사이론을 결여하고 있다는 비난을 받는다. 우리가 자생적 이론의 가능성, 또 앞으로의 이론과 역사 변화의 추이 등을 거론하는 데 있어서 신역사주의의 자기변형 능력을 기대할 수 있을지 주목된다.

신역사주의의 순환과 교환의 논리는 어떤 현상과 이의 해석이 본래적이기보다는 순환적임을 말하고 있다. 이것은 해체론이 정교하게 논증한 것이기도 하다. 이와 같은 순환의 과정에서는 진정한 시작점을 찾을 수는 없을 것이다. 하지만 우리가 진정성의 정도를 약간 완화한다면, 오히려 그러한 과정 가운데 어느 시점도 시작이 될 수 있기도 하다. 그러므로 이러한 시작은 논리적이기보다는 의지적, 윤리적 선택에 따른 것이며, 일회적이기보다는 복수적 시도의 문제임을 알 수 있다. 반복하면, 이는 칸트에서의 보편성, 초월성이라는 원래적 차원이 아니라, 푸코에서와 같이 국지적, 권력적, 윤리적 차원을 바탕으로 한다. 따라서 여기에서는 일정한 의미를 갖는 시작의 의의를 전적으로 배제한다기보다는, 그러한 시작의 형성과 내용이 권력관계를 배태한 것임을 인식하게 된다.

이러한 순환의 어느 한 시점의 중요성에 대한 인식과 이를 실천의 차원으로 옮기는 것이 바로 윤리이다. 인간의 자유는 진정한 의미의 인간의 윤리적 행동을 성립시키기 위한 전제 조건이지만, 칸트에서의 그것이 존재론적 필연의 차원에 머물렀다면, 푸코에서의 그것은 구체적인 역사적 조건에서 생성되고 소멸되는 일시적, 잠정적 차원 속에 있다. 바로 이와 같은 사회의 움직임과 개인의 삶에 대한 이해가 신역사주의의 역사관과 사회관이라고 할 수 있을 것이다. 이것은 구체적인 역사적 공간 속에 부분적이고 일시적인 의미밖에 없는 것으로 여겨지는 개인의 실천들을 권력의 공간 내에서 권력으로 무장한 개인의 시작으로 재인식해야 한다는 의의를 갖는다. 신역사주의의 순환과 교환의 논리는 사회와 개인의 관계의 망을 어느 정도 다른 각도에서 조망하는 시각을 제공하고 있다면, 이러한 사회적 순환의 과정은 개인적 잉여의 가능성을 전제로 하고 있다고 할 수 있다. 잉여는 교환의 목적이자 전제이기 때문이다. 하지만 이러한 개체의 시작과 잉여의 가능성이 문학적 차원의 문제로 전이될 때, 이에 대한 신역사주의의 입장은 아직 분명한 것이 아니다. 이 미적 잉여의 문제는 분명 마르크스주의에서의 미적 특수성의 문제를 연상시킨다. 물론 신역사주의는 미적 특수성이나 잉여의 문제를 역사화하면서 이들을 부정하는 것으로 귀착하고 있는 것으로 보인다. 하지만 어쩌면 이것이 또 문학연구자들이 계속적으로 의문을 던지고 재론해야 할 부분이라고 해야 할 것이다. 가령 앞 장에서 논의한 바와 같이 그린블라트에게 역사적 해석이라는 반향resonance은 경이로움wonder에서 출발한다. 그에게 경이로움이란 오늘의 역사에 대해 계속적으로 타자의 위치에 있다. 이러한 타자는 오늘의 자신의 역사와 문화에 대해 대척점에 있는 타자, 그리고 한 문화 안에서 항상 일정한 고정된 의미 분류에서 벗어나는 타자, 동시에 타자 속에서 발견되는 자아로서의 의미를 갖는다("Resonance and Wonder" 88; *Marvelous Possessions* 25). 여기에서 역사적 연구 속에서 생성, 유지되는 타자로서의 경이로움 혹은 미적 잉여의 존재는 지속적 관심의 대상으로 남는다.

신역사주의의 등장과 전개에서 보이듯이, 이러한 문학의 문학적 차원을 고찰해 가는 데 있어서도 신역사주의와 다른 몇몇 방법론 사이의 연계를 다시 생각해 볼 수 있다. 이러한 연계는 신역사주의의 포괄성으로 인해 가능하다. 우선 노동자 계급에 의한 일회적인 총체적 혁명Revolution을 말하는 전통적 마르크스주의에서와 달리, 포스트마르크스주의는 각 사회 계층의 진보적 역할이 복합적으로 엮어지면서 누적되는 조그만 혁명들revolutions이 점진적 변화를 가져올 것을 기대한다(Laclau & Mouffe 2). 그러므로 여기에서 주목되는 것은 개인의 단일하게 고정되기보다는 가변적이고 복수적인 정체성으로, 이것이 오늘날 여러 사회운동에 임기응변적으로 참여하고 동원될 수 있다는 점이다. 이에 따라 개인의 표면적이고도 일면적인 정체성을 떠나, 개개의 사건과 경우에 당면하여 개개인의 공통된 부분을 엮어 내는 사회 운동을 강조하게 된다. 이러한 공식의 중요성은 여러 사회적 구성단위의 정체성이 가변적 독자성을 유지하면서, 동시에 사회적 운동에 관여함을 이론적으로 뒷받침하고 있다는 것이다. 이를 문학이라는 사회단위에 적용하면, 문학성이라는 정체성 역시 '가변적으로' 존재하는 영역으로 설정될 수 있다. 이는 일정한 의미에서 문학성이라는 차원의 특수성과 역사성이 포괄될 수 있는 사유방식으로서, 신역사주의 이후의 문학성의 문제에 상당한 함의로 작용할 수 있을 것이다.

문화연구는 마르크스주의와 긴밀한 관계에서 발전해 왔다고 할 수 있다. 이것은 물론 윌리엄스와 그 이후의 발전을 살펴보면 분명해진다. 문화연구는 특히 문화를 중립적 차원에서 이데올로기적 차원으로 끌어내렸으며, 이와 함께 문화의 창조자에 못지않게 문화의 수용자가 갖는 역할과 역량에 강조점을 두고자 한다. 가령 TV 시청자는 단순한 일방적 소비자이기보다는 각자의 위치에 따라 그 내용을 달리 수용하는 적극적 사회단위임이 강조된다(Hall 참조). 이러한 수용자의 강조는 문화 해석자적 역할의 강조로 이어지면서, 투쟁의 장으로서의 문화공간, 나아가 대중적인 문화행위의 전복적 차원을 밝히는 것으로 이어진다(Hebdige 참조). 신역사주의가 과거 상황을 주로 다루면서 이것이 오늘의 상황에 대해 직·간접적 연계가 있음을 암시하고 있는 것과 달리, 문화이론은 직접적으로 오늘의 문제를 다루면서 문화의 역량에 대한 인식을 높이고 있다고 할 수 있다. 이런 점에서, 신역사주의가 오늘날의 한층 대중적인 문화공간의 중요성을 확인하고, 이에로 관심을 확대·이동하는 데 있어서 문화이론은 중요한 방법론적 성찰의 계기로 작용할 수 있다.

사회역사적 방법론과 정신분석학을 연결하려는 시도는 1960년대 이후 진지하게 시도되면서 일정한 성과를 거둔 것으로 여겨진다. 이 가운데 정신분석학을 마르크시즘과 연결하려던 프로이트 좌파의 노력과(최근의 성과는

Lichtman 참조), 이를 역사주의와 연결하려던 '심리역사'Psychohistory에서와 같이 역사주의와 정신분석을 연계하려던 시도가 주목할 만한 것이었다(Cocks & Crosby 참조). 그러나 특히 최근에 라캉 정신분석학의 사회문화적 함의가 연구되면서, 그의 이론과 신역사주의의 일정한 교호적 연계성이 기대될 수 있을 것으로 보인다. 가령, 기존의 역사 개념과 라캉의 실재계le réel의 연계 가능성은 알튀세르에서와 같이 구조적 원인, 즉 부재원인absent cause으로서의 역사와, 이어서 제임슨에서와 같이 무엇이 이루어졌는가를 보여 주기보다는 무엇이 이루어질 수 없었는가를 보여 주는 "불가능으로서의 역사"(*The Political Unconscious* 102) 등의 논의에서 이미 의미 있게 구체화되었다. 신역사주의의 등장 이후, 이러한 노력들은 더욱 그 지평을 넓혀 가면서 이러한 모색의 앞으로의 방향을 암시하는 작업들로 이어지고 있다(Teresa Brennan; Grieveson 참조). 기존의 노력들이 주로 역사를 설명하는 데 있어서 정신분석적 도구를 원용하여 그 설득력을 높이고자 한 것이었다면, 최근 이 분야에서의 논의들은 라캉의 실재계와 같은 가장 원초적 영역마저도 상당 부분 상징적 언어세계에 의해 영향을 받는다는 것—즉 상징화, 언어화, 그리고 역사화 과정에서 배제됨으로써 후발적으로 생성된다는 것—을 지적하고 있다(Shepherdson; Samuels 83). 이러한 진정한 의미의 역사와 정신분석의 상호 교직은 언어, 문화, 정치체제와 이념 모두에 내재한 논리적 오류와 이것이 인간의 인식론적·존재론적 필연임을 설명해 내려는 시도 등을 낳고 있다(Žižek, *The Sublime Object of Ideology* 참조).

마지막으로 신역사주의와 탈식민론과의 관계를 언급하지 않을 수 없다. 가령 영문학 연구의 의도적, 본격적 시작을 인도의 식민지화 과정에서 찾고 있는 연구에서와 같이(Viswanathan 참조), 신역사주의와 탈식민론의 결합은 중요한 결실을 낳고 있다. 특히 탈식민론은 점차 민족국가 체제의 정당성에 대한 반성적 성찰을 통해, 신역사주의의 순환과 교환의 지평이 전례 없는 범위와 속도로 이루어지고 있는 초국가화, 진 지구화 과정으로 확대되도록 요구하고 있다(Appadurai; Wilson & Dissanayake 참조). 우리가 이러한 과정 내의 문화연구를 신역사주의의 확대로, 아니면 탈식민 논의의 본령으로 파악해야 하는지는 논의의 여지가 있다. 어떻든 탈식민 논의의 재등장은 일정하게 신역사주의적 시각의 도움을 받고 있으며, 또 그 논의의 진전에 있어서 제1세계의 역사에 대한 고려는 필수적인 것으로 인식되고 있다. 신역사주의에게 이러한 조우는 자기 반성과 또 다른 진전의 계기가 될 수 있음에 분명하며, 이러한 교호적 긴장을 통해 우리는 역사 속에서 인간의 자유를 확대하는 "비강세적인 지식"(Said, *The World* 29)의 확대를 기대할 수 있을 것이다.

■《현대 비평과 이론》(1998)

제3장

윤리학과 미학의 문제적 구조

— 상호 관계의 재조망

I

우리 시대를 포스트모더니즘의 시대라 한다면, 그 두드러진 양상을 표현할 수 있는 말은 '미적인 것의 개화'라 할 수 있다. 이때 '미적'이란 매우 개별적인 취향이 인정받는 것, 특히 소위 실용적 차원보다는 사물과 사건이 그 자체로 인정을 받는 것을 염두에 둔 표현일 것이다. 모더니즘 시대 이후 훨씬 더 실험적 형식과 내용을 담고 있는 문학이나 건축 그리고 미술 등을 비롯한 여러 분야는 현실의 반영이기보다는 우선적으로 각 분야가 자기 논리를 최대한 발달시킨 경우가 많다. 오늘날 예술과 현실과의 관계가 리얼리즘론에서와 같이 반영론으로만 설명될 수 없는 차원을 갖는 것으로 보이는 이유가 여기에 있다. 예술 분야 안에서도 그 세부 영역들은 더욱 뿔뿔이 산종되어, 문학은 문학의 논리를, 건축은 건축의 논리를, 미술은 미술의 논리를 더욱 발달시키면서 자족적 공간을 형성하게 된 것이다.

하지만 '미적'이라는 말이 여기에서와 같이 결코 주관적인 것만을 의미하지 않았다는 것에 유의할 필요가 있다. 우리가 어떠한 상태를 '미적'이라고 느끼고 판단하는 것은 매우 주관적일 수 있다. 그렇지만 이러한 차원이 표현되고, 전달되고, 논의되는 차원에 있다는 것은 '미적'인 차원이 순수한 주관적, 개인적 차원에서 시작하여 매우 확대된 주관적, 객관적, 사회적 차원에 걸친 일정한 스펙트럼을 갖는 표현이자 개념임을 알게 해 준다. 따라서 이러한 느낌과 판단의 조건을 연구해 온 역사는 '미적'인 것이 갖는 객관적, 보편적 차원을 궁구하고자 한 의지의 역사적 전개를 보여 준다.

표면적으로 지극히 주관적인 것으로 보이는 미적인 차원을 객관적 기준에 따라 평가하고 논의하고자 하는 것은 이를 사회적 논의의 차원으로 끌어들이려는 노력의 결과이다. 미적인 것의 사회적 차원을 논하는 가운데 중요한 관점으로 부각된 것이 윤리적인 차원이다. 윤리적 차원은 미학적 차원과 사회적 차원을 이으려는 시도 가운데 중간 매개로 작용할 수 있었다. 하지만 이런 가운데서도 그것은 미적인 것과 항용 대척점에 있는 것으로 생각되기 쉬운 것이었고, 이러한 관점에서 결과하는 둘의 관계는 긍정적이기보다는 상호 부정적인 것이었다. 그 가장 전형적인 예가 바로 플라톤의 예술에 대한 논의에서 찾아진다.

플라톤은 《국가》에서 예술이 진실을 전하지 못하고 감정에 치우치며 이에 따라 우리의 판단을 그르치게 한다고 주장하였다. 플라톤적 사유 틀은 우리의 현실 대상을 이데아적 세계의 모사적 반영에서 기원하는 것으로 설명하고 있으며, 결국 예술가의 모사는 이러한 모사물을 다시 모사하는 즉 진실된 이데아의 세계로부터는 한층 더 거리를 갖는 모사에 지나지 않게 된다. 그의 소위 '시인 추방론'에 따르면 마차를 만드는 기술자들은 마차에 대해 진정으로 전문가적인 지식을 갖고 있지만, 마차에 대해 얘기하는 예술가들은 전혀 그렇지 못하다. 호메로스가 그의 서사시에서 자세하고도 감동적으로 마차에 대해 얘기하고 있지만, 정작 그는 마차에 대해 전문가적 지식을 갖고 있는 것은 아니다. 그러므로 그가 그려내고 있는 마차는 진실된 것이기보다는 허상에 지나지 않는다는 것이다. 게다가, 예술가들은 주로 사람들의 감정에 호소하여, 균형 잡힌 영혼보다는 감정에 치우친, 타락한 비도덕적 젊은이를 만들어 내는 경향이 있다는 것이다(595-611).

플라톤의 이러한 논리는 역설적으로 예술을 예술의 영역에 한정하지 않고 있다는 의의를 갖는다. 하지만 그것은 예술과 사회와의 관계를 긍정적이기보다는 부정적으로 공식화하고 있다. 그의 주장은 예술과 사회 윤리를 대립적으로 보는 논리의 시조가 된다. 그러면서도 둘의 관계를 달리 보려는 계기 또한 되었다고 할 수 있다. 플라톤의 예술론과는 거리를 두는 다른 계보의 대표자는 아리스토텔레스이다. 아리스토텔레스는 플라톤의 생각에 대해 상당한 유보적 논리를 제공하고 있다. 플라톤의 경우와 달리 아리스토텔레스는 미적인 것에 나름대로의 원리가 있음을 상정하고, 이를 상술하고자 했다. 이러한 과정을 통해 그는 미적인 것에 일정한 사회적 정당성을 부여하고자 한다. 그 역시 예술이 젊은이들의 도덕적 성장에 영향을 미친다고 말하지만 그것은 플라톤의 경우보다 훨씬 더 긍정적이다. 그의 모방론에 따르면 독자는 모방에 의해 감정적 카타르시스 즉 감정을 씻어내는 과정을 겪게 되는데, 사람은 이를 통해 한층 균형 잡힌 존재로 되돌아올 수 있다는 것이다 (Aristotle, "Poetics" 95 [1449b6]; *The Politics* 473-74 [VIII vii 1341b32]).

이 두 가지 역사적 전형을 비교해 볼 때, 플라톤의 예술론이 분명 더 일반인에게 회자되는 것이라면, 아리스토텔레스의 그것은 주로 예술 분야의 일부 전문가들에게 알려지고 선호되는 것으로 보인다. 플라톤의 논리가 비록 추상적이지만 더 원대하고 정연한 것이라면, 아리스토텔레스의 논리는 예술이 사람들에게 기쁨을 주는 현실을 최대한 긍정적으로 설명해 내려는 노력의 산물이다. 미학과 윤리학의 관계 설정에 있어 두 철학자를 극단적으로 특징지어 설명하자면, 플라톤은 미와 예술성을 도덕성으로 환원하고 도덕의 관점에서 미적 차원의 것을 무력화했다면, 아리스토텔레스는 미와 예술성이 도덕성 회복에 우회적 과정을 거쳐 기여할 수 있음을 설명하고 그 상호 생산적 관계를 추출해 내고자 한 것으로 정리할 수 있을 것이다.

동양의 경우 또한 예외가 아니다. 가령, 중국 미학의 경우도 윤리 도덕과 긴밀한 관계에 있어 왔다. 이택후李澤厚와 유강기劉綱紀가 주편主編한 저명한 저서인《중국미학사》에 잘 나타나 있듯이, 서구 사회의 시민이라는 정치적 관계와는 상당히 다른 면모를 갖는 중국에서의 미학은 씨족과 혈연 등 위계질서가 강한 사회를 그 배경으로 한다. 이러한 중국 사회에서 사회적 덕목 가운데 윤리 도덕은 가장 중요한 위치를 차지한다. 이에 따라 두 저자는 중국미학의 특징 가운데 맨 첫 번째 것으로 미학과 윤리학의 통일을 꼽는다.

> 중국 예술은 역사적으로 윤리·도덕상의 감화 효과를 중시하는데, 미학상으로 말하면 미와 선의 통일 요구로 나타난다. 그러므로 중국 미학은 심미 의식 속에 순수하고 고상한 도덕감이 구비되기를 요구하며, 그의 사회적 가치를 중시하는 반면, 관능적 향수享受는 무료하고 저급한 것으로 배격한다. 그런데 그 심미라는 것은 협애한 윤리의 범위 내에 제한되는 경향이 강하므로, 이것은 인간의 개성과 사회적 심미 의식의 좀더 자유로운 발전을 저해하는 경향이 컸던 것이다. (24)

여기에서 끝으로 한 가지 언급해야 할 사항은 도덕과 윤리와의 관계이다. 물론 이 두 개념은 상당히 동의어적으로 사용되고 있는 것이 사실이다. 하지만 그 위계에 있어 도덕이 윤리보다는 더 초월적이자 상위의 개념으로 보인다. 그런 만큼 그것은 윤리가 도덕보다는 더 원초적이자 개인적 차원에서 출발하고 있는 개념인 것을 말해 준다고 할 수 있다.

II

포스트모더니즘 시대가 본격화되고 또 이에 대해 어느 정도 반성적으로 논의되는 시점에서 '윤리'의 문제가 대두되기 시작한 것은 당연한 귀결이었다.[3] 무엇보다도 그것은 포스트모더니즘의 미학적 차원이 갖는 주관적, 분열적 양상에 대한 반성적 성찰에 기인하는 것으로 보일 수 있다. 하지만 그것은 동시에 앞에서 논의한 바와 같이 미학이라는 개념 혹은 범주에 논리적으로 내재하는 객관적, 공적, 사회적 차원이 낳은 결과라고도 보아야 한다. 바로 이러한 내적 구조가 포스트모더니즘의 윤리적 전환 혹은 지향의 주요 추동력이 되었다는 것이 오히려 올바른 관찰일 것이다.

포스트모더니즘의 미학이 윤리학으로 이어지고 전환하는 과정에서 고민하여야 할 사안은 이미 역사적으로 대두되었고 또 여전히 논쟁거리로 남아 있는 사안이라고 할 수 있다. 그것은 20세기 초반 파시즘에서 "미학의 정치화" 그리고 "정치의 미학화"라는 상황의 전개에서 가장 전형적으로 나타났다. "미학의 정치화"와 "정치의 미학화"는 벤야민의 용어이다. 그는 〈기술 복제 시대의 예술 작품Das Kunstwerk im Zeitalter seiner technischen Reproduzierbarkeit〉(1936)

3 포스트모더니즘 이후의 윤리적 측면에 대한 관심은 가령 Gibson, *Postmodernity, Ethics and the Novel*(1999); Garber, Hanssen, & Walkowitz, eds., *The Turn to Ethics*(2000) 등에서 대표적으로 확인할 수 있다.

에서 파시즘이 어떻게 정치를 예술화하는 전략을 구사하고 있는지를 설명한다. 이에 따르면 파시즘은 정치적 행위를 단순히 미화하는 차원에 머물지 않고 이를 한층 미적으로 체계화하는 데 주력하였다. 이러한 상황 속에서 벤야민의 작업이 지향하고자 하는 바는 예술의 정치적 측면을 들춰 내는 것이었고, 그 최종 목표는 사회주의 미학에서와 같이 예술을 정치화하는 것이다.

벤야민은 정치의 미학화 과정 가운데 가장 대표적인 예로 가령 국민을 전장으로 내몰면서도 그들을 감격에 겨워 가슴 뭉클하게 만드는 과정을 든다. 벤야민은 자신의 논의의 "후기" 첫머리에 붙인 각주에서 현대의 기술적 발전이 어떻게 파시즘 정치와 연결되고 있는지를 지적한다. 그에 따르면 뉴스 영화와 같은 기술은 대규모 퍼레이드와 스포츠 행사 그리고 전쟁 등을 카메라와 사운드 기술로 잡아내고 또 이들을 무한히 복제하여 대중의 코앞에 들이댄다. 뉴스 영화의 카메라는 개인의 나안裸眼으로는 불가능한 수준의 훨씬 다면적이고, 확대되고, 또 활동적인 몸짓과 광경을 웅장하게 연출해 낸다. 그것은 수만 명이 운집하고 움직이는 면모를 파노라마식으로 보여 주게 된다. 이러한 연출의 정점에 전쟁이 있다. 벤야민은 이러한 과정 속에서 파시즘적 정치와 전쟁이 미학화되고 있다고 주장한다. 특히 여기에서의 미학화는 어떠한 사회적 혁명 즉 대중의 경제적 삶의 질을 향상시키는 변혁이 없는 보수적 상태를 지속시킬 뿐이다. 그가 "파시즘은 대중에게 그들의 권리를 부여하는 것이 아니라, 단지 그들을 표현할 기회만을 준다"고 설명하는 이유가 여기에 있다. 파시즘은 이와 같이 미학이 과잉인 지배체제라 할 수 있다(Benjamin, "The Work of Art" 688-689; Jay 41).

이런 점에서 20세기에 있어 미학과 윤리학의 교차와 결합 현상은 상당히 부정적인 측면을 노정하는 것으로 시작하였다고 할 수 있다. 더구나 벤야민이 어느 정도 희망을 두었던 예술의 정치화 즉 예술에 내재한 정치적 차원을 환기하면서 이를 적극적으로 일깨우려는 사회주의적 미학 역시 미학적으로 치명적인 한계를 보여 주었다는 것이 우리가 역사적으로 경험한 바이다. 정치의 미학화와 미학의 정치화라는 두 경향이 갖는 한계로 점철된 것이 20세기 전반기의 상황이었고, 그 영향으로 후반기의 서두에는 미학과 윤리학의 결합보다는 상호 분리와 각자의 독자성이 강조되고 실천된 것으로 거칠게나마 요약할 수 있을 것이다. 포스트모더니즘은 이러한 경향을 반영하고 이의 연장에 있는 사조 가운데 하나이다.

포스트모더니즘은 질서보다는 자유를, 사회보다는 개인을, 보편보다는 특수를 더 근본적인 기조로 삼고 있다. 이런 점에서 그것은 윤리적이거나 정치적이기보다는 미학적인 움직임으로 보인다. 하지만 우리는 그러한 미학적 움직임이 곧바로 혹은 함축적으로 매우 사회문화적인 움직임이고 또 그 심저에 윤리적이자 정치적인 욕망을 담고 있음을 알 수 있다. 벤야민이 경고하고 있는 정치의 미학화에서부터 포스트모더니즘의 미학적 경향으로 이어지는 스펙트럼 자체도 단층적이기보다는 다층적인 것으로, 나름대로의 윤리적 차원을 내포하고 있다. 이러한 경향을 설명할 수 있는 틀 가운데 하나가 칸트의 미학 체계이다.

여기에서 칸트의 논리를 거론하는 것은 그것이 20세기의 문화적 추이에 어떤 직접적 영향력이 있다거나 관련이 깊어서는 아니다. 그것은 20세기의 문화 논리에서도 칸트 철학이 직면하고 풀어내고자 한 문제적 틀이 반복되고 있다는 판단에서이다. 그것은 또 칸트의 논의가 매우 초월적인 차원에서 미학과 윤리학이 당면할 수 있는 문제를 궁구한 측면이 있기 때문이다. 여기에 또 다른 이유를 든다면, 드 만Paul de Man 그리고 리오타르Jean-François

Lyotard와 같은 이론가들이 현대 사회와 문화를 논함에 있어 칸트적 틀의 의의와 한계를 매우 중요한 예로 사용하고 있기 때문이기도 하다.

칸트의 미학적 언명은 윤리에 대한 논의의 마지막에서 시작하고 있다. 칸트는 윤리 문제를 다룬 《실천이성 비판*Kritik der praktischen Vernunft*》(1788)의 마지막 부분에서 다음과 같이 인구에 회자되는 언명을 하고 있다. "생각하면 할수록 나를 새록새록 점점 더 크고 높은 경탄과 경외감으로 채우는 두 가지는 내 머리 위에서 별이 총총히 빛나는 하늘과 내 마음속의 도덕법이다." 이 말은 그의 윤리적 논구를 요약하는 말이지만, 동시에 그 표현상의 아름다움으로 매우 인상적인 것이기도 하다. 이 저작에 이어져 있는 것이 그의 미학에 대한 논구인 《판단력 비판*Kritik der Urteilskraft*》(1790)임을 기억한다면, 그의 이러한 표현은 윤리학과 미학을 잇는 매우 짧지만 의미 있는 가교라 할 수 있다. 오히려 여기서는 미학적인 것이 윤리적인 것에 갖는 함의를 은유적으로 표현하고 있다고까지 말할 수도 있을 것이다.

서양 근대 미학의 주된 기조는 확고한 법칙성보다는 인간의, 그리고 개개인의 주관적 이해를 적극 수용하고 또 이를 정당한 기준으로 삼고자 하는 것이라 요약할 수 있다. 특히 개개인의 주관적 이해에서 가장 중요한 것은 바로 개인의 감성적 측면이다. 이에 대해서는 두 가지 부연 설명이 가능하다. 한편으로 그것은 근대적 이성에 대한 반론적 성격이 강하면서도, 다른 한편으로 근대적 계몽주의가 이성의 기초를 개인에 두고자 한 것과 같이, 감성에의 관심 역시 가장 개인적인 영역을 바루 감성에서 찾은 결과이기도 하다. 미학을 하나의 학문으로 정립하면서 근대 미학의 길을 연 바움가르텐의 《미학*Aesthetica*》(1750-1758)은 분명 이성 일반과 개별적 감성을 어떻게 상호 연결하여 이해할 것인가라는 프로젝트에 다름 아니다(Eagleton, *The Ideology of the Aesthetic*

15). 여기에서 알 수 있듯이, 놓쳐서는 안 될 사항은 이와 같이 감성이 가장 개인적인 것으로 여겨짐과 동시에 이것이 어떻게 그 연장과 확대 선상에서 타인에게도 설득력 있는 기준이 되고, 또 더 나아가 하나의 안정적인 사회적 정초로서 기능할 수 있는가의 문제가 곧바로 제기된다는 것이다. 기실 흄David Hume과 같이 모든 인식의 정초를 개인적 감성에서 찾고자 하는 감각적 혹은 개인주의적 경험주의자들의 논제는 바로 이렇게 순수한 개인적 차원의 것이 동시에 어떻게 사회적 차원의 것일 수 있는가라는 문제라 할 수 있다.

칸트의 미학은 분명 바움가르텐에서 시작하는 고민을 이어받고 있다. 칸트가 개인적 감성을 취미 혹은 취향이라 정의하면서 이를 논하는 방식 자체가 바로 이에 대한 객관적 논의가 가능하다는 사실을 전제하고 있고 또 이를 중요한 결론으로 삼고 있다. 그는 《순수이성 비판*Kritik der reinen Vernunft*》(1781)에서 이성의 초월적 차원을 논증하고, 《실천이성 비판》에서 정언 명령이라는 보편적 차원의 윤리를 논증하였다면, 《판단력 비판》에서는 바로 취미 판단이 공유 가능한 판단으로서의 보편 타당성을 갖는다는 것을 논증하고자 하였다. 그런 만큼 '취미의 공통감'sensus communis이라는 것 자체가 바로 일정한 공동체적 즉 윤리적 함의를 갖는다고 할 수 있다. 칸트가 "선한 것의 상징으로서의 아름다움"(*Critique of Judgment* 196-200)이라는 논제에서 설명하고 있는 것은 바로 미적인 것이 다른 사람들의 동의를 구할 수 있는 김징 가운데 하나이고, 그것은 또 어떤 보편적인 차원을 갖는다는 것이다(김광명 236-237, 240-241).

여기에 이어 반드시 논의해야 할 것은 칸트의 숭고미이다. 이는 칸트의 미학이 아름다움과 숭고미를 구분하여 논의하고 있기 때문이며, 특히 이 숭고미론이 그의 미학에 더 큰 비중을 갖고 있기 때문이다. 칸트의 숭고미론에 대한 논의에서 무엇보다도 우선해야 할 경고는 칸트에게 아무리 장엄한 자연 경관이라도 그 자체로는 숭고하지 않다는 점이다. 그에게 숭고미는 황량하고, 거칠며, 불규칙하고, 무질서한 자연을 보는 인간의 내면에서 발생한다. 즉 칸트는 진정한 숭고미를 자연적 대상 자체의 속성이 아니라 이를 판단하는 인간의 내면에서 찾고자 하는데, 특히 그는 숭고미가 인간의 정신이 감각을 넘어설 수 있는 능력이 있다는 것을 증명하는 적절한 예임을 설명하고자 한다(*Critique of Judgment* 89). 이를 부연하자면, '숭고'라는 느낌 혹은 개념은 이와 같은 감성 그리고 상상력이 느끼는 자기 한계에 기인하는 고통을 수반하는 상황이다. 반면 이성은 이러한 숭고의 대상이 갖는 특성을 관념적으로는 파악할 수 있게 되는데, 즉 그것이 상상을 뛰어넘는 초감각적 그 어떤 존재임을 어렴풋이 인시하게 되는데, 여기에서 감성적 상상력과 이성적 능력 사이의 괴리를 인식하게 되며, 바로 이것이 숭고미를 느끼는 순간이 된다(96).

숭고미는 '부정의 시학'을 통해 제시된다고 말하는 연유가 여기에 있다. 숭고한 대상 앞에서 우리의 상상력은 오히려 좌절감을 느끼게 된다는 것이다. 가령, 어둡고 무한한 우주 속에서 경외감과 숭고함의 전율을 느낀다면, 그것은 이성Reason으로 우리가 우주에 대해 갖게 되는 이념Idea 즉 우주의 어둠과 무한성에 대한 인지에 따른 것이다. 칸트는 이러한 이념에 비해 우리의 느낌과 상상력은 단지 주어진 우주의 한계 내에 머문다고 본다. 이러한 한계 내의 상황에서 감각적, 상상적 지평의 유한성과 왜소함은 무한한 이념적 지평에 비교되면서 더욱 절실해진다(김상봉 263-264).

그렇다면, 결국 칸트의 숭고론 더 나아가 그의 포괄적 미학은 이성 능력에 대한 경외감으로 귀착하고 있는가? 이러한 질문에 대해서는 그것이 한편으로는 분명 그러면서, 다른 한편으로는 이러한 감성적, 취미적인 부분의 중요성 또한 말하고 있다는 것이 적절한 답일 것이다. 즉 다른 한편으로는 이러한 감성적 부분에서도 보편성과 사회적 기준을 세울 수 있어야 한다는 칸트의 의지를 발견할 수 있다는 것이다. 바로 이런 점에서 미적 판단은 공통감의 문제와 연결된다. 칸트의 이 부분은 사실 논리적이기보다는 요청적 사안으로 설명하는 것이 더 설득력을 갖는다. 즉 각자의 감성과 취미가 일정한 사회적 준거로 모아지는 사회를 요청하는 것이라 할 수 있다. 아렌트Hannah Arendt에 따르면, 이런 점에서 개인은 각자의 "생각을 '확장'함으로써" 타인의 생각을 고려해 나갈 수 있는데, 그녀는 이러한 "정신의 확장"enlargement of the mind이 《판단력 비판》의 논거 가운데 가장 결정적 역할을 한다고 설명한다(아렌트 93, 김석수 359).

다시 한번 정리하자면, 칸트의 숭고론과 미학은 인간정신의 확장을 주문하는 사회적, 정치적, 윤리적 메시지를 담고 있다고 요약할 수 있다. 이러한 논의 후반에서 칸트는 "선한 것의 상징으로서의 아름다움"이라는 명제로 미학과 윤리학 사이에 은유적 관계가 있음을 논증한다. 여기에서 둘 사이에 존재하는 여러 가지 유비적 관계 가운데 특히 중요한 것으로 지적할 수 있는 것은 미적인 것과 윤리적인 것이 비규정적이라는 점이다. 즉 이 두 범주는 범례적 타당성을 기반으로 한다는 것이다. 칸트에게 "예들은 판단을 실어 나르는 유모차이다"Examples are thus the go-cart of judgment(*Critique of Pure Reason* 178; 아렌트 146; 김석수 368). 칸트는 윤리적 판단과 미적 판단이 자유로운 개인의 개별성에 입각하고, 그러면서도 그것이 보편성의 지평 속에 있을 때 유효한 것임을 논증하고자 한 것이다. 내가 자신에게 충실하여 우선적으로 자신을 속이지 않고 이런 가운데 보편적 사회법칙에서 벗어나지 않을 때 도덕적이라면, 같은 논리에서 그의 유명한 "무목적적 목적성"이라는 미적 명제가 천명하고 있듯이

나의 취미 판단이 어떤 이득의 문제에서 자유로우면서도 사회적 공통감에 의해 보증될 때에 미적인 것이다. 이런 점에 있어서 칸트가 설정하고 있는 미학과 윤리학 사이의 비유적, 은유적 관계는 두 영역 사이의 교호관계보다는 둘의 구조적 유사성에 근거한 주장이라 할 수 있다.

이러한 칸트에서의 미학과 윤리학의 관계는 곧바로 쉴러Friedrich Schiller와 헤겔 등으로 이어지면서 다양한 부연 설명과 반론의 역사를 갖고 있다. 칸트의 18세기 말이 크게 보아 계몽주의 후반에 이어져 있기 때문에, 그것은 우선 문예사조적으로 낭만주의 이래의 미학과 윤리 그리고 이들의 정치적 의미를 설명하는 한 틀로 발전하였다.[4] 20세기에 와서 이러한 문제가 가장 본격적으로 논의된 대표적 예는 드 만과 리오타르의 경우라 할 수 있다.

특히, 리오타르의 숭고론은 정치적이고 문화론적 은유 혹은 함의를 넘어서 한층 본격적으로 오늘의 정치와 문화에 유효한 논리를 제공하고 있어 자세히 논의할 필요가 있다. 칸트의 미학을 자세히 논의하거나 또 자신의 주장을 위해 여기에 가장 중요하게 기대고 있는 리오타르의 저작은 《분쟁*Le Différend*》(1983)과 《숭고론 강의*Leçons sur l'analytique du sublime*》(1991)이다. 이 두 저작과 리오타르의 관심을 용이하게 설명하기 위해서는 이러한 저작의 배경을 정리해 볼 필요가 있다.

포스트모더니즘의 이론가로 주로 알려져 있는 리오타르가 칸트, 숭고미, 그리고 분쟁이라는 개념을 동원한 것은 나치의 유대인 대학살Holocaust에 대한 논쟁 기운데에서이다. 전후 유럽에서 2차 세계대전 동안 이루어진 유대인

4 숭고 담론의 역사성에 대한 논의는 김종갑, 〈숭고의 이데올로기〉(1999), 특히 숭고 담론이 근대의 자율적 주체구성 원리와 갖는 관계에 대한 논의는 오인용, 〈낭만주의 비평의 이념적 지형〉(2005) 참조.

학살의 참상이 역사적 사실성에 있어 과장된 것이라는 일부 주장은 급기야 그것이 철저하게 조작된 것이라는 강변으로 심화되었다. 이에 따르면 참상의 희생자들은 이미 이 세상에 없고 그런 만큼 어떠한 확실한 증거도 없다는 것이다. 덧붙여 이러한 참상에서 벗어난 생존자는 궁극적으로 해당 참상의 진면목을 진정으로 증언할 수 없다는 논리인 것이다. 리오타르는 이를 고르기아스Gorgias의 회의론적 궤변과 비교한다. 즉, "아무 것도 존재하지 않고, 존재한다 해도 알 수 없으며, 존재하고 알 수 있다 해도 다른 사람에게 인식시킬 수 없다"는 논리가 그것이다(Lyotard, *The Differend* 14). 이를 아우슈비츠에 적용한다면 "아우슈비츠의 대량학살은 없었고, 있었다 해도 알 수 없으며, 알 수 있다 해도 다른 사람에게 인식시킬 수 없다"는 말이 된다.

칸트의 숭고론이 갖는 논리와 함의는 이러한 상황의 타개책으로 원용된다. 그의 숭고론은 극단적 경험주의에 대한 치유책으로 여겨진다. 즉, 경험과 상상을 초월하는 힘 앞에서 느끼는 경외감은 바로 무한에 대한 논리적 인지에 다름 아니다. 이러한 무한에 대한 인지는 절대적 타자에 대한 인지에 비견될 수 있는 것이면서 동시에 미래의 온전한 도덕적 사회, 아직은 이념상으로만 가능한 사회를 상정하고 이에 동의하게 한다. 칸트가 프랑스 혁명에 동의하는 이유도 이의 연장선상에 있다. 그에게 프랑스 혁명의 숭고성은 그 자체로가 아니라, 그것이 갖는 역사적 함의에 기인한다. 숭고미는 무질서함보다는 비결정성에 의해 산출되며, 이러한 비결정성이 "최소한, 잠재적으로는 보편적일 수 있는" 조건을 갖는다는 것인데, 여기에서 '보편성'이란 물론 공화주의적 사회계약의 이상을 염두에 둔 표현이다(*The Differend* 167).

리오타르에 따르면, 홀로코스트에 대한 변호론자들이 동원하고 있는 극단적인 경험주의는 유대인 대학살이라는 역사적 사실과 이의 언어적 표현 사이에 일대일의 대응관계가 성립하여야만 상호 진리관계 또한 성립한다는 주장에 지나지 않는다. 하지만, 리오타르는 우리가 현실과 우주 모두를 표현하고 상징화하면서 살고 있지는 않다고 반박한다. 그것이 칸트의 숭고론이 갖는 중요한 의미이기도 하다. 소위 '보편성'이라는 것을 말하는 순간 우리는 겸손하게 그러한 보편성의 한계를 인식해야만 진정한 보편성의 이상을 구현해 낼 수 있다. 홀로코스트를 모면한 사람은 진정으로 홀로코스트를 경험한 사람이 아니고 또한 그것을 증거할 수도 없다는 극단적 주장이 갖는 한계는 여기에서 분명해진다. 여기에서 진정으로 중요한 것은 바로 이러한 개개의 주장들이 물론 '상징적'으로 한층 엄청난 존재 즉 홀로코스트를 증거한다는 점을 인정하는 것이다. 하나의 불완전한 증거는 전체에 대한 상징적 증거이며, 이것이 우리가 삶을 영위하는 방식이다. 우리가 말하는 보편성은 상징적으로 표현되며 인지되는 틀인 것이다. 리오타르의 최종적 주문은 문학과 철학 그리고 정치 분야에 있어서 이들 희생자들을 위한 언어와 문법을 찾아내 이들의 들을 수 없는 목소리를 청취해야 한다는 것이다(*The Differend* 13).

리오타르가 칸트의 숭고론을 동원하여 말하고자 한 개체와 보편의 상징적 관계는 여러 가지 함의를 갖는다. 무엇보다도 숭고론 중심의 미학은 불확정적이고 자신의 관점에서 인지할 수 없는 것의 존재에 대해 열린 마음으로 이들을 가정하고 인정할 것을 요구한다. 이런 점에 있어서, 숭고론 중심의 미학은 '비규정적' 판단이라고 할 수 있고, 이러한 성격은 정치학과 윤리학으로 연장될 수 있다. 비규정적 판단이란 판단 대상의 개별성에 집중하여 판단하는 것을 말한다.[5]

5 '비규정적' 판단에 관해서는 김석수 384-385 참조. 이에 대해서 아렌트의 설명을 빌리면 다음과 같다. "우리가 '이 장미는 참 아름답구나!'라고 말할 때, '모든 장미는 아름답다. 이 꽃은 장

대상에 대한 비규정적 판단은 그 내부적 기작에 있어, 우리가 알고 있는 '상징'이라는 개념의 일반적 사용방식과 멀지 않다. 비규정적 판단은 대상이 갖는 고유의 의미를 다른 대상과 연결하거나 그것을 한층 보편적인 차원으로 옮겨 놓는다. 또 상징이란 '평화의 상징 비둘기' 혹은 '파리의 상징 에펠 탑'에서와 같이 추상적 개념이나 확정적이기 힘든 대상의 의미를 선명하게 드러내주는 도구로서, 이는 지시 대상과 최대한 일대일의 관계를 형성하는 기호 혹은 부호와 다른 측면을 갖는다. 가령, 건널목의 녹색 신호 혹은 수학의 무한대(∞) 등은 특정한 지칭 대상을 갖고 있지만, 이 경우 자신의 자체적 의미보다는 지시된 의미가 더 주를 이룬다. 반면 상징의 경우 신호등이나 무한대 기호와 동일한 역할을 수행하는 동시에, 자신만의 의미 또한 다양하게 유지하고 있다. 더 공식화하여 정리한다면, 상징체는 자신이 가지고 있는 여러 가지 의미의 부분 집합 가운데 일부만을 대여해 주고 있다고 할 수 있다.

상징은 자신의 의미를 유지하면서 또 자신을 넘어선 대상에게 자신의 일정한 의미를 대여해 준다. 한 대상에 대한 상징적 판단이란 개별자가 다른 개별자에 갖는 의미와 이러한 의미가 더욱 확장된 보편자로서의 차원으로 연결되어 있음을 증거한다. 여기에서 주목할 수 있는 부분은 바로 개체와 보편, 개인적 취향과 사회적 미학 사이의 교집합적 접점을 찾을 수 있는 논리와 여지가 발견된다는 점이다. 금세기 초 아도르노Theodor Adorno가 칸트의 미학에서 어떤 보편적인 사회 원리를 추론해 내고자 한 것도 이러한 맥락에서 설명해야 한다. 그가 칸트 미학에서 개인의 이해에 관련되지 않은 차원(즉, 무목적적 목적성의 차원)을 미적 차원의 근간으로 삼고자 한 점을 다시 한번 상기한

미이다. 그러므로 이 장미는 아름답다'라는 식으로 그 판단에 도달하는 것은 아니다. 오히려 반대로, '아름답구나 장미여. 이 꽃은 장미이고, 이 꽃은 참 아름답다'인 것이다"(아렌트 46).

다면(Adorno 16-17), 미적인 차원은 개인의 취향에서 시작하여 사회 구성원 모두를 아우르는 한층 보편적인 차원에 걸쳐 있는 것임을 알 수 있다. 여기에서 미적인 것이 개인의 이해와 무관한 수준에서 동의될 수 있는 것이라는 판단은 개인의 취향이 사회적 합의 그리고 윤리와 연장선에 있음을 설명해 준다.

III

"선한 것의 상징으로서의 아름다움"라는 명제는 주관이 객관으로 이어져 있고, 개인적인 것이 이해타산을 벗어나 보편적인 만족으로 이어질 수 있다는 논리의 정초가 되고 있다. 여기에서 누누이 주목하고 있고 논리는 다름이 아니라 주관적인 것과 객관적인 것의 상호 연계성 혹은 연속성이다. 그것은 주관이 다른 주관과 연계되는 논리, 사적인 것이 공적인 것으로 확장될 수 있는 논리, 그리고 주관 안에서 객관을 찾으려는 노력이다. 그리고 그것은 미학과 윤리학이 상징적으로 연계되어 있듯이, 주관과 객관이 상징적으로 연결되어 있다는 이해를 보여 주려는 노력이기도 하다.

그렇다면, 이러한 이해가 오늘의 문학과 문학이론에 대해 갖는 함의는 무엇인가? 특히 현대 영미문학에 관련하여 이를 논의한다면, 일정한 함의를 추론해 낼 수 있을 것이다. 앞서 우리는 포스트모더니즘이 일종의 미학적 반란임을 살펴보았다. 이러한 미적 반란과 전횡에 대해 이론적으로 가장 폭넓고 신랄한 견해를 전개한 역작 가운데 하나가 이글턴Terry Eagleton의 《미적인 것의 이념*The Ideology of the Aesthetic*》이다. 그는 책의 도입부에서 자신이 미적인 것에 대해 논의하고자 하는 의도를 요약하고 있다.

> 내가 보여 주고자 하는 바는 미적인 것이 가장 문자 그대로의 역사적 의미에서 계몽주의에서 배태되고 자라났다는 것이다. 하지만 오직 속류 맑시스트의 매우 비변증법적 생각 혹은 소위 '포스트 마르크시스트적' 생각만이 미적인 것을 곧바로 비난하고 나설 것이다. (8)

그가 무엇보다도 주목하고 있는 것은 '미학'이 미적이라는 개념 혹은 범주를 본격적으로 이론화하고 철학적으로 사유하기 시작했다는 것을 대변하며 이는 18세기 당대의 계몽주의적 사유의 한 현상이라는 점이다. 미학은 부르주와의 개념이고, 그런 만큼 마르크시스트들이 투쟁의 대상으로 생각할 수 있다. 하지만 이글턴은 미학을 일방적으로 용도 폐기하기보다는 이를 변증법적으로 사유하면서 극복할 것을 주문한다.

> 내가 보여 주고자 하는 바와 같이, 미적인 것은 초기 자본주의 사회에 있어서 인간 주체성의 가장 내밀한 전형이자 인간의 힘을 가장 철저하게 목적 그 자체로 여기려는 견해로서, 이는 지배적이거나 도구적인 모든 생각에 대해 전적으로 적대적 관계를 형성한다. 그것은 감각적 몸에 대해 창조적 관심을 보임과 동시에 이러한 몸에 은밀한 억압적 법칙을 각인한다는 것을 보여 준다. 또 그것은 한편으로 구체적 개별성에 대한 해방적 관심을, 다른 한편으로 보편주의라는 허울 좋은 형식을 보여 준다. 그것은 현실로서는 분열되어 있는 남자와 여자 사이의 화해라는 매우 이상적 의미를 제공하지만, 동시에 이러한 역사 공동체로 나아가는 실질적인 정치 운동을 가로막고 신비화한다. 따라서 이 다면적인 개념을 무비판적으로 옹호하거나 혹은 일방적으로 거부하는 설명 모두 이것의 진정한 역사적 복합성을 간과한 것일 수 있다. (9)

이글턴이 미학에 대해 갖는 불만은 사실 그가 포스트모더니즘에 대해 갖는 불만의 연장선에 있다.[6] 그에 따르면 미학 그리고 미학 중심적 사유로서의 포스트모더니즘은 개별성 중심의 철학에 바탕한 것으로, 여기에서의 개체와 보편의 조화는 피상적인 것에 지나지 않는다. 그의 비판의 표적은 이러한 사유 방식들이 은연중에 실질적인 정치 운동의 효율성을 저하시키거나 가로막고 있다는 점이다.

이글턴의 이러한 견해는 다른 한편으로 미국식의 다문화주의 또한 염두에 두고 있다는 점이 지적되어야 한다. 왜냐하면 다문화주의는 텍스트의 미적 특성보다는 그 정치적 의미에 지나치게 큰 비중을 두고 있기 때문이다. 다문화주의는 문학과 문화 텍스트가 그것을 생산해 낸 정치와 사회 그리고 경제적 환경과 분리해서 생각될 수 없다는 것이며, 이것이 미적 기준보다는 텍스트 선택에 있어 우선해야 한다는 것이다. 여기에서 미적 차원은 하나의 명백한 이데올로기적 산물에 지나지 않거나, 최소한 다른 배경을 갖는 텍스트들은 다른 미적 기준에 의해 판단되어야 한다. 다문화주의가 갖는 일정한 정치성에도 불구하고, 이에 대한 이글턴의 비판점은 포스트모더니즘과는 극단적으로 반대되는 현상에서 찾아진다. 즉 다문화주의는 모든 개별적이고 개인적인 것을 거대 규모의 전체적인 틀 속에 함몰시키고 만다는 것이다. 이글턴은 개별적인 것이 아니라 보편적인 것을 개인적 수준에서 달성하자는 것이고, 이러한 목표를 달성하기 위해 집단적 힘과 운동 즉 정치적 실천을 주문하고 있다(같은 책 413-415). 포스트모더니즘, 그리고 이와 분명 차연差延différence의 관계에 있다고 할 수 있는 다문화주의 모두를 염두에 둔 이글턴의 이러한 비판은 문화운동에 있어 극단적 미학화와 극단적 윤리화 모두

6 이글턴의 포스트모더니즘에 대한 비판은 *The Illusions of Postmodernism* 참조.

를 배격하고자 하는 것이다. 그가 윤리학은 아리스토텔레스의 경우에서와 같이 정치학의 한 부분에 지나지 않는다고 말하는 것(같은 책 413)은 바로 개인주의적 윤리가 지나치게 앞서는 경우 역시 경계해야 한다는 것을 말하고자 하는 것이다.

이런 점을 감안하여, 현 시점에서 윤리학과 미학을 논함에 있어 다음 두 가지 점이 더욱 상세히 논의될 필요가 있다. 그 첫째는 다문화주의 텍스트, 탈식민주의 문학, 문화이론 특히 대중문화이론, 신역사주의 이래의 문학성 혹은 미학적이라는 것에 대한 회의주의적 경향이고, 둘째는 최근 문학이론 분야에서 많은 관심이 집중되어 있는 문학 텍스트에서의 윤리학에 대한 재점검이 그것이다.[7] 전자에서는 윤리학이 텍스트 미학을 대체하고자 한다면, 후자에서는 포스트모더니즘에서의 지나친 미학화에 대한 반발 내지는 반성과 함께 텍스트의 윤리적 측면을 강조하고자 한다. 결국 이 두 가지 경향은 분명 문학과 문화 텍스트에 있어 윤리학을 재점검하고, 복원하고, 또 강조하고자 한다는 점에 있어서는 일맥상통한다고 할 수 있다.

다문화주의에 있어서 미학의 문제를 다룬 가장 주목할 만한 최근 저작으로는 엘리엇Emory Elliott, 케이튼Louis Freita Caton, 그리고 라인Jeffrey Rhyne이 공동 편집한 《다문화 시대의 미학*Aesthetics in a Multicultural Age*》(2002)을 들 수 있다. 책의 서문에서 엘리엇은 미학적인 것이 항상 개인적 편견이나 민족주의, 인종차별, 남녀차별 그리고 계급차별 등을 위해 동원되었음을 상기시킨다(3). 동시에 이 책에는 이러한 경향으로 인해 미학적인 것이 완전히 폐기되는 상황

7 포스트모더니즘 이후의 윤리적 측면에 대한 관심은 앞에 언급한 Garber, Hanssen, & Walkowitz(2000)와 Andrew Gibson(1999) 외에도, Nussbaum의 두 저서(1990, 1995), Paulson(1996), Redfield(1996), Clark(2000) 등 참조.

또한 바람직하지 않다는 목소리와 함께 미학적인 것을 반성적으로 회복하고자 하는 시도들 또한 담겨 있다. 책의 편집자 가운데 한 명인 케이트은 〈후기 Afterword〉를 다음과 같이 마무리하고 있다.

> 여기의 논문들은 '차이'가 시대적 특징으로 등장한 오늘의 학계 전반에 널리 확산되고 있는 변화의 분위기를 대변하고 있다. 이전에는 아이러니, 모호성, 그리고 복합성과 같은 용어가 선호되었다면, 이제는 억압, 권력, 지배, 그리고 이와 관련된 용어들이 주목을 받고자 경쟁한다. 하지만, 필자들은 이전의 주장을 재고해 봄으로써 이러한 새로운 깨달음이 생겨나고 있다는 것을 보여 주고 있다. 이러한 방법론들과 이론적 입장들의 절충적 결합은 문학적인 범주가 논의의 여지가 있는 상태에 있다는 것을 확인하고 있다. 어떻든, 이들 필자들은 '미학과 다문화주의'라는 주제가 현 시점에서 다양한 방식으로 학계를 정의하는 데 기여하고 있음을 보여 주고 있다. (291)

케이트이 정리하고 있는 바에 따르면, 오늘의 다문화주의 미학은 어떻든 미학에 대한 재론에서 출발하여, 다문화주의가 경도되어 있는 정치적, 윤리적 성향에 대해 미학적인 논리가 가질 수 있는 일정한 함의를 산출해 내고자 한다.

이와는 다른 출발점에서 최근의 윤리적 비평은 미학적인 것이 갖는 윤리적 차원을 논증해 내고자 한다. 그 대표적인 것이 너스봄Martha Nussbaum의 경우이다. 일찍이 그녀는 특히 문학 텍스트가 사회적으로 갖는 의미를 매우 구체적으로 거론하면서, 가령 문학의 미적 교육이 어떻게 도덕적, 윤리적, 그리고 법적 정의감을 갖는 인격 형성에 중요한 역할을 하는지를 보여 주었다. 그녀가 특히 주목하고 있는 것은 문학 텍스트에서의 구체적 사건들과 이러한 개별 사건에 대한 주인공의 판단들이 추상적 명제보다도 윤리적 개인을 낳는

데 있어 훨씬 구체적이고 효율적으로 기여한다는 점이다. 문학 텍스트는 자연스럽게 우리 깊숙이 내재해 있는 도덕적 감각을 끌어내며, 또한 그 현실적 실천력에 있어서도 추상적 개념에 앞서 있다("Narrative Emotions" 237). 이것이 바로 미적인 것이 구체적이자 전형적으로 다가옴으로써 우리에게 행사하는 윤리적 교육이라는 것이다. 이러한 정리를 통해 우리가 내릴 수 있는 결론은 너스봄에서와 같이 문학연구에 있어서 최근의 윤리적 관심은 그 출발점과 도달점에 있어 미학적인 것이 갖는 윤리적 함의에 대한 점검이었다는 것이다.

IV

앞의 두 가지 즉 다문화주의에서의 미학적인 것에 대해 진행되는 고심과 미학적 텍스트에 내재한 윤리적 의미에 대한 논구는 그 틀에 있어 오늘날 미학과 윤리학이 상호 교차하는 대표적 예가 되고 있다. 그리고 우리는 이러한 논구가 바로 오늘날 시작되었다가 최소한 근대 초기의 칸트 등에 의해 전형적으로 고민되고 논의되어 온 것임을 알 수 있었다. 이러한 인식에서 얻어 낼 수 있는 수확 가운데 하나는 오늘의 문화와 문학에 대한 논의에 대해 그것이 갖는 시사점을 모색해 보는 것으로 구체화될 수 있다.

이 시론은 이러한 시사점을 탐구하는 한 예로 칸트의 숭고론과 은유론이 오늘날의 다문화주의론 안에서 갖는 의미를 추론해 봄으로써 결론에 대신하고자 한다. 특히 이 과정에서 본고는 현 상황 다문화주의론이 갖는 의미와 한계 그리고 그 극복 방향을 매우 심도 있게 제시하고 있는 것으로 평가되는 모핸티Satya P. Mohanty의 논의를 진척시킬 수 있는 방안을 모색하고자 한다.

모핸티에 따르면, 애초 다문화주의는 다른 문화를 있는 그대로 인정하는 것에서 출발하고 있지만 그 궁극적 목표는 절대적 타자를 있는 그대로 인정하는 차원을 넘어 그러한 뛰어넘을 수 없는 차이를 갖는 것으로 생각되는 타자 즉 소위 절대적 타자로 나아가려는 노력에 있었다. 이런 의미에서 그는 다문화주의의 이념이 정적靜的이기보다는 문화교차적인cross-cultural 차원에서 이해되어야 한다는 것이고, 이러한 이해에 바탕한 타문화에 대한 관용과 존경이 다문화주의의 궁극적 지향점이라 설명한다. 이러한 주장이 갖는 의의는 자못 다면적이다. 첫째, 그것은 다문화주의 내부의 다양한 하위문화들이 취하는 극단적 개별성으로 인해 노정되기 시작한 상호 갈등에 일정한 대안을 제시하고자 하는 노력의 일환이다. 둘째, 그것은 타자를 단순히 인정하는 차원을 넘어 적극적으로 이해하도록 노력함으로써 복수의 타자가 역동적으로 존재하는 방식을 궁구해 내고자 한다. 셋째, 이러한 제안은 개별적 차원과 보편적 차원을 다시 한번 어떤 변증법적 과정 속에 정리해 내고자 하는 의의를 갖는다.[8]

하지만 이러한 모핸티의 논의에 대해 유보적 의견이 없을 수는 없다. 무엇보다도 그것은 과연 절대적 타자를 이해하는 방식에 대해 구체적인 혹은 최소한의 방법론적인 고민에 도달하고 있지는 못하다. 이런 의미에서 그의 논의에 보완을 요하는 측면은 그 목표의 수정이기보다는 이로 나아가는 방법론적 모색에 있는 것으로 느껴진다. 절대적 타자로 상정된 존재에게로 나아가는 방법은 어떤 것일까? 칸트의 숭고론이 갖는 함의는 모핸티의 다문화주의론에 대한 수정이기보다는 그것의 내면 논리 내지는 방법론적 제안으로

---

8 Mohanty, "Us and Them"; *Literary Theory and the Claims of History*, 특히 pp. 140-148, 240-253 참조.

동원될 수 있다.

칸트의 숭고론 그리고 이를 오늘날 정치의 장에서 다시 논의한 리오타르의 숭고론은 불확정적이고 이해 불능으로 보이는 존재에 대해 열린 마음으로 그 존재를 가정하고 인정하고자 한다. 이러한 숭고의 미학은 절대적 타자를 대하는 데 있어 윤리적, 정치적 은유로 작용한다. 그것은 절대적 타자는 우리에게 은유로서 연결되어 있다는 것이고, 미학과 은유적 관계에 있는 윤리학은 절대적 타자를 은유적으로 접근하려는 노력으로 재정의될 수 있다는 것이다. 여기에서 또다시 염두에 두어야 할 것은 이러한 은유는 바로 개별자를 통한 보편자의 이해라는 것이다. 이것이 미학과 윤리학의 은유적 관계가 제시하고 있는 바람직한 이념이기도 하다.

다문화주의론에 도입된 미학과 윤리학의 은유적 관계를 부연한다면, 다음 몇 가지가 우선 거론될 수 있을 것이다. 첫째, 그것은 다문화주의의 정치학 혹은 윤리학은 그 구체성과 실천성 등에 있어 미학을 배제하기보다는 이와 긴밀한 혹은 긴장된 관계에 있어야 한다는 것이다. 앞서 논의되었듯이 이는 문학 텍스트 등에서 보이는 구체성이 갖는 문화적 의의를 새삼 고려해야 한다는 것을 의미한다. 둘째, 다문화주의의 집단성 그리고 이를 넘어서는 훨씬 보편적인 개념들 역시 절대적 타자를 전제하는 여지를 가져야 한다는 것이다. 이것은 절대적 타자를 상정하는 문화의 한계를 말하는 것만이 아니라 오히려 그 문화의 능력을 확인시켜주는 것이기도 하다. 칸트가 숭고 앞에선 이성에서 발견한 것은 그 한계점이기보다는 능력임에 유의해야 한다. 셋째, 그러면서도 숭고론은 다른 한편으로 분명 이성 논리의 전횡을 말하고 있지는 않다는 것에 또한 유의해야 한다. 이를 문화에 적용한다면, 한 문화가 자신에 대해 반성적 계기를 경험하는 것의 의의를 말할 것이다. 문화의 성숙성은 바로 스스로에 대한 반성적 성찰에 있다할 것이며, 이것은 문화를 물질로서가 아니라 사유의 차원에서 생각하도록 권하고 있다. 넷째, 이러한 자기반성에 닿아 있는 것이 자신의 정체성에 관한 지나친 확신에 대한 재고일 것이다. 이는 특히 고정된 정체성의 정치학과 문화학에 대한 경고를 담고 있기도 하다. 가령 한 집단이 자신의 문화에 대한 이해는 오직 자신만이 가능하다고 주장하는 것 등은 재고되어야 한다는 것이다.[9] 그것은 다문화주의의 이상이나 이념이 아니며 그것이 검토의 대상이 되어야 하는 단계임을 말해 준다.

■《비평과 이론》(2005)

9 가령 흑인문학 해석에 있어 오직 흑인 독자와 비평가가 최종 심급을 형성해야 한다는 논리를 당연한 것으로 받아들일 수는 없을 것이다. 이에 대한 논의는 Fishkin 참조.

제4장
탈식민 논의와 미학의 목소리

I

탈식민 논의에 있어서 문학의 문학적 차원은 그 정치·사회적 차원에의 관심의 뒷전으로 밀려난 것이 사실이다. 여기서 신역사주의로 시작하여 탈식민으로 이어지는 논의에 지속적으로 저항해 온 형식주의적 문학관을 반복할 필요는 없을 것이다. 탈식민 논의가 문학 형식에 대한 전적인 무관심보다는 문학연구에 있어서 상대적으로 빈약했던 식민과 탈식민의 문제에도 관심을 갖자는 것이지, 문학의 존재론적·자기충족적 차원을 근본적으로 용도 폐기하자는 것은 아니었다. 이런 의미에서 이 장이 탈식민 논의에 대한 폄하이기보다는, 관심의 확대를 통해 원래의 궤도 속에서 일진보하기 위한 정리로 여겨지길 바란다. 탈식민 이론이 지향해야 할 한층 포괄적 미학의 내용을 검토하기 위하여, 이 장은 우선 신역사주의 이후에 대한 모색의 내용을 살펴볼 것이다. 그것은 탈식민 이론이 시대적, 내용적으로 신역사주의와 가장 긴밀한 연계와 단절의 관계에 있다는 인식하에서, 이러한 움직임이 탈식민 논의의 궤도에 일정한 함의를 가질 수 있기 때문이기도 하다.

문학에 대한 논의에 있어 신역사주의 다음에는 무엇이 올 것인가는 신역사주의의 등장에 대한 비판과 함께 제기되어 왔다. 그리고 이러한 질문에 대한 대체적인 답들이 시도되어 왔는데, 그것들은 문학의 윤리적 차원과 미적 차원에 대한 관심으로 요약될 수 있을 것 같다. 이러한 대답들은 신역사주의적 작업의 중단을 전제하거나 그 성과를 과소평가하기보다는, 분명히 이의 연장과 비판의 과정 속에서 문학연구 방법론이 자기반성적 탐색을 한 결과이다. 윤리학과 미학을 포괄하는 패러다임은 아직 관심 단계일 뿐, 신역사주의나 여타 방법론들만큼의 구체화나 공식화의 단계에는 이르지 못하고 있다. 이런 가운데 침묵의 영역의 복원, 즉 신역사주의와 탈식민 이론이 관심을 집중하는, 억압되고, 주변화되며, 침묵의 영역으로 남겨진 것들의 복원에 관련되는 윤리학과 미학의 문제는 탈식민 논의에 일정한 시사점으로 작용할 수 있을 것이다.

우리가 통칭하는 '역사'에는 두 가지 의미가 있다. 하나는 역사책으로서의 역사이고, 다른 하나는 실제로 벌어진 사건들로서의 역사이다. 여기에서 항상 후자의 실제 역사는 말로 서술된 역사적 기록textualized history으로 우리에게 다가온다.[10] 우리는 양자 사이의 괴리를 잊는 경우가 많으며, 또 한편으로는 그렇게 하도록 교육되고 강요되는 면을 부정할 수 없다. 문제는 실제의 역사가 기록으로 남는 과정에서 많은 경우 약자의 목소리는 억압되고 또 전적으로 배제된 채 강자의 목소리만 남는다는 것이다. 그러므로, 이러한 억압된 목소리에 귀 기울여 자신의 목소리로 스스로를 말할 수 있는 기회를 주

10 '텍스트의 역사성'the historicity of texts과 '역사의 텍스트성'the textuality of history에 대해서는 Montrose 20 참조.

는 것이 윤리적 요청으로 남는다. 그러나 한층 더 넓은 관점에서 생각한다면, 스스로의 목소리가 왜곡되고 박탈된 경우는 비단 역사에만 국한되지 않는다. 문학은 어떤 방식으로든 끊임없이 역사와 관련되어 설명되어 왔다. 가령, 명백하게 역사적 사건을 소재로 하는 문학작품은 문학적 상상력을 통해 실제역사로 나아가려는, 혹은 역사라는 질곡으로부터 풀려나려는 노력이라 할 것이다. 문학이 역사를 거스르는 상상을 한 경우마저 최소한 역사와의 부정적, 반증적 차원에서의 연관성은 갖게 된다고 할 수 있다. 문학에서 억압된 목소리를 복원한다는 과제는 문학 일반이 역사와 갖는 부정적 연관성의 구체적 내용을 생각하게 하고, 궁극적으로 이러한 차원이 소위 문학성 혹은 문학의 미적차원과 어떠한 관계에 있는지를 모색하게 할 것이다.

II

이러한 문제와 관련하여 영소설의 시작으로 잘 알려진 디포의《로빈슨 크루소》보다 시대적으로 앞선 벤의 소설《오루노코*Oroonoko, or the History of the Royal Slave*》의 마지막 부분을 생각해 보자.《오루노코》는 아프리카의 왕족인 오루노코와 그의 연인 이모인다Imoinda의 이룰 수 없었던 사랑, 그리고 이들이 각각 노예로 팔려 온 남미 수리남에서의 조우, 그렇지만 끝내 노예세도하에서 계속될 수 없었던 사랑으로 인해 일으키는 반란과 그 실패, 이로 인해 맞이하는 두 사람의 죽음을 다루고 있다. 소설의 결론은 반란의 주모자 오루노코의 참형을 기술하는 것으로 시작된다.

오루노코는 담배를 피울 줄 알았었는데, 자신이 죽게 되리라는 것을 확신하자,

그들이 자신의 입에 불붙인 파이프를 물려주기를 원했다. 그들은 이 소원을 들어주었고, 사형집행인이 와서, 먼저 그의 다리를 자르고, 이를 불 속에 내던졌다. 그런 다음, 그들은 흉측한 칼로, 그의 귀, 그리고 코를 잘라 내, 이를 불태웠다. 다음으로 그들은 그의 팔 하나를 도려내었지만, 그래도 그는 버티어 내면서, 파이프를 물고 있었다. 하지만 다른 팔을 자르자, 그의 머리가 숙여지고, 파이프가 떨어지면서, 신음 소리도 원망도 없이, 정신을 놓았다.

He had learned to take tobacco; and when he was assured he should die, he desired they would give him a pipe in his mouth, ready lighted; which they did. And the executioner came, and first cut off his members, and threw them into the fire; after that, with an ill-favored knife, they cut off his ears and his nose and burned them; he still smoked on, as if nothing had touched him; then they hacked off one of his arms, and still he bore up, and held his pipe; but at the cutting off the other arm, his head sunk, and his pipe dropped, and he gave up the ghost, without a groan or a reproach. (140)

수리남의 총독이 오루노코를 이렇게 참형하는 이유는 분명하다. 그는 한편으로 오루노코에게 노예반란의 죄과를 묻고 있으며, 이를 이용해 앞으로 있을지 모를 유사한 반란에 대해 경고코자 하는 것이다. 작품 내의 관점에서 보면 이러한 참형은 작품의 결론에 해당한다. 그것은 이것이 작품의 끝에 위치한 것 때문이기도 하면서, 이것이 작품의 전체적 주제를 가장 강력하게 전달하는 메타포이기 때문이기도 하다. 사지의 절단으로 파편화되는 오루노코의 몸은 노예제도하에서 무엇보다도 인간의 육체가 규제의 대상이며 완성된 형체를 이룰 수 없다는 메시지를 표현하고 있다. 그렇기 때문에 이 소설의 주제가 구체적으로 노예제도하의 오루노코의 고통에 있다면, 이 부분은 이를 직접적으로 표현하고 있는 부분이다.

그러나 여기에서 우리는 과연 오루노코의 사지가 찢어지는 고통을 그가 느끼는 만큼 느끼는가? 그것은 각 개인의 감수성에 전적으로 의지하고 있는 듯 보인다. 그것은 여기에 오루노코의 사지절단의 고통이 구체적이고도 생생하게 표현되어 있지 못하기 때문이다. 그러한 고통의 기술이 미흡한 것은 당대의 데코롬 혹은 인간의 감정표현의 절제에 기인한 것일 수 있다. 그러면서도 한편으로 우리는 벤의 언어가 과연 오루노코의 가장 개인적일 수 있는 고통을 표현할 수 있었는지에 대해 회의를 갖게 된다. 이는 나아가 인간의 언어가 과연 인간의 육체적 고통을 적절히 표현하는 능력이 있는지를 검토해 봐야 한다는 생각을 갖게 한다. 여기에서 분명해지는 것은 언어가 인간의 외부적 현실을, 그리고 또 내면적 정신세계를 적절히 묘사할 수 있느냐의 문제는 역사적으로 오랫동안 검토되어 왔으나, 언어와 개인의 육체적 내면과의 관계에 대한 검토는 간과되어 왔다는 것이다.

스케리Elaine Scarry의 《고통 속의 육체*Body in Pain*》는 이러한 문제와 관련하여 중요한 시사점을 갖는다. 이것은 그 주요 논점에 있어서 육체적 고통 혹은 고문이 정신에 갖는 파괴적 양상에 대한 책이다. 하지만 이러한 과정을 밝히는데 있어서 스케리는 육체와 언어와의 관계를 먼저 살펴보고 있다(4-6). 이 과정에서 그녀는 울프Virginia Woolf가 육체의 고통에 대하여 진술하고 있는 부분에 주목한다. 우리는 울프가 생의 후반에 겪은 고통에 대하여 어느 정도 알고 있기 때문에, 그녀의 말이 갖는 의미는 설득력이 더해진다. 그런 만큼 스케리가 주목하고 있는 부분의 앞뒤를 포함하여 여기 긴 인용을 해 보자.

사람들은 항상 마음의 움직임, 떠오르는 생각, 위대한 계획, 그리고 마음이 어떻게 우주를 인간의 것으로 만들었는지에 대해 글을 쓴다. 그들은 이런 가운데 몸을 철학자의 집 한구석에 처박고 거들떠보지도 않으며, 정복하고 탐험하는 일 속에서 마치 낡은 가죽 축구공인 양 광활한 설원과 사막 너머로 차 버리고 있다. 외로운 침실에서 오르는 열과 닥쳐오는 우울증에 홀로 맞서는 몸이 자신의 노예에 불과한 마음과 싸우는 저 큰 전쟁들은 무시된다. [⋯] 마지막으로, 문학에서 질병을 묘사하지 못하는 것은, 언어가 빈약하기 때문이다. 영어는 햄릿의 생각과 리어왕의 비극을 표현할 수 있어도, 오한과 두통을 표현할 적절한 말을 갖고 있지 못하다. 영어는 한쪽으로만 발달하였다. 단순한 여학생도 사랑에 빠지면 자신의 마음을 대신해 줄 셰익스피어와 키이츠가 있다. 하지만, 환자로 하여금 머릿속의 고통을 의사에게 묘사해 보도록 한다면 말은 곧바로 말라 버리고 만다. 그를 위해 준비된 것이라고는 아무 것도 없다. 그는 스스로 단어를 만들고, 한 손에는 고통을 쥐고, 다른 손에는 그저 한 무더기의 소리를 들고, (아마도 맨 처음의 바벨탑의 사람들이 그랬던 것처럼), 전혀 새로운 단어가 흘러나오도록 이들을 함께 쥐어짤 수밖에 없다.

People write always of doings of the mind; the thoughts that come into it; its noble plans; how the mind has civilized the universe. They show it ignoring the body in the philosopher's turret; or kicking the body, like an old leather football, across leagues of snow and desert in the pursuit of conquest or discovery. Those great wars which the body wages with the mind a slave to it, in the solitude of the bedroom against the assault of fever or the oncome of melancholia, are neglected. [⋯] Finally, to hinder the description of illness in literature, there is the poverty of the language. English, which can express the thoughts of Hamlet and the tragedy of Lear, has no words for the shiver and the headache. It has all grown one way. The merest schoolgirl, when she falls in love, has Shakespeare or Keats to speak

> her mind for her; but let a sufferer try to describe a pain in his head to a doctor and language at once runs dry. There is nothing ready made for him. He is forced to coin words himself, and, taking his pain in one hand, and a lump of pure sound in the other (as perhaps the people of Babel did in the beginning), so to crush them together that a brand new word in the end drops out. (Woolf, "On Being Ill" 194)

여기에서 울프는 질병의 고통과 영어가 적절히 연결되지 못하고 있는 상황을 인간 육체와 언어와의 관계 일반으로 확대하고 있다. 벤의 소설《오루노코》에서도 분명 오루노코의 육체적 고통 그 자체는 전혀 표현되지 못하고 있다. 이것이 인간의 언어와 육체의 괴리를 증거한다면, 이것은 기표記表signifier와 기의記意signified 사이의 괴리를 증거하고 있는 예이기도 하다. 하지만 소설을 읽는 과정에서 우리가 어느 정도는 오루노코의 사지절단의 고통을 공유할 수 있는 것 또한 부정할 수 없을 것 같다. 이러한 느낌은 어디에서 오는 것일까? 그것은 역으로 이《오루노코》라는 소설 그 자체가 이러한 사지절단의 한순간에서는 제시될 수 없는 고통을 작품의 전체를 통해 전달하려고 노력하고 있다고 보아야 할 것이기 때문이라고 말할 수 있을까? 이 마지막 부분이 매우 기술적記述的/descriptive으로 처리될 수 있었던 것은 이제껏 벤이 오루노코의 인간적 섬세함을 포함한 모든 면모를 설득력 있게 제시했기 때문이었다. 이것은 그 결론적 논리에 있어서, 오루노코의 사지절단의 육체적 고통이 그 자체로 언어화되지 못함에 따라, 이러한 긴 소설적 서사를 선택하여 이를 전달코자 한 것이라고까지 말할 수 있겠다.

오루노코의 고통을 적시하지 못하면서도 독자로 하여금—정확하게는 독자의 육체로 하여금—어느 정도 고통을 느끼도록 한 것은 독자를 오루노코와 동일시하도록 계속 설득한 결과이다. 벤은 작품의 전반에서 서구적 기준으로 봐서도 오루노코가 얼마나 귀족적 풍모를 지녔는가를 보여 준다. 이것은 분명 서구적 척도를 품위와 미의 기준으로 삼고자 제시된 부분만은 아닌 것 같다. 작가가 이러한 이상적이고도 영웅적인 인물을 제시하는 것은 독자가 주인공에게 느끼는 상상적 동일성을 높이기 위한 것이라 할 수 있다. 주인공의 사랑을 표현해 내는 과정 또한 우리가 그의 감정을 공유하면서, 그와 의식적 동일시를 확대하는 데 기여한다. 벤은 여러 곳에서 오루노코와 그의 연인 이모인다의 사랑을 감성적으로 적절하게 표현해 내고 있다. 가령, 오루노코가 수리남이라는 낯선 곳에 끌려와 그곳에서 이미 죽은 줄로만 알고 있던 연인 이모인다를 만나게 되는 극적인 장면에서 보이는 두 사람의 반응이 그 예일 것이다.

> 그〔오루노코〕는 바로 이모인다를 살펴보았다. 곧바로 그는 그녀의 얼굴, 모양새, 분위기, 정숙함, 그리고 자신의 눈을 기쁨으로 가득 채우며 영혼을 불러내고 또 온몸에 힘이 빠지게 하는 그 모든 것을 보았다. … 두 사람은 곧 자신들이 겪은 바를 서로 나누고, 똑같이 자신들의 운명에 슬퍼했다. 하지만 또한, 둘이 같이하는 행복만 있다면, 그리고 자신들의 맹세를 지킬 수만 있다면, 족쇄와 노예 신세마저도 가볍고 쉬우며 기쁘고 즐거울 것이라고 함께 항의하였다.

> He[Oroonoko] soon saw Imoinda all over her; in a minute he saw her face, her shape, her air, her modesty, and all that called forth his soul with joy at his eyes, and left his body destitute of almost life. … They soon informed each other of their fortunes, and equally bewailed their fate; but, at the same time, they mutually protested, that even fetters and slavery were soft and easy, and would be supported with joy and

pleasure, while they could be so happy to possess each other, and to be able to make good their vows. (Behn 111-112)

이러한 부분은 물론 사랑의 표현과 고통의 표현에서 보이는 차별성을 예시하지만, 어떻든 오루노코에 대한 독자의 연민의 깊이를 더하면서, 마지막에는 그의 비극적 고통을 대리 체험하게 한다. 어린아이를 유아적이라 하는 것은 세상이 자기 마음대로 될 수 없음에도 자기 마음대로 될 수 있다는 착각이 있기 때문이다. 특히나 이러한 경우는 어머니라는 존재와의 관계 속에서 더욱 분명하게 나타나는 것으로 보인다. 성인으로서의 우리는 이러한 상태로부터 벗어나 있다고 확신하면서, 동시에 그런 만큼 이러한 상태로 복귀하려는 성향 또한 갖는 것으로 지적되어 왔다.

문학작품을 읽는 독자의 이상적 주인공과의 일체의식의 형성은 인간본연의 착각임에도 불구하고 그것이 일정한 사회적 가치와 이어져 있다는 것을 알게 된다. 이는 독서의—특히 소설 읽기의—한 원리이며, 넓게는 사회규율을 관리하는 중요한 원리임이 드러난다. 앞에서 우리는 오루노코의 참형이 그에게 노예반란의 죄과를 묻고, 궁극적으로는 이를 이용해 앞으로의 유사한 반란에 대해 경고코자 하는 것임을 보았다. 이것은 우리의 사회적 삶이 대리적 체험의 효과를 낭연시하고 있음을 보여 준다. 다시 정리해서 이야기하면, 우리는 소설과 현실의 관계를 논할 때 이제껏 소설의 현실에 대한 비판적 거리를 주로 생각해 왔다. 하지만 소설의 중요한 설득기재 가운데 하나인 (독자와 주인공 간의) 동일시의 문제도 중요한 사회적 의미를 갖는 것임을 재인식해야 한다. 소설에서 보이는 감상화sentimentalization의 의의는 이런 관점에서 소설 형식의 필연적 요소로 재고되어야 한다.

III

문학작품의 독자는 마치 자신을 주인공 혹은 어떤 등장인물인 양 여기는 과정을 통해 소설이 달성코자 하는 바를 이루는 데 동조하고 있다. 여기에서 '마치'라는 상황은 조금 더 생각해야 할 매우 중요한 차원을 가지면서 우리를 또 다른 관찰로 이끈다. 우리는 육체적 고통을 주로 '마치 무엇인 양'as if이라는 형식으로 표현하고 있는 경우가 많다. (이것 역시 스케리가 제공하고 있는 또 하나의 중요한 관찰이다.) 이것은 어느 정도 예술 활동 전반으로 일반화될 수 있다고 생각된다. 예술이 육체적 고통 등과 같은 표현할 수 없는 것을 대체적代替的으로 표현하려는 것이라면, 이는 예술에 내재한 어떤 한계와 의의를 엿보게 한다. 예술의 한계는 그것이 표현하고자 하는 내용과 이차적이거나 혹은 무한한 은유적 관계에 있다는 것이다.

한층 단적인 예로 우리는 울프에게서 '마치'as if는 참으로 주목할 만한 표현임을 발견한다. 《등대로*To the Lighthouse*》(1927)에서 울프가 사용하는 '마치'는 이 작품 전체를 읽는 중요한 단서임이 분명하다. 이 소설의 시작을 보자.

> "그럼, 물론이지. 내일 날씨만 좋다면 말이야." 램지 부인은 말했다. "하지만 꼭 두새벽에 일어나야 할 걸." 그녀는 덧붙였다.
>
> 이 말은 그녀의 아들에게 **마치** 등대행이 확정이나 된 듯이, 무슨 일이 있어도 이번에는 등대행이 기필코 이루어지게 되어 있기나 한 것처럼 커다란 기쁨을 안겨 주었다. 그렇게나 여러 해를 두고 그가 가슴 설레며 고대해 왔던 이 경이로운 일이 하룻밤만 자고 나서, 하루만 배를 타고 가면 성사될 것 같았다. (울프, 《등대로》, 박희진 옮김, 3; 필자의 강조)

> "Yes, of course, if it's fine tomorrow," said Mrs. Ramsay. "But you'll have to be up with the lark," she added.
>
> To her son these words conveyed an extraordinary joy, **as if** it were settled, the expedition were bound to take place, and the wonder to which he had looked forward, for years and years it seemed, was, after a night's darkness and a day's sail, within touch. (Woolf, *To the Light House* 3; 필자의 강조)

이야기는 오랜 동안 희망하고 계획해 왔던 등대로의 가족여행이 마침내 실현될 수 있게 되었다는 들뜬 마음을 그리는 것으로 시작한다. 특히 램지 부인은 그녀의 아들이 얼마나 이 여행을 원했던가를 말하면서, 모든 것이 아무런 문제없이 이미 이루어진다는 데 의심의 여지가 없기를 기대하는 마음을 담아내고 있다. 여기에서의 '마치'는 오늘에 위안과 안정감을 주는 요소이다. 그러면서도 또 그것은 가능과 불가능을 잇는 연결사이다. 램지 부인은 이 부분에 특히 마음이 쓰이고 있는 것이다.

작품 첫머리의 '마치'가 실현되지 않은 상황을 마치 현실인 양 여기는 데 스며 있는 위로와 불안감을 말하고 있다면, 작품의 결론 부분에서의 '마치'는 보다 깊은 미학적 메시지를 담고 있다고 할 수 있다. 작품은 화가인 릴리 브리스코Lily Briscoe의 등대로의 여행과, 여기에서 그림을 그리는 과정에서 그녀가 비전을 얻게 되는 장면으로 끝맺고 있다. 그런데 마지막 두 페이지에서 네 번의 '마치'가 사용된다. 특히 마지막에서의 '마치'는 그 의미를 새겨볼 만하다.

> 재빨리, 마치 그녀가 저기 있는 어떤 것에 의하여 상기된 것처럼 그녀는 캔버스를 향해 돌아섰다. 저기에 그녀의 그림이 있었다. 그렇다, 그 모든 초록색들

과 파란색들을 가지고 선들이 달려 올라가고 가로질러 가면서 무엇인가를 시도하고 있었다. 그녀는 이 그림이 다락방에 걸리게 될 것이라고 생각했으니, 그것은 결국 파괴되고 말 것이었다. 하지만 그것이 무슨 문제인가? 그녀는 브러시를 다시 잡으면서 생각했다. 그녀는 층계를 바라보았는데 비어 있었고, 캔버스를 바라보니까 시계視界가 뿌옇게 흐려져서 아무것도 보이지 않았다. **마치** 그녀가 그것을 한순간 명확하게 본 것처럼 갑자기 강렬하게 그녀는 그림의 한가운데에 선을 하나 그려 넣었다. 됐다, 끝났다. 그래, 극도의 피로를 느끼며 브러시를 내려 놓으면서, 나는 드디어 통찰력을 획득했다고 그녀는 생각했다. (울프, 《등대로》, 박희진 옮김, 272; 필자의 강조)

Quickly, as if she were recalled by something over there, she returned to her canvas. There it was—her picture. Yes, with all its greens and blues, its lines running up across, its attempt at something. It would be hung in the attics, she thought; it would be destroyed. But what did that matter? she asked herself, taking up her brush again. She looked at the steps; they were empty; she looked at her canvas; it was blurred. With a sudden intensity, **as if** she saw it clear for a second, she drew a line there, in the centre. It was done; it was finished. Yes, she thought, laying down her brush in extreme fatigue, I have had my vision. (Woolf, *To the Light House* 208-209; 필자의 강조)

여기에서 화가인 브르스코가 어떤 비전을 갖게 되었는지 분명하지 않다는 것이 가장 분명한 대답일 것이다. 그 비전의 내용은 분명, 이 장면에서가 아니라 작품 전체를 통해 끈질기게 추구된 것일 터이지만, 그것은 '마치'의 너머에 있다고 할 수 있다. 그런 만큼, 《등대로》는 울프가 이러한 비전을 언어로 표현하려는—보다 정확하게는 이를 계속적 실패를 통해 표현하려는—노력으로 보인다.

이와 같이 예술에 있어서 작가의 노력은 표현할 수 없는 것을 표현하려는 의지로 보이면서, 그것은 최소한 표현할 수 없는 영역의 존재를 우리에게 계속적으로 인식시키는 의의를 갖는다는 것을 부정할 수 없다. 이러한 '마치'의 구조는 일반적 미학의 구도 속에서 어떤 위치를 갖는 것일까? 서구의 미적전통 일반의 관점에서, 이러한 '마치'는 표현될 수 없는 것에 대한 인식과 이의 중요성을 일깨우는 방식이다. 그것은 미beauty보다는 숭고the sublime에 가깝다고 할 수 있다. 일반적으로 말해 미적 감각의 원천이 통일과 완성에 있다면, 숭고는 제시된 것이 제시되지는 않은 채 암시된 것과 유지하는 균형에 그 원천을 두고 있다. 양자의 이러한 변별성에 대한 대표적 논의는 칸트에서 찾아진다.

앞 장에서 살펴본 바와 같이, 칸트는 그의 《판단력 비판》에서 미적인 것에 대해 논의한 다음, 숭고미에 대한 논의로 옮아가면서 이 양자를 구별하고 있다. 이에 따르면, 미는 명확한 경계를 가진 대상의 형태에 관계되는 반면, 숭고는 무한한 경계가 총체적으로 암시되는 형태 없는 대상에서 발견된다. 칸트에게 있어서 미적인 것은 눈앞에 한계적으로 주어진 대상과 관련되지만, 숭고는 무한한 것에 대한 개념적 인식에서 출발하는 바, 미를 오성understanding과, 숭고를 이성reason과 연관시키게 된다(Kant, *Critique of Judgment* 82). 그에게 오성은 구체적인 것에 대한 개인적 이해의 과정이라면, 이성은 이러한 구체적 이해를 가능케 하는 보다 보편적이고도 항상적인 범주이다. 그러므로 그에게 숭고의 미학은 한층 보편적이고 개념적인 것, 어떤 총체적인 비전을 놓치지 않으려는 미학이다. 그리고 이러한 총체적 지평은 항상 제시될 수 없는 무한한 것의 엄연성에 대한 인식을 수반한다.

그럼에도 이러한 칸트의 미학 혹은 칸트를 중심으로 한 근대미학이 전반적으로 보수적 미학으로 규정되는 이유는 무엇인가? 그것은 우선 칸트의 보편과 초월적 차원에의 지향이 구체성과 개별성 그리고 역사성을 결여하고 있으며, 이러한 결여는 의도적인 것이 아닌가 하는 의심에 기초한다. 이것은 물론 칸트 미학을 비판하는 논의의 계보 가운데 가장 최근의 것인 일부 신역사주의적 논리의 핵심이기도 하다. 그 전형적 예가 로이드David Lloyd의 비판으로서, 그에게 칸트로 시작하는 근대 미학론은 '보편적 주체'를 상정하는—특히 유럽이라는 국지적 조건 속의 주체를 보편타당한 일반적, 초월적 주체로 상정하는—오류를 범하고 있는 것으로 보인다.[11] 이와 달리 신역사주의는 개별적, 구체적 예에서 출발하여 외견상 전혀 관련이 없는 여러 개별적 사실들이 상호 그 에너지를 교환하면서 형성하는 역사적 공간을 중시한다.[12] 이 에너지의 순환은 특히 문학과 외부적 조건, 중심과 주변의 부단한 교호의 측면을 지칭하는 말이다.

중심과 주변에 대한 관심에도 불구하고 신역사주의의 제국주의적 혐의 또한 간과할 수 없는 것이 사실이다. 그것은 신역사주의의 등장과 발흥이 미국이 세계적 지배자로 등극하는 것과 함께 하고 있기 때문만은 아니며, 그 구체적 내용과 결과에 있어서 제국주의적 암시를 갖고 있기 때문이다. 영국의 역사주의적 연구방법을 주로 지칭하는 문화유물론과의 비교에서 자주 지적되어 온 바와 같이, 신역사주의의 제국주의적 혐의는 그것이 중심부에 의해 변방으로 소외되고 억압되어 온 것들에 관심을 집중하면서도 이들이 갖는 궁극적인 전복적 힘을 상대적으로 과소평가해 왔다는 것에 기인한다. (그렇지만 이것

11 Lloyd, "Kant's Examples"; "Analogies of the Aesthetic"; 또한 Godzich를 볼 것.

12 Greenblatt, *Shakespearean Negotiations*, 특히 Chapter 1("The Circulation of Social Energy" 1-20).

은 문화유물론이 신역사주의보다 우월한 대안적 방법론임을 말하는 것이 아니다.)

이러한 신역사주의에 대한 연장과 단절로서의 탈식민론 역시 구체성과 개별성을 강조하면서, 이러한 국지적인 것이 그것 너머의 영역으로 순환되는 것에 주목한다. 이러한 주목이 신역사주의와 차이를 보이는 것은 그러한 순환이 식민화라는 강제적 장치에 의한 것임을 알기 때문이다. 그렇기 때문에 작품의 해석행위 자체도 식민적 코드로 대상을 걸러내는 것으로 인정될 수밖에 없다. 이러한 상황 속에서 스피박Gayatri Chakravorty Spivak이 지향코자 하는 것은 구체성의 제고를 통해 가장 억압받고 침묵이 강요되고 당연시되는 구체적 개인에의 관심이다. 목소리의 억압, 혹은 목소리의 육체화는 식민의 과정에서 가장 눈에 띄는 현상이다.

남아프리카의 작가 쿳시J. M. Coetzee의 《포*Foe*》(1986)는 디포의 《로빈슨 크루소》를 다시 쓰고 있는 작품이다. 디포의 크루소는 금요일에 무인도에서 발견하게 된 원주민 청년을 프라이데이Friday라 명명한다. 쿳시는 이를 전형적인 식민과 피식민의 관계로 보면서, 여기에서 억압되는 것은 프라이데이의 목소리임을 강조하기 위해 원작에서와 달리 프라이데이의 혀가 잘린 것으로 그리고 있다. 더구나 쿳시는 이러한 상황을 기술하는 화자로 수잔 바튼Susan Barton이라는 또 다른 표류 여성을 등장시켜, 크루소가 강요하는 침묵이 성과 인종이라는 기준에 의한 것임을 지적고자 한다. 그녀의 프라이데이에 대한 관심은 다음과 같이 시작된다.

> 이제까지 저는 프라이데이를 그림자 같은 존재로 여기면서 브라질에서 하인을 대할 때보다 조금 더 관심을 줬을 뿐이었어요. 그러나 저는 이제 신체가 절단된 사람들을 대할 때 어쩔 수 없이 갖는 공포감을 갖고 그를 쳐다보지 않을

수 없었지요. 그의 절단된 부위가 비밀스럽고 입 뒤에 감춰져 있다는 것 (어떤 경우 절단된 신체 부위가 옷으로 감춰지듯이), 겉으로 그는 여느 흑인과 다를 게 없다는 사실은 위로가 되지 않았어요. 사실 제가 그의 앞에서 움츠러드는 것은 그것이 감춰져 있다는 사실 때문이었죠. 그가 제 곁에 있을 때, 저는 제 입 안에서 혀가 얼마나 생기 있게 움직이는지를 의식하지 않고서는 말을 할 수가 없었어요. (쿳시,《포》, 조규형 옮김, 33-34)

Hitherto I had found Friday a shadowy creature and paid him little more attention than I would have given any house-slave in Brazil. But now, I began to look on him—I could not help myself—with the horror we reserve for the mutilated. It was no comfort that his mutilation was secret, closed behind his lips (as some other mutilations are hidden by clothing), that outwardly he was like any Negro. Indeed, it was the very secretness of his loss that caused me to shrink from him. I could not speak, while he was about, without being aware how lively were the movements of the tongue in my own mouth. (Coetzee, *Foe* 24)

사실 스피박은 이 소설의 의미에 대해 깊은 관심을 보인 초기 비평가 가운데 하나이다. 그녀에 따르면 이 소설의 의미는 변경지대에 대한 디포의 잘못된 상상을 시정하고, 백인 여성의 시각을 도입하여 디포의 남성적 지위를 재검토하며, 여러 가지 요인으로 인해 모든 해석 가능성이 부딪히는 진퇴양난의 아포리아aporia를 인식시켜 주는 것 등에 있다(Spivak, "Theory in the Margin" 175). 물론 여기에서 스피박의 궁극적 관심은 어떻게 억압된 목소리를 복원할 것인가이다.

그녀가 억압된 목소리의 복원을 위해 식민의 담론에 반발하는 담론에 손을 들어 주는 것은 아니다. 민족주의적 해석의 틀 또한 식민적 시각에 대한 저항 담론으로서의 성격과 동시에, 내부적인 지배구조의 연장선에 머물면서, 진정한 탈식민의 담론으로 기능하지 못하기 때문이다. 스피박의 경우 인도에 있어서 식민적 인식에서 벗어나는 역사를 쓰기 위해서는 영국의 제국주의적 지배뿐만 아니라, 이에 대항하여 온 인도의 민족주의적 부르주아의 논리들 즉 민족주의, 국제화의 논리, 탈종교적 세속화, 그리고 민족문화의 논리 등으로부터 일정한 거리가 유지되어야 한다. 즉 어떤 사건의 복수적 해석 가능성이 이들만의 논리 속에서 어떠한 모순도 없는 연속성을 갖도록 일원화되어서는 안 된다는 것이다(Spivak, "Who Claims Alterity?" 269).

이런 점에서 우리는 스피박의 논문 〈하위층은 말할 수 있는가? Can the Subaltern Speak?〉에 주목할 필요가 있다. 이 논문에서 스피박이 신중하면서도 강하게 제기하고 있는 문제는 억압된 목소리를 복원하려는 작업에 내재한 중요한 모순에 대한 것이다. 스피박이 듣고자 하는 목소리의 주인공은 인도의 최하층 여성의 목소리이다. 그러한 목소리는 우선 영국의 식민화 과정에서 역사적 기록이나 어떤 공식문서에서도 지워져 있다. 다른 한편으로 이들은 인도 민족주의자들의 기록에서도 어떠한 자리를 차지하지 못하고 있다. 특히 민족주의 운동 속에서 여성의 지위는 매우 모호한 것임이 여러 번 지적되어 온 바 있다. 이 논문을 결론 지으면서, 스피박은 1929년 열예닐곱 살의 나이로 켈커타의 아버지의 아파트에서 자살한 부바네스와리 바두리Bhuvaneswari Bhaduri의 사건을 예로 든다. 그녀의 자살의 원인은 명확하게 밝혀지지 않았었다. 이런 일의 경우 항상 의심하게 되는 어떤 불륜관계 등의 문제가 있었던 것도 아니었다. 왜냐하면 그녀는 그때 월경 중이었기 때문에 불륜에 의해 그녀가 임신을 하고 있을 가능성은 없었다. 이후 십 년여가 지나, 이 자살은 그녀가 은밀히 관여하고 있던 인도의 독립운동 단체가 그녀에게 부여한 정치적 암살의 임무에 대한 부담감이 그 주 원인으로 밝혀졌다. 스피박에 따르면, 자신이 처한 복합적인 상황에 대항하기 위해, 그녀는 순결치 못한 상태의 자살로써 여성에 대한 억압적 체제로서의 전통적인 자살제도인 과부 순장제sati를 몸으로 다시쓰기하고 있다. 그녀의 몸으로 쓴 목소리는 인도의 가부장적인 민족주의 사회체제와 영국의 제국주의적 지배체제 사이에서 완전히 무로 사라지기보다는 "주체적 존재와 객체적 존재 사이에서 하나의 격렬한 아포리아"a violent aporia between subject and object status로 존재하면서 우리의 해석체계에 대한 지속적인 경고로서의 의미를 가져야 한다. 양극단 사이에서 이러한 "격렬한 움직임"a violent shuttling으로만 자신을 드러내는 그녀의 존재는 특히 민족주의적 입장에서 인도의 역사를 다시 서술하려는 작업이 갖게 될 자신감에 대한 경고이다(Spivak, "Can the Subaltern Speak?" 306).

바두리와 유사한 운명에 놓인 존재들의 예는 데비Mahasweta Devi의 작품에 등장하는 대부분의 여주인공들에게서도 찾아볼 수 있다. 평생토록 젖을 팔아 유방암으로 죽어 가는 〈유모Breast-Giver〉에서의 조쇼다Joshoda, 매음굴에서 몸을 팔아 성병으로 죽어가는 〈아낌없이 베푸는 도우로티Douloti the Bountiful〉의 여주인공 도우로티 등은 영국의 식민지배 체제보다는 인도의 가부장적 체제에 의해 지워지고 있는 존재들이다(Devi, "Douloti the Bountiful" 19-93; "Breast-Giver" 266-286). 나라얀R. K. Narayan의 《안내인*The Guide*》에서 로시/나리니Rosie/Nalini 또한 마찬가지이다. 그녀의 공식적 신분인 데바다시devadasi—사원의 무용수 겸 신을 모시는 여성시녀—는 오늘날의 사회에서는 그저 매춘부로만 여겨질 뿐이다. 다시 말하자면, 이러한 예들에서 스피박은 신역사주의와 인도의 민중사학subaltern studies을 포함한 모든 역사주의적 방법들의 지향 즉 역사적으로 억압된 것에 스스로의 목소리를 부여할 수 있다는 믿음에 대해 경고하고 있다(Spivak, “Subaltern Studies” 330-363).

IV

우리는 앞에서 칸트의 미학 가운데 숭고미가 제시된 것과 제시되지는 않는 것 사이의 긴장관계를 인식하고 있는 미학임을 살펴보았다. 주어진 사회 체제 내의 담론과 역사 텍스트를 이들에 의해서는 복원될 수 없는 하위층의 목소리와의 긴장관계 속에서 인식해야 한다는 스피박의 권고는 결국 칸트적 숭고의 미학과 논리적 상관관계를 갖는다고 할 수 있다. 기실 이러한 상관성을 추론하기에 앞서, 신역사주의가 초월적 보편성과 추상성을 이유로 칸트의 논리와 논의를 완전히 폐기하고 있다고 생각하는 것은 오류이다. 그린블라트의 경우 자신이 초기에는 보편성과 구체성을 지나치게 이분법적으로 보았었다고 반성하면서, 자신의 《욕 배우기*Learning to Curse*》(1990)에 그 흔적이 남아 있다고 말한다. 가령, 그는 국지적 구체성이 매우 중요한 경우가 있지만 이것이 반드시 그런 것은 아니라고 정정하면서, 그의 진정한 의도는 보편성이라는 범주와 구체성이라는 범주가 양극적이거나 상호 배타적이기보다는 상호 의존적이라는 인식 속에 이 양자의 상호 경계를 철폐코자 하는 데 있었다고 설명한다. 그러므로 그는 칸트의 《판단력 비판》을 일방적으로 폐기하려는 것은 후기 현대사회의 해석에 아무런 도움을 주지 못한다고 말한다(Greenblatt, “Intensifying the surprise” 119).

물론 칸트의 인식론적 경계에 대한 의식은 신역사주의의 에너지 순환이론과는 차이를 갖는다. 칸트의 그것은 순환이기보다는 궁극적으로 순환과정에서 순환될 수 없는 것에, 그리고 이러한 순환과정에서의 잉여의 생성에 주목한다고 할 수 있다. 우리의 사유에 의해 그 속성은 알 수 없으나 그 존재성 자체는 부정할 수 없다는 칸트의 '사물 자체'das Ding an sich의 세계는 이러한 순환의 불완전성에 대한 의식과 동시에 이러한 존재에 대한 긴장 의식을 갖게 하는 개념이다. 칸트가 이성적 범주 너머의 것에 대해 망각하지 않으려는 것의 의의는 그가 버크Edmund Burke의 미학을 논의하는 부분을 살펴봄으로써 분명해질 수 있다(Kant, *Critique of Judgment* 118-119). 버크에게 미와 숭고는 거의 생리적이며 심리적인 범주라 할 만큼 엄격하게 정의될 수 있는 것이었다면, 칸트에게 그것은 우리의 인식체계에 계속적인 도전과 회의로 다가오고 있는 존재들이며 이러한 의미에서 그것은 초월적인 것이다. 이 같은 인식 속에서 칸트의 문제의식은 미학의 범주에 내재하는 하나의 선험적a priori이고도 보편적 기준을 발견하려는 노력으로 요약될 수 있다. 그의 이러한 미학범주에서의 노력이 참으로 순수이성과 윤리적 실천에 대한 탐구에서만큼 성공하고 있는지에 대해서는 의문의 여지가 있다. 어떻든 이러한 철저한 보편적 기준의 설정과 이에 따른 이성 너머의 것들에 대한 의식에 의해, 이성의 능력은 한계 지어지게 된다. 하지만, 한정적 의미에서의 칸트의 이성에 대한 신뢰는 숭고미의 문제를 버크에서와 같이 단지 육체적 범주 즉 이성 너머의 영역에 귀속시키지 않는다. 그것은 이성에 의한 육체적 언어의 억압을 함의하고 있다기보다는, 오히려 침묵으로 남아 있는 영역의 엄연한 실재와 이것의 의의를 이성적 사고로 규명하려는 노력으로 여겨진다.

물론 칸트의 숭고미론은 진정으로 의식 너머의 것의 내용을 알고자 하는 우리의 기대에 미치지 못하고 있다. 칸트가 제시한 침묵으로서의 사물 자체의 세계는 독일 철학의 경우 헤겔에 의해 다시 궁구되었다. 헤겔 철학은 칸트의 사물 자체를 그대로 놓아 두지 않고 이를 포함하는 하나의 큰 체계를 구상한다.

하지만 이러한 체계가 적절하게 사물 자체로서의 타자를 대변하지 않고, 단지 자의적 끌어안기cooptation를 하고 있지 않은가라는 정당한 문제제기가 가능해진다. 이와 달리 칸트의 숭고미론은 문화적 타자에 대해 우리가 취할 수 있는 탈식민적 태도의 내용에 중요한 암시로 작용하면서, 윤리의 문제와 미학 일반이 긴밀히 연결된 체계를 예시하고 있다.

칸트는 미적인 것을 "순수한 비실용적 만족"the pure disinterested satisfaction (*Critique of Judgment* 39)으로 정의하고, 윤리적인 것을 항상 타자를 목적으로 대하는 판단과 실천으로 정의하고 있다. 여기에서 중요한 것은 미적·윤리적 공간이 자기 충족적 논리만을 갖는 것이 아니라는 점이다. 그것은 당장의 것에서 떠나 타자의 논리에서 당장의 것을 판단하는 체계이며, 추상적 명제이기보다는 모두에게 구체화될 수 있는 가능성을 갖고 있는 체계이다. 요약하면, 칸트의 숭고미에 대한 논의는 그것이 자기 충족적이거나 자기 논리적이기보다는 윤리적 함의를 갖고 있다는 것이다. 그것은 윤리적인 것과 미적인 것이 상호 배치되기보다는 부단한 교호관계에 있음을 보여 준다. 이것은 칸트의 경우를 예로 하여 설명되었지만, 이와 같이 윤리적 함의를 조심스럽게 제시하면서 미학적 가치의 정당성을 복원하려는 노력은 여러 다른 논의에서도 발견된다. 보다 정확하게 말하자면, 이 글은 이러한 근래의 지향을 칸트를 통해 설명하고 있는 것이라 할 수 있다. 소위 포스트모더니스트로 분류되는 라캉, 푸코, 데리다, 세르토Michel de Certeau, 리오타르, 그리고 (명백히 칸트를 비판하고 있는) 부르디외Pierre Bourdieu의 경우에도 칸트에 대한 지적 부채는 분명하다.[13] 특히 이들의 이론이 칸트에서와 같이 그 정치적, 윤리적 함의를 미학과 연계

---

13 가령, Geldof, 20-43을 볼 것.

된 선상에서 제시하고 있는 점은 주목을 요하며, 여기에서는 간단히 라캉, 푸코, 데리다, 그리고 리오타르의 경우에 대한 대체적 언급에 머무를 수밖에 없다.

라캉의 칸트에 대한 생각을 직접적으로 알 수 있는 곳은 《정신분석학의 윤리*The Ethics of Psychoanalysis*》에서이다. 여기에 포함된 〈사물Das Ding〉(1959, 43-70)과 〈도덕 법칙에 대하여On the Moral Law〉(1959, 71-84)는 칸트의 도덕론을 염두에 둔 논의이다. 여기에서 라캉은 욕망의 근원으로서, 구체적으로 지칭될 수 없는 차원의 영역을—칸트와 프로이트의 'das Ding'의 연계선상에서—'사물'la chose이라 명명하고 있다. 그에 따르면 우리의 욕망의 형성은 우리가 언어 혹은 기표계에 머무를 수밖에 없는 상황에서 기인하는 만큼, '사물'은 "주체의 절대적 타자"the absolute Other of the subject로서의 위치에 있다. 하지만, 라캉은 이것의 내용을 일별할 수 있는 방법이 전혀 없는 것은 아니라고 말한다. 가령, 그것은 바로 도덕법칙이라는 우회로를 통하여 그 본 모습을 드러낸다. 왜냐하면 근본적으로 '사물'로 지칭되는 영역의 내용은 본래적이기보다는 바로 도덕법칙에 의해 생산되고 있기 때문이다(*Ethics of Psychoanalysis* 52, 83).

이후 라캉은 "나의 욕망은 타자의 욕망"the desire of the Other이라는 말로 욕망의 근원을 다시 요약하고 있다. 이것은 물론 구체적으로는 환자의 욕망과 프로이트 자신의 욕망 간의 상관관계를 지적하는 공식이다. 그러나 이것의 외연적 의미는 우리의 욕망이 이쪽이 아닌 저쪽에 그 근원지를 두고 있음을, 또 그것이 완성되고 제시될 수 있는 형태로가 아니라 항상 유동적이고 제시될 수 없는 효과로서 우리에게 다가온다는 것에 있다. 이성의 능력과 한계를 밝히려는 칸트적 범주로 치환하여 말하자면, "나의 이성은 타자의 이성"the reason of the Other인 것이다. 그런 만큼 라캉에게 있어서 칸트는 분석의 범위를 넘어서는 원인의 존재를 인식한 철학자이다(*Four Fundamental Concepts* 38, 21). 라캉이 계속적으로 강조하는 중심부의 '결여'lack(같은 책 204-205)—중심부라는 텅 빈 공간 즉 우리가 단지 상상적으로 상정한 어떤 가치체계—는 이와 같이 칸트의 사물 자체와 동일한 위상에 있다고 할 수 있다. 그러면서 항상 잊지 말아야 할 것은 바로 이러한 결여를 그 내용으로 하는 라캉의 원초계 혹은 실재계 le réel는 기표계와의 상관관계 속에서 항상 생산되는 차원에 있다는 것이다. 이것은 분명 칸트의 사물 자체의 개념에서 진일보하여 라캉이 자신감과 신중함 속에 우리의 이성으로 감지되지 못하는 영역의 중요성을 재확인하고 그것의 내용적 특성을 가늠할 수 있는 가능성을 점치고 있는 모습이기도 하다.

여기에서 어떻든 우리에게 주어진 유일한 공간과 도구로서의 기표세계는 문제의 생산자이자, 어느 정도 열쇠 제공자이기도 하다. 가령, 라캉은 조이스에 대한 논의에서 그의 산문이 기표계를 이용해, 혹은 지속적으로 기표계를 벗어나려는 노력 속에 '사물'을 지향하고 있다고 설명한다. 이러한 노력의 과정에서 조이스의 산문은 상징계, 상상계, 그리고 실재계를 잇는 하나의 띠 knot를 형성하여 '아버지의 이름'the Name of the Father을 둘러싸면서 궁극적으로 '사물'을 향한 징후로 읽힐 수 있다.[14] 여기에서 '아버지의 이름'은 물론 아버지 그 자체가 아닌 (하나님) 아버지의 이름으로 기도하는 것에서와 같이 기표화된 도덕규율을 말하고, 또 도덕규율과 욕망 사이의 상관관계를 말해 준다. 라캉에게 문학의 영역은 이러한 이름할 수 없는 영역과 긴밀히 연관되어 욕망의 생성과 해결이라는 과정 가운데 일정한 윤리적 함의를 제공한다.

푸코는 칸트의 〈계몽이란 무엇인가〉에 대한 논의("Qu'est-ce que les lumières?"

14 이에 대한 논의는 Ragland-Sullivan, 특히 82 참조.

1984)에서 자신과 칸트와의 차별성을 제시한다. 여기에서 푸코는 자신의 작업을 칸트에서와 같이 초월적 기준에 의한 비판이기보다는 우리가 실제로 생각하고, 말하고, 행동하는 것을 가능케 하는 담론적 체계 즉 지식체계에 대한 계보적·고고학적 접근으로 요약한다. 그러므로 그것은 모든 지식과 윤리적 행동을 가능케 하는 보편적 구조를 추구하는 것이 아니라, 우리가 알 수 있는 것과 알 수 없는 것에 대한 인식을 기반으로 하여, 우리로 하여금 광범위하게 아직 정의되지 않은 자유의 영역으로 나아가도록 하는 것을 목적으로 한다. 이와 같은 개인적 자유의 확대는 칸트에 있어서도 개인의 도덕적 판단을 성립시키는 전제조건이기도 하다. 푸코는 이러한 개인의 원형을 보들레르의 댄디와 같은 인물에서 찾는다. 댄디는 바로 현대 속에 개인의 삶을 복합적이고도 어려운 노력에 의해 창조해 내야 할 산물로 받아들이는 인물이다. 댄디는 바로 푸코가 그의 말기에 자주 언급하고 있는, "우리는 예술품과 같이 우리의 삶을 창조해야 한다"는 말의 실천자이다. 푸코는 거의 마지막 인터뷰에서도 기독교의 계율과 구분되는 희랍과 로마의 도덕률을 논하면서, 후자에서는 자신의 삶을 하나의 개인적 예술으로 가꾸는 개인적인 윤리a personal ethics의 원칙이 강조되고 있다고 말한다.[15]

"저항이 없는 권력 관계는 없다"There are no relations of power without resistances (*Power/Knowledge* 142)는 언명은 말년의 푸코의 생각을 대변하는 것이기도 하다. 여기에서 그는 우리의 삶을 미학적 차원에서 해석하려는 의지를 보여 주면서, 미적인 것이 사회체제 내에서 갖는 저항적 의미에 주목하고 있는 것으로 보인다. 우리는 신역사주의의 가장 중요한 이론적 기틀을 제공한 푸코의 이론이 권

15 Foucault, "What Is Enlightenment," 41-42; "On the Genealogy of Ethics," 351; "An Aesthetics of Existence," 49. 앞선 논의 45쪽 참조.

력의 장 안에서 개인의 윤리적 차원과 미적 차원이 갖는 은유적 관계에 주목하고 있음을 확인하게 된다.

데리다의 언명인 "텍스트 바깥에는 아무것도 없다"There is nothing outside of the text("There is no outside-text"; "Il n'y a pas de hors-texte")는 언어와 그 의미가 글 이외의 여타 다른 자연적 존재의 사라짐으로 성립한다는 것을 강조하는 말이다(Derrida, *Of Grammatology* 158-159). 이것은 물론 우리가 주변세계를 인식하는 데 있어서 언어적 매개를 통할 수밖에 없다는 조건을 말하면서도, 보다 정확하게 이는 이러한 조건 내에 있는 우리의 한계에 대한 경고로 받아들여져야 한다. 데리다의 끊임없는 관심은 모든 차원에 걸쳐 소위 타자the other라 불리는 것의 복원에 있다고 할 수 있다. 그런 만큼 데리다의 해체론은 정의의 문제와 긴밀히 연관되어 있다. 특히 데리다의 정의관은 주어진 현실 논리 속의 정의가 아니라, 이의 너머에 있는 타자를 포함하는 정의를 염두에 두고 있다.[16] 이러한 데리다의 정의로 접근하는 데 있어서, 현재의 텍스트 그리고 현재의 정의는 이들을 넘어서는 데 장애물이자 교두보로 작용할 수 있다. 특히 문학은 철학과 경계를 이루는 타자로서의 지위를 가지면서, 철학적 담론으로 유통될 수 없는 것의 존재와 반향을 전하는 중요성을 갖는다.[17]

이러한 데리다의 논의가 함의하는 정치성은 매우 회의적으로 받아들여져 온 것이 사실이다. 그의 타자에 대한 관심과 책임은 사회적 공공의 영역에서 정치적 언어로 구체화되어 실천될 수 있는 성질의 것이 아니라는 지적이다. 이에 따라 그의 정치학은 이론과 실천의 괴리만을 노정하는 한계를 갖는다

16 Derrida, "Force of Law"; Kearney, "Derrida's Ethical Re-Turn," 38 참조.

17 Derrida, *Aporias*, 15, 18; Kearney, "Jacques Derrida," 162.

는 것이다.[18] 이러한 지적은 분명 인문학적 상상력을 지향하는 데리다를 정치학의 분야에서 다루면서 이것이 완전하게 사회과학적 실천 코드나 프로그램으로 변할 수 없다는 인식에 기인한다. 하지만, 이는 인문학적 생각을 사회과학적 영역으로 이전시키면서, 이것이 사회과학적 실천력을 결여하고 있다는 질타에 다름 아니다. 데리다의 논의는 분명 정치학적 차원보다는 인문학적 차원의 정치와 정의론이며, 여기에서의 추상성은 나름대로의 정당성과 함께 필연성을 갖는 것으로 보인다. 이런 의미에서 이는 오히려 사회과학적 범주 자체가 데리다의 (정당한) 논의를 수용치 못하는 한계를 반성적으로 인식하는 계기로 작용해야 할 것이다.

칸트의 미학과 윤리학이 오늘에 갖는 의미를 가장 잘 밝혀 주고 있는 경우는 리오타르이다. 앞서 살핀 것처럼 칸트의 숭고미를 '분쟁'differend의 개념으로 설명하면서 칸트 철학을 포스트모던 시대를 이해하기 위한 틀로 사용한다. 분쟁은 법적 소송에 있어서 소송의 당사자 양쪽 모두에게 공평하게 적용될 수 있는 공통의 판단기준이 없는 경우, 근본적으로 어떤 법과 기준이 적용되어야 하는가에 대한 논쟁이라고 할 수 있다. 이질적 영역과 장르를 중재할 수 있는 보편적 법칙의 산출에 어려움이 따르면, 사회의 집단적 정체성은 하나의 완성된 의미이기보다는 이것이 항상 지연되는 상태로만 존재한다 (Hendlery 212). 이것은 리오타르의 포스트모더니즘론을 특징짓는, 거대서사와 총체화에 대한 경고를 달리 표현하고 있는 것이기도 하다.

리오타르는 이러한 현실인식을 담고 있는 모델로 칸트의 미학 즉 그의 숭고미에 주목하면서 이를 최초의 포스트모던적인 의식으로 받아들인다. 칸트

18 유홍림, 87-119, 특히 112, 119.

의 숭고미는 우리가 분석의 도구를 가지고 있지 않은 부분—한층 정확하게는 인식보다는 막연히 느껴진다고 할 수 있는 영역—으로 인도하면서 정치적, 윤리적 함의를 갖게 된다. 그런 만큼, 리오타르는 현시대에 있어서 상상력과 감성의 중시는 정당한 것으로, 이의 적극적 함양을 제안하고 있다.[19] 이러한 강화된 감성을 통해 폐쇄적 한계를 벗어나 이질적 영역에로의 접근과 연계가 가능해진다. 이런 이유로 우리는 "칸트의 비실용적 미학은 단순한 무관심의 미학이 아니라, 이와는 정반대로 모든 경험적이고도 순수한 개념적인 관심을 넘으려는 노력의 미학"이라는 결론에 도달할 수 있다.[20] 여기에서 이 글의 앞에서 논의한 '마치'as if에 의한 허구의 윤리학과 미학의 중요성이 다시 인식될 수 있다.

이 장은 문학이 육체적 고통을 언어적으로 표현하는 데 있어서 한계를 가지면서도, 어떻게 우회적이고도 가상적인 '마치'의 형식으로 이에 접근하고 있는가로 시작하였다. 이러한 언어세계 너머에 대한 관심의 예로, 탈식민 비평의 스피박이 침묵에 주목하고 이를 복원하는 방식을 검토하였다. 이어서 이러한 방식이 (신역사주의 논의에서 상당히 의미를 상실한) 칸트의 숭고미와 이에 상응하는 몇몇 포스트모더니스트의 윤리학과 미학의 범주에서 논의될 수 있음을 거론하였다. 그것은 이들이 침묵으로 남아 있는 윤리의 영역과, 정치 사회적 코드로 용이하게 치환될 수 없는 미적 영역이 중첩됨을 논리화하는 이론적 기저로 기능할 수 있기 때문이었다. 이것은 언어에 의해 제시될 수 없는 영역을 미적인 것으로 간주코자 하는 것은 아니다. 잠정적으로 미적인 영역이란 감성적으로 느낄 수는 있으나 아직 제시될 수 없는 부분이라 생각되고

19 Lyotard, *The Postmodern Explained*, 71; 또한 *The Differend*, 76-78쪽 참조.

20 Librett, 207; Jowers, 200 참조.

있는 것은 사실이다. 고통과 관련하여 말하자면, 문학적 언술행위는 직접적으로 육체적 고통을 표현할 수는 없으나, 이를 '마치'라는 상황을 통해 제시하고 불러일으키려는 노력으로 여겨지며, 여기에 문학적 영역의 고유성이 있다고 할 수 있을 것이다.

물론 이 '마치'의 미학에 내재한 능력과 한계는 분명히 인식되어야 한다. '마치'가 침묵을 우회적으로 복원하는 만큼 궁극적으로 침묵의 완전한 복구에는 이르지 못하고 있다는 것이다. 이것은 우리가 항용 말하는 '미적'이라는 영역의 부정적 성격을 지칭하는 것으로, 문학이 침묵을 미화하고 또 생산함으로써 일정한 사회적 역할을 하고 있다는 경고이다. 그렇지만 이러한 부정적 연관성 속에서 우리의 신중한 문학 읽기는 문학적 언술행위가 사물에 대하여 우리의 모름을 인식시킬 수 있으며, 밝혀지지 않는 부분의 존재를 인식시켜 준다는 점에 또한 유의해야 한다. 이야기하면 이야기할수록, 배우면 배울수록 모르는 것이 늘어난다는 상식을 문학 읽기의 관점에서 어렵게 얘기하고 있다고 말할 수 있다. 여기에서 분명해지는 것은 문학에 있어서 한 차원의 정밀화는 필연적으로 그만큼 '모르는 영역의 엄연성'을 일깨우면서 그것의 연관적 중요성을 제기하고 있다는 것이다.

우리 문학에서 예를 들면, 김소월의 〈진달래꽃〉의 경우 그 창작배경, 시적 정서, 그리고 독자들이 그것에 접근하는 방식에 있어서 일제 식민지라는 억압적이고도 소외적인 상황이 전적으로 배제될 수도 없고, 배제되어 오지도 않았다. 한용운이 〈님의 침묵〉의 경우 또한 마찬가지라 생각된다. 이 시들은 주어진 상황을 묘사하는 차원만큼이나, 문학적 차원에 의해 현실과 관련을 맺고 있다고 할 수 있다. 이 두 시가 지나치게 서정적으로 경도되면서 현실에 대한 객관적 목소리를 결여하고 있다는 불만은 약간의 재고를 요한다. 즉 이러한 시들에서 객관적 현실제시의 노력만큼이나, '제시될 수 없는 침묵의 영역'의 확장 또한 부정할 수 없다는 것이다. 이것은 〈진달래꽃〉의 김소월과 〈님의 침묵〉의 한용운의 기술적記述的 한계이자, 무시할 수 없는—어떤 의미에선 그만큼 필수적인—부수 효과이다. 두 시는 시인이 현실인식과 현실제어에 당면하여 갖는 한계의 자각과 함께, 님이라 지칭되는 묘사불능의 영역 혹은 정서의 확대로 이어진다. 이러한 점이 오히려 두 시인의 언술이 민족 문학적 의미를 갖게 되는 이유이기도 하다. 다시 한번 분명해지는 것은 문학행위는 한편으로 이러한 작업에 의해 명확하게 제시되지 않고, 제시되지 못하며, 오히려 조금씩 생산되는 영역의 존재를 우리에게 생각하게 한다는 것이다.

식민의 역사와 탈식민에의 노력 속에 역사화되지 못하는 침묵의 내용에 당면하여, 우리는 이의 복원이 진정한 제 목소리의 부여에 이르지 못한다는 인식 속에서도, 끊임없이 이것의 존재를 의식하고 이에 접근하려는 노력을 포기할 수 없다. 그러면서도, 한층 근본적 차원의 논리로 인해, 제시될 수 없는 영역의 윤리적·미적 함의는 탈식민 논의와 인식에 일정한 시사점으로 이어질 수 있을 것이다. 문학과 문학 읽기는 어느 측면에서는 침묵된 목소리의 복원이 아니라, 침묵의 생산에 관여하면서도 침묵에 대한 의식의 제고를 통해 우리의 삶을 윤리적이고 미적으로 파악하게 하는 데 기여하고 있기 때문이다.

■《비평과 이론》(1998)

Ⅱ. 새로운 공간의 탈식민론

제5장

후기인쇄문화와 디지털 내러티브

I

사이버스페이스cyberspace는 깁슨William Gibson의 소설《뉴로맨서*Neuromancer*》(1984)에 처음 등장한다. 물론 이는 용어의 사용을 말하는 것으로, 그 개념은 이전의 공상과학소설 등에서 폭넓게 전개되어 왔다. 깁슨의 이 소설은 케이스Case라는 주인공이 사이버스페이스 세계 속에서 활약하는 모습을 그리고 있다. 하지만 그가 활약하는 세계에서 힘을 발휘하는 것은 윈터뮤트Wintermute와 뉴로맨서Neuromancer라는 고도로 조직화된 기술적 네트워크이다. 이들 네트워크는 그 기술적, 정서적 정치精緻함으로 인해, 스프롤Sprawl이라 불리는 우리가 사는 실제 세계보다 훨씬 정돈되고 매력적인 공간을 형성한다.

'사이버스페이스'의 번역어를 문자 그대로 '가상공간'으로 하는 것은 일정한 의의를 갖는다. '사이버'cyber를 인공두뇌학cybernetics에서와 같이 '인공'으로 번역하는 경우와 달리, '가상'이라 번역할 경우 정서적 측면이 훨씬 강조된다. 이러한 번역의 타당성은 깁슨의 소설에서 어느 정도 확인되는데,

여기에서 사이버스페이스는 기술적, 인위적 공간이기보다는 정신적, 정서적 공간이다. 케이스가 활약하는 세계는 그의 신경망에 연결jack-in됨으로써 펼쳐지는 세계이며, 그는 이를 통해 훨씬 생기 있고 의미 있는 삶을 경험하고 구축해 나간다. 그에게 이 공간은 단지 기술적인 것과 인간적인 것이 결합하는 수준을 넘어 레비Pierre Lévy가 말하는 새롭게 형성된 또 다른 정신적, 경험적 수준의 공간이다(24). 이런 의미에서 사이버스페이스는 기계와 인간의 결합으로서의 사이보그적 차원을 넘어서는 공간이며, 현실을 축약하여 경험하도록 한 가상경험 장치—래니어Jaron Lanier가 1986년 고안한 컴퓨터와 화상 시뮬레이션으로 현실경험을 축약하여 훈련하는 장치—와도 차별성을 갖는다.

이러한 가상공간의 개념은 오랜 역사에 걸쳐 완성되었다. 사실 플라톤의 동굴의 비유에서와 같은 신화적, 종교적, 문화적, 철학적 비유들이 만들어 내는 공간은 오늘의 가상개념과 먼 친족관계에 있다고 할 수 있다. 이들은 항용 자기 완성적으로 보이는 상상 속의 공간을 제시하면서, 이를 현실 세계에 대한 조망과 비판의 준거로 사용하였다. 이러한 상상적 구축물이 수학적, 기계적 체계 속에서 한층 완성된 모습을 띠게 된 것은 르네상스 이후이다. 특히 오늘의 가상세계의 원리를 집약하여 제시하고 있는 것은 부시Vannever Bush가 1945년 7월 《어틀랜틱 먼트리*The Atlantic Monthly*》에 발표한 〈우리 생각대로As We May Think〉라는 글이다. 이 글에서 부시는 제2차 세계대전 중에 축적된 기술과 지식을 어떻게 민간 분야에 적용하고 발전시킬 것인가를 논하고 있다.[1]

1 1945년은 모클리John Mauchly와 에커트J. Presper Eckert가 1세대 컴퓨터인 ENIAC(Electronic Numerical Integrator and Calculator)을 완성한 해이기도 하다. 하지만 오늘의 가상세계에 대한 철학적 지침이 부시의 제안에 집약되어 있다는 것에 많은 전문가들이 동의한다.

부시는 자신의 시대가 당면한 문제를 지식의 생산 못지않게 지식의 축적과 저장에 있다고 생각하였다. 그리고 단순히 지식을 저장하는 문제보다는 오히려 기존의 지식을 어떻게 체계적으로 정리하여 많은 사람이 쉽게 접근하도록 하느냐를 더 중요한 과제로 여겼다. 15세기 구텐베르크의 인쇄술이 지식 저장의 문제를 상당 부분 해결했다면, 이후 기하급수적으로 축적된 지식에 대한 접근성은 점차 감소되어 왔다. 이러한 과제를 해결하는 데 있어 부시는 인간의 두뇌가 자료에 접근하는 방식이 선택적이라는 점에 주목하였다. 인간은 연상association에 의해 하나의 생각에서 그와 관련된 다음 생각으로 이동하고, 이러한 이동은 순차적이기보다는 선택selection의 방식을 취한다. 이 연상적 선택과정은 선형적이기보다는 그물망과도 같이 확산적이라는 특징을 갖는다. 우리가 도서관을 직접 걸으면서 책을 찾는 경우를 예로 들어보자. 가령 플라톤의《공화국》과 니체의《도덕의 계보》를 찾는 경우 먼저 인문학 분야의 도서관에서 철학–서양철학–고전철학–희랍철학–플라톤으로, 그리고 다시 서양철학 분야로 돌아와 독일철학–현대철학–니체로 찾아간다. 이러한 도서관의 배치나 발걸음의 궤적과 달리 우리의 생각의 방식은 철학에서 플라톤으로 그리고 또 그곳으로부터 니체로 옮아가는 데 있어 우회적 과정을 거치기보다는 훨씬 생략적이고 즉각적이다. 달리 말하자면 전자가 선형적 틀 속의 운동이라면, 후자는 생각의 지점들이 그물망과 같이 서로 연계되어 있는 연상적 틀 속의 운동이다.

부시는 그의 혁신적 제안을 담고 있는 논문의 제목을 '우리 생각대로'라고 하였는데, 이러한 원리와 대비되는 선형적 방식의 전형은 인쇄매체에 의한 지식의 저장과 접근 방식이었다. 그는 선형적 인쇄매체에 인식론적 효율성을 높이기 위해서 인간의 연상적 사유방식을 도입할 것을 제안한다. 이러한 방식을 실행하는 기계를 메멕스memex('확장된 기억'을 뜻하는 'memory extended'의 약어)라 이름 지은 그는 이것이 우리의 두뇌에 상응하는 보완 장치가 되도록 기획하였다(Bush, "Memex Revisited").

부시의 제안이 갖는 함의를 구체화한 사람은 넬슨Theodor Holm [Ted] Nelson이다. 그는 1965년 "독자의 선택과 상호작용이 가능한 비선형적 문자구조로 된 스크린상의 텍스트"를 구현한 하이퍼텍스트를 제안하였고("A File Structure for the Complex, the Changing, and the Indeterminate"), 이후 이를 그의 '자나두 프로젝트'Xanadu project로 발전시키려 하였다. 콜리지Samuel Taylor Coleridge의 시 〈쿠블라 칸Kubla Khan〉(1816)에 등장하는 상상의 도시 자나두를 염두에 둔 이 프로젝트는 일종의 '문학기계'literary machine를 완성하고자 한 것이었다. 넬슨이 이 프로젝트의 지향점을 문학기계라 표현한 것은 '문학'이란 글과 글을 연결하는 근본적 논리를 담고 있다는 생각에서이다. 여기에서는 일정한 주제와 긴밀한 혹은 최소한의 관계가 있는 글들이 독자가 원하는 순서대로 읽힐 수 있도록 편집 구성된다. 이를 위해 그는 링크 등의 개념을 도입하였다(Whitehead 참조).

넬슨의 개념이 문학 분야에서 한층 구체화한 경우가 '스토리스페이스'Story-space 프로그램이다. 1984년 조이스Michael Joyce는 볼터David Bolter와 함께 완성한 이 글쓰기 프로그램을 이용하여 최초의 '하이퍼텍스트'hypertext라 할 수 있는 《오후 이야기*Afternoon, A Story*》(1987)를 발표하였다. 이 소설의 주요 등장인물은 소프트웨어 회사 소속의 작가인 피터Peter와 사장 워트Wert, 피터의 아내 롤리Lolly, 그리고 회사 동료인 노시카Nausicaa 등이다. 화자는 주로 피터이다. 이야기의 시작은 피터가 교통사고 현장을 지나친 후 그 차가 전처의 차인 것 같다는 느낌을 갖게 되어 전처와 아들의 행방을 찾아 나서는데 이 과정에서 직장 동료, 친지, 다른 여자 등과 얽히고설키는 회상 장면 등이 교차한다. 하지만 이 이야기는 짧게는 한 단어, 길게는 문단으로 되어 있는 이야기 토막 즉 카드로 연결되어 진행된다. 각 카드의 하단에는 간단한 질문과 독자가 이에 대한 대답을 '예/아니오(Y/N)' 가운데 선택하게 해, 독자가 선택한 길reading path에 따라 이야기의 내용이 달라진다. 전체 이야기는 539개의 마디node 그리고 이를 연결해 주는 951개의 고리link가 조합해 내는 것이다.

넬슨이 하이퍼텍스트를 독자와 저자 간의 비연속적이며 쌍방향적인 글쓰기로 정의한 바와 같이 이 소설에는 다수의 잠정적 플롯이 내재하고 있다. 조이스의 하이퍼텍스트 소설과 불과 3년의 차이를 두고 확립되기 시작한 인터넷은 부시와 넬슨의 기획을 한층 더 완성시킨 프로젝트라 할 수 있다. 우리가 '인터넷'이라 부르는 월드와이드 웹은 1990년 스위스 소재 유럽 소립자 물리학 연구소CERN, The European Laboratories for Particle Physics의 화학자 버니즈 리Tim Bernes-Lee가 하이퍼텍스트 프로그램 언어HTML, HyperText Markup Language와 이를 통해 제작된 텍스트의 위치를 말해 주는 시스템인 URLUniversal Resource Locator을 결합하는 네트워크를 구축함으로써 시작되었다. 이 두 체계를 결합한 것이 우리가 오늘날 인터넷 프로그램의 주소창에 기입하는 'http'HyperText Transfer Protocol로, 이를 통해 인터넷망이 한층 광역화될 수 있었다.

항용 웹 페이지Web Page라고 불리듯이 인터넷의 구조는 웹 구조 즉 거미줄과 같은 구조를 갖는다. 이로써 우리는 인터넷이 하이퍼텍스트를 상호 즉각적으로 연결한 그물망이라는 것을 알 수 있게 되는데, 이것은 바로 부시의 기획을 구현하고 있는 장치에 다름 아니다. 그리고 이러한 기획의 최종적 완성 단계가 가상공간인 것이다.

가상공간 프로젝트는 우리의 사유 방식을 복제하고자 한 시도에 기인하고 있으며, 이 과정에서 특히 주목한 인간 두뇌의 작업방식은 즉각적인 선택성이다. 이 즉각적인 선택성은 문자매체의 원리를 획기적으로 개선하는 데 있어 중요한 지향점이 된다. 이는 문자매체가 하이퍼텍스트적 성격을 갖게 됨을 의미한다. '하이퍼텍스트'hypertext의 '하이퍼'는 '하이퍼액티비티'hyperactivity에서의 '하이퍼'와 같이 매우 활동적인 상태를 말한다. 이런 의미에서 하이퍼텍스트는 텍스트성이 고도로 활성화된 텍스트를 말한다고 할 수 있다.

그런데 여기에서 텍스트성이란 무엇일까? 텍스트성은 다름 아닌 구어성과 비교하여 텍스트가 특히 상대적 우위를 갖는 부분을 가리킬 것이다. 그런 만큼 그것은 구어에 의한 정보보다는 더 보존성 즉 참조성을 갖는다는 것을 의미할 것이다. 텍스트에서의 참조성은 선형적인 전개를 특징으로 한다. 독자가 텍스트를 읽는 중에 어떤 부분에 의문을 가지게 되면 바로 페이지를 넘겨가며 참조하거나, 목차 혹은 인덱스를 거쳐 원하는 페이지로 찾아가야 했다. 반면, 하이퍼텍스트는 이러한 참조성을 극대화한 텍스트라 할 수 있다. 쉽게 말해 텍스트 내에 곧바로 많은 링크를 배치해 한 페이지에서 다른 페이지로 바로 이동하도록 한 것이다. 가령, 지면상의 논문을 읽는 경우의 주註는 각주 혹은 미주로 처리되고 또 그렇게 찾아가야 하지만, 인터넷상의 논문을 읽는 경우 주는 대개 링크화되어 있어 이를 클릭하면 바로 주로 넘어가도록 하는 경우가 그것이다. 이러한 링크 장치는 한 페이지에서 다른 페이지로의 이동 즉 참조성을 즉시화하는 한편, 더욱 확장된 의미에서 즉시 한 텍스트에서 또 다른 텍스트로 이동하게 하였다. 이를 통해 인터넷 프로젝트는 모든 텍스트가 상호 참조적으로 연결되어 가는 과정이라고 할 수 있게 되었다.

우리가 가상공간이라 부르는 것은 기실 기존의 텍스트가 그 잠재성을 최대한 구현하고 있는 하이퍼텍스트의 세계이며, 문서의 세계 공간 즉 도큐버스docuverse라 할 수 있다. 이러한 하이퍼텍스트의 도큐버스는 하나의 그물망(네트워크)을 형성하게 되는데, 이를 '공간'이라 인식하는 방식은 오랜 문화적 훈련에 의해 형성된 우리의 상상적 능력이 개입한 결과이다. 이런 의미에서 가상세계는 인쇄문화의 절정이자 그 이후를 상상하고 예비하는 공간이라 할 수 있다.

II

소설의 주체 미학

가상세계를 인쇄 텍스트의 극대화 차원에서 설명하는 데 있어 자세한 논의가 필요한 가교는 소설 형식이다. 앞서 우리는 하이퍼텍스트와 가상세계 개념 모두 소설과 긴밀히 연관된 것임을 알 수 있었다. 그런데 이러한 과정은 결코 우연만은 아니며, 인쇄매체 문화의 논리를 가장 첨예하게 보여 주는 형식 가운데 하나가 소설로서 그것은 인쇄문화의 절정이자 탈인쇄문화적 논리마저 보이기 시작하는 지점이기도 하다.

인쇄문화의 사회문화적 의의를 요약하기 위해서는 문자가 구어보다 훨씬 권위를 갖는 매체로 받아들여져 온 역사에 유념할 필요가 있다. 인류 역사상 인쇄매체는 지시와 법규의 제정과 같이 행정적인 권위와 능률을 위해 동원되었고, 그 고정적 항상성은 종교적 신비성마저 갖기도 하였다. 이러한 문자매체의 의의가 한편으로 심화되고 다른 한편으로 정정되어 온 것이 인쇄문화이다. 그리고 이러한 인쇄문화가 대중성과 함께 높은 차원에서 그 잠재성을 구현한 근대적 형식으로 신문과 소설을 들 수 있을 것이다. 이러한 인쇄,

신문, 그리고 소설의 관계에 대해 귀 기울일 필요가 있는 논의 가운데 하나가 앤더슨Benedict Anderson의 것이다.

앤더슨의 인쇄매체에 대한 주장은 그의 민족주의에 대한 논의 가운데 등장한다. 그는 민족주의가 단지 정치적 운동이기보다는 다양한 문화적 장치에 의해 진화되어 생활세계 속에 실천되고 있는 모습을 그려내고 있다. 가령, 민족주의는 예전의 종교적 열정의 대상이 세속화된 현실의 것으로 대체된 현상 가운데 하나이다. 유럽의 경우 중세 이후 종교적 대상으로서의 신을 대신하는 것으로 국가가 점점 그 위상을 강화하고 신성시되는 과정이 그것이다. 이제 종교를 위한 순교 대신, 국가를 위한 순교가 행해지며, 이러한 순교자들은 국민적 흠모와 경배의 대상으로 격상된다. 근대에 생긴 국가적 장치 가운데 하나가 박물관이다. 박물관은 한 국가의 전통을 담는 공간으로 화하면서 국민에게 일정한 정체성을 교육하는 장치로서의 역할을 수행한다.

이러한 근대적 장치와 함께 앤더슨이 지적하고 있는 또 하나의 중요한 사건은 신문의 등장이다. 근대와 함께 시민은 매일 아침 기도를 하는 대신 신문을 읽었다. 신문은 오만 가지 소식들로 가득하지만, 주로 한 나라에 대한 이야기로 생각되는 기사들을 다룬다. 이 기사들을 신문이라는 인쇄매체를 통해 한자리에 모아 놓은 기준은 그것이 한 나라에 관련된 기사들이라는 점이다. 앤더슨은 이와 같이 실제로는 전혀 내면하지 못하는 사람들로 하여금 하나의 공동체이자 운명체라는 생각을 하게끔 하는데 신문이 크게 기여했다고 설명한다. 특히 그는 인쇄매체가 르네상스 이후 다양한 언어에 안정성을 부여하면서, 언어를 중심으로 하는 민족공동체의 형성과 지속에 결정적 기여를 하였다고 설명한다(Anderson 22-46).

앤더슨의 이러한 설명이 있기 전에 문학 연구자들은 소설의 발생을 중산층 시민사회의 확장에서 찾을 수 있다고 믿어 왔다.[2] 일반 대중의 다양한 이야기가 집적되어 있다는 점에서 소설과 신문의 내용적 유사성을 찾기는 어렵지 않다. 나아가 신문이 싣고 있는 대부분 상호 연관성이 희박한 기사들에 그럴듯한 연결성을 부여하고 있는 서사가 바로 소설의 서사임을 알 수 있다. 더구나 신문과 비교해서 소설은 한 공동체에게 훨씬 모순이 제거된 연결망을 제시하는 서사이다.

소설은 자유분방함과 일정한 내러티브적 정체성 사이의 균형을 아슬아슬하게 유지하고 있는 형식이라 할 수 있다. 이는 소설의 발생기에서부터 현저하게 관찰되는 면모이다. 신문이 중요한 사회적 매체로 등장한 18세기에 근대적 소설 형식이 완성된 것은 필연적 관계가 있다고 할 수 있다. 연대기적으로 살펴보아도 신문과 잡지 그리고 소설 형식은 상호 근거리에 위치한다. 영국에서의 최초의 일간 신문이라고 할 수 있는 《데일리 쿠런트*Daily Courant*》가 시작된 것은 1702년이며, 애디슨Joseph Addison과 스틸Richard Steele의 《태틀러*The Tatler*》(1709)와 《스펙테이터*The Spectator*》(1711), 그리고 처음으로 잡지magazine란 용어를 선택한 《젠틀맨스 매거진*Gentleman's Magazine*》(1731) 등과 동시적으로 발흥한 것이 근대 소설들이다. 동시대에 근대 영국소설은 디포Daniel Defoe의 《로빈슨 크루소》(1719), 리처드슨Samuel Richardson의 《파멜라*Pamela*》(1740), 필딩Henry Fielding의 《조셉 앤드류스*Joseph Andrews*》(1742)로 시작하여 골드스미스Oliver Goldsmith의 《웨익필드의 목사*The Vicar of Wakefield*》(1766), 스턴Laurence Sterne의 《트리스트람 샌디*The Life and Opinions of Tristram Shandy, Gentleman*》(1759-67), 그리고 스몰리트Tobias Smollett이 《험프리 클링커*The Expedition of Humphrey Clinker*》(1771)에서 절정을 이루었다.

2 이러한 관점의 대표적 연구로는 Watt가 있다.

그럼에도 신문과 소설 사이의 형식적이자 내적 논리에서의 차이점은 분명하다. 그 하나의 예는 신문과 달리 소설의 경우 여러 가지 다양한 내러티브가 하나의 큰 주제 아래 최대한 유기적으로 모이며, 또 다양한 목소리가 복합적인 층위를 이루는 형식을 갖는다는 점이다. 그런 만큼 소설 형식은 변화무쌍한 복합적 지형 가운데 자신의 미적 방식에 대해 마냥 새로운 좌표를 그려야 하는 '항상' 현대적인 장르가 되었다. 루카치Georg Lukács가 소설을 자의식self-recognition의 장르로 규정하고, 거기에는 항상 아이러니의 차원이 내재해 있다고 지적한 이유가 여기에 있다(74).

가령, 스턴의《트리스트람 섄디》는 그 내용과 형식에서 소설이 취할 수 있는 모든 모습을 보여 준다. 여기에서 이야기는 정연하게 직선적으로 전개되기보다는 옆길로 빠지는 경우가 더 많아, 오히려 옆길로 빠질 수 있을 만큼 옆길로 빠진다는 느낌을 준다. 그러나, 이것은 당면한 사건이 연상시키는 방향에 따라 이야기가 흘러가는 방식이기에, 오히려 자연스러워 보인다. 더욱이 주된 이야기를 벗어난 객담과 여담이 더 중요한 가치가 있다고까지 역설된다.

> 굳이 말할 필요도 없겠지만, 여담은 햇빛과 같은 것으로, 독서의 생명이자 영혼이며, 이 책에서 여담을 없앤다면, 차라리 책을 없애 버리는 편이 나을 것이며, 각 페이지마다 추운 겨울이 영원히 지배할 것인 바, 작가로 하여금 여담을 다시 하도록 한다면, 그는 새신랑처럼 앞으로 나와, 진심으로 손을 들어, 모든 여담을 맞아들이고, 재미가 끊이지 않게 할 것입니다.
>
> Digressions, incontestably, are the sunshine;—they are the life, the soul of reading;—take them out of this book for instance,—you might as well take the book along with them;—one cold eternal winter would

reign in every page of it; restore them to the writer;—he steps forth like a bridegroom,—bids All hail; brings in variety, and forbids the appetite to fail. (Sterne 52)

이것은 당대의 글쓰기 작업을 비롯한 문학적 작업이 매우 인위적이라는 것을 반증하기 위한 의도적 제스처이다. 이는 여러 가지 다양한 에피소드들을 비선형적으로 배치하면서 가끔은 직접적으로 독자에게 말을 걸어 호소하고, 스스로의 허구성을 의식하고 또 이를 표방하면서 자신의 장르에 정체성을 부여하려는 점에서 앤티픽션적이기보다는 메타픽션적이다. 여기에서 보이는 스스로의 매체적 특성에 대한 자의식은 인쇄매체가 자연스럽게 받아들여지는 것을 경고하면서 그것이 매우 인위적이고 문화적인 산물임을 강조한다.

스턴의 소설에서 병렬적으로 제시되는 주인공의 목소리와 작가의 목소리는 이후 복화술과 같은 구조를 갖게 된다. 바흐친은 소설의 역사적 전개과정에서 그 형식적 특징 가운데 하나로 대화적 상상력을 들고 있는데, 그것은 소설 형식이 하나가 아닌 여러 다른 목소리로 이미 대화적으로 엮여 있는 모습을 갖고 있다는 것이다. 초기 근대소설의 경우 작품 내 주인공들의 목소리와 저자의 목소리의 경계가 불분명한 것도 의도적인 선택이다. 이러한 구조는 매우 간단한 문장 단위의 언명에서도 의도적으로 시도되는데, 가령 디킨즈의 《리틀 도릿*Little Dorrit*》에서 그 전형적 예를 찾을 수 있다(Bakhtin 308).

하지만 타이트 바네클 씨는 단추를 꼭 잠그는 사람이었고, 당연히 유력 인사였다.

But Mr. Tite Barnacle was a buttoned-up man, and consequently a weighty one.

미사여구와 체면치레에만 몰두하는 윌리엄 도릿을 비롯해 관료조직과 바나클Barnacle 일족이 지배하는 이야기 흐름 속에서 바흐친은 '당연히' consequently와 같은 표현에 주목한다. 일차적으로 주인공의 판단과 작가의 판단이 혼재하고 있는 이러한 언명에 내재해 있는 목소리 가운데 하나가 일반적 판단의 목소리이다. 여기에서 '당연히'와 같이 논리적 연관관계를 확인하는 표현들—가령, '따라서', '그러므로', '그래서', '왜냐하면', '그럼에도'—은 작가의 직접적 목소리 차원을 넘어 한층 객관적인 일반적 평가의 목소리로 독자에게 다가온다.

소설 내에서 화자, 주인공, 작가 그리고 객관적 논리가 합종연횡하는 예는 초기 소설 혹은 풍자적 분위기 속에 사회비판 의식을 담지하고 있는 소설에서만 나타나는 것은 아니다. 현대 소설의 경우에도 이러한 기조는 지속되고 있다. 현대 소설의 전범이 되고 있는 모더니즘 소설, 가령 콘래드Joseph Conrad의 《암흑의 핵심》이 대표적인 경우이다. 《암흑의 핵심》의 이야기 전달 방식은 작가의 직접적 목소리 대신 화자가 있고 이 화자는 말로우Marlow라는 또 다른 화자를 등장시킴으로써, 이전 소설전통에서 볼 수 없는 한층 심화된 논리관계를 정립하고 있는 것으로 보인다. 하지만 콘래드의 말로우는 단순히 작가를 대신해 사건의 전개를 말해 주는 기능적 인물을 넘어선다. 그는 사건의 진행을 전해 줄 뿐만 아니라, 이러한 사건에 대한 섬세한 관찰 속에 나름대로의 의견을 피력하고 있다. 독자는 이로써 말로우의 내면세계를 알게 되며, 이러한 과정 속에서 독자의 시선이 사건의 주인공보다는 이를 전해 주고 평가하는 말로우 특히 그의 의식세계와 도덕적 판단에 주목하게 되며, 순차적으로 독자는 그의 이러한 경험과 판단을 다시 평가하게 된다. 말로우는 소설의 논리를 정연하게 하고 경험대상을 외부세계가 아닌 인간의 내면세계로 전환하게 하는 중요한 가교 역할을 하는 것이다.

하지만 이 소설에는 모더니즘의 주요 요소와 함께, 모더니즘 이전 시대의 기조를 나타내는 요소들인 낭만적 개인과 인상주의석 스타일 또한 매우 중요한 역할을 하고 있다. 특히 여기에서의 낭만적 개인은 콘래드 작품에 자주 등장하는 영웅적 개인의 모습을 띤다. 이러한 과정 속에서 콘래드의 문학은 한편으로 진보적 메시지를 담고 있으면서도 또 다른 한편으로는 그것이 보수적인 짜임 속에 있다는 복합적, 아니 모순적 양상을 보여 준다. 작가 콘래드는 어떻든 말로우를 통해 훨씬 극적으로 자신의 목소리를 내고 또 자신을 하나의 주인공으로 제시할 수 있는 기회를 얻었다. 그리고 말로우가 말하고 평가하는 바에 대해 우리가 일정한 비판점을 찾게 된다면, 그것 역시 작가 스스로가 이러한 젊은 날의 자신을 재평가하는 과정으로 여겨질 수 있다. 이를 통해 이룩한 효과는 콘래드가 말로우에 자신의 감정과 의견을 싣고, 어떤 경우엔 비판적 거리를 두는 느낌을 주는 것이다.

요약하자면 인쇄매체의 두 전형적 형식인 신문과 소설은 거의 동시대적으로 탄생하고 발전하면서, 다양한 사건과 목소리가 이합집산하고 있는 형식이라는 것이다. 특히 소설은 다양한 사건들을 매끄럽게 이어 주면서도, 이질적 목소리를 복합적으로 결합하면서 자기 응시적이고 자기 비판적인 견지를 내포하는 미학적 차원에 도달하고 있다. 소설은 표면적으로 아무런 모순 없이 이야기가 흘러가는 선형적 형식이기보다는 그 내면에 있어 중층적이고 집단적인 형식을 취하고 있다. 이런 점에서 신문 특히 소설은 집단적이고도 복합적인 상상력과 비판적 구조를 띠면서 하나의 행정단위가 문화적 유기체가 되도록 하는 데 크게 기여한 사회정치적 기재라 할 수 있다.

앤더슨에 따르면, 소설이 민족 공동체 형성에 기여하는 방식 가운데 하나는 시간개념을 통해서이다. 그는 소설이 전혀 다른 공간의 두 주인공을 동시에 제시하는 경우에서와 같이 집단적인 수준에서 시간의 동시성을 상정한다는 데 주목한다. 가령 소설이 한 주인공에 대한 이야기를 한 다음, "한편, 이때 누구 누구는…" 하면서 다른 장소의 주인공의 이야기를 하는 경우 이 두 주인공이 일정한 공간에 속하고 있다는 느낌을 줌과 동시에, 균질의 경험으로 시간을 공유하고 있다는 효과를 창출한다(Anderson 27). 여기에서 단순한 물질적 공간을 벗어나 상징적 즉 문화적 공간 속에서 완성되는 공동체를 볼 수 있다.[3]

앤더슨의 설명에 내재한 논리 가운데 하나는 내러티브상에서 구현되는 시간과 경험의 동질성이 이를 읽는 독자에게 자연스럽게 전이되면서, 독자 간에도 동질적인 문화적 공간을 창출해 낸다는 것이다. 이는 바로 소설공간과 현실공간에서의 경험이 긴밀한 연결 관계 속에 상호 교차하고 있음을 말해 주는 대목이다. 기실 이러한 내러티브의 동시성과 즉시성은 바로 인터넷 텍스트에서 링크와 같은 장치에 의해 가장 효율적으로 구현되게 되었다. 하지만 이러한 링크가 텍스트의 동시성을 극대화하고 있음에도 불구하고 과연 텍스트와 독자의 동질성, 그리고 독자 간의 동질성을 창출하고 있는가는 의문이다. 한편으로 소설에서의 주인공들 사이의 동질적 경험이 독자들의 것으로 쉽게 전이되는 것과 달리, 디지털 내러티브에서는 주인공보다는 다양한 링크에 의해 연결되면서 독자 간의 동질성을 촉진하는 기재로 작용하는 측면이 약하기 때문이다. 다른 한편으로 디지털 내러티브의 링크에 의해 구현되는 텍스트 간의 동시성은 읽는 이로 하여금 텍스트에서 현실로 연계되기보다는

3 문학적 내러티브가 국가적 상징공간을 완성하는 것에 대한 연구는 Berlant 참조.

오히려 또 다른 텍스트로 연속적으로 이어지도록 하는 특성을 갖기 때문이다.

앤더슨이 소설과 민족공동체를 연결하여 설명하는 방식은 소설이 미적 작업을 통해 일정한 상징적 공간의 완성에 매우 중요한 기능을 하고 있음을 지적하는 것이다. 그는 이러한 논증을 통해 민족국가가 상상된 공동체imagined communities 가운데 하나임을 주장한다. 신문과 소설의 발달과정은 복합적 목소리의 형성과 더불어 공동체적 주체의 형성 과정과 그 궤를 같이 한다. 초기의 인쇄매체는 개인적 목소리로 하여금 단지 개인 차원에 머물지 않고 타인과 연결되고 집단 속에 산입되게 하면서 그것이 객관화되고 동시에 복합적 차원을 갖도록 하였다.

디지털 내러티브의 주체 미학

앤더슨의 논의는 그 설득력과 중요성에도 불구하고 일정한 한계를 노정하고 있는 것 또한 사실이다. 그 대표적 예는 신문과 소설의 세계가 공적이거나 복합적인 목소리를 갖는 만큼 그것이 애초부터 매우 사적인 세계와도 깊은 연관을 갖고 있다는 점이 간과되었다는 것이다. 문자매체가 공적 차원 못지않게 사적 차원에까지 광범위하게 영향력을 미치기 시작한 것은 그것이 인쇄기술을 통해 한층 대중화되는 단계에서 찾아진다. 문자 문화의 대중화는 권위주의적 분위기에서 벗어나 문자를 점차 세속적인 수준으로까지 끌어내리는 결과를 가져왔다. 맥루한Marshall McLuhan은 다양한 매체의 역사적 부침을 추적하면서 그 특성을 개관하는 가운데 책과 신문이 함께 "내밀한 이야기"inside story를 담고 있음을 지적한다. 책이 작가의 내면적 모험이라는 개인적 이야기를 다룬다면, 신문은 움직이는 사회의 내면적 이야기를 다룬다는 것이다(223).

특히 소설은 이러한 사적인 차원의 것에 대한 관심을 특화한 장르라 할 수 있다. 여기에서 사적이란 작가와 독자 그리고 작품에 등장하는 주인공 모두에게 해당하는 것으로, 이는 중산층의 성장, 개인의 성장 그리고 개체적 자아의 성장에 부수되는 것이었다.[4] 이러한 역사적 과정에서 등장한 소설은 하나의 예술 장르로서 스스로의 미학에 대한 모색과 자의식에 무관심하지는 않았다. 특히 사실주의 소설을 비롯한 전형적인 소설 형식의 경우는 내러티브의 완결성과 통일성을 보여 주려고 노력한 결과였다. 문학이론에 대한 논의의 시초부터 문학의 완결미는 가장 중요한 문학성의 하나로 여겨져 왔다. 자연적이자 강제적인 시간순서에 기초하는 '이야기'를 나름대로의 개인적 관점에서 재배치하는 '플롯'을 만들어 내는 것이 가장 중요한 문학적 작업 가운데 하나라는 것은 아리스토텔레스의《시학》에서부터 시작하여 신비평과 형식주의 비평에 의해 더욱 자세하게 거론된 사항이다.

이야기의 재배치 즉 플롯을 만드는 작업은 아리스토텔레스가 비극의 구조를 "하나의 유기적으로 완전한 일정 규모의 행위로서, 처음과 중간과 끝을 갖는다"라고 가장 간명하게 정의한 것에서부터 그 함의가 분명하다("Poetics" 96[1450б7]). 그것은 문학이 무한히 흘러가고 끝이 없는 이야기 가운데 일정한 관점에서 처음과 중간과 끝을 찾는다는 것을 의미한다. 문학의 존재론적 정의라고 할 수 있는 이러한 관찰은 내러티브의 미적 완결성과 완성미를 생각하게 하는 단초가 되었다. 이러한 문학의 내러티브적 완결성은 문화적 훈련 과정을 통해 우리의 삶과 세계에 대한 하나의 인식체계로 작용하게 되었다고 할 수 있다.

---

4 Watt, 특히 소설의 발생과 개인적 공간에 대한 욕구와의 관계에 대한 논의의 한 예는 Radway 참조.

우리는 오랜 세월 문화적 훈련 특히 책과 문학을 통해서도 우리의 삶이 처음과 중간과 끝이 있는 의미와 완결성을 향하고, 최소한 이러한 가능성 속에 삶을 영위하도록 교육되어 왔다. 가령, 사실주의 문학은 단지 문화적 소모품이기보다는 우리의 수준 높은 가치가 전수되는 기재이며, 이를 통해 우리는 세계가 질서 있는 존재로, 복잡성이 일정한 법칙으로, 우연이 필연적 논리로 재충전되는 것을 경험한다.[5]

이러한 책 읽기에서 형성된 고전적 자아는 이제 변화에 직면해 있다. 그 변화의 하부구조는 컴퓨터와 이를 기반으로 한 네트워크이며 상부구조는 하이퍼텍스트적인 인터넷과 가상세계이다. 앞에서 우리는 가상세계가 상당부분 인쇄매체 구조에서 진화한 것임을 보았는데, 그 체험에서 읽기가 차지하는 비중은 가장 높다고 할 수 있다. 일반 인터넷 공간에서의 읽기 과정이 인쇄매체의 읽기 과정과 확연히 구별되는 것은 아니지만, 그 물적 그리고 문화적 조건에 의해 발생하는 차별성은 매우 중요한 의미를 갖는다.

구어와 문자매체 사이의 유사성과 변화 그리고 차별의 관계는 문자와 컴퓨터 사이의 관계에 유비적으로 연결된다고 할 수 있다. 헤일즈Katherine N. Hayles는 구어와 문자 그리고 가상 주체의 특성을 다음과 같이 개괄적으로 정리한다.

1) 구어 주체: 유동성, 변화, 상황 의존성, 산종, 갈등

---

5 Keep 169. 가령, 화이트Hayden White는 문학의 서술양식이 역사서술의 틀을 결정하는 방식에 대해 논의한다. 독서와 의미 있는 삶과의 관계에 대한 가장 설득력 있는 논의는 Birkerts, 특히 5장("Paging the Self: Privacies of Reading, 87-94) 참조. 더 나아가 책이 세계를 인식론적으로 정복하는 중요한 매체였다는 논의는 Febvre & Martin 참조. 이 글이 완성된 이후 출간된 이남호의 책 역시 참조할 것.

2) 문자 주체: 고정성, 일관성, 안정성, 동일성, 표준성, 몰상황성

3) 가상 주체: 컴퓨터와의 동적 소통을 관계를 통해 형성, 키보드와 모니터에 연계된 감각 수용 장치에 의해 몸의 공간적 경계가 구획됨 (93)

컴퓨터 앞에서의 우리 주체는 이제 책에서와 같은 한정성 그리고 자기 완결성을 갖는 내러티브보다는 훨씬 더 연결성과 확장성을 갖는 내러티브에 직면하게 된다. 이러한 확장성은 의식이 컴퓨터 네트워크와 가상세계에 직접 연결됨으로써 이루어지는 것이 아니라, 몸의 공감각적 확대를 통해 이루어진다. 하지만 이러한 몸의 공감각적 확대는 오히려 의식이 육체로부터 격리되어 물질성을 떠나 자족적 존재감을 갖는 것으로까지 느껴지게 되었다(Keep 170).

전통적으로 인간의 주체 형성과 몸과의 관계는 매우 정연하게 전개되어 왔다. 이는 오늘날의 주체이론에서도 마찬가지이다. 가령 라캉의 정신분석 체계인 상상계—상징계—실재계the imaginary-symbolic-real/l'imaginaire-symbolique-réel의 틀에서 몸은 매우 중요한 위치를 차지한다. 이 세 영역은 순환적 구도를 이루고 있지만, 라캉의 초기 관심은 상상계에서 상징계로의 이동에 있었다. 상상계imaginaire는 그 어원에 알 수 있듯이 우선적으로 이미지image를 기반으로 한 인식으로, 초기의 라캉은 바로 이마고imago 즉 유아기의 심상心象을 정신분석학의 가상 기초적인 자료로 생각하였다("Translator's Note," *Écrit* ix). 라캉은 어린아이가 이미지에 의한 인식체계를 벗어나 진입하게 되는 체계를 상징계라 이름하고 있다.

라캉의 상징계는 특히 언어와 같이 사회문화적으로 공유되는 상징의 망을 일컫는바, 사회화된 공간이라 일반화할 수 있을 것이다. 여기에서는 몸도 상징계의 망으로 포착되어 표현되는데, 마치 기하학에서 대수학으로 진화하는

과정에서와 같이, 기의적 몸의 세계는 주로 기표적 상징계에 의해서 표현되는 한에서만 그 존재가 확인된다. 하지만 라캉이 마지막 단계로 발전시킨 실재계는 이러한 상징계의 망에 포획되지 않아 우리의 눈에 띄지는 않지만 논리적으로 존재한다고 상정할 수밖에 없는 영역에 주목하고자 한 노력의 결과이다. 실재계는 대수학에서 감각적으로는 인지할 수 없으나 논리적으로는 상정 가능한 일종의 허수와 같은 존재이다. 이러한 실재계는 무엇보다도 상징계에 의해 포획되지 않는 상상계의 잔여물로서, 이와 같은 논리 전개는 바로 육체적인 것의 복권을 의미한다고 할 수 있다.

라캉 정신분석 체계에 있어서도 육체적인 것은 무시되기보다는 궁극적으로 매우 중요한 요소로 자리 잡고 있다. 이는 이후의 다른 이론가들에 의해 더욱 강조되는 측면이 있다. 예컨대 크리스테바Julia Kristeva는 시적인 것이 상징계가 육체적인 것에 접근하는 과정에서 생성되며, 이에 따라 상징계가 새로운 질서를 부여받는 현상이라고 설명한다(*Revolution in Poetic Language* 62; Gaggi 150-151).

하지만 가상공간에서 인간의 몸이 제시되는 방식은 이와는 사뭇 다르다. 깁슨의《뉴로맨서》에서 케이스의 몸은 상징계와 실재계의 구도로는 논의되기 힘든 사이보그적 몸이다. 이것은 비단 케이스의 경우만은 아니다. 사이보그는 이미 일상화된 세계이다. 케이스를 고용하고자 하는 아미티지Armitage는 케이스의 상태에 대해 다음과 같이 언급한다.

> "자네 대동맥 여기저기에 열다섯 개의 독소낭을 달았네, 케이스. 그것들은 녹고 있지. 아주 천천히, 하지만 확실히 녹는 거야. 주머니에는 진균독眞菌毒이 들어 있어. 그게 어떤 건지는 잘 알 거야. 자네의 전 고용주가 멤피스에서 자

네에게 주입했던 바로 그것이라네."

케이스가 웃고 있는 아미티지의 가면을 보며 눈을 깜빡거렸다.

"내가 자네를 고용했고 따라서 자네가 해 줘야 할 일, 그걸 할 시간은 충분해, 케이스, 그러면 끝이라네. 일이 끝나면 자네에게 효소를 주사할 걸세. 그 효소는 독소낭을 건드리지 않고 혈관 벽과의 결합을 녹여 버리게 되지. 그러고 나서 혈액을 교체하면 되는 거야. 그렇지 않다면 독소낭이 녹고, 자네는 우리가 자넬 찾아낸 그곳 생활로 다시 돌아가는 거야. 알겠나? 자네한텐 우리가 필요해. 우리가 자넬 그 시궁창에서 건져 내 깔끔하게 만들었을 때만큼이나 절실하게 필요하다는 말이야." (깁슨, 《뉴로맨서》, 김창규 옮김, 75)

"You have fifteen toxin sacs bonded to the lining of various main arteries, Case. They're dissolving. Very slowly, but they definitely are dissolving. Each one contains a mycotoxin. You're already familiar with the effect of that mycotoxin. It was the one your former employers gave you in Memphis."

Case blinked up at the smiling mask.

"You have time to do what I'm hiring you for, Case, but that's all. Do the job and I can inject you with an enzyme that will dissolve the bond without opening the sacs. Then you'll need a blood change. Otherwise, the sacs melt and you're back where I found you. So you see, Case, you need us. You need us as badly as you did when we scraped you up from the gutter." (*Neuromancer* 46)

케이스를 비롯한 모든 소설 속의 인간들의 몸은 정보공학과 생체공학이 자연스럽게 교차하는 공간에 지나지 않는다. 거대한 네트워크인 윈터뮤트는 하나의 조직이자, 인공지능으로 현실사회와 인간 모두를 대신한다. 그런 만큼, 주인공 케이스에게 몸은 한갓 고깃덩어리에 불과하다.

> 육체를 떠난 사이버스페이스의 환희 속에 살아가던 케이스에게 그것〔몸〕은 타락이었다. 일류 카우보이로서 단골 술집에 들락거리던 시절엔 그도 어느 정도 육체를 경멸하는 엘리트적 태도를 견지했더랬다. 육체는 고깃덩어리에 지나지 않았다. 케이스는 자신의 육체라는 감옥에 떨어진 셈이었다. (깁슨, 《뉴로맨서》, 김창규 옮김, 16)

> For Case, who'd lived for the bodiless exultation of cyberspace, it[body] was the Fall. In the bars he'd frequented as a cowboy hotshot, the elite stance involved a certain relaxed contempt for the flesh. The body was meat. Case fell into the prison of his own flesh. (*Neuromancer* 6)

케이스가 영웅적 활동을 펼치는 세계는 인공지능의 세계이다. 인간의 몸은 정신 혹은 지능에 에너지를 공급하는 하부구조에 지나지 않으며, 정보의 망에서 다양한 경험을 하는 데 있어 그저 방해물로만 존재할 뿐이다.

케이스의 시대에서와 같이 오늘날 구현되고 있는 가상세계는 컴퓨터와 자본이라는 하부구조에 기초하면서도 그것이 드러나지 않도록 포장한 기술세계이다. 엄청난 자본과 기술이 집적된 체계임에도 최대한 그것들을 배면에 두면서 실제 세계와의 경계를 보이지 않도록 지우려는 노력이 바로 가상세계 프로젝트인 것이다. 하이퍼텍스트는 양적 확대와 자기 충족적 링크 등을 통해 문서세계docuverse를 구현하면서 사이버스페이스를 형성하게 되었고, 이러한 과정 가운데 인간의 욕망을 기호화하고 이를 계속 충족시키면서 오히려 진정한 원초적 욕망의 실체를 볼 수 없도록 하고 있다.

우리의 자기 정체성이 몸과 깊이 관련하여 형성되고 유지되어 왔듯이, 이야기 역시 책의 첫 표지와 마지막 표지 안에서 펼쳐지는 하나의 내러티브적 틀에 의존해 왔다. 우리의 몸과 또 주로 이를 경계로 하여 구획되는 외부와 타자

등은 주체와 갈등하고 긴장하는 만큼 주체를 형성하는 차원을 가지고 있었다. 이러한 과정 속에서 주체는 사회의식과 윤리의식을 설정하고 견지할 수 있었던 것이다.

하지만 오늘의 가상공간은 언어매체를 통해 자족적 공간성을 극단적으로 구현하면서 현실과의 긴장관계가 느슨한 공간을 구축하고자 한다. 이러한 구조의 근간이 되는 디지털 내러티브는 지속적으로 소단위 경계를 허물고 상호 연계성을 높이고자 한다. 그것은 이미 앞뒤 표지에 의해 제한되지도 않고, 선형적 전개 형식을 취하고 있지도 않다. 신문과 소설에서 시작한 개별적 차원과 공간에 대한 희원은 이제 가상공간에서 최고도에 달한 것으로 보인다. 우리가 인쇄매체의 논리를 이렇게 진화된 단계에 적용하고자 하는 경우 비관적 견해에 도달할 수밖에 없다. 그것은 인쇄매체의 안정성에 비해 가상공간의 유동성이 너무나 두드러진 현상이고, 그런 만큼 가상공간에서 우리의 주체 형성을 논하는 것이 지난한 작업이 될 것은 물론, 가상공간 자체에 대한 가치판단 역시 상당히 부정적이 될 여지가 많기 때문이다. 하지만 앞에서 논했듯이, 가상공간 자체가 하이퍼텍스트와 같은 텍스트의 공간적 전개라는 점을 인식하고 이를 일종의 후기인쇄문화적 측면에서 접근할 필요는 상존한다. 여기에서의 후기인쇄문화란 인쇄문화와 연장과 단절 관계에 있는 단계로서, 오늘의 문화를 이러한 측면에서 고찰하는 것은 가상세계의 의미를 밝히고 그 역할을 요청하는 데 일정한 기여를 할 것으로 기대된다.

III

부시가 기획하고 깁슨이 소설 속에 형상화한 가상공간은 현실과 가상의 경계를 부단히 지워 나가는 가상현실virtual reality을 지향한다. 이는 깁슨의 소설이 그려내고 있는 바와 같이 가상의 공간이 현실을 흡입하면서 형성하는 자족적 공간이다. 하지만 우리가 이러한 가상공간에서의 느낌과 의미 그리고 한계를 포괄적으로 느끼고 인지할 수 있게 된 것은 깁슨이 그것을 소설 형식을 통해 잘 그려냈기 때문이기도 하다. 그것은 또 소설이 그려내는 독특한 세계에 우리가 몰입하고 거기서 빠져나오는 주체적 행동이 가능하였기 때문이다.[6]

여기에서 소설의 경우에서와 같이 가상공간이 우리에게 진정으로 의미가 있는 포괄적 내러티브를 구축하고자 한다면, 우리가 네트워크의 내적 효율성만이 아니라 물적 조건으로서의 외적 현실과의 부단한 긴장과 견제 그리고 비판적 관계를 보완하고 유지해야 한다는 것을 알 수 있다. 가상세계 프로젝트가 미시적 내러티브로서의 소설과는 다른 차원과 규모로 거시적 생활세계 속에서 자기반성이 가능한 서술적 자아narrative self의 면모를 갖추어야 한다는 것이다. 이러한 자기반성은 자신의 논리에 함몰되지 않고, 자신과 대립되는 타자로서의 현실과 갖는 긴장관계 속에 생성된다.

가상세계에 일정한 타자와 외부를 상정하고 이것과 긴장관계를 유지하게 하는 데 있어 필요한 것은 이러한 타자와 외부를 논리적으로 제시하는 것이다. 이것은 마치 라캉의 상징계로 실재계를 제시하는 것과 같이 어려운 과제로

6 소설의 독서 과정에서 자아는 스스로의 판단을 의도적으로 중지하기도 하고 또 그곳으로부터 빠져나와 현실 세계를 새롭게 재인식하는 과정을 반복한다(Cubitt 8-9).

보인다. 모든 것이 정보화된 현실에서 그 너머의 것을 상정하는 것이기 때문이다. 하지만 우리는 가상세계와 디지털 내러티브의 기초단위인 하이퍼텍스트를 통해 이를 모색해 나갈 수 있을 것이다. 이와 관련해 우선적으로 거론해야 할 점이 하이퍼텍스트의 열린 형식이 갖는 한계이다. 하이퍼텍스트는 다원적인 이야기의 흐름을 가능하게 하면서 또 상호텍스트성을 즉각적으로 현실화하도록 구성한 텍스트이지만, 이러한 구조가 진정으로 '열린' 구조인가는 더 논의가 필요하다.

실제로 하이퍼텍스트는 '열린' 것처럼 보이려고 짜 놓은 구조인 것임을 재확인할 필요가 있다. 하이퍼텍스트와 가상세계는 분명 경계와 한계가 있는 '닫힌' 세계이고, 이러한 인식이 오히려 이들 세계를 긍정적으로 이해하는 가교가 된다는 것이다. 즉, 하이퍼텍스트의 개방성에 대한 지나친 강조는 독자에게 오해의 여지를 주면서 오히려 읽기 경험을 표피적인 것으로 만들 우려가 있다. 하이퍼텍스트에서 이상적으로 구현되고 있는 상호텍스트성 역시 일정한 한계를 갖는다. 상호텍스트성은 텍스트와 텍스트가 상호 연결될 수 있는 차원을 가리킨다. 우리가 고도의 인쇄매체에서 발달시킨 상호텍스트성은 텍스트 간의 순접 관계만이 아니라 역접과 대비 관계를 포함하고 있다. 독자는 현재 당면한 이야기가 하나의 이야기가 아님을 이미 알고 있다. 우리는 사회 현상과 텍스트 등의 해석을 통해 하나의 이야기가 복합적 층위를 갖는 것으로 교육받아 왔다. "단일한 이야기란 없다. 읽을 때마다 그 이야기의 전개방식이 결정되기 때문에 매번 다른 작품이 된다. 따라서 이야기란 없다고 할 수 있다. 단지 읽기만이 있을 뿐이다"라는 볼터(David Bolter 124)의 주장은 하이퍼텍스트의 특징뿐만 아니라 오히려 텍스트 읽기 현상 일반을 설명해 준다. 디지털 내러티브에서의 열린 형식이라는 것 역시 일정한 틀에 의존하고 있으며, 상상할 수 있는 '모든' 변주가 이미 기술적으로 내포된 형식이라고 생각하는 것 자체가 우리의 생각과 상상을 가로막고 있다는 점에 유의해야 한다. 디지털 내러티브에서 독자는 텍스트 공간에 들어간다는 편안함 속에 해석이라는 중요한 흥미와 또 다른 개입을 포기하게 되는 경우가 많은 것은 이 때문이다(Aarseth 4).

디지털 내러티브가 내적으로 넓은 의미에서 닫힌 차원에 있다는 인식이 오히려 긍정적 의의를 가질 수 있다면, 동일하게 그것이 궁극적으로 현실을 무화시키는 자족적 기호공간을 완성하고 있지는 못하다는 점 역시 긍정적 차원을 갖는다고 할 수 있다. 이와 관련하여 내용적 측면에 있어 가상세계의 모습을 가장 선명하게 담아내고 있는 것이 마이클 조이스의 디지털 내러티브인 《오후 이야기》가 아니라 바로 깁슨의 전통적 형식의 소설 《뉴로맨서》라는 사실에 주목할 필요가 있다. 깁슨의 소설은 내용적으로 분명 부시의 기획이 완성된 공간이다. 하지만 그에 못지않게 가상공간에 대한 비판적 논의 또한 한층 가능하게 한 계기를 마련해 주고 있는 것도 사실이다. 즉 그의 소설이 바로 하이퍼텍스트와 같은 디지털 내러티브 형식을 취하지 않고 있다는 것이 이를 오히려 웅변해 주는 경우라 할 수 있다. 깁슨의 《뉴로맨서》는 가장 인간적 관계로 남았던 케이스와 몰리Molly의 관계에서와 같이 어쩌면 새로운 시대의 새로운 로맨스New Romance의 가능성을 암시하고 있지만, 가상세계의 모습을 적나라하게 보여 주면서도 다분히 디스토피아 문학의 메시지를 이어받고 있다. 이것은 소설이 인쇄문화적 형식 속에서도 진정으로 열린 내용을 담아낼 수 있다는 것을 웅변하는 전형적 예이다.

완벽한 가상세계의 모습이 디지털 내러티브가 아니라 소설에서 표현된 것은 그만큼 소설 형식의 의의를 말해 주는 부분으로 주목을 요한다. 가장 발달된 인쇄문화 형식으로서의 소설 장르가 이러한 상상력을 수용하고 전개할 수 있어 왔다는 것이다. 스턴의 경우에서 이미 대표적으로 예증된 바와 같이 소설 형식은 여러 가지 측면에서 인쇄문화 형식의 절정을 이루고 있다고 할 수 있다. 소설 형식이 의미를 갖는 이유는 그것이 일반적 진리보다는 매우 개별적인 진실을 담고 있다는 점에서이다. 이 점이 바로 엄격한 법칙과 같이 형식화되고 제도화된 인식과 판단과는 다른 측면을 제공하는 소설만의 의의로 주시되는 부분이기도 하다. 읽는 행위로서의 문학 특히 소설을, 일정한 틀에 의존하는 자동화된 판단이 아니라 개인적 판단과 성찰의 가능성과 가치를 추구하는 장르로 주목하는 이유가 여기에 있다.[7]

소설이 여타 인쇄매체에서는 기대하기 힘든 개별자적 역할을 한다면, 그리고 가장 발달된 형식의 인쇄문화에 속한다면, 이러한 판단은 소설이 바로 자신의 존재방식에 대한 부단한 위기의식 속에 자기 성찰을 계속해 온 장르인 것에서도 확인할 수 있다. 이런 의미에서 소설은 인쇄매체의 후기 형식으로 평가할 수 있으며, 그 기조는 하이퍼텍스트와 같은 디지털 내러티브 그리고 가상세계로 이어지고 있다. 여기에서 우리는 오늘의 디지털 내러티브가 새로운 기술양식 가운데 소설과 같은 문화적 기능을 이어받을 수 있기를 요청할 수 있다. 요컨대,《뉴로맨서》에서 보이는 바와 같이 표면적으로 닫힌 형식의 인쇄매체가 매우 급진적인 열린 내용을 담을 수 있었던 반면, 가상세계의 개방적 형식이 오히려 상상력을 억압하는 결과를 가져올 수 있다는 점에 유의해야 한다는 것이다. 이것은 인쇄매체와 가상세계를 피상적으로 관찰하거나 확연히 이분법적으로 나누어 논의하는 것을 지양해

7 대표적인 경우로 Booth, Nussbaum, Rorty(특히 *Contingency, Irony, and Solidarity*, 7-8장), Dimock, 그리고 A. Gibson(69-70) 참조. 최근의 간명한 논의로는 Fluck 참조.

야 함을 의미한다.

가상세계는 현실계와 전혀 교차되지 않는 자족적인 기호공간으로 존재하지 않는다. 우리는 오히려 가상세계라는 틀 속에서도 개별자적인 것, 즉 환원될 수 없는 차원의 것을 전제하는 역설이 담겨 있음에 유의해야 한다. 이는 다시 몸을 예로 들어 설명할 수 있다.《뉴로맨서》에서 가장 편재해 있는 몸은 순수하기보다는 사이보그적 몸이다. 그리고 이러한 몸은 정보망을 통해 소통되면서 하드웨어에서 소프트웨어로 자유자재로 변환될 수 있는 것 같이 보인다. 앞에서 보았듯이 케이스에게 몸은 단지 고깃덩어리와 같이 거추장스러운 것으로만 여겨진다. 그렇지만 부정할 수 없는 또 하나의 사실은 케이스 또한 이러한 고깃덩어리와 같은 "육체적 차원"meat level에 대한 유혹이 없는 것은 아니라는 점이다. 오히려 그것은 지우려 하지만 지울 수 없이 견고한 것으로 계속 남는다.

가령 케이스는 이미 죽은 옛 여자 친구와 사이버 섹스를 경험하는 장면에서 다음과 같은 느낌을 말한다.

> 너무 많이 갈구했다가 놓치곤 했던 그 무엇을. 그녀가 케이스를 눕히자 그는 깨닫고, 기억해 냈다. 그것은 카우보이가 경멸하는 고깃덩어리적인 것이었다. 그것은 인식을 넘어 존재하는 거대한 것이었고, 나선 구조와 페로몬 속에 암호화된 정보의 바다였으며, 육신만이 강력한 맹목으로 읽어 낼 수 있는 무한대의 복잡성이었다. (깁슨,《뉴로맨서》, 김창규 옮김, 373)
>
> Something he'd found and lost so many times. It belonged, he knew he remembered as she pulled him down, to the meat, the flesh the cowboys mocked. It was a vast thing, beyond knowing, a sea of information coded in spiral and pheromone, infinite intricacy that

only the body, in its strong blind way, could ever read. (*Neuromancer* 239)

이 경험에서 확실한 것은 이러한 느낌이 분명 몸을 기반으로 한다는 점이고, 분명 몸을 '대신'하는 느낌일 뿐 그 자체로 몸이 소멸된 모습을 보이지는 않고 있다는 것이다. 기실 오늘의 인터넷 공간을 가장 먼저 상업적으로 이용하면서 광범위하게 영역을 확장하고 있는 포르노 산업도 인간의 몸을 대신하기보다는 인간적 몸의 절박성을 오히려 전제하고 있다는 역설을 인지할 필요가 있다. 인간 욕망의 많은 부분은 여전히 몸을 기반으로 하고 있으며, 이런 연유로 인터넷에서 오가는 것은 정보만이 아니라 인간의 몸이다.[8]

요약하자면, 가상세계는 폐쇄적이고 자족적인 공간으로 완성된 것이 아니며, 또한 순수한 기호적 공간만도 아니다. 이러한 논증에서 얻어지는 것은 가상세계의 공간에서도 외부와 타자 그리고 굳건한 실재는 논리적으로, 물질적 조건으로, 그리고 현실적으로 존재하며 이런 조건에 있어서 가상세계는 기존의 인쇄매체와 단절보다는 연장관계에 있다는 사실이다. 이와 동시에 디지털 내러티브 특히 가상세계의 외부와 타자로 몸을 상정하는 것이 진정 타당한 논리인지도 재점검해 봐야 할 것이다. 이를 위해 우리는 인간의 사이보그적 측면과 그 긍정성을 생각해 볼 수 있다.

사이보그 현상의 문화적 의미를 폭넓게 논의하고 있는 해러웨이Donna J. Haraway 역시 사이보그 현상의 긍정적 의미를 밝히고자 하였다. 해러웨이에 따르면 인간은 현재 그리고 원래 사이보그적 존재로서, 문명 속의 존재란 바로 사이보그적 존재이다. 그런 만큼 우리의 존재성은 정도의 차이가 있을 뿐,

8 인터넷상에서의 몸과 욕망 그리고 이의 상업화에 대한 자세한 논의는 Stone 참조.

이미 그리고 항상 사이보그적 상황 속에서 있어 왔다고 할 수 있다. 인간은 다양한 도구와 문화에 의해 이미 사이보그적 존재로서의 역사만을 가지고 있다. 글쓰기와 인쇄매체가 그 대표적 예이다. 펜을 들었을 때나 컴퓨터의 자판에 손을 댈 때나 한결같이 우리는 사이보그적 상황에 직면하여 왔다. 오늘에 와서 우리의 몸과 기계를 이어주는 것은 이제 웹상의 링크들이라 할 수 있는데, 이들이 경계를 뛰어넘는 또 다른 창조적 힘이 될 수 있는 여지를 부정할 수는 없을 것이다.[9]

이러한 문화론에서 두드러지는 것은 그것이 경직된 이분법적 구도를 탈피하고자 한다는 점이다. 이것은 가상공간 문화에 당면하여 우리가 취할 태도에 대해 많은 것을 암시해 준다. 우리에게 필요한 것은 가상공간에 대한 비판적 이해와 함께, 인쇄문화를 공정히 재평가하면서 이에 대한 일방적 옹호보다는 그 기작을 더욱 세밀히 재점검하는 작업이 될 것이다.[10] 인쇄문명은, 더 거슬러 올라가 글쓰기 자체는 매우 복합적인 기술문명이며, 이제까지의 역사는 이를 인간적인 문화적 공간으로 순치하기 위해 기울인 노력과 시간의 양을 말해 주는 부분이기도 하다. 이는 고도의 텍스트성을 구현하고 있는 가상공동체를 미래의 문화적 공간으로 만들어 가는 데 있어 요청되는 이론과 논의를 가능하게 해주기에 충분하다.

여기에서 우리는 "가상공간이 우리에게 영향을 주는 방식은 기술적이고 직접적이기보다는 권력이나 지배와 같은 사회적, 상징적 관계망의 여과 과정을 통한다"라는 지젝Slavoj Žižek의 지적을 기억할 필요가 있다. 이는 인쇄문화

9 이에 대한 자세한 논의는 Shields 참조.

10 가령 인쇄문화와 독서가 갖는 의미를 설명하는 주장 가운데 가장 강력하고 설득력 있는 Birkets의 한계를 논한 경우인 Kaplan 참조.

와 가상세계의 문화를 매개할 수 있는 인식론과 문화론의 필요성을 말하고 있다.[11] 이제 우리는 인쇄매체에서만이 서술적 자아와 주체를 논할 수 있으며 가상세계 문화에서 이는 매우 지난하고도 불가능한 작업이라는 일차적 논리를 반성하면서, 근본적으로 디지털 내러티브를 기반으로 하는 가상공간에서도 나름의 주체형성 과정을 논의할 수 있어야 할 것이다. 또한 인쇄문화와 가상세계가 교차하는 문화공간이 더욱 면밀히 정리되어 가는 과정에서 문학이론은 후기인쇄문화로서의 디지털 내러티브의 윤리학과 미학을 한층 깊이 있게 성찰을 하는 작업을 당면한 과제로 갖게 되었다.

■《비평과 이론》(2004)

---

11 Žižek, "Is It Possible," 123; Gaggi, 152; Hayles, 94.

제6장

몸의 탈식민

I

탈식민 논의가 몸의 영역에 개입할 수 있는 여지는 어디에 있는가? 여기에서 여지라 함은 어떻든 논의의 가능성이고, 그런 만큼 그것은 일반적 담론의 장일 것이다. 그러므로 도대체 몸에 대한 '담론'이 가능한 것인가 혹은 정당한 것인가의 문제가 우선적으로 정리되어야 할 것이다. 이 문제는 이미 고전적 틀이 된 기표記表와 기의記意 사이의 간극에 대한 다양한 논의에 의해 끊임없이 제기되고 대답되어 온 역사를 갖고 있다.

이러한 역사 속에서 그 대답의 내용에 부침이 없었다고 할 수 없다. 하지만 여러 이론적 작업은 기표와 기의 즉 언어와 현실계 사이의 틈새와 어긋남을 정교하게 논리화하는 궤적이었다고 해도 과언이 아니다. 동시에 이것은 여러 이론적 작업들이 그만큼 언어 영역 바깥 세계에 대해 느끼는 부단한 긴장감과 책임감으로부터 자유롭지 못했음을 증거하고 있다. 이러한 논제의 대표적 예가 "텍스트 바깥에는 아무 것도 없다"는 데리다 식의 언명일 것이다

(*Of Grammatology* 158-159). 이것은 분명 세계 내 인식과 활동이 얼마나 담론적 구축 내에서 이루어지는 것인가를 극명하게 요약하고 있지만, 이러한 언명이 외부 세계를 완전히 포기하거나 배제하고 있지는 않다. 이는 데리다의 주장을 대변하고 있는 다른 여러 가지 용어들, 가령 차연différence, 보충supplement, 산종dissemination, 그리고 흔적trace 등의 개념에 의해 설명되는 부분이다. 그가 이러한 개념으로 새삼 강조하고자 하는 것은 확정적으로 보이는 영역과 개념들이 본래적 자기정체성을 갖는다는 논리를 부정하는 것이다. 그는 또한 이러한 논리적 차원에서만이 아니라, 지속적인 현실 정치에 대한 관심과 개입(가령 Derrida & Tlili, *For Nelson Mandela* 참조), 그리고 이를 위한 그의 윤리학에서도 기표와 기의의 관계가 항상 열려 있다는 것을 실천해 보이고 있다.

하지만 담론과 몸의 장이 이분법적이기보다는 상호 차연과 보충, 산종과 흔적의 관계 속에 있다는 것은 문제의 해결이기보다는 그 시작에 불과하다. 중요한 것은 이와 같이 담론의 세계와 몸의 세계가 상호 열린 관계 속에서 있다는 설정이 일정한 조건과 지향을 갖는다는 것이고, 이것은 담론이 얼마나 몸을 규정하느냐, 또 어느 정도 몸을 반영하느냐는 문제로 요약된다고 할 수 있다.

II

담론의 몸에 대한 규제와 왜곡에 관한 논쟁의 기반이 마련된 것은 정신분석학과 페미니즘 그리고 푸코 등에서이다. 정신분석학의 역사에 있어서 프로이트의 가장 중요한 의의 가운데 하나는 그가 무의식을 읽고 이를 의식의 차원으로 끌어들이려고 노력한 것에 있다기보다는, 무의식의 존재를 상정하고 그 역학에 대해서 논의하기 시작했다는 것에 있다. 이러한 무의식은 육체적 영역에 가까이 있다. 프로이트에게 있어서 "자아는 무엇보다도 우선적으로 육체적 자아이다"The ego is first and foremost a bodily ego(*The Ego and the Id* 364). 하지만 이것은 간단한 말이 아니다. 표면적으로 이것이 의미하는 바는 우리의 자아 그리고 의식 일반은 육체와 감각을 통해 형성된다는 것, 즉 자아는 육체적 실체와 그 경계를 정신에 투사한 결과물이라는 것이다. 하지만 그 배면에는 전혀 다른 함의가 있다고 할 수 있다. 여기에서는 우리의 자아가 ('육체적 자아'이기 때문에) 육체를 통해 나타나며 육체는 자아의 욕망을 표현한다는 점에 있어서, 육체는 욕망에 대한 매개적 위치에서만 파악된다. 그런 만큼 프로이트의 이러한 틀에서 제기될 수 있는 대표적 의문 가운데 하나는 그것이 몸을 기반으로 한 논리에서 출발하고 있지만 정작 몸에 대한 논리를 포기하고 있는 것이 아닌가 하는 것이다.

프로이트를 잇는 라캉의 이론에서 역시 이러한 의문은 지속된다. 라캉은 프로이트가 말하는 육체적 자아의 파악 과정에 있어서 여타 감각과 시각을 분리하는 것으로부터 출발한다. 그의 거울단계 이론은 시각이 육체와 자아에 일정한 통일감을 부여하는 과정을 설명한다. 소위 주체의 성립이란 이러한 상상적imaginary 통일감에 다름 아니다. 하지만 한층 중요한 문제는 이러한 통일감이 단지 시각적인 것의 부당한 우위에 기초한 것으로서, 허위와 이데올로기 즉 정신적이고도 사회역사적인 교육에 의해 강화되며 또 지속된다는 것이다("The Mirror Stage" 5-6 참조). 라캉의 몸의 이론이 거울 단계론을 거쳐 언어적·문화적 상징계 이론으로 이어지는 이유가 여기에 있다. 이와 같이 프로이트에서 라캉을 거치면서 몸은 자아와 사회 형성의 기반이 되고 또 그 과정에 적극적으로 개입하는 존재로 여겨지게 되었지만, 결론적으로는 통일된 육체의 파악이 환상이라는 평결을 받게 된다. 이 두 대표적 정신분석학자에 있어서 몸은 나름대로의 담론을 찾지 못하고 정당한 인정을 받지 못하는 차원으로 다시 내려앉고 만다.

우리는 어떻든 여기에서 중요한 논제가 성립함을 알 수 있다. 그것은 몸이 단지 생물학적으로 주어진 것에서 담론의 차원으로 나아가는 과정에는 여러 가지 사회문화적 논리와 환상이 개입해 있다는 것이다. 그런 만큼 몸은 담론의 세계에 그 자체로의 모습으로 나타나기보다는 오히려 이러한 사회문화적 담론에 의해 불투명해진다. 이것은 또 몸이 오히려 담론에 의해 구성된 형태로 우리에게 다가온다는 것이고, 더 나아가 그것이 애초부터 담론에 의해 형성된다는 것을 의미한다(Silverman 13 참조).

정신분석학에 문제를 제기한 한 시각은 페미니즘이다. 페미니즘은 무엇보다도 여성이 억압받고 있다는 인식 아래, 여성을 해방의 차원으로 끌어올리려는 운동이다. 이러한 운동은 남녀의 생물학적 차이에 덧씌워진 사회적 차원에 대한 인식과 도전을 이끌어 내면서, 사회적으로 만연된 불평등하고 이분법적인 구도를 고발한다. 이는 한층 폭넓은 문화운동과 철학적 담론으로 전개되면서, 역사적으로 남성문화가 정신으로 기능하는 반면 여성문화는 육체의 영역에 머물러 왔음을 지적한다. 남성문화는 특히 여성의 육체를 결핍되고, 열등하며, 수동적인 대상으로 파악한다(장미경 192-211). 문제는 사회문화적 차별이 생물학적 차이로 호도되는 것에 있다. 이와 같이 문화·담론 차원에 역점을 둔 페미니즘은 여성성이 역사적으로 구축된 것임을 강조한다면, 다른 한편 여성성이 초역사적 실체임을 강조하는 한층 근본주의적 페미니즘은 어느 정도 여성의 몸에 대한 긍정적 대면에 성공하고 있다. 하지만 이러한 논쟁의 서로 다른 기저는 몸에 대한 시각의 차이보다는, 어떠한 견해가 더욱 여성 해방적인 운동성을 갖느냐는 효용성의 문제 대한 시각차에 기인한다고 할 수 있다.[12] 또한 이들 페미니즘이 구체적으로 여성의 몸에 대한 이론을 구축했다면, 이것이 몸 일반에 대한 이론으로는 아직 나아가지 못하고 있는 것으로 보인다.

신역사주의의 이론적 지주는 멀리는 니체에 있지만 가까이는 푸코에 있다. 니체의 생각을 이어받은 논문에서 푸코는 자신의 연구를 기존의 역사학과 차별화하여 '계보학'이라 정의하면서, 역사적 과정이 몸을 해체하고 사회적 논리를 각인하는 방식을 설명하고자 한다("Nietzsche, Genealogy, History" 83). 푸코가 몸에 주목하는 것은 그가 지식과 권력의 공모적 관계를 설정한 것과 연장선에 있다. 우리는 라캉에서와 유사하게 푸코에서도 시선이 중요한 기재로 작용하고 있음을 알 수 있다. 다른 점이 있다면 라캉에서의 '시선'gaze은 푸코에서 '감시'surveillance라는 한층 명백히 권력을 담지한 시선이 된다는 것이다. 푸코에 따르면 권력은 한편으로 자신의 힘이 실행되고 있음을 분명히 하고자 한다. 그는 "권력의 틀은 사람에게보다는 몸, 표면, 빛, 시선의 어떤 신중한 배분에 있고, 개인이 엮어지는 관계를 생산하는 내적 기재를 조직하는 것에 있다"고 설명한다. 특히 근대적 몸은 구체적으로 권력이 작용하고 표현되는 곳이며, 이러한 권력이 행사되는 방식은 권력에 의한 감시가 몸에 내재화되도록 하는 것이다. "시선에 노출되고 또 그것을 인지하고 있는 사람은 권력의 요구에 부응할 책임감을 갖게 되고, 또 그것이 스스로에게 작용하도록 한다. 그는 스스로에게 이러한 권력을 내재화하면서 (수동적이자 능동적인) 두 가지 역할을 동시에 수행하게 된다"(*Discipline and Punish* 202-203). 이제 몸에 대한 규제는 연병장에서 제식훈련을 하는 식으로 표면적으로 드러나기보다

12 이에 대한 고전적 논의는 Kristeva, "The Women's Time" 참조. 이러한 두 가지 견해가 사회정치적 운동에 대해 갖는 의미와 효과에 대해서는 Benhabib, et al. 참조.

는 몸의 주체 스스로에게 내재화되어 자연스럽게 행해지게 된다. 우리는 이러한 과정을 거친 몸을 푸코가 의도하는 바대로 사회적 '신체'라 부를 수 있을 것이다.

그럼에도 푸코에서의 신체는 단지 피동적이고 종속적인 것만이 아니라 담론이나 권력관계를 생산해 내는 장소이기도 하다. 후기의 푸코가 자신의 저작들의 의미를 부연 설명하는 여러 곳에서 분명히 하고 있는 바와 같이 그가 "권력관계의 바깥이 없다"고 말하는 것은 우리가 권력의 장 안에 전적으로 갇혀 있음을 뜻하는 것이 아니다. "저항이 없는 권력관계는 없다"(*Power/Knowledge* 142)는 그의 언명에서 엿볼 수 있는 바와 같이, 푸코의 이론에서 권력과 저항은 오히려 서로를 가능하게 하는 조건이기도 하다(Simons 81 참조). 그가 '자아의 미학'aesthetics of self이라고 명명한 바와 같이 우리는 자아를 마치 미술품과 같이 끊임없이 창조해 나가야 하며, 그는 이와 같은 예를 현대라는 척박한 조건 속에서 자신의 삶을 미학적으로 관리해 나가려는 시도를 잃지 않는 보들레르의 멋쟁이 댄디에게서 찾고 있다("On the Genealogy of Ethics" 351; "What Is Enlightenment" 40-42).

그런데 이러한 저항과 자아미학의 근저에 신체가 있다고 할 수 있다. 다시 한번 생각해 본다면 "몸은 역사에 의해 전적으로 각인된다"는 논리는 바로 몸이 이러한 각인 이전에 어떤 형태로 존재한다는 논리를 담고 있다는 점에서, 푸코는 신체가 저항과 전복의 근거지가 될 수 있음을 말하고 있는 것이다(*Discipline and Punish* 26-27; Butler 312; Simons 84 참조). 즉 푸코의 비근본주의적·역사주의적 생각은 역사를 권력과 담론이 몸의 의미를 구획하기 위한 투쟁의 과정으로 보지만, 그것이 몸 자체를 부정하는 것은 아니다. 하지만 이러한 푸코의 생각을 이어받고 있는 신역사주의에서의 몸은 한층 텍스트화된 몸으로 이론화된다. 신역사주의는 "역사의 텍스트성과 텍스트의 역사성"이라는 명제에서와 같이 몸이 주로 어떻게 문화화 과정과 문화적 범주 속에서 형성되어 왔는가를 말하고자 한다.

탈식민론에서의 몸에 대한 담론은 위에서 요약한 담론적 접근과 연장이자 단절의 관계에 있다. 연장이라 함은 탈식민론 역시 몸을 담론에 의해 규정되어지는 것으로 여긴다는 점에서이고, 단절이라 함은 한층 구체적 현실 즉 식민주의와 이의 극복이라는 현실상황에 더욱 천착하는 가운데 몸을 논하는 점에서이다. 한 정치와 문화가 여타의 정치와 문화를 강제적이고도 지속적으로 지배하는 과정으로 정의되는 식민주의는 경제적 동기와 함께, 피식민자가 자신과는 다른 문화 특히 열등한 문화를 가졌다는 인식과 논리를 갖는다. 이렇게 식민과 피식민을 당연시하고 논리화하는 이분법적 사고의 연장선에 서구와 비서구, 정신과 육체, 남자와 여자, 위생과 불결 등의 무수한 이분법이 있다. 문명과 야만이라는 이분법은 어떻든 자신들의 문화적 잣대 즉 문화담론에 의해 현실을 파악하고 규정하는 대표적 사례이다. 담론이 현실세계에 대한 선지식으로 작용한다는 것을 가장 선명하게 논파한 사이드Edward Said에 따르면, 서구의 동양세계에 대한 담론은 선지식과 선입관으로 작용하면서 동양세계를 식민화하는 데 기여했다는 것이다. 정치적 탈식민 이후에도 식민담론에 의한 지배의 폐해가 문제되는 이유가 여기에 있다.

사이드의 이론은 담론의 현실 지배이기보다는 담론의 현실 구성이라고 해야 더 정확할 것이다. 그는 서구의 동양담론이 동양의 실상과는 무관하게 동양관을 형성하였고 또 이를 지속시키고 있음을 지적한다. 이는 현실에 대한 담론의 지배를 증거하는 것이고, 특히 서양의 주관적 동양담론이 객관적 진리처럼 세계적 지배권을 행사하여 왔음을 말한다. 이러한 설명은 식민담론이 얼마나 왜곡된 '담론'인가, 그리고 담론이 현실적으로 얼마나 중요한 역할을 수행하는가를 말해 준다. 하지만 이것은 담론이 현실에 대한 인식소로 즉 필연적 중간매개로 기능함을 말하면서 담론의 중요성을 지나치게 강조하는 것으로 귀착하고 있다. 사이드에 대한 비판 역시 이러한 담론의 절대적 지배력에 대한 회의로부터 출발하고 있다.[13]

사이드 이후 이러한 담론 중심의 논의가 현실이라는 물리적 존재에 의해 극복되었던 것은 아니다. 사이드 이후의 탈식민론은 담론의 현실 지배성의 문제를 주로 담론의 자기 내적인 반성에 의해 재조정해 왔는데, 바바Homi Bhabha의 이론이 그 대표적 경우이다. 그의 이론을 설명하는 대표적 개념들인 문화적 혼종hybridity, 혼성모방mimicry, 혹은 양가성ambivalence 등은 포스트모던 담론의 연장선에서 어떻게 고정관념stereotype과 경계를 무너뜨리고 새로운 생각이 생성될 수 있는지를 이론적으로 도출하고자 한다.[14]그런 만큼 그의 이론에 대해서도 사이드와 동일한 차원의 비판이 가능하다. 즉 바바의 이론은 서구담론이 목표하는 바가 동양의 현실세계에서 완벽하게 구현될 수 없음을 말하고 있으나, 이것은 궁극적으로 담론의 절대적 현실지배성에서 벗어나기보다는 담론의 자기 변환적 힘과 자기 완성적 차원을 지나치게 강조하는 결과를 낳고 있다는 것이다.

이러한 고급 논의에 거리를 두고 식민주의와 이의 극복이라는 현실상황에 더욱 뿌리를 두고 있는 영역으로서의 몸은 식민담론의 영역에 개입하는 중요

---

13 사이드에 대한 비판의 대표적 경우는 Ahmad 참조.

14 Bhabha의 *The Location of Culture* 특히 "The Other Question: Stereotype, Discrimination and the Discourse of Colonialism"(66-84)과 "How Newness Enters the World: Postmodern Space, Postcolonial Times and the Trials of Cultural Translation"(212-35) 참조.

한 존재이다. 가령 이러한 개입의 흔적은 문학작품에 잘 나타난다고 할 수 있는데, 그것은 아마 문학이 여타 논리적인 담론과 갖는 차별성에 기인한 것으로 보인다. 문학의 원류 가운데 하나가 노동요에 있다고 할 때, 우리는 문학이 몸의 리듬을 담아내고 또 몸의 고통을 표현하고 감소시키는 방향으로 발전해 왔음을 알 수 있다. 그럼에도 불구하고 문학이 고도로 발달된 초월적 언술행위임을 지나치게 강조하는 류의 서구 비평이론(가령 신비평)이 서구 이외 지역에 여과 없이 적용되는 것은 또 다른 차원의 식민 행위임을 알 수 있다.

탈식민 문학에서 몸의 자기표현은 사실 현대 서구문학과는 다른 양상으로 두드러진다.[15] 이러한 문학작품에서 드러나고 표현되는 식민 상황의 몸에 대한 인식과 이해를 방해해 온 것은 고전적 정전을 중심으로 발전한 서구 비평론이었다고 해도 과인이 아니다. 몸이라는 계기가 작용하는 경우에도 그것은 항상 담론화의 과정 속에 산입되고 산종되고 있다는 느낌을 지울 수 없다. 이런 상황 가운데 몸의 문제를 다루는 문학이론으로는 시적 언어의 힘을 상징계the symbolic와 기호계the semiotic의 긴장관계로 본 크리스테바Julia Kristeva의 시학이 대표적인 예이다. 크리스테바의 상징계는 언어적 세계이고 기호계는 언어 내면의 육체계the somatic에 가깝다고 할 수 있다. 그러므로 그녀에 따르면 언어과정은 기표와 기의 사이가 임의적이거나 간극을 갖는다기보다는 근본적 차원에서 양자가 혼융되어 있는 모습을 보여 준다. 가령 음소에는 리듬과 억양 그리고 육체의 본능적 충동과 욕망이 내재해 있다는 것이다. 음소

15 대표적 작품으로는 Mahasweta Devi, *Imaginary Maps*, ed. & trans. Gayatri Chakravorty Spivak(1995); J. M. Coetzee, *Waiting for the Barbarian*(1980); J. M. Coetzee, *Foe*(1986); Michelle Cliff, *No Telephone to Heaven*(1987); Tsitsi Dangarembga, *Nervous Conditions*(1988) 등이 있다.

는 확연한 의미단위가 되면서 상징계에 속하게 된다. 하지만 이 동일한 음소는 운율과 억양의 반복에 관여함으로써 의미로부터 독립하려는 경향을 띠며 본능적 욕망의 몸에 근접한 기호계적 성향을 갖는다. 이 공명하는 자질은 이미 단순한 음소나 상징체계에 머물지 않고, 그것과 언어체계와의 관계가 마치 0과 1 사이의 알 수 없는 어떤 자리에 속하는 것과 같은 그런 관계를 갖는다고 말할 수 있다. 어떻든 음소가 속한 체계는 이러한 무정형과 혼융을 특징으로 한다(*Desire in Language* 135). 크리스테바의 이론적 개념 가운데 하나인 '코라'chora 혹은 '배제물'abjection 역시 상징계와 기호계가 분리되지 않은 역동적 상태, 한층 몸에 가까운 영역을 지칭한다고 할 수 있다(*Revolution* 25-26).

이러한 크리스테바의 논의는 시가 우리에게 주는 감동이 어떤 내적 원리를 갖고 있는가를 설명하려는 모델로서 매우 흥미로운 것이 사실이다. 하지만 이러한 과정에서 몸은 항상 유동적이어서 규정될 수 없는 존재라는 전제가 반복되고, 그것이 구체적 현실 위에서 논의되기보다는 또 다른 측면에서 신비화되고 있다는 아쉬움을 남길 수 있다. 문학 자체가 몸을 신비화하고 알레고리화하는 측면 또한 간과할 수 없지만, 크리스테바의 논의와 같은 문학이론 역시 궁극적으로 이러한 차원을 넘어 진정한 몸으로 다가가고 있다고 말하기 힘들다. 데리다와 같은 이론가들마저 그녀의 '코라'가 어떠한 존재론적 위상을 갖는지에 대해 의문을 제기하는 이유가 여기에 있다(Derrida, *Positions*, 75 & 106, 주 39 참조). 우리는 그녀의 시학이 담지하고 있는 몸에 대한 신비화와 알레고리화 즉 문화적 전치轉置 작업에 버금가는 예로 그녀의 중국여성에 대한 평가를 들 수 있을 것이다. 그녀는 다른 저술에서 중국에서의 여성의 힘이 서구에서의 남성의 힘에 버금간다고 평가하고 있다(Kristeva, "About Chinese Women" 83-84). 이러한 그녀의 중국 여성에 대한 낭만적 평가는 몇 가지 사실만으로 전체 현실을 판단하고, 자신과 같은 여성의 입장을 일방적으로 변호한다거나 단지 이러한 복합적 해석을 내리는 자신의 우월성을 현시하고 있다는 비판마저 받을 수 있다(Spivak, *In Other Worlds* 136-138; Oliver 135).

크리스테바의 시학이 서구 중심의 이론이 갖는 한계를 노정하고 있다면, 이러한 이론적 틀 자체를 변경하려는 노력이 탈식민론이다. 이러한 작업의 가장 선구적이자 대표적인 예는 파농Frantz Fanon 속에서 찾을 수 있다. 파농은 서구 중심의 정신분석학을 탈/식민적 상황에 의해 재점검하고 있는데, 가령 그의 시선에 대한 논의는 우리가 앞서 프로이트와 라캉과 같은 정신분석학에서 시선의 중요성을 말한 대목과 불연속적 관계에 있다. 그는 이들의 이론적 체계에서와 같이 시선이 갖는 중요성을 인식하면서도, 특히 몸에 대한 인지형성에 있어 가장 근본적이자 결정적인 요소가 인종, 그 가운데 특히 피부색임을 보여 주고 있다. 그에 따르면,

> 라캉의 '거울 단계' 이론에서 볼 때, 정상적 시기에 백인 젊은이의 내면에 만들어진 동료에 대한 '상'imago이 흑인의 출현으로 얼마나 상상적 공격을 받는지를 조사한다면 매우 흥미로울 것이다. 라캉에 의해 제시된 이 단계를 이해한다면, 백인 남성의 진정한 타자는 지금도 그리고 앞으로도 흑인일 것임에 자명하다. 또한 흑인의 타자는 백인일 것이다. 하지만 이 절대적 타자는 오직 백인에게만 몸의 이미지 차원에서 즉 전적으로 자신과는 다른 불확정적이고 동화불가능한 존재로 파악될 것이다. 흑인의 백인관에는… 역사적이고도 경제적인 현실이 개입한다. (*Black Skin, White Masks* 161 주 25)

파농은 백인이 흑인을 대하는 이러한 관점을 '생물학적'이라 부르고 있다.

이것은 물론 백인의 흑인관이 근본적으로 흑인의 신체상의 특징에 기반한다는 것을 지적하고 있지만, 이와 같은 전제 혹은 결론이 의미하는 바는 한층 복합적인 층위를 갖는다. 그의 설명에 의하면 이 생물학적인 것의 주를 이루는 것은 성적인 것이다.

> 모든 지적 능력은 성적 잠재력의 제거를 요구한다. 문명화된 백인은 성적 방종, 집단적 성애, 벌 받지 않는 강간, 그리고 자유로운 근친상간이 허용되는 특별한 시대에 대한 비이성적 그리움을 간직하고 있다. 일면 이러한 환상은 프로이트의 생에 대한 본능에 해당한다. 자신의 욕망을 흑인에게 투사하는 백인은 '마치' 흑인이 정말로 이러한 욕망을 가지고 있는 것처럼 행동한다. (같은 책 165)

백인은 흑인을 자신이 잃어버리고 금지당한 것을 향유하는 것으로 여긴다는 것이다. 이러한 과정을 거쳐 흑인은 오직 생물학적이고 동물적인 존재이거나, 생물학적인 것들을 상징하는 존재가 된다(같은 책 165, 167).

파농의 이론이 라캉 그리고 푸코의 틀과 다른 점은 그가 서구 정신분석학에 인종의 문제를 갖고 들어왔다는 것이다. 앞서 살펴본 바와 같이 라캉과 푸코에게 시선은 중요한 설명 기재이다. 파농의 시선에 대한 논의는 이들의 틀을 넘어 단일 문화 안에 머물거나 문화 중립적이기보다는 혼종문화적 혹은 문화와 문화가 겹치고 충돌하는 한층 현실적인 상황 속의 정신분석학이라는 의의를 갖는다.

하지만 파농의 몸 이론 역시 일정한 한계를 갖는다고 지적하지 않을 수 없다. 그의 이론에 여성이 없다는 페미니즘에서의 비판은 몸의 문제에 관해서도 유효하다. 파농의 논점 가운데 하나가 지나친 민족주의에 대한 비판임에도 불구하고 그것이 남성적 문화에 대한 비판까지는 미치지 못하고 있는 것이다. 그의 남성 중심적 논리와 여성에 대한 편견은 이러 곳에서 눈에 띈다. 파농에게는

> 무엇보다도, 두 부류의 여성 즉 흑인과 흑백혼혈이 있다. 전자는 오직 하나의 가능성과 관심을 갖는데 그것은 백인이 된다는 것이다. 후자는 백인이 될 뿐만 아니라 다시 흑인이 되지 않는 것이다. (같은 책 54-55)

파농은 이와 같이 흑인 혹은 혼혈 여성에 대해 매우 일방적이고 단순한 견해를 갖고 있는 것으로 보인다. 다른 한편으로 그는 백인 여성들이 "흑인에 의해 강간을 당하는 환상"을 갖는다는 논리 등에서 보이듯 여성을 오로지 성의 관점에서만 파악하고 있다(같은 책 179). 물론 위에서 본 바와 같이 파농의 논의 속에서 흑인 남성 역시 성의 관점에서 파악된 것이 사실이지만, 이러한 논의는 오직 남성이 식민의 가장 큰 희생자라는 궁극적 결론을 지향하고 있다. 이러한 그의 논리의 내면에서 흑인 남성은 한층 복합적인 소위 '양가성의 특권'the privilege of ambivalence을 부여받고 있다는 것을 알 수 있다. 즉 흑인 남성만이 흑과 백 사이의 경계선에 선 경험을 하며, 여성은 주어진 경계 내에서만 생활하는 것으로 상정되어 있다는 것이다(Chow 45). 그런 만큼 파농은 남성 우월적 흑인 민족주의의 또 다른 시조라는 비난을 면키 어려운 처지에 놓인다. 훅스bell hooks에 따르면,

> 흑인 저항운동의 담론은 항용 자유와 남성성을, 따라서 흑인 남성에 대한 경제적·물질적 지배와 거세를 동일시해 왔다. 이러한 성적 은유는 억압받는 흑

인 남성과 억압하는 백인 남성 사이의 유사성을 형성하게 된다. 그들은 혁명 투쟁이 사실 남성성을 올바르게 세우기 위한 것이라는 가부장제적 믿음을 공유한다. (66-67)

사실 식민주의와 제국주의에 대항해 온 제3세계의 민족주의는 정작 자국의 여성에게 또 다른 질곡으로 작용해 왔다고 할 수 있다. 영국의 근대화 논리에 대항하여 인도의 민족주의자들이 과부 순장제sati를 인도의 전통이라 주장하면서 영국으로부터 용인받게 되는 과정은 그들이 무엇보다도 전통으로 위장된 가부장적 틀의 유지에 갖는 관심을 증거하고 있다(Spivak, "Can the Subaltern Speak?" 참조). 또한 우리의 경우 한동안 위안부 문제에 대해 공개적 거론을 주저해 왔던 과정이 이를 말해 준다. 이를 거론하는 과정에서도 여성 인권적 차원보다는 주로 민족적 차원을 강조하는 논리 역시 가부장적 틀을 벗어나지 못한 것이었다(우에노 참조).

물론 이러한 논리에도 불구하고, 탈식민론에서 파농이 차지하는 위치를 전적으로 부정할 수는 없을 것이다. 식민체제에 대한 파농의 문제제기와 항의는 체계적인 것이었고, 또한 이러한 식민의 문제를 심리적 근저까지 끌어내리려는 노력은 선구적인 것이었다. 문제가 있다면 그것은 자신이 제기한 의문을 풀어 나간 틀이 아직도 완전히 식민의 틀에서 자유롭지 못했다는 것이다. 파농의 체계에서는 식민체제 내에서 탈식민을 위한 저항적 시선을 어디에서 찾을 것인가의 문제가 제기될 수 있다. 그럼에도 파농의 업적이 이러한 문제제기 자체에 있다는 것 또한 부인할 수 없을 것이다. 파농의 이론에 있어서 몸의 문제에 관련하여서도 이와 유사한 한계를 지적할 수 있을 것이고 또 그만큼의 성과를 말할 수 있을 것이다.

III

이상에서 우리는 전통적 서구이론과 대표적 탈식민 담론이 몸의 문제를 구체적이고도 광범위하게 거론하면서도 나름대로의 틀을 마련하지 못하고, 그 논의의 과정에서 이를 자신의 주어진 틀에 함몰시키고 있음을 알 수 있다. 이러한 이론은 주로 지난 세기의 중반 이후에 제기된 것들이었다. 이런 가운데 지난 10여 년간에 걸쳐 가속화되고 있는 세계화와 신자유주의적 경향은 탈식민 이론으로 하여금 또 다른 대응을 하도록 요구하고 있다. 이와 더불어 같은 기간 동안 우리의 몸에 작용하는 여러 가지 의학과 통신 기술 그리고 담론과 문화의 판도에 급격한 변화가 오고 있음을 알 수 있다. 물론 이들은 또다시 기왕의 힘 있는 국가들에 의해 주도되고 또 향유되는 면이 있지만, 이러한 경향에 내포된 여러 가지 가능성에 대한 기대가 있는 것이 사실이다. 특히 탈식민론과 세계화와 신자유주의의 문제는 어느 정도 연계되어 검토되어 오고 있지만, 탈식민론과 고도로 정밀한 기술들, 그 가운데에서도 세계를 동시적으로 연결하는 기술들이 어떤 새로운 정치·문화적 논리를 담지하고 있는지에 대해서는 아직 본격적 거론 단계에 있지 못한 것으로 보인다.

오늘날 몸에 관련된 기술적·문화적 상황변화 가운데 특히 주목해야 할 것은 인체와 관련된 과학기술의 발달과 이에 대한 인식의 변화이다. 이러한 변화의 문화적 의미를 논의하는 대표적인 경우가 해러웨이의 사이보그론이다. 사이보그는 생물학적 속성과 기계적 속성이 혼재된 존재라고 간략히 정의될 수 있다. 해러웨이의 설명에 따르면 인간은 어떤 순수한 인간적 존재로 시작하고 또 유지되기보다는 항상 문명과 함께 하며 그런 만큼 항상 사이보그적인 존재였다고 해야 한다. 우리가 항용 정의해 온 인간은 애초부터 물질성과 상상력이 결합된 존재였으며, 이것은 바로 사이보그의 모습 이상도 그 이하도 아니라는 것이다. 이러한 구도는 인간과 물질, 문명과 자연 그리고 물론 남자와 여자 등 모든 경계를 가로지르는 위험과 함께 다양한 존재를 생산적으로 융합하는 긍정적 가능성도 열면서, 그 문화·정치적 함의가 과히 혁명적이라 할 수 있다.

해러웨이는 가령 글쓰기 자체가 사이보그적 성격을 갖는다는 논리에서 다음과 같이 말한다.

> 사이보그 정치학은 언어에 관한 투쟁이며 완벽한 의사소통에 대한, 모든 의미를 완벽하게 번역하는 하나의 코드에 대한, 즉 남성중심주의의 주된 논리에 대한 저항이다. 이것이 바로 사이보그 정치학이 소음을 옹호하고 오염을 변호하며, 동물과 기계의 부적절한 융합을 즐기는 이유이다. 이것은 남자와 여자의 짝짓기를 문제시하며, 이로써 욕망의 구조를, 언어와 성별을 만들어 내는 것으로 여겨지는 힘을 전복하고, 그럼으로써 '서구'의 정체성과 자연과 문화 그리고 거울과 시선 또 노예와 주인, 몸과 마음의 재생산 구조와 방식을 전복한다. (Haraway 176)

이러한 구도 속에서 추구되는 의미와 운동 가운데 하나는 성별 자체가 전지구적 지평 속에서 고정적이기보다는 항상 그 정체성을 형성하는 경계를 재구성하면서 일정한 정치성을 발휘할 수 있다는 것이다(Haraway, 특히 150, 154, 173, 176, 181 참조). 또 이러한 구도에서의 몸은 마음 혹은 기계와의 변별성에서 탈피하게 된다. 가령 스프링거Claudia Springer는 우리가 사이버 공간상에서 육체적 한계로부터 해방되는 즐거움에 주목하면서, 사이보그야말로 포스트모던적 존재의 정수로서, 인간이 전혀 새롭게 기계와 결합함으로써 스스로를 변화해 가는 것이라는 긍정적 평가를 내린다(306).

이러한 사이보그적 변용에서 더 나아가 인터넷과 같은 통신매체에 의한 몸의 변용은 더욱 복합적인 국면을 낳고 있다. 사이보그에서의 몸이 아직 하드웨어적으로 인식되고 있다면, 인터넷과 같은 가상공간cyberspace에서의 몸은 바야흐로 소프트웨어화하는 면이 있고, 그만큼 몸에 대한 식민/탈식민이라는 구도는 최종적으로 용도 폐기될 가능성이 있다. 표면적으로 인터넷과 같은 매체의 발달은 몸의 존재론적 조건을 최종적으로 극복하는 가장 획기적 매체로서의 가능성을 보이면서, 이제까지 몸으로 인해 제약받아온 인간적 경계가 허물어지거나 최소한 무한히 확장될 수 있는 시점에 도달했다고 평가될 수 있다.

디지털 사회에서의 몸에 대한 생각의 전형은 사이버 문화 분야의 대표적 이론가라 할 수 있는 레비에 의해 더욱 분명해진다. 레비는 인류사회의 발전을 세 단계로 나눈다. 구전문화와 같이 소규모의 닫힌 사회, 문자문화와 같이 개화되었지만 제국주의적이고 획일적이며 전체주의적인 사회, 그리고 획일적 전체성이 아닌 진정한 보편성을 실현하는 사이버 문화의 단계가 그것이다(레비 342-343). 이 세 번째 단계는

> 획일적 전체성을 해체하면서도 보편성을 유지한다. 그것은 우리 인간이 경제의 전 지구화, 의사소통과 교통망의 조밀화를 통해 단 하나의 세계 공동체를 형성하려는 시점과 맞물려 있다. 비록 그 공동체가 불평등하고 갈등을 일으키더라도 말이다. 동물계 안에서 유일하게 인간만이 자신의 종에 속하는 모든 개체를 단 하나의 사회 안에 불러 모은다. 동시에 기존의 의미의 단일성이 해체되고 있는데, 역설적으로 그것은 아마도 (보편적 차원에서) 의미의 단일성이 실질적인 접촉과 교류에 의해 구체적으로 실현되고 있기 때문일 것이다.

> 해체에 접속된 가상공동체들은, 새로운 대홍수(정보와 지식의 대홍수)의 소용돌이치는 물결 위에 떠오르고, 잠기고, 표류하는 역동적인 작은 전체성들을 지속적으로 구축했다 해체하고 있다. (레비 344)

레비는 사이버스페이스 환경의 도래와 함께 이제까지 철학의 가장 주된 문제 가운데 하나였던 보편성과 개체성이 변증법적으로 통합되는 시점이 현실화되었다고 진단한다. 이것은 바로 사회적 공간과 개체적 특히 육체적 공간이 아무런 마찰과 갈등 없이 연속적 일체가 될 수 있다는 전망이다.

기실 우리는 사이버스페이스(가상세계)라는 개념 자체가 몸에 대한 일정한 관념과 깊이 연관되어 있음에 주목할 필요가 있다. 앞 장에서 논의한 바와 같이, '사이버스페이스'라는 말은 깁슨의 소설《뉴로맨서》에서 맨 처음 사용되었다. 그 원의가 "교감적 환각"consensual hallucination이라 정의된 사이버스페이스는 "탈체화된 의식"disembodied consciousness의 공간이고, 외부적 몸은 기계적 부품과 같이 거래되고 조립된다(Gibson, *Neuromancer* 6). 여기에서는 육체적 능력이 무한히 거래되고 교체되면서 전통적 차원의 몸이 우리에게 부여한 한계가 최종적으로 극복된다. 가상세계 혹은 인터넷에 대해 현재 진행되고 있는 긍정적 평가의 대부분은 개인과 사회가 일정한 공간을 넘어 열리고 확장될 수 있다는 데 있다. 주로 세계화로 명명되는 이러한 현상은 거시적 차원에서는 세계의 유연화 즉 지리의 소프트웨어화라 할 수 있으며, 미시적 차원에서는 개인이 자신의 육체적 경계와 한계를 넘어 한층 유연한 공간으로 열린다는 것을 의미한다.

우리는 해러웨이에서 레비를 거쳐 깁슨에 연이어 있는 주된 논리가 몸을 근본적으로 극복의 대상으로 상정하고 있는 것은 아닐지라도, 그 결론에 있어서 인간의 육체성을 상당히 용도 폐기하고 있음을 알 수 있다. 가령 인터넷상에서 구현되는 여러 가지 의사교환 과정에서의 탈육체화는 그동안 가장 고질적인 들로 여겨신 인종문제를 해결할 수 있음을 예고한다. 인터넷상의 의사교환에서는 소위 일종의 속임수라고 할 수 있는 신분위장passing이 가능하기 때문이다. '아바타'avatar라 불리는 인물들은 그 원래의 뜻이 '화신'化身이듯, 아이템과 이미지를 자유자재로 구사하여 현실주체를 대변하고 대신한다. 이러한 단계에서만이 아니라 항용 우리가 사이버스페이스에 접속할 때 사용하는 이름ID과 암호password는 일상세계에서 또 다른 정체성 특히 복수의 정체성을 가능하게 하고 강화하는 심미적·문화적 기재가 되고 있다.

하지만 이러한 상황이 몸의 문제에 대해 긍정적이지만은 않은 것임에 주의해야 한다. 과연 이러한 공간의 도입이 기존의 현실적 몸에 대해 얼마나 탄력적이고 유연한 시각을 낳을 수 있는 것인가는 신중히 검토되어야 한다. 우리는 앞에서 바바의 논의를 통해 주어진 고정관념이 어떻게 변화될 수 있는지를 살펴보았다. 바바에 따르면 특히 식민적 고정관념은 다른 이의 '다른 점'을 물화하여 자신의 정체성을 지키기 위한 타자에 대한 식민인들의 반작용이다. 그는 이러한 고정관념의 내적 작용을 설명하고 이것이 왜 병적인 것이며 또 어떻게 흔들릴 수 있는지를 논증하고자 하였다. 그렇다면 이러한 고정관념의 극복이 인터넷의 도입에 따라 촉진될 수 있을 것인가? 우리는 간단명료하고 긍정적인 판단과 대답을 유보해야 한다. 곤잘레스Jennifer González는 이러한 유보적 상황을 매우 개방적이고 다문화적인 구도를 표방하는 디지털 국제연합United Digital Nations(http://digbody.atlant.ru/undina/!undina.htm)에 대한 분석을 통해 잘 설명해 주고 있다.

이 디지털 국제연합은 자신들을 '디지털 몸'Digital Body이라 일컫는 일단의 러시아 화가와 학자들이 만든 인터넷 사이트로서 국경과 인종을 초월한 코즈모폴리턴적 시각과 주제를 지향하고 있다. 이 사이트의 첫 페이지는 레오나르도 다빈치의 유명한 신체분석도Vitruvian Man를 보여 주고, 다음 페이지는 국경과 인종을 불문하고 모아진 신체들의 이미지를 담고 있다. 이 두 페이지는 상호 연속과 단절 관계 속에서 특히 오백여 년 동안이나 유럽적인 몸을 대변하는 아이콘이자 표준이었던 다빈치의 신체도가 오늘날 어떤 변화를 겪고 있는가를 시각적으로 보여 주고 있다. 이후 페이지들 역시 무수한 인종과 성별 이미지에 어떤 위계질서를 부여하지 않고 이를 병렬적으로 엮어 내고 있다. 이러한 구도는 분명 이제까지 견고한 편견 속에서만 볼 수 있었던 존재들이 자유자재로 조합된 유토피아적 비전을 담고 있다.

하지만 이렇게 나열된 이미지들은 문화적 하부구조로서의 정치적·경제적 단층을 전혀 반영하지 않고 주로 유희적 차원에 머물면서, 복합적 개념으로서의 문화적 정체성을 희석하거나 기왕의 인종적·성적 고정관념을 단지 되풀이하고 있다. 문제는 이러한 급진적이지만 유희적인 혼종만으로는 기존 위계질서를 전복할 수 없다는 것이다. 이런 점에서 이 작업은 현실의 패권 구도에 대해 무비판적일 수 있으며, 이렇게 정치적·윤리적 차원이 배제되면서 전 지구적 유통이 가능해진 이미지는 신식민주의 수사학의 중요 부분으로 기능할 수 있게 된다. 우리는 다국적 자본주의가 다문화주의로 행세하는 동안 종족, 인종 그리고 성은 아직도 차별과 억압의 기준으로 작용한다는 것에 유의해야 한다. 개인적·문화적 정체성은 표피skin deep 이상의 것으로 그것이 가상공간상에서 그 피부색만을 감춘다고 하여 현실적 조건에서 벗어날 수 없다는 것이다(González, "The Appended Subject" 30-36, 43-48; "Envisioning Cyborg Bodies" 549).

문제는 전자적으로 구현되고 있는 가상공간이 얼마만큼 '전혀' 다른 세계를 구성해 낼 수 있느냐에 달려 있다고 할 수 있다. 이것을 보다 구체적으로 표현하자면, 현실 세계에서 중요하게 여겨지는 여러 가지 조건들, 특히 인종이나 성별과는 상관없는 진정으로 '다른' 정체성을 만들어 낼 수 있느냐는 것이다. 발사모Anne Balsamo와 같은 이론가는 이러한 가능성에 대해 매우 회의적이다. 그녀에 의하면 "물질적 몸의 성별과 인종적 정체성은 몸이 문화적으로 재생산되고 기술적으로 길들여질 방식을 결정한다"(287)는 것이다. 특히 우리는 오늘의 기술상황에서도 이제까지 몸을 차별적으로 판단해 온 가장 근본적 기준들이 여전히 유효하게 지속되고 재생산되고 있음에 유의해야 한다. 따라서 현 단계에서 몸의 중립성과 투명성을 확신하는 것은 정치·문화·경세적 불평등이 기억된 몸을 간과하는 결과를 낳는다고 할 수 있다.

이러한 판단이 가능한 것은 문명 세계 속에서 기계는 단지 사물 자체나 물리적 기능과 역할로만 정의되지 않는다는 점에서이다. 기계적·전자적 장치의 기능과 의미의 많은 부분은 주어진 문화에 의해 부여된다. 굳이 빨래판이나 세탁기, 혹은 타자기나 컴퓨터 등을 예로 들 필요 없이 기계는 주어진 문화체계 속의 하나 혹은 다수의 기능과 의미를 담당하고, 그런 만큼 기계의 내용과 기능이 문화와 담론에 의해 결정되는 면을 간과할 수 없기 때문이다(Blackman 142). 이는 단지 기계와 네트워크의 변화에 의해 기존의 몸에 대한 문화적 관점이 획기적으로 변화할 수 있다는 기대에 대한 경고이다. 소위 디지털 식민화digital colonization라 명명될 수 있는 오늘의 상황은 몸의 전적인 배제와 자본에 기반한 소프트웨어화라는 두 가지 방식으로 전개되고 있다고 할 수 있다. 우선 배제의 방식이란 식민의 몸이 전 지구적 네트워크의 혜택 혹은 간섭을 받지 않는다는 점을 말한다. 이러한 매체로부터의 격리가 이로부터 자유롭다는 판단은 단순논리에 지나지 않는다. 이러한 격리는 격리이기보다는 앞으로는 더욱더 소외와 배제로 작용하게 될 것이며, 이는 또 다른 차원의 식민화의 배면이자 연장이라고 할 수 있다.

다른 측면에서는 이러한 네트워크가 무엇보다도 이전의 산업장비보다도 훨씬 막대한 비용과 자본에 기반하고 있다는 점에 주의해야 한다. 기존의 기계 중심의 산업화는 이제 고도로 전자화되면서, 산업화의 개념이 하드웨어화로부터 막대한 자본을 기반으로 한 소프트웨어화로 변모하고 있다. 이러한 추세는 자본화의 심화, 혹은 모든 것의 자본화이자 소프트웨어화라 표현될 수 있다. 마르크스Karl Marx와 엥겔스Friedrich Engels가 《공산당 선언》에서 말한 "모든 견고한 것이 사라진다"All that is solid melts into air(46)는 명제는 오늘의 자본주의에서 더욱 유효한 것으로 보인다. 식민의 문제가 이러한 지속적 자본화와 무관하지 않음을 감안한다면,[16] 오늘날의 상황에서 몸과 관련된 탈식민의 가능성이 확대되었다고는 할 수 없다. 기술과 자본이 고도로 소프트웨어화되었다고 해서 몸이 전적으로 소프트웨어화된 것으로 이해한다면 오해이다. 인터넷 등 네트워크상에서 몸이 소프트웨어화된다고 판단할 수도 있지만, 동시에 이러한 기술이 몸의 존재와 내용을 최대한 정밀하게 전달하려는 측면도 이해할 필요가 있다. 즉, 여러 가지 기술이 몸을 대신한다 해서 몸을 없애는 것이 아니라 최대한 몸을 충실하게 재현하려 한다는 점에서, 이러한 기술이 몸의 존재성 자체를 지우고 있다고 판단해서는 안 된다는 것이다. 스톤Allucquère Rosanne Stone이 정확하게 지적하듯이, 전화이든 인터넷이든 다양한 매체를 통해서 교류되는 많은 것은 단순히 정보가 아니라 '몸들'이다. 가령, 인터

16 가령 일제하 토지조사사업의 지향점이 한국의 경제를 자본주의에 편입시키기 위한 (즉 토지라는 하드웨어를 소프트웨어화하기 위한) 것이라는 Gragert의 연구 참조.

넷상에서 가장 왕성하다고 할 수 있는 성적 거래들은 궁극적으로 아주 구체적이고 살아 있는 몸을 상정하는 행위들이다. 가상현실 속에서도 몸에 관한 환상의 대상은 최소한 현실적 몸이며, 이러한 몸이 궁극적 욕망의 대상으로 남아 있다는 것이다(Stone 7; Eisenstein 91참조).

이는 결국 오늘의 상황에서도 몸이 표면적으로는 비체화disembodiment의 차원에 있지만, 현실적으로는 여전히 실체화embodiment의 차원에 있다는 것을 말해 준다. 여기에서 체화라 함은 몸이 사물 자체로서가 아니라 사회문화적 공간 내에서 제반 조건들을 집약하면서 구체적 힘으로 존재하고 기능하는 것을 의미한다. 그런 만큼 체화의 문제는 이제까지의 기술 일변도적 사유와 관념적 사유 모두에 일정한 반성을 요구한다. 가령, 엥겔스에 따르면 "인간의 손은 노동하는 기관일 뿐만 아니라 노동의 결과이다". 즉, 인간의 진화가 기술의 사용을 낳은 것이 아니라, 기술을 사용한 노동이 인간을 현재 모습으로 진화하도록 했다는 측면을 간과할 수 없는 것이다(홍성욱 181). 또한 부르디외의 경우는 계급적 환경이 일정한 문화적 기준 즉 취향taste으로 체화되는 과정을 잘 설명하고 있다(169-225). 여기에서 몸은 단지 생물학적이거나 기계적 구조물이기보다는 한층 복합적으로 사회문화를 체현/체화하고 있는 존재이다.[17] 이런 의미에서 탈식민론은 "체화의 윤리"an ethic of embodiment(Csordas 149)를 재인식하면서, 탈식민의 문제를 현실적으로 체화하고 있는 존재로서의 몸에 주목해야 할 것이다. 탈식민은 현실적으로 존재하는 억압과 불평등의 많은 부분이 몸을 기준으로 하고 또 몸에 각인되고 있음을 재인식하면서, 이의 제거에 관심을 기울이는 비판적이고도 윤리적인 담론으로 나아가야 한

---

17 문화적 존재로서의 몸에 대해서는 Shilling, 125, 199 참조. 특히 이러한 의미에서의 몸을 '상징적/상상적 몸'symbolic/imaginary body으로 설명하는 Gatens 그리고 Brown 참조.

다는 것이다.

이 장은 진정으로 몸에 대한 논의가 가능한 것인가라는 의문으로부터 시작하였다. 이러한 질문에 답하는 과정에서 이 장은 우선 몸과 담론적·문화적 구조가 부단히 교호하는 과정을 확인한 후, 우리의 논의가 어쩔 수 없이 담론에 의해 규정된 몸에 국한될 수밖에 없음을 인지하게 되었다. 그것은 이 논의가 궁극적으로 담론적 차원에 있다는 한계에 근거한 것이기도 하지만, 동시에 이러한 담론에 의한 몸의 일방 통행적 지배가 특히 문제가 되고 있으며 또 극복 가능한 부분이기 때문이었다. 이어 담론 세계 내의 이론적 모색을 통해 몸에 대한 윤리적 교호를 지향하는 대표적인 이론들을 재점검하였다. 여기에서 우리는 몸의 문제에 대해 탈식민 담론 또한 보편적인 몸의 탈식민론으로까지는 나아가지 못하고 있음을 보았다. 이러한 상황 속에서 주목받고 있는 것이 과학기술과 가상세계에서 기대되는 몸의 초월이었다. 하지만 이러한 기술문화 환경에서의 몸의 초월은 몸에 집중된 불평등과 억압을 단지 상상적으로 해결하고 있음에 주의해야 한다는 결론에 도달하였다. 이러한 논의 가운데 몸은 이미 완성된 결정체이기보다는 우리의 노동과 담론에 의해 형성되어 가는 생물학적·사회문화적 과정체로서 이해되었다. 또한 이러한 과정체로서의 몸은 탈식민론으로 하여금 사회문화적 불평등과 억압이 몸에 각인되는 과정에 지속적인 관심을 기울이면서 한층 체화體化되고 그 위치를 인식하는 윤리적 담론으로 나아갈 것을 제안하고 있다.

■《비평과 이론》(2001)

제7장

사이버 공동체와 인식론적 지도

I

이 장은 오늘의 탈식민 논의가 더욱 현실조건에 대한 천착을 기반으로 해야 한다는 것을 제안하고자 한다. 그리고 이러한 현실천착의 한 예로서 급속히 확산되고 있는 인터넷과 같은 네트워크가 우리의 탈식민 논의에 어떠한 현실 점검을 요구하고 있는지를 살펴볼 것이다.

영문학 분야에 있어서 탈식민론의 본격적 등장은 신역사주의적 방법론에 맞닿아 있다. 여기에서 '맞닿아 있다'는 것은 연장이자 단절의 관계를 말한다. 신역사주의 역시 이전의 방법론과 이러한 관계를 갖고 있음을 말할 필요가 없다. 20세기 후반기 문학과 문화 방법론에서 구조와 역사라는 틀은 언어와 현실 상황을 대변하고 또 우선시하는 것이었다. 언어론은 탈/구조주의 혹은 해체론으로, 현실론은 마르크스주의로 구체화되었다고 할 수 있다. 물론 이 두 경향의 차별성은 언어와 현실의 관계에서 어느 쪽에 더 강조점을 두고 있는가 정도로 설명하는 것이 타당할 것이고, 또한 이러한 경향들은 상호 이합

집산으로 부단히 역동적 관계를 형성한 것도 사실이다. 1980년대 중반부터 관찰되는 신역사주의는 한편으로는 역사 즉 현실세계로 돌아가자는 것이지만, 이것이 간과하지 않고 있는 중요한 명제는 역사가 언어와 같은 매체를 통해서만 우리에게 다가온다는 점이다. 이런 점에서 신역사주의는 위에 언급한 두 경향이 정교하고도 역동적으로 결합한 한 예라고 할 수 있다.

1990년도 초반부터 재론되어 오는 탈식민론은 신역사주의의 "텍스트의 역사성과 역사의 텍스트성"the historicity of texts and the textuality of history이라는 명제(Montrose 23)의 한계 혹은 그 논리를 식민주의적 환경에서 재검토하고자 한다. 이것은 신역사주의의 명제가 말하는 역사와 텍스트가 철저히 서구의 것으로 서구 이외의 것은 배제되어 있다는 자각에서 출발한다. 그런 만큼 탈식민론은 신역사주의 등 서구의 문학과 문화 방법론을 보다 범지구적 지평에서 재점검하려는 의지에서 출발하고 있다고 할 수 있다. 이러한 과정에서 탈식민론는 이제까지 객관적 학문 방식이자 진리로 여겨져 왔던 것들이 어떻게 서구 중심으로 구축된 담론이었는지를 폭로하고자 했다. 이러한 폭로의 선두에 서 있는 것이 사이드Edward Said의 《오리엔탈리즘*Orientalism*》(1978)이다. 더 이상 언급할 필요도 없이 사이드의 이 역저는 서양의 동양에 대한 해석체계가 '오리엔탈리즘'이라는 체계적 틀에 의해 이루어져 왔음을 적시하고 있다.

현실과 이를 해석하고 반영하는 담론 사이에 발생하는 간극의 문제는 양자를 어떻게 공정하게 조우하게끔 하는가의 문제로 옮아갔다. 이 양자가 전혀 별개일 수 있거나 혹은 항상 어긋나는 관계에 있다는 것이 금세기 여러 이론에 의해 반복되었고 정도를 달리하면서 경고된 바 있다. 이 시점에서 현실과 담론의 공정한 조우를 보장해 주는 방식으로 제안되고 있는 것은 우선 그 양자의 일치감이 얼마나 폭력적일 수 있는가를 항상 경계하는 것과, 이들의 관계를 부단히 진자 운동하듯 검증하는 긴장감을 견지하는 자세를 갖는 것으로 요약된다.

현실과 담론 사이의 부단한 역동성을 견지해야 한다는 점은 오늘의 탈식민 논의의 방향 역시 항상 현실과 자신의 논리적 상황을 점검하고 그 관계를 부단히 재정립해 나가야 한다는 것을 말한다. 오늘의 탈식민론이 특히 유의해야 할 점은 바로 담론의 논리에 못지않게 현실이 엄청난 속도와 규모로 변모하고 있다는 것이다. 이에 반해 탈식민론의 이론적 배경은 많은 경우 20세기 초반의 저작들이다. 물론 이 시대의 저작들이 중요한 이론적 틀을 제공하면서 고전적 위치를 점하는 것에 문제를 제기하는 것은 아니다. 단지 오늘의 우리가 이러한 고전이 말하고자 하는 내용뿐만 아니라 이들이 현실을 인식하고 저항한 방식의 승세에 미치지 못하고 있지 않는가를 섬섬해야 한다는 것이다.

근래 게바라Che Guevara나 파농에 대한 열기는 탈식민론의 대중화이기보다는 일종의 복고적 향수에 지나지 않는다는 비판적 관찰이 가능하다. 아바나에서도 게바라는 이제 관광 사진의 배경에 지나지 않는다. 미국의 흑인해방 운동가 말콤 엑스Malcolm X의 경우에서와 같이 게바라 역시 티셔츠나 종이컵 등에 활용되면서 그저 소비 과정에서 반항적 이미지로만 작용하고 있다.

이것은 우리의 많은 것이 소비사회의 일부분으로 흡수된다는 엄연한 현실을 증거하고 있다. 기실 서구의 많은 이론이 소비사회의 한 특성으로 거론될 수 있는 것도 사실이다. 특히 20세기 후반에 와서 문학과 문화이론 분야에서 지배적으로 한 시기를 구가한 이론들의 주기가 계속 짧아져 왔다는 것이 실상이기 때문이다. 세기 초에 등장했던 신비평의 방법이 어떻든 오늘날에도 어느 정도 유효한 반면 구조주의, 탈구조주의, 신역사주의 등의 경우에 그 전성기는 계속 단축되어 왔다는 것을 알 수 있다. 탈식민주의 역시 이와 유사한 운명에 있음을 여러 번 경고 받은 바 있지만, 그것의 등장은 현실에 대한 인식의 변화를 위한 일 진보였음도 인정해야 한다. 우리는 이론의 다양한 변주와 변화를 소비 사회적 원리에 못지않게 부단히 움직이는 현실에 대한 접근법으로 이해해야 한다. 이 논의는 이러한 현실 변화의 한 모습으로 디지털 매체에 의한 세계의 네트워크화에 주목하고자 한다.

II

디지털 네트워크가 오늘의 현실과 관계하는 방식은 크게 우리의 '현실파악'과 '세계화' 측면에서 논할 수 있다. 먼저 사이버 문화가 의사교환 매체로서 갖는 특성을 살펴볼 필요가 있는데, 이는 다음과 같이 요약될 수 있다.

> 공간과 시간의 압축: 지리적 거리감과 일정한 지점에 접근하는 데 있어서 소요되었던 시간이 아무런 의미가 없어진 듯이 느껴지는 것이 사이버 문화이다. 이러한 시공간의 압축은 물리적 시공간 즉 하드웨어로서의 시공간이 소프트웨어화한 것이라고 말할 수 있다.
>
> 지식 저장과 유통의 대규모성: 역사적으로 지식을 저장할 수 있는 대표적 수단들은 인간의 뇌, 책, 혹은 도서관이었다. 사이버 공간은 저장용량이 무한한 하나의 거대한 도서관이자, 인터넷의 노드node와 링크link에 의해 즉각적으로 상호 연계된 한 권의 책이라 할 수 있다.
>
> 다접점 쌍방 교통성: 사이버 문화에서의 의사교환은 일대일의 대응관계가 증폭되어 다수가 동시적으로 상호 연결되어 있다. 이는 대규모 의사교환과 이에 따른 여론의 형성을 가능하게 하면서 광범위한 사회적 에너지의 동원에 큰 역

할을 하고 있다.

연결과 단절: 사이버 문화는 다양성 못지않게 획일성을 초래할 수 있다. 이것은 사이버 문화를 일방적으로 정의하고 규정하는 것이 얼마나 편협한 오류일 수 있는가를 보여 주는 예이다. 위에서 사이버 문화의 대규모 교통성을 지적했는데, 사이버 문화에는 이와 상반된 측면으로 이러한 연결이 언제라고 즉시 단절되어 버릴 수 있는 특징이 있다. 영화에서 비디오 문화로 옮아감에 따라 우려했던 것은 관람객이 동일한 영화를 각자의 방에서 감상한다는 것이었다. 비디오 문화에 단일성과 독자성 혹은 고립된 소비라는 특성이 있다면, 사이버 문화는 비디오 문화 현상의 심화로 여겨질 수 있는 측면이 있다.

이미지화: 사이버 문화는 문자 기반에서 동영상과 같은 이미지 중심으로 급격히 이동하고 있다. 이것은 자못 표피적 사고를 유발한다는 우려를 낳고, 새로운 문맹시대의 도래라는 극단적인 진단이 나오고 있는 실정이다. 하지만 사이버 문화에서 이미지가 문자를 대체하기보다는 문자에 의한 사고의 한계를 극복하면서 상호보완적 관계를 형성해 나가리라는 관측도 가능하다. 디지털화된 매체는 이제껏 발명된 어떤 것보다도 분명 발달된 의사교환 매체이다. 의사교환 매체는 우리의 언어뿐만 아니라 육체적 오감을 통해 의사를 증폭하고, 공간적 제약과 시간적 제약 모두를 최대한 넘어서려는 방향으로 발달하여 왔다. 가령, 최근까지 가장 지배적인 매체였던 인쇄매체는 시간적 제약을 넘어 정보를 저장하고 전달하는 수월성에 있어서 그 이전 매체와 크게 다른 면모를 보였다. 하지만 최근 디지털 매체는 인쇄매체가 정보의 저장과 이동 그리고 접근에 있어서 갖는 한계를 노정하면서 급속히 주목을 받고 있는 것으로 평가된다.

이러한 면을 종합해 본다면 디지털 매체는 공간과 시간을 넘는 정도가 이전의 어느 매체보다도 뛰어나며, 사실성virtuality과 저장성을 극대화하면서 범지구적 영역에 걸쳐 구축되고 있다. 하지만 그것은 예전의 어느 매체보다도 대규모 자본과 기술에 의해 창출되고 유지되면서도, 그러한 내재적 조건의 규모가 쉽게 눈에 띄지 않기 때문에 매체의 중립적이고도 깨끗한 이미지가 제고되는 결과를 가져온다. 이와 같이 자유로운 의견 교환이 최대한의 상호 이익을 산출한다고 믿는 디지털망은 그 배면에 대규모 자본과 고도의 기술을 기반으로 한다는 점에서 신자유주의적 세계화의 매체가 되고 있다.

위 두 논의를 다시 종합한다면, 디지털 매체에 의해 가속화되고 있는 세계화는 자본을 기반으로 한 세계의 가상화virtualization of the world라 할 수 있다. 이러한 가상화는 소위 포스트모던 사회의 특징으로 설명되어 온 시간과 공간의 압축을 통해 이루어지고 있으며, 그러한 기술은 많은 정치·사회·문화적 의미를 갖게 된다. 특히 이러한 시공간의 압축은 자본이 새로운 변경을 개척하는 차원에서 이해되어야 한다. 마치 미국의 소위 개척정신론이 자국 건설의 이데올로기였고, 그것이 또 평화봉사단 그리고 달 탐사로 이어졌던 바와 같이 이제 사이버스페이스는 또 다른 개척지로서 경쟁적 선점의 대상이 되었다. 이것은 소위 가상의 식민화virtual colonization라 할 수 있는데, 이는 가상적인 식민화뿐만 아니라 가상 세계까지를 식민화하는 '전방위적인' 식민화라는 의미 또한 갖는다.

이러한 현상을 다른 차원에서 설명한다면, 여기에서는 공간의 확대이자 공간의 축소라는 두 가지 현상이 동시에 이루어지고 있다고 할 수 있다. 사이버스페이스의 확대는 분명 공간의 확대인 것이 사실이다. 그것은 기존 도서관에서 장서를 보관하던 방식이 공간을 필요로 한 것이었듯이, 이러한 자료를 대체해 가고 새로운 자료를 저장해 가고 있는 측면에서 사이버스페이스는 공간의 확대이다. 하지만 이는 물리적, 실질적 축소와 함께 그에 따른 느낌을 동반하고 있다. 사이버스페이스에서의 공간이 일종의 하이퍼스페이스hyperspace라고 할 수 있는 이유가 여기에 있다. '하이퍼'hyper의 의미는 '초월'과 '과잉'의 두 가지 의미를 갖는다. 여기에서는 행동이 너무 부산한 아이를 하이퍼(즉 hyperactivity)라 하는 것처럼, 어떤 것이 과도한 상태를 일컫는 것으로 이해하면 될 것이다. 그러므로 하이퍼스페이스는 공간이 자신의 논리를 극도로 발달시킨 공간이라고 할 수 있다. 그것은 공간성이 집약된 공간으로 채워도 채워도 채워지지 않는 곳이다. 마치 조그만 플로피 디스켓 한 장에 몇 권 분량의 원고가 집약될 수 있는 것에서 갖게 되는 느낌이 그것이다.

이러한 하이퍼스페이스에서는 인간관계가 접촉의 속도와 밀도를 더하게 된다. 특히 접촉의 밀도는 다양한 감각의 충실한 내변과 접촉의 속도에 의해 결정된다. 인터넷 문화의 등장과 함께 개인과 집단의 정체성 문제가 대두된 것은 이러한 공감각적 차원과 속도에 의해서이다. 소위 아바타와 같은 자신의 분신과 인터넷 게시판과 같은 기능 등은 정체성과 공동체의 문제를 제기하는 대표적 계기이다. 인터넷상의 아이디ID나 아바타는 실제 정체로는 해소될 수 없는 욕망을 대변하는 대리자로서의 역할을 하는 경우도 있다. 이러한 개인이 모인 집단으로서의 인터넷 공동체는 여러 가지 특성을 갖는다.

그 가운데 하나로 인터넷 공동체는 참여자의 관심사에 의한 세부적 공동체의 성격이 짙다. 여기에서의 개인은 공동체와 연결되어 있다는 측면과 단절되어 있다는 측면이 동시에 존재한다. 그것은 항상 네트워크에 연결되어 있지만 어떻든 개인적인 공간에서 도구를 이용해 원격으로 연결되어 있는 상황에 기인한다. 그런 만큼 인터넷 공동체 역시 강점과 약점을 동시에 갖는다고 할 수 있다. 여기에서 가장 특징적인 것은 인터넷 공동체가 바로 의사교환의 공동체라는 것이다. 일반적으로 사회 혹은 공동체를 형성하는 인자가 복수적이고 복합적인 반면, 인터넷 공동체는 주로 의사교환에 의해 이루어지는 사회이다. 이런 의미에서 인터넷 공동체는 기존 사회 형성 인자의 특정 부문만을 집중적으로 확대한 공동체이다.

자본 집약적 기술에 바탕한 의사 교환적 인터넷 공동체는 소위 포스트모던적 공동체의 특성을 대변하고 있다고 할 수 있다. 이러한 상황 속에서 디지털망은 제임슨이 포스트모던 사회 속의 개인과 사회에 주문하는 "인식론적 지도 그리기"cognitive mapping("Cognitive Mapping" 353)를 위해 어떻게 기능할 수 있는가? 그가 제안하는 인식론적 지도 그리기는 깊이의 결여, 이미지의 지배, 그리고 정서의 쇠퇴로 요약되는 포스트모던 예술이 제공하지 못하는 것으로, 그가 개인과 사회문화 전체에 제안하는 대안적 현실인식이다. 제임슨의 생각을 준용한다면 오늘날 필요한 인식론적 지도는 현실세계와 디지털 네트워크의 관계에 대한 인식론적 지도일 것이다. 여기에서 특히 요구되는 것은 디지털망을 자본의 망으로 보는 것으로, 가장 긍정적인 경우라면 이를 하나의 예술 형식으로 보고 이것에 대한 인식론적 지도를 그려야 함을 의미한다. 즉 디지털망을 통한 현실 지도 못지않게 디지털망 자체에 대한 현실적 지도를 그려야 한다는 것이다. 이것은 어떤 의미에서는 디지털망을 하나의 포스트모던적 현실 반영 혹은 예술 형식으로 본다는 것이다. 맥루한이 미디어가 메시지라고 주목한 정신에 충실할 필요가 아직도 있다는 것이다.

III

매체와 관련해 국민국가의 문제를 설명하는 것으로 근래 주목받고 있는 틀은 앤더슨의 상상의 공동체론이다. 앤더슨에 따르면 민족주의는 구성원들이 인쇄 매체 등을 통하여 하나의 단위로 상상하도록 교육된 집단의식이다. 문학과 관련해서는 가령 소설 형식이 다양한 주인공과 사건을 하나의 균질한 서사공간에서 교직함으로써 민족 단위의 상상력 생성에 도움을 주었다는 것이다(22-36). 가령《로빈슨 크루소》는 근대적 정신과 사회체제의 문제를 전형적으로 표현하고 있는데, 여기에서는 복잡다기한 사건과 주인공이 하나로 엮어지면서 일정한 영국적 정서가 생산되는 정향성을 보여 준다(가령, James Joyce 323; Bender 61 참조).

소설 형식과 관련해서 언급해야 할 또 다른 층위는 소설의 서사방식이다. 소설은 우연과 필연, 사적인 것과 공적인 것이 뒤섞인 사건과 인물들로 엮어져 있다. 그리고 그 이야기의 전개방식 역시 가히 파노라마적인 면이 있다. 한편으로, 오늘의 인터넷 문화공간은 이와 같은 소설적 내러티브의 최종적 진화단계로 여겨질 수 있다. 인터넷 문서세계docuverse가 일종의 하이퍼텍스트로 정의된다면, 이러한 형식에 가장 버금가는 역사적 형식은 소설 형식이라고 할 수 있다.[18]

여기에서 문제되는 것은 소설과 같은 매체가 인터넷과 같은 네트워크로 바뀔 때, 이 새로운 매체와 국민국가는 어떤 상관관계를 유지하게 될 것인지를 추론해 보는 것이다. 인터넷과 국민국가는 앤더슨이 설정한 관계에서 일탈할 가능성이 높다고 할 수 있는데, 그것은 무엇보다도 인터넷의 영토가 한 국가의 지리적 경계를 넘어서기 때문이다. 앞에서 살펴본 소설 형식과는 정도의 차이를 보이면서 소설 형식의 연장선에 있는 하이퍼텍스트, 그리고 하

18 이에 대한 자세한 논의는 제5장 참조.

이퍼텍스트의 집합으로서의 사이버스페이스와 국민국가의 관계는 정합적이지만은 않고 더욱 갈등적 관계를 갖는다고 할 수 있다. 앤더슨의 주장과 달리 전 시대에 있어서 소설과 국민국가의 관계가 항상 상호 순기능하는 관계였다고만은 할 수 없다. 많은 경우 문학 활동은 국민국가 체제의 한계를 드러내고 있기 때문이다. 가장 대표적인 것이 조이스James Joyce와 같은 경우이다. 앤더슨식으로 얘기하자면 양자는 수동적으로 상상되는imagined 것만이 아니라 상상적imaginary으로 상호 비판적이고 전복적일 수 있다는 것이다. 비록 '상상적'이라는 용어를 사용했지만 인터넷이 국민국가 특히 폭압적 국가에 대항하는 매체로서 기능할 수 있었다는 것은 사파티스타와 반세계화 운동 등이 인터넷을 통해 동원하는 세계적 관심에서 가장 힘 있게 증명되고 있다.

하지만 이것은 우리가 인터넷과 국민국가의 관계에 대하여 쉽게 감지할 수 있는 현황을 한층 상세히 논술한 것에 지나지 않을 것이다. 디지털 네트워크의 논리는 우리로 하여금 이들의 관계를 보다 근본적 차원에서 재조망하도록 주문하며, 인터넷에서 가장 활발히 등장하고 있는 사회, 소위 가상공간 공동체virtual community는 오히려 사회에 대한 개념을 한층 면밀히 재정의할 기회를 제공하고 있다.

첫째로 그것은 무엇보다도 우리의 현실 공동체가 반드시 의사교환만을 위해 이루어지지 않는다는 점을 환기해 주고 있다. 공동체community는 의사교환communication에 의한 것이기도 하지만 여러 가지 공통점commonalities에 의해 형성된다. 여기에서의 공통점은 인위적이자 자연적인 것이다. 특히 자연적인 가운데 우리가 육체적으로, 지리적으로 우연히 함께 있게 되었다는 것이 바로 공동체의 한 기준이었음은 주지의 사실이다. 이런 의미에서 공동체는 같은 의견을 갖는 집단만을 의미하지 않는다. 낭시Jean-Luc Nancy에 의해 설명된 바와 같이 공동체의 의미는 서로 다른 의견이 교환되기보다는 충돌하는 차원에서 파악되어야 한다(25). 공동체란 일체감의 구조이기보다는 오히려 갈등을 함께 한다는 차원에서 이해되어야 한다는 것이다. 여기에서는 합의만큼이나 갈등이 공유되면서 함께 머무는 공간이다. (이것은 가령 도시공학에서 도시를 질서보다는 계속적으로 무질서가 창출되는 활력의 공간으로 보는 것과 유사하다.)

이런 의미에서 자신이 기반한 조건에 대한 의식과 구성원 상호 간의 활동에 있어서 갈등구조가 현저하게 감소되는 가상공동체는 이상적 공동체이기보다는 공동체의 한 유형 혹은 한정된 의미의 공동체이다. 그런 만큼 긴장과 갈등은 오히려 공동체를 구성하는 원리일 수 있으며, 이것은 오늘의 상황에서 현실 속의 국민국가가 갖는 존재 의의를 생각하는 데 있어 일정한 전제가 되어야 할 것이다.

앞서 우리는 오늘날 가상화와 세계화가 상호 병행함을 보았다. 이와 관련하여 국민국가가 갖는 의미는 위니코트Donald Woods Winnicott가 제시하는 잠정적 공간potential space이라는 개념(14)에 의해 우회적으로 설명될 수 있다. 그의 잠정적 공간은 쉽게 말해 어린이들의 장난감과 놀이의 공간이다. 어린이들은 이 공간에서 마음껏 자신의 상상을 펼치고 아무런 해악이나 위험 없이 활동한다. 이것은 프로이트가 관찰한 바와 같이 장난감이나 문학을 통해 제어할 수 없는 현실을 마음대로 조정할 수 있는 것으로 상상하면서 만족감을 얻는 아이의 행동과 유사하다. 위니코트가 이 잠정세계라는 공간을 통해 강조하고자 한 것은 이러한 장난감의 세계가 어린아이들로 하여금 궁극적으로 현실세계를 준비하도록 하는 공간이라는 데 있다. 그러므로 여기에서 중요한 것은 어린이들이 유아적 공간에 대한 환상에서 스스로 또 자신 있게 벗어나는 것disillusionment이다.

물론 이렇게 해서 빠져나온 공간은 물리적 공간이 아니라 이데올로기와 문화가 이미 자리 잡고 있는 공간이다. 그 대표적 경우가 성적 정체성과 가족 그리고 국민국가의 시민의식 등일 것이다. 그리고 여기에는 이제 기술과 자본 집약적인 가상공간이 더해지고 있다. 후자의 측면에서 보면 이 모든 정체성들은 앞서 설명한 바와 같은 일정한 가상화 과정의 산물이라는 인식이 가능하다. 차이가 있다면 그것은 가상화 정도의 차이라고 해야 할 것이다. 특히 사이버스페이스의 가상화는 그 정도가 가장 높은 단계라고 할 수 있으며, 이와 연계되어 있는 세계화 역시 이러한 차원에서 볼 필요가 있다. 여기에서 다시 한번 가상화와 합종연횡하는 신자유주의적 세계화가 갖는 높은 정도의 가상성이 지적되어야 한다는 것이다. 이러한 복합적 가상공간에 당면하여 주문할 수 있는 것은 우리가 한층 현실적인 차원으로 빠져나올 수 있는 의식을 준비하는 것이다.

이런 의미에서 최근 신자유주의적 물결 속에 국민국가의 위기가 거론되고 있는 것은 역설적으로 당연한 것이다. 하지만 국민국가와 신자유주의의 맞닿음은 국민국가에 대한 회의와 함께 그 유효성이 새삼 확인되는 역설적 논리를 말해 준다. 국민국가 역시 이데올로기이자 문화적 구축물임에 분명하다. 하지만 사이버 공간적 세계화 조건 속에서 인식론적 지도의 수체는 오늘날 상대적으로 구체적인 현실에 기반하고 있는 국민 국가적 틀 속에 위치되어야 한다. 국민국가가 신자유주의 체제하에서 오히려 힘을 얻고 있고 있는 것은 우연이 아니며, 디지털망 가운데 국경이 허물어진 국가, 소위 하이퍼네이션hypernation의 재영토화가 필요한 이유가 여기에 있다.

물론 하이퍼네이션의 재영토화에 대한 논의가 기존의 국민국가 체제 자체를 이상화하고 고착화하는 것으로 여겨지는 것은 경계되어야 한다. 그것은 우선적으로 사이버 공간이라는 기호의 공간이 물리적, 현실적 차원과 부단한 긴장과 교호 관계에 있어야 하며, 현 세계화 단계에서 국민국가는 이러한 교호에 있어 아직은 매우 유효한 단위임을 제안하는 것이다. 이는 국민국가에 대한 반성적 점검을 거부하거나 게을리 하자는 것이 아니다. 국민국가는 사이버 공간의 확대 속에 한 차원 다른 내부적 규율의 재조직에 당면하여 있다. 즉, 기존의 소설, 신문, 그리고 TV를 매개로 한 국민국가의 상상적 규율은 이미 많은 변화에 직면하고 있다는 것이다.

앞에서 살펴본 바와 같은 사이버 매체의 특성들은 기존의 대중적 의사교환 매체와 상당한 차이를 갖는다. 이러한 조건이 국민국가의 상상적 구성의 정도와 질에 미치는 영향에 대한 재고를 요구하는 만큼, 이제 국민국가는 그 상상적 구성에 있어 주로 통일적인 효율성을 기대할 수 있는 매체만을 갖고 있는 것이 아니다. 이러한 상황은 국민국가의 위상 혹은 탈식민 논의에 있어서의 혼종성이 새로운 국면에 도달하였다는 측면에서 설명될 수 있다.

오늘의 상황에서 혼종성의 방향은 바바가 제기하는 개념을 이용하면서 여기에서 한 걸음 더 나아가는 것이라 할 수 있다. 바바의 혼종성(*The Location of Culture* 207-209)은 문화와 문화가 교차하는 지점에서 어떤 한 문화가 지배적 구도를 형성하기보다는 상호 의존적 관계를 갖는 새로운 형식을 취한다는 모델이다. 바바의 모델이 분명 획기적 전기를 제공했음에도 불구하고, 가장 비판받는 부분은 그것이 지나치게 추상적이라는 점이다. 여기에서 추상적이라함은 그것이 정치경제적 토대보다는 문화와 같은 상부구조에만 집중한 모델이라는 것이다. 기실 바바의 논의는 탈식민론 못지않게 프로이트, 알튀세르, 라캉 등의 이론을 포괄하면서 정치경제 등 실물 세계보다는 기표와 상징 그리고 문화 세계에 대한 틀을 제시하는 것에 중점을 두고 있다.

사이버 공간의 역할이 점증하고 있는 오늘을 실물 세계가 사상捨象되지 않은 문화적 혼종성의 틀에 산입한다면, 실물 세계와 사이버 세계 사이의 혼종성이 논의의 중심이 되어야 할 것이다. 바바에 있어서 국민국가는 상징적, 상상적 차원의 것이다. 하지만 바바가 분명히 하고 있는 바와 같이, 매체는 앤더슨에서처럼 국민국가가 상상되도록imagined 할 뿐만 아니라, 어느 정도 이를 전복하는 상상력으로imaginable 작용하여 왔다. 이러한 측면이 국가가 검열 등을 통하여 매체를 관리하여 온 이유이기도 하다. 이제 급격히 확대 심화되는 사이버 공간과 국민국가 사이의 관계는 일방적으로 피동적이기보다는 훨씬 상호 전복적으로 기능한다.

이러한 조건 아래 '하이퍼네이션의 재영토화'란 다양한 매체가 형성적이고도 전복적 영향관계 속에 국민국가를 '유지'해 왔음을 인식하면서, 국민국가가 사이버 매체에 대해 일정한 정책적, 윤리적 관계를 견지해야 함을 제안하는 개념이다. 이것은 현 단계 하이퍼네이션을 현실 윤리의 차원에서 재점검하는 과정의 필요성을 말하는 것임과 동시에, 오늘날의 국민국가가 사이버 네트워크를 자신의 구성과 유지에 관여하는 '형성적 외부'constitutive outside로 부단히 인식하는 자기 반성적 과정 속에 있도록 요청하는 것이다.

■《비평과 이론》(2002)

III. 제국의 영문학에서 탈식민 영어문학으로

제8장

20세기 전반기 영문학에서의 동양

—보험과 욕방

19세기 영국의 사상가 카알라일Thomas Carlyle은 "셰익스피어를 인도와도 바꾸지 않겠다"는 말을 한 것으로 알려져 있다. 이 말의 진의를 이해하기 위해서는 그러한 발언의 배경이 설명되어야 한다. 그는 《영웅과 영웅숭배*Heroes and Hero-Worship*》(1841)에서 다음과 같이 말했다.

> 영국 국민들이여, 당신의 인도제국과 셰익스피어 가운데 하나를 포기하라고 한다면 무엇을 포기할 것인가? 인도제국을 포기하겠는가, 셰익스피어를 포기하겠는가? 이것은 중요한 질문이다. 관료들은 분명 공식적 답변을 할 것이지만, 우리는 인도제국인지 셰익스피어인지에 대해 대답을 강요받아서는 안 될 것이다. 우리는 셰익스피어 없이는 살 수 없다! 어쨌든 인도제국은 언젠가 우리 손을 떠날 것이지만 셰익스피어는 떠나지 않고 영원히 우리와 함께할 것이다. 우리는 셰익스피어를 포기할 수 없다!

> Consider now, if they asked us, Will you give up your Indian Empire or your Shakespeare, you English; never have had any Indian Empire, or never have had any Shakespeare? Really it were a grave question. Official persons would answer doubtless in official language; but we, for our part too, should not we be forced to answer: Indian Empire, or no Indian Empire; we cannot do without Shakespeare! Indian Empire will go, at any rate, some day; but this Shakespeare does not go, he lasts forever with us; we cannot give up our Shakespeare! (*A Carlyle Reader* 405)

그가 이런 말을 한 배경은 문화적 자산만이 한 나라의 정체성을 유지한다는 명제 아래 영국이 문화적으로 무장되어야 할 필요를 역설하기 위해서였다. 그는 당시 빅토리아 시대에 산업자본이 급속히 확대되면서 이제까지 금과옥조로 여겨 온 전통적인 문화적 가치와 사고방식이 속물적 근성에 함몰되고 있음을 경고하고 있다. 하지만 이것이 단지 영국의 문화적 재무장을 촉구하기 위해 동원된 표현일지라도, 인도인의 입장에서 이렇게 인도가 운위되는 것은 민족적 자존심을 상하게 하는 것임에 분명하다. 또 이와 같은 언명에 대해 우리 자신은 별다른 의식 없이 셰익스피어의 위대성을 말하는 격언으로 교육받고 이를 자연스럽게 받아들여 왔다. 우리는 인도인의 입장에서보다는 영국인의 입장에서 배우고 생각하도록 교육되어 왔다는 것이다. (예전에 즐겨보던 〈타잔Tarzan〉 시리즈를 우리는 당연히—아프리카 사람들의 위치에서가 아니라—타잔의 입장에서 보도록 되어 있었다.)

이와 유사한 경우는 프로이트에게서도 발견된다. 자신의 서재를 배경으로 찍은 프로이트의 사진을 보면 그는 아프리카 등지에서 수집한 조그만 조각품들을 모으는 취미가 있었던 것으로 보인다. 이런 것들은 항용 종교적 의미를 갖는 경우가 많았다. 유럽의 상상력이 고갈될 무렵 피카소가 아프리카 미술에서 많은 영감을 받았듯이, 프로이트 또한 자신의 심리학을 정립하는 데 이런 저런 외부 문화 등에 대한 인류학적 보고서에서 많은 영감을 받았다. 그는 자신의 이론의 핵심이라고 할 수 있는 무의식을 설명하는 경우에도 이를 "의식의 검은 대륙"이라 표현한다. 여기에서 프로이트는 무의식적으로 자신과 당대의 유럽이 아프리카를 대하는 태도를 드러내고 있는 것이다(Freud, "The Question of Lay Analysis" 212; Lacan, *Écrit* 273-274; Khanna 참조).

서양이 동양을 대하는 방식은 많은 경우 명백하기보다는 이와 같이 무의식적으로 한쪽 귀퉁이에서 빠끔히 드러나는 경우가 대부분이다. 사이드가 《문화와 제국주의*Culture and Imperialism*》에서 밝히고 있듯이, 비서구 지역이 서구를 지탱해 온 방식은 영국의 고전적 작품에 은밀하게—한층 정확히는 당연한 듯이—내재되어 있다. 가령 오스틴Jane Austen(1775-1817)의 소설에 자주 등장하는, 돈은 많지만 여자가 없어 배우자를 구하는 영국 신사들의 부의 원천은 대부분 해외 식민지에 있었다. 사이드에 의하면 이러한 사실이 그냥 스쳐 지나가듯 언급되고 있는 것은 이것이 너무나 당연한 것이었기 때문이다. 오늘의 관점에서는 오히려 이러한 부분이 당시의 역사를 말해 주는 부분이다. 신기한novel 이야기를 전하는 소설에서, 신사란 식민지 경영에 의해 가능해졌다는 것은 신기하기보다는 당연한 것으로 구구절절이 얘기해야 할 소설 거리가 되지 못하는 것이었다. 문학에서 역사를 읽어 내는 방법은 당연한 것, 무의식적으로 용인되는 것을 의식의 전면으로 부각해 문제화하는 것이다.

이렇게 중요한 역사의 무의식화 현상은 사실 영문학 자체에 대해서도 말해질 수 있다. 영문학의 형성과 유지 그리고 기능은 역사적으로 이루어졌으며, 그 역사에 있어 인도와 같은 식민지의 역할이 간과될 수 없다는 점에서이다. "인도에서 영문학이 형성되었다"는 최근의 주장이 과장이 아닌 이유가 여기에 있다. 이것은 두 가지 의미에서 그렇다고 할 수 있다. 첫째는 앞에서의 경우와 같이 동양의 경제력이 영문학에 등장하는 신사를 가능하게 하고 유지하는 중요 원동력이었다는 것, 즉 실제 역사와 소설 속 이야기의 경제적 기반이 해외에 있는 경우가 많았다는 점에서이다. 둘째로는 사이드의 제자인 비스와나탄Gauri Viswanathan이 주장하고 있는 바와 같이 셰익스피어와 같은 영문학 작품이 의식적으로 가치 있는 것으로 여겨지게 된 계기는 영국의 식민지 경영과 무관하지 않다는 점에서이다. 이글턴 등이 밝힌 것처럼 옥스포드나 케임브리지 대학에서 영문학이 하나의 분과 학문으로 자리 잡은 것은 20세기 초에 와서이다(*Literary Theory* 15-46["The Rise of English"], 특히 23-26). 하지만 비스와나탄에 따르면, 19세기 초 인도에서 영국은 자신들의 문학을 인도의 고전classic, 즉 범어 경전 등에 맞먹는 또 궁극적으로 이를 대체하는 고전적 학문으로 정립하려는 작업을 시도하였다. 여기에 식민체제에 봉사할 수 있게끔 인도인들에게 영어를 가르치는 것과 맞물려 셰익스피어 등이 강조되었다는 것이다. 이러한 인도에서의 교육과정은 이후 본격적으로 영국 내에 역수입되어, 식민관료들이 영국의 문화적 정체성과 우월성을 갖도록 하는 교육과정의 중요 부분으로 자리 잡는다. 기실 18세기 말엽부터 19세기 초의 낭만주의는 바로 자기 민족의 성서를 소중히 여기고 이를 민족혼으로 성립시키려는 운동으로서, 내부적으로는 민족주의 운동이고 외부적으로는 식민주의 혹은 제국주의 운동이었다. 비스와나탄의 주장은 영국과 유럽 내에서 셰익스피어를 평가해 온 면면한 전통을 과소평가하고 있다고 느껴지지만, 셰익스피어 문학의 정치사회적 기능 가운데 가장 중요한 한 부분을 지적하고 있다는 점에서 커다란 의의를 갖는다(Viswanathan 23-24).

영문학에서 무의식적으로 엄존하는 동양에 대한 관념을 정리해 보면 그것은 서구가 비서구 세계를 보는 일반적 틀에서 크게 벗어나지 않는다. 그것은 주로 극단적인 것이었고 남성에게 여성은 창녀 아니면 성녀라는 시각에서 파악된 사례에서와 같이, 서양에게 동양도 이와 유사한 방식으로 이해된 면이 있다. 처녀지virgin land라는 표현에서와 같이—엄연히 원주민이 살고 있는 경우에도—정복의 정치학이 성적 은유의 틀을 사용하여 그 '당위성'을 높이고 있듯, 정치군사적 정복은 언술적 사전 정지작업을 동반하고 있기도 하다. 이는 담론의 정치학이 군사적 정치학에 앞선 조건이라는 일반적 법칙을 유출케 한다.

많은 경우 동양은 서구 남성의 원초적 욕망을 해소할 수 있는 공간으로 여겨져 왔다. 20세기 초 프랑스의 사진사들은 알제리 여성들의 적나라한 모습을 담은 엽서를 고국에 보냈다. 프랑스 작가 그리고 문학에서 알제리는 항용 원초적인 욕망이 자유롭게 분출되고 또 해소되는 장소였다. 필자가 대학에 다닐 무렵 영어공부를 위해 많이 읽히던 책 가운데 하나가 몸W. Somerset Maugham의 《달과 6펜스*The Moon and Sixpence*》(1919)였다. 이야기의 주제는 프랑스 화가 고갱의 삶에서 따온 듯하다. 런던의 평범한 증권업자인 스트릭랜드Charles Strickland가 자신의 가정을 버리고 화가가 되고자 파리로 가 크게 성공한 다음, 타히티에 가서 한층 치열한 예술가로서의 삶을 추구하다가 생을 마감한다는 줄거리이다. 타히티의 스트릭랜드는 다음과 같이 말한다.

> 나는 사랑을 원하지 않는다. 그럴 시간이 없다. 사랑은 나약한 것이다. 나는 남자이기에 가끔은 여자를 원한다. 내 욕망이 충족되면 나는 다른 일을 할 준비가 되어 있다. 나는 나의 욕망을 극복할 수 없지만 나는 그것을 증오한다.

> 욕망은 정신을 구속한다. 나는 모든 욕망으로부터 해방되고 방해받지 않고 내 일에 몰두할 수 있는 시간을 원한다. 여자는 사랑 이외에는 할 수 없기 때문에, 여자는 그것을 우스꽝스러울 정도로 중요시한다. 여자는 사랑이 삶의 전부인 양 우리를 설득하려 한다. 사랑은 중요치 않다. 나는 정욕을 안다. 그것은 정상적이고 건강한 것이다. 사랑은 질병이다. 여자는 나의 쾌락의 도구이다. 나는 여자가 나의 협조자, 동료, 친구라는 주장을 용인할 수 없다.
>
> I don't want love. I haven't time for it. It's weakness. I am a man, and sometimes I want a woman. When I've satisfied my passion I'm ready for other things. I can't overcome my desire, but I hate it; it imprisons my spirit; I look forward to the time when I shall be free from all desire and can give myself without hindrance to my work. Because women can do nothing except love, they've given it a ridiculous importance. They want to persuade us that it's the whole of life. It's an insignificant part. I know lust. That's normal and healthy. Love is a disease. Women are the instruments of my pleasure; I have no patience with their claim to be helpmates, partners, companions. (143)

물론 그는 자신의 예술을 위해 모든 것을 버리고 희생해 왔음을 말하고 있다. 그렇지만 우리는 서머싯 몸의 작품 그리고 고갱의 타히티에서의 그림에 내재한 동양은 어떤 동양인지를 알 수 있다.

동양은 항용 서구가 자신의 땅에서는 금지된 욕망을 해소하는 공간이었다는 시각이 너무 성적인 차원을 강조하는 것이라 해도, 적어도 그곳은 서구 체제에서는 수용되지 못하는 것들이 실천되는 장이 되곤 했다. 즉 서양체제에서 해소하지 못하는 모순이 해소되는 곳인 경우가 많았다는 것이다. 영문학의 고전인 샬럿 브론테Charlotte Brontë의 《제인 에어*Jane Eyre*》(1847)에서 제인의 사랑을 얻지 못하는 존St. John Rivers은 자신의 삶의 의미를 찾을 수 있는 곳으로 인도를 택한다.

동양은 편리한 도피처에 머물지 않고 많은 경우 여러 가지 모험의 배경이 된다. 마치 영화 〈인디아나 존스〉에서와 같이 동양은 서구에서는 이미 불가능한 모험의 가능성이 아직 남아 있는 지역이다. 19세기 말 영문학에서 커다란 각광을 받았던 장르가 이와 같이 식민지를 배경으로 한 모험소설류였다. 대부분 오늘날 더 이상 읽히지는 않지만 아직까지 읽히는 대표적인 작품으로는 스티븐슨Robert Louis Stevenson의 《보물섬*Treasure Island*》(1883)이 있다. 키플링Rudyard Kipling의 경우도 예외는 아니어서, 그의 대표작이라 할 수 있는 《킴*Kim*》(1901)도 이에 해당한다. 인도에서의 아일랜드계 고아의 방랑, 라마승과의 우정, 그리고 그가 러시아의 남하를 막는 첩보전에서 결정적 역할을 한다는 줄거리의 이 이야기가 그림같이 보여 주는 인도의 풍물은 궁극적으로 주인공 킴이 활약하는 광활한 배경에 불과하다. 물론 이 작품은 인도와 영국 즉 동양과 서양의 황홀한 만남의 가능성을 시사하고 있지만, 그것이 현실적 차원에서의 이해보다는 인도에 대한 신비적 이해라는 기존의 구도를 넘어서고 있지 못하다.

이런 상황에서 우리가 콘래드에 거는 기대는 클 수밖에 없다. 콘래드는 폴란드 독립운동가의 아들로 태어나 20세가 넘어서야 영어를 제대로 배운 선원 출신의 작가이다. 미국의 작가 멜빌Herman Melville이 그랬듯이, 배를 탄다는 것은 다른 문화를 보고 또 그만큼 자신의 문화를 반성하는 계기가 될 수 있기 때문에 그에 대한 기대는 남다를 수 있다. 그의 중편 《암흑의 핵심》에 나타난 아프리카에 대한 그의 생각에 대해서는 아직도 첨예한 논쟁이 진행되고 있다. 하지만 최소한 그것은 유럽의 식민 사업이 어떤 비인간적 면모가 갖고 있음을 폭로하고 있는 것이 사실이다. 그런 만큼 우리는 다른 지역이나 문화를 그리고 있는 그의 잇따른 장편들에서도 이런 정도의 감수성을 기대하게 된다.

콘래드가 동양을 배경으로 택한 대표작은 《로드 짐*Lord Jim*》(1900)이다. 주인공 짐은 파트나Patna호의 일등 선원으로, 메카로 성지순례를 떠나는 800여 명의 회교도를 싣고 가던 이 배가 아라비아해에서 폐선에 충돌하여 침몰할 위기에 몰리자 동료 선원들의 강권에 못 이겨 배와 승객을 버리고 탈출한다. 하지만 배는 침몰하지 않고 승객들은 모두 구출되며 그는 재판에 회부되어 선원 자격을 박탈당한다. 짐은 죄책감에 시달리다 말레이의 파투산Patusan이라는 곳에서 새로운 삶을 개척해 나간다. 여기에서 그는 이곳 주민들과 한 여성에게 진심으로 인정받는 사람이 되지만, 호주에서 흘러 들어온 브라운Brown이라는 자와 주민들과의 대치과정에서 발생한 사고에 대해 책임을 지고 '영웅적으로' 죽어 간다.

이 소설은 동양을 배경으로 한 영문학 작품 가운데 그 문학적 가치를 높이 인정받고 있는 대표적 작품이다. 하지만 이 작품에서 동양은 짐의 활동무대 이상의 의미를 갖지 않는다. 콘래드는 이 소설 속에 동양 혹은 동남아에 대한 독특한 관찰이나 견해를 담고 있지 못하다. 여기에서의 말레이는 다른 이름으로 불리어도 괜찮을 정도이다. 이것은 콘래드가 비록 아시아 지역을 항해한 경험은 있었지만 단기간의 것이었고, 이에 대해 나름대로의 정리 또한 하지 못하고 있음을 말해 준다. 영문학사에 있어서 전 지구적 지평 속에 작품 활동을 한 대표적 작가로 평가될 수 있는 콘래드의 한계가 이와 같다면, 영문학의 동양에 대한 이해의 정도를 가늠할 수 있을 것이다.

이와 더불어 논의되어야 할 것은 그의 문학의 심리주의적 경향이다. 이 소설에서 가장 주된 문제는 짐의 내면세계에 관한 것이다. 사실 이 소설의 전반적 화자는 말로우로 콘래드 소설에 자주 등장하는 인물이다. 콘래드가 작가의 전지적 시점을 최소화하고 사건의 주인공인 짐의 삶을 해석해 내고자 하는 말로우를 주로 개입시키는 것은 여러 가지 의미를 갖는다. 우선 그것은 모더니즘 서술기법의 하나로 한층 섬세하고 반성적인 이야기 전개를 가능케 하는 기재이다. 이러한 구도 속에 이야기의 주제는 짐에 있다기보다는, 짐의 행동을 지켜보고 이에 이끌리면서 그 함의를 해석해 내려는 말로우의 의식 과정에 의해 산출된다. 짐의 이상주의와 낭만적 영웅주의가 현실 속에서 좌절을 겪게 되는 이야기는 범선의 선장이 되고자 했으나 어느덧 증기선의 시대가 도래해 바다에서 은퇴할 수밖에 없었던 콘래드의 삶과 심정을 보여 주는 부분이기도 하다. 많은 경우 콘래드 소설에서의 배경은 그의 인간 내면에 대한 관심의 뒷전에 있는 것이 사실이다.

이 소설의 말레이에서 두드러져 보이는 것은 무질서와 통치불능의 땅으로서의 동양이다. 가령, 짐의 일행이 재판을 받는 장면에서 논리 정연한 재판과 대조되는 것으로 격렬한 감정에 휩싸인 주민들과 재판정을 어슬렁거리는 누렁이 개가 그려진다. 물론 콘래드는 이러한 장면을 통해 이곳이 유럽의 가치관과 질서와는 다른 원리가 작용하는 세계임을 내비치고 있는 것이 사실이다. 하지만 이러한 시각의 배면에는 무질서와 통치불능의 공간, 그리고 어떠한 영웅적 행동도 좌절될 수밖에 없는 땅의 모습이 있다.

콘래드보다 한 세대 후의 작가인 포스터E. M. Forster는 인도를 배경으로 한 매우 인상적인 작품을 하나 남겨 놓았다. 그의 《인도로 가는 길*A Passage to India*》(1924)의 제목은 미국의 시인 휘트먼Walt Whitman의 시("Passage to India")에서 온 것이다. 휘트먼은 서부 철도의 개통을 축하하는 시에서 철도 건설과 같은 인간의 노력을 통해 동서양이 마침내 화합하게 될 것이라는 희망적 내용을 노래했다. 하지만 포스터의 견해는 그렇게 낙관적이지는 않다.

이야기는 갠지스 강변의 황량한 도시 찬드라포르Chandrapore를 중심으로 벌어진다. 이 마을은 인도의 신비를 간직한 곳이기보다는 단지 더위와 무료함으로 가득하다. 오직 신비한 것이 있다면 근처의 마라바Marabar 동굴이 있다는 것뿐이다. 이 도시의 치안판사로 근무하는 아들을 방문한 무어 부인Mrs. Moore과 그녀가 아들의 신부감으로 동반한 아델라 퀘스테드Adela Quested가 인도인 의사 아지즈Dr. Aziz와 만나게 되면서 이어지는 사건이 이야기의 주를 이룬다. 아지즈는 이들의 환심을 사고자 마라바 동굴로의 여행을 주선하고 이를 전적으로 준비한다. 그와 아델라 그리고 안내인은 함께 동굴을 탐사하지만 아델라만이 동굴에서 늦게 빠져나오게 된다. 아델라는 동굴에서 누군가가 자신을 겁탈하려 했다는 환상을 갖게 되고, 경찰은 아지즈를 구속한다. 재판과정에서 인도인 지식인들은 아지즈의 변호에 민족적 의미를 부여하고, 아델라는 자신의 생각이 착각이었음을 고백하여 영국인들을 당황하게 한다. 무죄로 방면된 아지즈는 친하게 지내던 자유주의적 영국인 대학장인 필딩Fielding과도 결별하게 된다. 아지즈는 자신의 곤혹스러운 경험을 통해 영국인과 인도인이 언젠가는 서로 친구가 될 수 있겠지만 아직은 아니라는 결론에 이른다.

포스터는 1912년 인도를 방문해 여러 곳을 둘러보았다. 그 여행의 직접적 계기는 그와 동성애 관계에 있던 인도인 마수드Masood에 있던 것으로 보인다. 이 소설이 한 여성에 대한 관찰과 그녀의 각성을 동시에 다루고 있는 것은 포스터의 이런 성적 성향과 무관하다고는 할 수 없을 것 같다. 아델라는 "진정한 인도"real India를 보고자 인도에 왔다고 여러 번 강조한다. 그녀는 이미 자신이 듣고 알고 있는 인도를 확인하기 위해서 여기에 온 것이다. 그것은 신비에 싸인 인도이자, 자신의 신분의 상승을 가져올 인도이다. 하지만 이 모두가 뜻대로 되지 않는다. 아델라의 욕망의 대상으로서의 인도는 그녀에게 많은 교훈을 가져다 준다. 그 대표적 예가 아델라가 법정에서 커다란 부채를 흔들고 있는 반리의 부채꾼을 접하는 장면이다. 이 일꾼은 그곳에서 어떤 일이 있는지와는 상관없이 일정한 속도로 부채질만을 할 뿐이다. 모든 것에서 초월한 듯하면서도 동시에 우람한 육체로만 존재하는 반라의 인도 남성 앞에서 아델라는 그녀가 이제까지 억압해 온 육체적 욕망의 모습을 확인하게 된다. 이제까지는 이러한 욕망이 신비, 신분, 결혼 등에 의해 은유적으로 표현되었을 뿐이다. 인도는—더 정확히는 인도에서의 경험은—그녀에게 삶의 한 본능을 깨우쳐 준 것이다.

이러한 에피소드에서도 인도는 욕망이 아무런 제약 없이 생성되고 또 적나라하게 다뤄질 수 있는 곳이라는 점에서는 변함이 없다. 사실 아지즈 또한 아델라에게 모욕을 당했다는 기분은 자신이 예쁘지도 않고 "가슴도 밋밋한" 여자를 겁탈하려 했다는 누명 때문에 더욱 더해진다. 이러한 식민인과 피식민인 모두의 욕망의 평행선에 무어 부인과 힌두교 지도자 곳볼리Godbole 교수와의 신비한 교감이 진행되고 있는데, 이러한 구도는 욕망과 신비라는 인도에서 기대되는 대칭적 틀에 다름 아니다. (물론 아델라가 자신의 욕망의 실체를 확인하게 되는 것은 그녀로서는 한 단계 성장한 것이라고 할 수 있다. 그리고 그녀의 성장은 단지 욕망의 차원에서만 이루어지는 것은 아니다. 그녀는 이 사건을 통해 타인에 대한 이해와 열린 마음이 관용과 사랑을 낳는다는 것을 체득한다. 이는 아지즈와 아델라 사이에서 이들의 사건을 중재하고자 하는 지식인 필딩의 깨달음보다 깊이 있는 것이라고 할 수 있다. 하지만 이것 역시 미세한 실천에 머물고 크게 부각되지 않고 있다.)

포스터는 이 이야기의 과정에서 당대 인도의 정치 사회적 문제를 잊고 있지 않다. 그가 이 작품을 쓰는 동안 인도는 민족독립운동에 박차를 가하고 있던 때였다. 인도의 민족주의자들은 1차 대전에서 영국에 군사적으로 동조해 준 대가로 자신들의 뜻인 인도의 독립이 허용될 것으로 믿었지만, 영국은 끝내 그 약속을 지키지 않았다. 이에 따라 암리차르Amritsar에서의 대량학살과 간디의 민족주의 운동이 이어지고 있었는데, 포스터는 이러한 정황을 언급하거나 암시하면서 이 시기 인도의 분위기를 전하고 있다. 그의 관찰은 인도 사회에서의 회교도와 힌두교도의 간극까지 보여 주는 등, 피상적이라고는 할 수 없는 것이었다.

하지만 인도에서의 민족주의적 움직임에 대한 포스터의 견해는 신중하고도 비관적이다. 그는 특히 필딩을 통해 인도의 모습을 진단하고 있다. 필딩은 다른 영국인들과 달리 인도의 모든 것을 긍정적으로 바라보고 아지즈를 가까이 한다. 아델라 사건에 대해서도 그는 자신의 책임을 말하고 끝까지 아지즈의 결백을 믿는다. 하지만 그는 이러한 일련의 사건을 겪은 후 인도에 대해 매우 회의적인 인물로 변하고, 정치현실에 대해서도 부정적이다. 인도의 민족운동에 대해서 그가 갖는 불만은 인도가 신성로마제국과 같이 그 자체로 이미 의의가 엄연한 존재임에도 굳이 과테말라나 벨기에와 같이 신생국가가 되려는 것은 터무니없는 판단착오라는 것이다. 훗날 포스터가 인도의 독립에 대해 이런저런 우려를 표명하게 되는 논리가 여기에 있다.

필딩과 포스터가 인도를 보는 방식은 인도를 인도의 방식으로 보려 한 것이라는 변호가 가능하다. 하지만 그것은 어떻든 동양을 보는 기존의 틀에 의해 현실의 인도를 규정하려는 것으로 인도의 현실에 의해 역으로 이러한 틀을 수정하려는 의지가 미흡하다는 점이 지적되어야 한다. 포스터의 필딩은 20세기 초반에 와서 동양에 대해 동정심을 갖게 되는 영국 지식인의 대표적 유형이라고 할 수 있다. 20세기 전반은 이러한 유형에서 한 단계 발전하기보다는 이에 머물고 있는데, 포스터 이후 인도를 배경으로 한 글을 적잖게 쓴 오웰George Orwell 또한 예외적인 작가는 아니었다고 할 수 있다.

동양을 대하는 것에 있어서 포스터나 오웰과 같은 자유주의자에게서 지적될 수 있는 틀이 20세기 후반이라고 크게 달라지고 있다고 하기는 힘들다. 영국의 TV 시리즈로 명성을 떨친 스콧Paul Scott의 《라지 4부작*The Raj Quartet*》(1966-1975)에서와 같이 사라져 버린 제국에 대해 아쉬움을 표현하는 상상력은 계속되고 있다. 우리는 저 유명한 모어Thomas More의 《유토피아*Utopia*》(1516)에도 식민지가 있음에 유의해야 한다. 인간의 이상사회를 그린 이 걸작에서도 유토피아의 경제적 기반과 갈등이나 모순을 해소해 줄 공간으로 식민지가 설정되어 있다. 유토피아는 무엇보다도 서구만의 유토피아인 것이다. 모어와 달리 소설가들은 자신과 정치 문화적으로 다른 존재를 한층 현실적으로 다루어 왔다. 영국에서 소설novel의 어원은 소설이 상당 부분 다른 이국적인 세계에 대한 호기심을 해소해 주는 기능을 수행했음을 말해 준다. 초기 영소설에서 최소한 해외와의 관계 속에 이야기가 전개되는 경우가 많은 것도 이런 연유에서이다.

영소설의 시작으로 잘 알려진 디포의 《로빈슨 크루소》, 혹은 이보다 앞서 여성 작가 애프라 벤에 의해 쓰여진 것으로 근래에 주목을 받고 있는 《오루노코》는 다른 인종과 문화에 현실적으로 접근하고 이를 기술하는 특징을 갖추기 시작했다고 할 수 있다. 《오루노코》는 아프리카의 왕족인 오루노코와 그의 연인 이모인다Imoinda의 이룰 수 없었던 사랑, 이들이 각각 남미의 노예로 팔려 온 후의 만남, 노예제도하에서 계속될 수 없었던 사랑으로 인해 일으키는 반란과 실패, 그리고 죽음을 다루고 있다. 이 소설은 로맨스와 모험을 엮어 내는 가운데 서구 제국주의의 현실을 고발하고 있다는 의의를 갖는다.

이와 같이 여타 장르와 달리 소설은 작가가 자신과 자신이 속한 집단의 복잡다기하고 다층적인 목소리와 모습을 객관화하면서 상호 모순과 갈등을 보여주는 장르로서, 타자에 대한 이해에 한층 더 다가설 수 있는 서술 형식을 갖고 있음을 알 수 있다.

하지만 소설 형식 그 자체가 무엇을 보장해 주는 것은 아니다. 역사적으로 소설 형식은 작가의 무의식과 시대적 제약에 의해 그 의미가 확정되어 왔다. 우리는 이러한 조건을 염두에 두고 이제는 서구의 고전이 된 작품을 의심의 미학으로 다시 읽어야 한다. 정치 군사적 식민과 같이 의식의 식민화는 이러한 작품 읽기에 있어서도 단순한 추종의 미학을 낳았다. 우리는 이제 이러한 고전을 제한된 시각에서 받아들여 왔던 것을 반성적으로 되돌아보아야 할 시점이다. 이러한 작업은 가장 타자 지향적일 수 있는 소설 형식의 서구 문학에서조차도 침묵을 강요당한 대상에게 말을 걸어 주는 것이고, 이를 통해 일방적이고 무의식적으로 정의된 동양관에서 탈피하는 것으로 요약할 수 있을 것이다. 가장 근대적 장르로서의 소설은 자아세계와 외부세계, 주인공과 여타 인물 등의 사이에서 발생하는 제반 갈등을 그 중심적인 문제로 삼고 있다. 소설의 진정한 에너지가 모순과 갈등의 낭만적 봉합이기보다는 오히려 이러한 갈등을 담아 내고자 하는 열린 구조에 있다면, 소설에서 모순과 갈등을 감지해 내는 독자는 소설 형식을 마지막으로 완성하는 한 축이 될 것이다. 동양의 독자의 느낌과 항변은 서구 고전을 범지구적 차원에서 정당하게 평가하고 또 그만큼 진정한 고전이 되게 하는 데 기여할 것이다. 고전은 닫힌 구조의 진리이기보다는 여전히 우리 시대에게 말을 걸어오는 존재로 우리가 만들어 가는 진행형의 문화과정이자 문화행위이기 때문이다.

■《타자 비평》(2002)

제9장
따뜻한 시선 속의 제국 이념—키플링

I. '건전한' 시인

1907년 러드야드 키플링Rudyard Kipling(1865-1936)의 노벨문학상 수상은 당대에는 오늘보다 훨씬 당연한 것으로 여겨졌다. 유럽 문화와 문학의 긴 역사에 있어 영국이 높은 평가를 받아 온 것은 아니었다. 그곳은 어떻든 바다 건너의 섬나라였고, 취향이 다른 곳으로 여겨졌었다. 하지만 19세기를 거치면서 유럽은 영국의 문학이 매우 다양한 업적을 내고 있다는 점을 분명히 인정하게 되었으며, 키플링의 노벨상 수상은 영문학과 그의 문학에 대한 평가인 측면이 있었다.

키플링의 동시대인들이 그에게서 발견한 것은 삶에 대한 진지한 의견이나 사상의 깊이보다는 사물과 인간에 대한 폭넓은 관심과, 세밀하면서도 따뜻한 관찰력, 그리고 이를 통해 독자에게 다가오는 설득력과 호소력이었다. 그는 다분히 행동주의적이었으며, 그런 가운데 도덕주의적이었다. 그의 견실한 현실 인식과 도덕률의 내용은 남성다운 용기와 자기 훈육, 그리고 자신의 집단을 향한 충성심과 희생정신이었다. 이러한 사회정치적 성향은 애국주의적인 만큼 보수적인 것으로 평가될 수 있었다.

이런 가운데 그를 문학인으로 받아들여지게 하는 데는 그의 시적 자질이 특히 중요한 역할을 하였다. 그는 당대까지는 간과되거나 매우 산문적인 소재에 지나지 않은 것들을 시적으로 처리하는 능력을 갖고 있었다. 그가 초기에 주로 노래한 병영생활의 모습은 이제까지의 영시에서와는 달리 시적 손길이 훨씬 서민적인 차원으로 내려온 것이었다. 그는 특히 하급 군인들이 영위하는 하루하루 삶의 애환을 담으면서도 여기에 일정한 신념과 의무감이라는 신성한 차원이 있음을 환기한 '건전한' 시인이었다. 이러한 경험에서 출발한 그의 저작활동은 경험 대상을 계속적으로 넓혀 나가는 한편 이를 한층 깊은 애정과 풍부한 상상력으로 표현하면서 자신의 독자층을 확대해 나갔다.

II. 노벨문학상의 작가

키플링은 1865년 인도의 봄베이—지금의 공식 지명으로는 뭄바이—에서 태어났다. 그는 상당한 지식인층에 속하는 집안의 자제였다고 할 수 있다. 아버지인 존 록우드 키플링John Lockwood Kipling은 봄베이 소재 예술학교의 건축담당 교수였다. 아버지가 인도에 온 목표는 뚜렷한 것이었다. 그는 인도 스타일의 건축에 대해 큰 관심을 가지고 있었으며, 한편으로는 이를 보전하는 작업에 그리고 다른 한편으로는 이를 영국에 전파하는 작업에 관심을 가지고 있었다. 그런 만큼, 1986년 키플링의 부모의 결혼식 하객에 스윈번Algernon Charles Swinburne이나 로제티Dante Gabriel Rossetti 등 당대의 저명한 예술가들이 상당수 포함되어 있었다는 것은 놀라운 일이 아니었다. 이런 가운데 그의 가계에 흐르는 또 하나의 흐름은 매우 엄격한 감리교도적 분위기였다. 그가 당대에 화려하게 개화한 예술적 기풍과 함께 매우 엄격한 도덕률에 기초한 정직성과 종교성을 가지고 있었던 것은 이러한 배경에서 찾을 수 있을 것이다.

그가 이러한 분위기를 맛볼 수 있었던 것은 여섯 살 무렵 교육을 위해 영국으로 건너왔을 때부터였다. 그는 어린 시절 당대 대부분의 영국 관료들의 자제들이 그랬듯이 교육을 위해 본국으로 보내졌다. 본국에서의 생활에 기복이 따르고, 적응에 어느 정도 문제가 있으리라는 것은 예상된 것이었고, 집안 역시 그가 옥스퍼드에 진학할 수 있을 만큼은 부자이지 못했다. 그는 대학 대신에 17세가 되던 해에 인도로 돌아와 직업을 찾아야 했고, 이후 라호르에서 출간되는 영자신문의 기자가 되었다. 이때부터 해도 그는 기자로만 머물며 작가로서의 의식을 갖지는 못했지만, 취재와 함께 단편과 시를 쓰는 일을 하기 시작했다. 그는 이때부터 의식적으로 그리고 본격적으로 인도와 인도인들의 삶을 자세히 들여다보게 되었다.

그의 문학은 신문의 "방갈로 발라드"라는 코너에 시를 발표하면서 시작되었다. 여기에서 발라드라는 것은 서민의 삶을 가볍게 읊은 전통적 방식의 시를 말하는 것으로 누구나 쉽게 이해하고 읊조릴 수 있는 수준의 내용을 가벼운 리듬 속에 담아내는 것이었다. 이 무렵 그는 단편 또한 써 나갔는데 이것이《고원 민담*Plain Tales from the Hills*》(1888)으로 모아졌고, 문학계에 키플링 열풍이라고 할 정도로 그가 널리 알려지게 된 계기는 이를 통해서이다.

이러한 그의 작품은 오늘날 우리가 알고 있는 당대의 문학사조에 포함되지 못한다. 그것은 리얼리즘, 빅토리아조 후기의 예술을 위한 예술 즉 심미주의, 그리고 새롭게 등장하는 모더니즘적 분위기 등 어느 것에도 속하지 않는 것이었다. 그는 자신의 작품이 어떤 예술적 기교에 의해 가공되기보다는 독자들에게 진솔한 모습으로 다가가는 것을 이상으로 여겼다. 하지만 그의 작품이 자신의 직간접적인 경험을 전통적인 문학적 사고와 공식으로 가공하고 있는 것도 사실이다. 이러한 문학적 처리는 그의 대표작 가운데 하나로 기억되는 《병영의 노래*Barrack Room Ballads*》(1892)가 대중적으로 성공할 수 있었던 이유 가운데 하나이다. 이 무렵 그는 미국인 캐롤린 발레스티어Caroline Balestier와 결혼하여 미국과의 인연을 시작한다.

산문 작가로서의 키플링의 위치를 확고하게 한 작품인 《정글 북*The Jungle Book & The Second Jungle Book*》(1894-1895)은 어린이와 어른 모두를 위한 동화 모음이다. 이 단편들 가운데 원주민 아이로 늑대에 의해 양육된 모글리Mowgli의 모험을 그리고 있는 일련의 이야기가 가장 잘 알려져 있다. 모글리를 둘러싼 여러 동물들—검은 표범 바기라, 곰 발루, 교활하고 힘이 센 비단구렁이 카 등—은 자신만의 동물적 특징을 잘 드러내면서 동시에 인간적 우화를 형성해 내고 있다. 하지만 어떻든 이는 키플링이 어린이를 위한 작가로 여겨지게끔 기여하는 한편 그를 동화 작가로 한정시키는 오해를 낳게 한 결정적 작품이기도 하다.

문학적으로 성공한 키플링은 1889년 캘커타를 떠나 동남아와 중국 그리고 일본을 거쳐 샌프란시스코에 도착하였다. 상당 기간 동안 미국을 둘러본 다음 정착한 곳은 런던이다. 그가 런던에 도착하여 발표한 첫 작품은 《용감한 선장들*Captains Courageous*》(1897)로서 뉴펀들랜드의 어장에서 험난한 어업을 하는 선원들을 그리고 있다. 하지만 이 작품은 이러한 배경이 그의 본령이 아니라는 것만을 확인하는 결과를 낳았다. 이어서 미국이 필리핀과 쿠바를 점령했을 때 〈백인의 책무The White Man's Burden〉(1899)라는 시를 써 루스벨트 대통

령에게 바쳤다. 특히 이 사건은 많은 사람들에게 키플링이 제국주의를 용인하고 찬양하는 작가라고 각인하는 계기가 되었다.

사랑하는 딸 조세핀이 죽음 다음 그는 《바로 이런 이유로*Just So Stories*》(1902) 등을 통해 동화적인 세계로 돌아와, 다시 한번 대중의 사랑을 받게 되었다. 같은 시기에 동화를 넘어 본격적인 문학으로 가장 중요한 작품인 《킴》을 발표하였다. 이는 라마승과 함께 인도를 종단하는 순례에 나선 인도 출신의 아일랜드계 영국 아이 킴의 모험을 그린 이야기이다. 여기에서는 무엇보다도 다양하고 진기한 인도의 풍물이 종횡무진 열거되면서 인도에 대한 세인의 호기심을 해소하고 또 자극하고 있다. 하지만 이 이야기가 당대 영국의 정치적 무의식에서 완전히 벗어나 있는 것은 아니었다.

이후 키플링은 장편보다는 단편과 시를 쓰는 것에 진념하였다. 그의 인기는 1907년 노벨문학상 수상으로 절정에 달했으며, 이후에도 저작활동을 계속하면서 1936년 생을 마감하였다.

III. 제국의 문학

일반인이 키플링을 알게 되는 계기는 아마 그의 〈동양과 서양의 노래The Ballad of East and West〉(1889) 그리고 《정글 북》을 통해서일 것이다. 그것도 이들 작품을 먼저 알고 나서, 그 작가가 키플링임을 알게 되는 경우가 더 통상적 과정일 것이다. 정작 〈동양과 서양의 노래〉가 알려진 것은 처음과 마지막 부분에서 반복되는 한 구절 때문이다. "아, 동양은 동양이고, 서양은 서양이니, 양자는 만나지 않으리라"는 이 부분은 동양과 서양의 문화적 차이가 발견되는 이런저런 경우에 자주 인용되어 왔다. 하지만 이 노래가 이야기하는 것을 잘 좇아가 보면 이제까지와는 다른 인식을 갖게 된다.

노래는 다음과 같이 시작한다.

> 아, 동양은 동양, 서양은 서양, 양자는 만나지 않으리라,
> 땅과 하늘이 신의 심판대에 서기까지는.
> 하지만 동양도 서양도, 국경도, 종족도, 혈통도 상관없으니,
> 전혀 다른 반대편에서 왔지만, 두 강고한 영웅이 얼굴을 맞대었을 때는!
>
> Oh, East is East, and West is West, and never the twain shall meet,
> Till Earth and Sky stand presently at God's great Judgment Seat;
> But there is neither East nor West, Border, nor Breed, nor Birth,
> When two strong men stand face to face, though they come from the ends of the earth! (*Rudyard Kipling's Verse* 233)

이어서 시는 인도 북서부의 국경지대에서 말을 도난당한 사건을 노래한다. 이 야기는 아프간의 족장 카말Kamal이 인도 주재 영국장교의 말을 훔쳐 가자, 장교의 아들이 이를 추적하여 말을 찾고 카말의 아들과도 교분을 맺게 된다는 내용이다.

좀더 자세한 내용을 소개하면 다음과 같다. 국경을 넘어 온 카말이 영국군 대령의 말을 훔쳐 달아나자, 대령의 아들은 자신의 부하들에게 카말을 수소문한다. 그러자 부하 하나가 그를 쫓아갈 방도를 가르쳐 주면서 만약 자가이 지역 부근까지 가면 그의 부하들에 포위당할 것이라고 경고한다. 하지만 대령의 아들은 자가이로 달아나는 카말을 발견하고는 총을 쏘며 쫓아가, 결국 카말의 본거지에 닿게 된다. 여기에서 말이 넘어져 나둥그러진 대령의 아들은 총을 겨누는 카말의 행동에 대영제국의 복수가 따를 것임을 경고한다.

그는 단지 말 한 마리 때문에 이런 재앙을 초래할 것인지 등으로 카말을 설득하면서 말을 돌려줄 것을 요구한다. 이러한 논리와 젊은이의 용기에 감명받은 카말은 대령의 아들을 살려 주고 그 용맹함을 칭송한다. 그러자 대령의 아들 역시 화답하여 카말이 훔친 말을 아버지의 선물로 남겨 놓고자 한다. 하지만 카말은 말이 대령의 아들에게 더 친밀함을 보이자 다시 돌려주고자 한다. 카말은 "우리 두 사람 모두 용감무쌍한 사람이지만 이 말은 젊은이를 더 좋아한다"면서 말을 치장하여 그의 손에 쥐어 준다. 대령의 아들은 보답으로 피스톨을 건넨다. 그러자 카말은 아들끼리 상대하도록 하겠다면서 자신의 아들을 불러 대령의 아들 휘하에 들어가도록 한다. 그는 자신의 아들에게 대영제국에 충실하도록 명령한다. 이에 두 아들은 형제의 의를 맺고 말을 타고 대령의 요새로 돌아온다. 그들이 돌아오자 대령의 부하들은 카밀의 아들에게 칼을 들지만 대령의 아들이 이들을 제지한다. 다시 시의 첫머리가 후렴으로 이어지면서 노래는 끝을 맺는다.

여기에서 카말은 아프간이라는 동양을 대변한다면, 대령의 아들은 인도를 지배하고 있는 영국을 대변한다. 이 둘은 국경을 마주한 적대적 관계에 있다. 카말이 대범하게 대령의 말을 훔친 것은 영국군의 코를 납작하게 하고자 한 행동이었을 것이다. 하지만 이 사건은 대립과 적개심을 심화하기보다는 잠시 동안의 화해와 이해를 이끌어 내는 것으로 묘사된다. 동양과 서양은 대립하고 있었지만, 카말과 대령의 아들이라는 두 영웅의 출현으로 멋진 만남을 이뤄 낸 것이다. 대립하던 두 집단은 이 사건으로 그 지도자들의 대범함과 충성심이라는 관점에서 서로 상통함을 알게 된다. "전혀 다른 반대편에서 왔지만, 두 강고한 영웅이 얼굴을 맞대었을 때는, 동양도 서양도, 국경도, 종족도, 혈통도 상관없게 된다"는 것이다.

하지만 이러한 과정에서 충성의 대상은 크게 문제시되지 않고 있다. 이 노래는 이런 사건을 통해 동양과 서양은 서로 커다란 차이와 적대감을 갖는 집단이나 문화가 아니라는 결론을 말하고 있다. 다시 말하면 동양과 서양이 정치적 경계를 넘어 보편적이고 인간적인 유대가 가능하다는 메시지를 담고 있는 것이다. 특히 그것이 '영웅적' 만남일 경우에는 그렇다는 것이다. 우리는 여기에서 키플링이 동양과 서양이 만날 수 없다고 노래했다는 것의 문제점 못지않게, 만날 수 있다고 노래한 것에도 문제점이 있음을 알게 된다. 키플링의 진의는 동양과 서양이 일반적으로는 만날 수 없고, 영웅적 상황과 이해 속에 만나고 나아가 그러한 만남이 영국적인 것에 편입되기를 바라는 것에 있다.

문제는 여기에 머물지 않는다. 키플링이 이 노래를 쓸 무렵을 포함해 역사적으로 영국이 인도를 점령하고 다스리는 과정에서 이와 유사한 많은 이야기들이 전해져 오고 있었다. 여기에 등장하는 대령은 역사적 실제 인물인 워버튼 경Sir Robert Warburton을 모델로 한 것으로 알려져 있다. 그는 유명한 카이버 여단의 창설자였는데, 1842년 영국군이 아프간 점령 전쟁을 벌일 때 카불에서 포로가 되었었다. 하지만 그는 아프간 공주의 극적 개입으로 풀려나고 그녀와 결혼하였다. 이는 마치 초기 미국사에서 존 스미스John Smith 선장과 포카혼타스Pocahontas 얘기를 듣는 것 같다. 그렇다면 키플링의 시 〈동양과 서양의 노래〉 속 대령의 아들은 영국인 아버지와 아프간 어머니의 피를 이어받고 있는 셈이다. 이미 그 자신이 동양과 서양이 혼융할 수 없다는 것을 부정하는 살아있는 증거 즉 증인인 것이다. 키플링은 분명 이 역사적 사건을 이야기의 소재로 하고 있음에도 이를 다른 내용으로 가공하고 있다. 이러한 역사적 사실이 그에게는 적절한 이야기가 되지 못했고, 이에 따라 그가 택한 것은 일종의 자기 검열이었는지 모른다. 그런 만큼 〈동양과 서양의 노래〉의 내용과 주장은 이미 발생하고 현존하는 역사적 사실보다도 훨씬 후퇴한 것임을 알 수 있다. 이미 진개되고 있는 현실이 오히려 더 상상을 뛰어넘는 것이고, 이야기는 그보다는 더 뒤진 상태에 머물러 있는 것이다.

키플링의 시는 당대 인도에서 현실적으로 진행된 여러 역사적 과정을 세밀히 노래하기보다는 인도 주재 영국인들이 듣고자 하는 이상적 이야기였다는 것이다. 이것은 키플링이 사회 저변의 삶을 훨씬 '이념적으로' 노래하고 있다는 것이며, 일반의 정치적 무의식을 강화하고 있다는 것이다. 오웰George Orwell이 "아, 동양은 동양이고, 서양은 서양이니, 양자는 만나지 않으리라"는 이 구절을 리듬 있는 속담이 되었다고 지적하고 있는 바와 같이, 그것은 일반인들에게 반복되면서 자연스럽게 내면화되었다.

이와 같이 일반적 인식과 달리 〈동양과 서양의 노래〉는 분명 동양인과 서양인이 표면적인 차이에도 불구하고 어떤 보편적인 인간성을 공유하면서 자연적, 인종적 벽을 넘을 수 있다는 메시지를 담고 있다. 하지만 그것은 일정한 정치적 메시지를 분명히 하면서, 다양한 문화의 정당성을 인정하기보다는 오히려 영국적인 지배문화의 정당화로 귀착하고 있다. 이런 점에서 "동양과 서양은 영원히 만날 수 없을 것이다"라고 키플링이 노래했다는 일반의 오해는 오히려 올바른 이해라는 역설을 낳고 있다. 〈동양과 서양의 노래〉에서 키플링은 영웅적 인물과 신화적 사건을 만들어 내면서, 적대적 관계를 차이의 관계로, 그리고는 이를 다시 상통의 관계로 변환시켜 가는 탁월한 능력을 발휘하고 있다. 하지만 이것이 진정한 화해의 내러티브이기보다는 기존의 이분법적 지배 논리를 강화하고 있다는 아쉬움을 남긴다.

우리에게 키플링이라는 이름을 인지하게 한 또 다른 작품은 《정글 북》이다. 그가 이 작품을 쓸 수 있었던 것은 그의 아버지의 힘이 크다. 그의 아버지는 인도의 자연과 풍물에 대한 여러 관심을 《인도의 동물과 인간*Beast and Man in India*》(1891)에 담고 있는데, 《정글 북》은 상당 부분 여기에서 영감을 얻고 있다. 이 작품은 여러 가지 단편이 모인 두 권의 책으로, 이야기에 일관성이 있는 것은 아니다. 한때 우리에게 《늑대 소년》으로 번역된 적이 있지만, 늑대에게 발견되어 정글에 살면서 여러 모험을 즐기다 인간 세계로 다시 귀환하는 모글리를 둘러싼 이야기는 《정글 북》 1편과 2편의 일부 이야기에 지나지 않는다. 전체 이야기는 오히려 정글의 여러 동물들의 모험과 인간의 탐욕 등을 그리고 있다. 그런 만큼 그것은 어린이뿐만 아니라 어른들을 위한 이야기이고, 정글의 이야기이면서도 인간사회에 대한 이야기이다.

《정글 북》과 같은 이야기에 대한 흥미는 오랜 역사를 갖고 있다. 그 당대에 가깝게는 캐럴Lewis Carroll의 《이상한 나라의 앨리스*Alice's Adventures in Wonderland*》(1865)가 상당한 인기를 끌었고, 멀게는 로물루스와 로마의 건국설화나 이솝우화 등이 그 대표적 예이다. 이들과 같이 《정글 북》의 매력 또한 원초적인 자유 공간과 그 속에서 생성되는 삶에 대한 진솔한 충고가 우리의 욕구를 충족해 준다는 데서 찾아진다. 하지만 이 이야기에도 다른 차원의 함의가 있는 것도 사실이다.

우선, 이 이야기는 서양문학의 전통 가운데 하나인 교양소설敎養小說/Bildungsroman에 속한다. 교양소설은 젊은이의 성장을 통해 개인과 사회와의 관계를 다루면서 최종적으로는 젊은이의 사회화를 목표로 하는데, 《정글 북》의 경우도 예외는 아니다. 모글리 모티프의 마지막에서 모글리는 인간세계로 돌아오고 국가에 봉사하는 일을 하게 된다. 마크 트웨인Mark Twain의 《허클베리 핀의 모험*Adventures of Huckleberry Finn*》(1884)에서와 같이 자연세계에서의 훈육에 의해 한층 건실해진 젊은이가 사회에 복귀하는 모습을 보여 주고 있는 것이다. 물론, 모글리는 자연 속 삶의 서정적 분위기와 함께 동물과 인간의 경계가 그렇게 선명한 것이 아님을 보여 준다. 하지만 그 내면적 논리를 보면 모글리 모티프는 인간이 동물과 함께 하는 모습을 보여 주는 한편, 동물과 구별되는 모습 또한 강조하고 있다.

《정글 북》을 접하는 데 있어서도 몇 가지 역사적 고찰이 필요하다. 우선 '정글' jungle이라는 용어의 어원이 인도에 있다는 사실을 기억해야 한다. '정글'은 힌디어의 '장갈' jangal이라는 말에서 유래하여 영어에서는 18세기 후반부터 사용되기 시작하였다. 그 의미는 사막이나 불모지 혹은 황무지와 같이 거칠고 황폐한 지역을 가리키는 말이었다. 이러한 의미의 정글이 이국적인 동식물로 가득한 무시무시한 숲이라는 의미로 전환되는 것은 19세기 중반에 와서이다. 특히 19세기 후반과 20세기 초에 걸쳐 사회적 다윈이즘의 영향하에 정글은 폭력과 공포로 가득 찬 무법지대라는 이미지를 띠게 된다. 우리는 그 대표적 경우를 미국 작가 싱클레어Upton Sinclair의 소설 《정글*The Jungle*》(1906)에서 볼 수 있다.

용어 '정글'의 여정은 여기에서 끝나지 않는데, 그 우여곡절을 보여 주는 한 예가 '정글의 법칙' the law of the jungle이라는 용어이다. 여기에서도 키플링은 의도하지 않은 오해를 낳았다. 우리가 오늘날 일반적으로 아는 '정글의 법칙'은 그야말로 무한경쟁과 생존투쟁 그리고 약육강식의 세계를 정당화하는 논리이다. 하지만 키플링이 '정글의 법칙'이라는 용어를 처음으로 만들어 사용할 때는 다른 의미가 있었다. 《정글 북》의 초반에 모글리가 배운 정글에서의 행동 원리인 '정글의 법칙'은 우선 인간을 죽여서는 안 된다는 것이다. 그 이유는 한 명의 인간은 약한 존재이지만 집단적 보복을 불러올 수 있기 때문이라고 설명된다. 또한 《정글 북》 2권에서 더 상세히 이야기되는 '정글의 법칙'은 늑대들이 지켜야 할 법으로 그들의 힘은 집단에 있기 때문에 무엇보다도 단결이 필요하다는 것을 강조하는 규범이다. 이런 만큼 '정글의 법칙'은 아동들에게 집단의 단결과 같은 교훈을 설파하는 장치로 보이기도 하다.

이와 같이 인도의 황무지를 뜻하던 정글이 열대 우림의 이미지를 갖는 정글로 변하게 되는 과정에 문화적 오해와 왜곡이 있었다면, 키플링은 이를 시정하기보다는 오히려 이를 지속하고 더 강화하고 있다. '정글의 법칙'도 차이는 있지만 마찬가지이다. 《정글 북》의 전체적 내용으로 볼 때 그것은 어떻든 여러 동물이 나름의 타고난 본능에 의해 살아가는 모습을 보여 주면서, 이후 경쟁과 투쟁으로서의 삶을 일상화하는 논리로 전환하고 있다. 특히 모글리 즉 인간과 다른 동물들과는 어떻든 차이점을 갖는다는 결론을 내리면서, 이것이 인간 사이의 구별과 차별을 정당화하는 것으로 쉽게 전이되고 있다.

극단적으로 얘기하자면 모글리는 주변의 동물들을 식민화하는 식민적 지배기술을 시연하고 있으며, 그것이 원천적으로 자연스럽고 정당한 것이라는 논리가 전개되고 있다고 할 수 있다. 이러한 논리가 《정글 북》의 모든 것이라고 할 수는 없을 것이다. 하지만 《정글 북》은 다른 작가들이 쓴 유사한 배경과 주제를 갖는 많은 후속 작품들, 가령 대표적 경우로 버로우즈Edgar Rice Burroughs의 《타잔*Tarzan of the Apes*》(1914)에서 보이는 바와 같이 무의식적으로 식민적 상황을 정당화하는 문화적 기재의 전형적 틀을 제공하고 있는 것도 사실이다. 우리의 키플링에 대한 이해는 오히려 오해라고 해야 적당할 것 같다. 키플링에 대한 우리의 이해가 오해가 되지 않고 한층 적절한 이해가 되려면 상당한 정도의 면밀한 고찰을 요하고 있음을 알 수 있는 예들이다.

키플링의 가장 잘 알려진 장편소설 《킴》에서도 이제까지 살펴본 기조는 반복된다.《킴》의 주인공인 킴 오하라는 아일랜드계 부모에게서 태어났지만 일찍이 부모를 여읜다. 모글리가 인간이면서도 정글을 자유자재로 누비듯이, 고아 김은 백인이면서도 라호르를 누비며 인도인이나 다름없이 사란나. 이런 가운데 그는 성지를 찾아가는 티벳 라마승을 만나 남쪽으로 향하는 길을 나서게 된다. 킴이 어울리는 사람 가운데는 크레이튼Colonel Creighton이 있는데 그는 겉으로는 말 장수이지만 실제로는 영국군 정보 장교이다. 여행 도중 김은 신원이 밝혀지면서 현지 영국식민지 학교에서 교육을 받게 된다. 킴은 비록 자유는 없지만 이곳에서 3년 동안 교육을 받으면서 특히 크레이튼으로부터 소위 "위대한 게임"the Great Game으로 불리는 첩보 관련 훈련을 받는다. 학교를 마친 킴은 다시 거리의 소년으로 라마승의 수행에 동행한다. 하지만 이제 이 여행은 동시에 첩보 활동이기도 해, 킴은 인도 북부에서 암약하는 러시아 간첩들을 탐지하게 된다. 라마승은 자신의 강을 발견했다고 믿으면서 세상을 뜨고, 킴은 첩보 게임에서 큰 공훈을 세운다. 물론 이런 가운데 킴은 자신이 영국에 충성하는 만큼 인도의 식민화에 기여한다는 데 갈등도 느낀다. 하지만 그는 인도에 대한 깊은 애착 속에서도 끝내 영국의 정책과 문화를 택한다.

키플링이《킴》에서 이룬 문학적 성과는 상당한 것이다. 그때까지 유럽과 영국의 작가들이 인도를 이해하는 방식은 매우 피상적인 것이었다. 이에 비해 키플링의 인도에 대한 이해는 한 걸음 더 나아간 것임에 분명하다. 이제까지 유럽문학에서 인도는 많은 경우 극단적으로 환상적이거나 혹은 무질서한 공간으로 다루어져 왔다. 그러면서도 많은 작품의 주인공들은 그곳에서 부를 축적한 후 귀향하여 결혼을 하고자 하는 젊은이들이기도 했다. 다른 한편으로 그곳은 또 본국에서 문제가 있을 때 훌쩍 건너갈 수 있는 도피처이기도 했다. 샬럿 브론테의《제인 에어》에서 제인과의 결혼이 성사되지 못한 존St.

John Rivers이 인도로 선교 사업을 떠나는 것으로 처리되는 경우에서와 같이, 인도는 주인공들의 간편한 도피처이자 교착상태에 빠질 위기에 있는 이야기를 구제하는 방책이기도 했다.

이런 전례와 비교해 볼 때《킴》은 여러 가지 의의를 갖는다.《킴》의 의의 가운데 가장 중요하게 다가오는 것은 그것이 인도의 다양한 풍물을 그리고 있다는 것이다. 인도의 경치와 사회문화적 제도, 다양한 언어와 종교 그리고 미신들, 우리의 청각과 시각 그리고 후각을 자극하는 장면들이 그것이다. 이러한 배경적 묘사와 함께 주인공 킴은 동양과 서양의 이상적 결합체이자 그 실천자로 그려진다. 정확히 말하자면 오히려 영국인으로서의 모습이 덜 그려지고 있다고 할 수 있는 것이다. 킴은 영국적 전통 못지않게 인도적 전통 특히 라마승에게서 상당한 영향을 받는다. 이런 점에서 이 소설은 동서양 문물을 넘나드는 문화 속에서 성장해 나가는 젊은이를 그리고 있는 교양소설이라 할 수 있다.

이러한 긍정적 측면에도 불구하고, 애초부터 많은 사람들이 이 소설의 제국주의적 특성을 지적하여 왔다. 이들의 지적에서 보이듯, 이전 문학에서와 같이 여기에서도 동양 세계와 문화가 매우 이국적인 것으로 그려지면서 서양과 갖는 차이점이 인위적으로 강조되거나, 많은 경우 인도는 신비주의적 차원 혹은 이해할 수 없는 무질서의 세계로 그려진다. 그러면서도 이러한 무질서로서의 인도의 배면에 항상 영국적 행정과 군대 그리고 문화가 이성적 질서 부여자로서의 역할을 수행하며, 이를 통해 은연중 영국의 지배체제는 정당화되고 있다.

이 소설에서 인도의 풍물이 폭넓게 소개되는 것 또한 상당한 부정적 의미를 갖게 된다. 많은 소설의 경우 그 이야기가 전개되고 주인공이 활동하는 배경이 중요한 것이 사실이다. 하지만 궁극적으로 그것은 단지 배경 이상의 중요성을 갖지는 못한다.《킴》의 인도 또한 이러한 일반적 경향에서 예외는 아니지만, 그 함의에는 차이가 있다. 인도를 배경으로 하는《킴》의 경우 기실 인도인보다는 오히려 인도의 경치 그 자체가 더 중요하게 다뤄지고 있기 때문이다. 여기에서 인도는 도피처이자 다분히 본토에서는 불가능한 낭만적이고 일탈적 행동이 가능한 자유공간으로서의 매력을 갖는다.

이러한 일탈적 모험 공간으로서의 인도에서 킴은 주인공이자 지도자적 위치에 있다. 일면《킴》이 교양소설이라는 우리의 첫 판단과 달리, 주인공 킴은 첫머리부터 이미 다른 인도인들에 대해 지도자적 위치에 있다. 가령 킴과 라마승과의 관계를 자세히 들여다보면, 우리는 킴이 오히려 더 깨어 있고, 현실적이며, 그런 만큼 더 지도자적인 자세를 취하고 있음을 알 수 있다. 이런 의미에서 이 작품에 진정한 교양소설에서와 같은 갈등 특히 사회와 성장하는 개인 사이의 갈등관계가 존재하는지 또한 의심해 볼 수 있다. 여기에서 성장이 있다면 그것은 인도적인 것을 벗어나 영국적인 것을 회복하는 성장을 의미할 뿐이다.

사실 키플링이 인도를 배경으로 한 작품들을 쓸 무렵의 인도는 정치사회적 갈등이 매우 심화되어 가는 상황이었다. 그것은《킴》에서 그려지고 있는 것과 같이 영국과 러시아나 프랑스와의 관계가 아니라 인도와 영국과의 관계에서 발생하는 갈등이었다. 이 무렵은 1857-1858년의 소위 세포이 항쟁과 1885년 인도의 독립을 쟁취하기 위한 인도 국민의회의 성립 등으로 영국의 인도에 대한 제국주의적 지배체제가 많은 저항에 직면해 있는 시점이었다. 하지만《킴》을 비롯한 대부분의 저작에서 키플링은 현실적으로 엄존하고 눈에 띄는 갈등보다는 훨씬 목가적인 인도를 그리는 것에 만족하였다. 그의 작품에서의 인도는 갈등보다는 모험의 공간이었고, 가끔씩 수면 위로 부상하는 갈등에 대해서는 인도주의적 해결책만을 제안하는 것 이상으로 나아가고 있지 못하다. 이런 점이 어느 정도 그려지는 모습을 보기 위해서는 다음 세대인 포스터나 오웰의 등장을 기다려야 했다.

킴에게 인도는 "위대한 게임"을 위한 장소이다. "위대한 게임"이란 영국이 러시아의 남하정책을 막으려는 첩보전을 가리킨다. 킴은 이 게임을 성립시키고 여기에서 승리하는 주역이다. 그는 인도에 대한 지식을 최대한 활용하여 용감하고 지혜로운 대영제국의 젊은이로 성장하게 된 것이다. 킴의 인도에 대한 지식은 인류학자의 그것 이상이다. 첩보전에 있어 킴의 상관인 크레이튼이 군사 장교이자 인류학자로 등장하는 것은 결코 우연이 아니다. 콘래드의《암흑의 핵심》에 등장하는 커츠의 경우와 같이 크레이튼은 뛰어난 현지 인류학자이다. 인류학은 식민관료들이 주어진 임무를 효과적으로 수행하기 위해 필요한 지식이었다. 사실, 이것은 학문으로서의 인류학의 성립과 발전 과정 그리고 그 이념의 일부를 요약하고 있다. 크레이튼이 킴을 택해 훈련시키게 되는 것은 바로 킴의 인도에 대한 지식을 인류학적인 것으로 그리고 정치적인 것으로 전환시키기 위한 것이다.

《킴》에 내재된 정치사회적 의미가 분명해지는 한 예는 보이 스카우트Boy Scouts 운동과 관련해서이다. 역사적으로 볼 때 킴이 결정적 역할을 하는 "위대한 게임"은 바로 당대에 시작하는 보이 스카우트 운동과 긴밀히 연관되어 있다. 키플링의 절친한 친구였던 베이든 포우엘 경Lord Baden-Powell이 1907년에 시작한 이 청소년 단체는《정글 북》과《킴》에서 많은 영감을 받은 것으로 알려져 있다. 보이 스카우트는 단결심과 사명감이 가득한 젊은이를 길러 내고 이들을 국가에 대한 충성심으로 무장시키기 위한 훈육단체였다.

이런 점에서 킴의 정체성은 인도와 영국 문화의 혼융보다는 영국적 차원 속에 완성되며, 그것은 매우 정치적이고 군사적인 것으로 귀결한다. 킴의 행동 공간인 인도는 그를 통해 무질서의 세계에서 벗어나 질서의 공간이자 대영제국의 이상을 실현하는 공간으로서의 가능성을 가지게 된다. 여기에서 우리는 키플링이 인도에 대해 소위 따뜻하고 인도주의적인 시선을 갖고 있었지만 그가 시대적 이념의 한계를 벗어나지 못했음을 다시 한번 확인하게 된다.

IV. 평가

키플링은 초기 시에서 인도를 다음과 같이 노래한 적이 있다.

> 선사시대 인도의 찰흙을 주무르던
> 반 원숭이로부터
> 우리는 아주 조금 변했을 뿐
> 긴 시위를 당기던 그는
> 형제를 쓰러뜨렸지
> 우리가 오늘날 사람을 쓰러뜨리듯이 그렇게.
>
> We are very slightly changed
> From the semi-apes who ranged
> India's prehistoric clay ;
> He that drew the longest bow
> Ran his brother down, you know,
> As we run men down to-day.
> ("A General Summary," *Rudyard Kipling's Verse* 4)

인도는 키플링에게 많은 것을 의미했다. 그가 태어나고 자란 곳이기도 하고 그의 문학적 상상력을 배양한 곳이기도 하다. 인도는 그의 문학세계 형성에 있어 가장 결정적 요소였다. 이 시에서 보여 주고 있듯이 그에게 인도는 인류의 보편적 가치를 제시하는 데 기여한 훌륭한 기제였다. 그리고 이러한 보편적 가치에 대한 믿음은 다시 그의 인도에 대한 따뜻한 시선을 가능하게 하였다.

그러나 키플링은 이러한 보편적 가치가 시대적 논리와 이념의 틀 속에 있으며, 개인의 따뜻한 시선이 이를 넘어서는 것이 얼마나 지난한 것인가를 증거해 준 작가이기도 하다. 그는 시대적 검열이자 자기 검열을 넘어 자신의 경험에 대해 진솔한 판단을 할 수 있는 기회를 자주 갖지 못했다. 그는 분명 어떤 영국 작가보다도 더 행동적이었고 경험의 폭 또한 넓은 작가였다. 하지만 그의 경험 세계는 그 폭에 비해 다양성을 갖지는 못했다. 그가 일생에 걸쳐 겪은 것들을 새로운 틀과 시선으로 점검하지 못했다는 것은 그의 문학세계가 새로운 표현 양식을 추구하기보다는 주어진 기존 양식 속에 머물렀다는 것과 궤를 같이 하는 것 같다. 이런 점에서 그의 경험주의와 그 문학적 표현은 당대의 로렌스, 조이스, 울프 등과 차이를 보이며, 영문학 전통에서 가장 두드러지는 진정한 개인적 자유주의까지는 도달하지 못한 아쉬움을 남기고 있다.

■《영비 노벨문학상 수상 작가론》(2004)

제10장

식민주의와 영국적 경험주의—콘래드

I. 폴란드에서 영국으로

여러 나라 소설 가운데 영국 소설만이 갖는 호소력은 어디에 있을까? 물론 국가와 역사를 넘어서 문학이 갖는 보편적 호소력에 대해 익히 알고 있으므로, 이러한 질문은 불필요한 듯하다. 하지만 지나치게 일반화하지만 않는다면, 이런 질문에 대한 답이 어느 정도는 의미가 있을 것 같다. 문학의 의의가 당대의 독특한 사회적 조건을 충실하게 보여 주고 평가하는 것에만 있는 것은 아니지만, 세계의 여러 문학을 접할 경우 이런 부분에 대한 기대가 상당히 중요하게 작용하는 것도 사실이다. 콘래드의 소설은 국가성과 역사성 그리고 보편적 문학성 등에서 매우 복합적인 층위를 갖고 있어서 영국문학의 의미를 다시 한번 생각해 보는 계기가 될 수 있다.

일반적으로 조셉 콘래드Joseph Conrad(1857-1924)는 영국의 해양 작가로 알려져 있다. 하지만 그는 폴란드에서 요셉 테오도르 콘래드 나웬츠 코르제니옵스키로 태어났다. 17세 되던 해에 폴란드를 떠나 선원이 되었으며, 21세가 되어서야 영어를 배우기 시작해 29세에 영국으로 귀화했으며, 40세 가까이 되어서 전업 작가의 길을 택했다. 이런 경력으로 보아 자신이 영국 해양 작가라 명명되는 것에 대해서는 여러 가지로 착잡한 심정을 갖지 않을 수 없었을 것이다.

콘래드의 아버지는 폴란드 상류 지식인으로 당시 러시아 치하에서 폴란드의 독립을 위해 앞장선 민족 지사였다. 이러한 부친에 대해 그가 갖는 감정은 이중적인 것을 넘어 반발심이 더 강했던 것 같다. 어머니는 가족이 러시아에 유배되어 있는 동안 돌아가셨다. 그가 개인적인 삶을 매우 소중히 여기는 태도는 이러한 경험에서 비롯되었는지도 모른다. 아버지마저 어머니 뒤를 따르고 장례식이 폴란드 국장으로 치러지는 동안에도 정작 콘래드 자신은 별 감정이 없었다. 어린 시절의 그는 어떻게든 사회적 중압감이 있는 분위기에서 벗어나고자 했던건지, 지도를 펴고 크면 이곳저곳을 가겠노라 결심을 했다.

이런 환경에서 탈출하고자 선택한 길이 선원이었다. 프랑스를 거쳐 영국에 정착할 때까지의 생활은 불규칙하기만 했다. 어떻든 그는 선원으로서 아프리카의 여러 지역과 서인도제도 그리고 동남아시아에 이르기까지 여러 곳을 경험할 수 있었다. 결국 그는 영국을 택했고, 선장이 되기 위한 단계를 차근차근 밟아 갔다. 또 하나, 그가 택한 것은 범선이었다. 그러나 불행히도 그가 범선의 선장 자격을 취득하였을 때, 범선의 시대는 이미 기울고 있었다. 이 무렵부터 그는 글을 쓰기 시작했고, 이것이 인생 후반의 직업이 되었다.

II. 제국주의의 핵심

콘래드가 이런 젊은 시절을 거쳐 도달한 가장 뚜렷한 문학적 성과물이 《암흑의 핵심》이다.[1] 그는 실제로 1890년 작품의 배경인 콩고—당시 콩고는 벨기에의 식민지였으며 1960년에야 독립국가가 되었다—에 일 년여를 머물렀던 경험과 이러한 경험에 대한 나름대로의 정리, 그리고 영국에 대한 생각 등을 복합적으로 담아내면서 삶과 현실에 대한 그 나름의 견해를 제시하고 있다.

《암흑의 핵심》의 서술 구조는 조금 복잡하다. 전체 이야기를 이끌어 가는 화자가 있지만, 실질적으로 이 화자는 말로우Marlow라는 또 다른 화자가 말하는 바를 전달하는 역할에 머문다. 소설은 템스 강에 정박한 요트에서 동료들인 변호사, 회계사, 회사 사장과 말로우가 이야기를 나누는 장면으로 시작하지만, 말로우가 벨기에령 콩고에서 겪은 한 사건을 술회하는 것이 내용의 대부분을 차지한다.

말로우는 영국에서 일자리를 찾지 못해 벨기에로 건너가 숙모의 도움으로 아프리카 무역회사에 취업을 한 적이 있었다. 아프리카에 도착한 말로우가 발견하게 되는 것은 처참하게 피폐화된 대륙과 의미 없는 노동을 강요당하는 가운데 죽어가는 원주민들이다. 이런 와중에서도 주재소의 유럽인들은 아무렇지 않은 듯이 번듯한 하루하루를 지낸다. 말로우는 첫 주재소에서 회계 담당자를 통해 커츠Kurtz라는 인물에 대해 듣게 된다. 그는 내륙 주재소를 운영하는 사람으로 어느 누구보다도 많은 상아를 보내오는 유능한 인물

---

1 작품의 원제인 *Heart of Darkness*는 '암흑의 핵심,' '어둠의 심연,' '어둠의 핵심' 등으로 번역된다. 여기서는 '암흑의 핵심'을 택했고, 번역문은 조셉 콘래드, 《암흑의 핵심》, 이상옥 옮김, 민음사 세계문학전집 7(1998)을 따랐다.

이다. 말로우가 콩고 강을 따라 점차 내륙으로 들어가면서 만나는 주재소와 주재원들에게는 소위 제국주의의 공적 이념과는 거리가 멀게, 퇴락과 공허함, 탐욕과 부패, 그리고 서로 간의 경쟁심과 질시만이 가득하다. 말로우 일행이 강을 거슬러 올라가는 과정에서 배는 고장이 나고, 조그만 부품 하나 쉽게 조달되지 못해 몇 달은 허송세월할 수밖에 없었다. 그런데 사실 이것은 이곳 주재소장의 커츠에 대한 시기심이 개입한 결과이기도 했다.

이곳에서 그는 커츠에 대한 이야기를 또 전해 듣게 되는데, 여기에서도 커츠는 최고의 천재이자, 여러 가지 문화적 재능도 갖춘 사람이라고 이야기된다. 하지만 그는 최근에는 더 이상 상아를 내려 보내지 않으며, 소식도 끊긴 상태이다. 이런 과정 속에서 말로우는 커츠에 대해 호기심을 갖게 되고, 점차 설명할 수 없는 동료의식 속에 그에게 매료되는 자신을 발견하게 된다.

마침내 배의 수리가 끝나고 커츠를 향해 강을 거슬러 올라가는 과정에서, 일행은 원주민의 공격을 받는다. 이들이 커츠의 본거지에 도착했을 때, 그가 거처하는 곳 주변은 원주민의 머리로 보이는 것들로 장식되어 있었다. 여기서 말로우는 러시아 출신의 커츠 신봉자를 통해 원주민들이 오히려 커츠를 머물게 하고자 배를 공격했음을 알게 된다.

이윽고 대면하게 된 커츠는 이미 쇠약해질 대로 쇠약해진 상태였고, 옆에는 원주민 여자가 부인인 양 시중을 들고 있었다. 한밤중에 커츠는 도망하려고 시도하지만, 결국 일행이 그를 배에 태우고 강을 따라 내려가기 시작한다. 하지만 그의 병세는 계속 악화되고, 말로우에게 서류와 편지 묶음과 함께 여자 사진 하나를 보관해 달라고 부탁한다. 커츠는 죽어 가면서 "무서워라! 무서워라!"라는 말을 남긴다. 다음 날 커츠는 뭍에 묻힌다.

유럽으로 돌아온 말로우는 '야만적 풍습의 억제를 위한 협회'에 커츠의 보고서—"모든 야만인들을 몰살하라!"는 절규가 담긴 보고서—를 전하고, 그의 약혼녀를 만나 편지 묶음과 그녀의 사진을 건넨다. 커츠의 마지막 말을 묻는 그녀에게 말로우는 그녀의 이름이었노라고 전한다. 말로우가 이 모든 이야기를 끝내자 템스 강은 끝없는 암흑의 핵심과 닿아 있는 것처럼 보인다.

모더니즘 시대의 특징 가운데 하나가 인간 자의식의 발전이었다면, 이 시기는 문학 작품 역시 이러한 자의식을 심화해 간 시대였다고 할 수 있다. 콘래드의 말로우는 단순히 작가를 대신하여 사건의 전개를 서술하는 기능주의적 인물을 넘어선다. 그는 사건의 전개를 전해 줄 뿐 아니라 사건에 대한 섬세한 관찰 속에서 나름대로의 의견을 피력하고 있다. 독자는 이렇게 말로우의 내면세계를 알게 되며, 이러한 과정 속에서 독자의 시선은 주인공보다는 이를 전해 주고 평가하는 말로우, 특히 그의 의식세계와 도덕적 판단에 주목하게 되고, 순차적으로 독자는 그의 이러한 경험과 판단을 다시 평가하게 된다. 말로우는 소설 속의 논리를 정연하게 하고 경험 대상을 외부세계가 아닌 인간의 내면세계로 전환하게 하는 중요한 가교 역할을 담당하게 된다.

《암흑의 핵심》이 형식적인 면에서만 모더니즘의 대표적 작품인 것은 아니다. 모더니즘의 한 특징은 바로 모던한 삶이 보여 주는 피곤함일 것이다.《암흑의 핵심》 역시 예외는 아니다. 보다 정확히 말하자면 이 작품은 여타 모더니즘 작품보다는 시대적으로 앞서면서 이러한 의식을 한층 선명하게 보여 준다. 여기에는 특히 문명의 진보에 대한 의구심, 인간의 의식과 인식이 과연 정확한 것인가 하는 회의 등이 포함되어 있다. 물론 이 작품이 모더니즘이라는 하나의 잣대에 의해서만 재단될 수는 없다. 모순적이라고 할 수 있는 여러 요소들이 혼융되어 있는 양상을 콘래드 문학의 한 특징으로 들 수 있는데, 이를 웅변하고 있는 대표적인 작품이 바로《암흑의 핵심》이다. 다시 말해서 여기에는 모더니즘의 주요 요소와 함께, 모더니즘 이전 시대의 기조라 할 수 있는 낭만적 개인과 인상주의적 스타일 또한 매우 중요한 역할을 담당하고 있다. 특히 여기에서의 낭만적 개인은 콘래드 작품에 자주 등장하는 영웅적 개인의 모습을 띤다. 이러한 과정 속에서 콘래드의 문학은 진보적인 메시지가 보수적인 짜임 속에 들어 있는 복합적이고 모순적 양상을 보여준다.

우리 문학에도 큰 영향을 주었던 영미와 유럽의 모더니즘 작품에서 느끼는 아쉬움은 그것들이 상당 부분 자국自國의 문제에 국한되어 있거나, 자국 이외의 사정에 대한 내용을 담고 있는 경우에도 분명하기보다는 내면적 함의에 머무는 경우가 많다는 것이다. 그것은 유럽 열강의 식민주의와 제국주의적 행태가 어쩌면 너무나 당연한 것이어서 소설의 소재가 될 수 있는 신기한 내용이 되지 못했으며, 그것은 오직 소설의 보이지 않는 하부 구조로만 존재했기 때문인지도 모른다.

이 작품이 모더니즘에서 벗어나 있다고 한다면 특히 그것이 유럽의 제국주의를 비판하고 있다는 데서 그 이유를 찾을 수 있을 것이다. 말로우는 커츠에게서 단지 벨기에만이 아니라 영국과 프랑스의 피가 흐른다고 말한다.

> 커츠는 원래 교육의 일부를 영국에서 받았거든. 그래서 자기 스스로 말한 대로, 그의 공감력도 올바로 발휘되고 있었다는 거야. 그의 모친에게는 영국인의 피가 절반 섞여 있었고, 부친에게는 프랑스인의 피가 절반 섞여 있었어. 말하자면 커츠라는 사람을 만들어 내는 데에 온 유럽이 기여한 셈이지. (112)

> The original Kurtz had been educated partly in England, and—as he was good enough to say himself—his sympathies were in the right

place. His mother was half-English, his father was half-French. All Europe contributed to the making of Kurtz. (50)

이런 점에서 말로우는 커츠의 프로젝트 역시 단지 벨기에의 정책보다는 유럽인의 이념과 사고에 기반한 식민정책에 기인한 것임을 지적한다.

그리고 이러한 이념은 매우 거창한 논리인 듯이 보이지만, 사실은 단지 피부색이나 코 높이의 차이에 기반하고 있다. 이러한 바탕 위에서 행해지는 약탈행위를 그럴듯하게 변호하고 위장하는 방책이 바로 계몽주의, 식민주의, 제국주의 같은 이념이다. 게다가 식민주의자들은 이렇게 한번 설립된 이념을 의심하거나 재검토하지 않고 무조건적인 복종을 강요하며 하나의 집단 우상으로 격상시킨다. 이런 점에서 말로우가 내비치는 의구심은 매우 의미심장하다.

이 세계의 정복이라고 하는 것이 대부분 우리들과는 피부색이 다르고 우리보다 코가 약간 낮은 사람들을 상대로 자행하는 약탈행위가 아닌가. 그러므로 그 행위를 곰곰이 들여다보면 아름다운 것이 못 된다구. 이 불미스런 행위를 변호해 주는 것은 이념밖에 없어요. 그 행위 이면에 숨은 이념이지. 감상적인 구실이 아니라 이념이라야 해. 그리고 그 이념에 대한 사심 없는 믿음이 있어야지. 이 이념이야말로 우리가 설정해 놓고 그 앞에서 절을 하며 제물祭物을 바칠 수 있는 무엇이거든… (15-16)

The conquest of the earth, which mostly means the taking it away from those who have a different complexion or slightly flatter noses than ourselves, is not a pretty thing when you look into it too much. What redeems it is the idea only. An idea at the back of it; not a sentimental pretence but an idea; and an unselfish belief in the idea—something you can set up, and bow down before, and offer a sacrifice to… (10)

그러나 말로우 자신은 이런 류의 편견에서 완전히 벗어난 예외적 존재였을까? 반드시 그런 것 같지는 않다. 그는 "그 강의 상류 쪽으로 올라가는 일은 마치 이 세상이 처음 시작되던 시대로 되돌아가는 것 같았다"고 술회한다. 그에게 아프리카로의 여행은 지리적 이동일 뿐 아니라 시간적 이동을 의미했다. 사실 이러한 인식이 그만의 것은 물론 아니었다. 서구 인류학이 태동하는 계기도 오지의 종족이 서구인의 원시시대 모습을 보여 준다는 전제에서 찾아진다. 말로우가 이 같은 인류학적 대상인 아프리카 원주민에 대한 동류同類의식에서 느끼는 것은 두려움이다.

> 내게 가장 괴로웠던 건 그들 또한 비인간적이지는 않다고 하는 바로 그 생각이었어. 그런 생각은 서서히 떠오르는 법이지. 그들은 소리 지르며 깡충깡충 뛰거나 제자리에서 빙빙 돌거나 하면서 무시무시한 표정을 지었어. 그러나 그 광경을 바라보던 우리를 몸서리치게 한 것은 그들 또한 우리들처럼 인간이라는 생각, 그리고 그 야성적이고 열정적인 소동이 우리와는 먼 친족 관계가 있을지도 모른다는 생각이었어. (82)

> Well, you know, that was the worst of it—this suspicion of their not being inhuman. It would come slowly to one. They howled, and leaped, and spun, and made horrid faces; but what thrilled you was just the thought of their humanity—like yours—the thought of your remote kinship with this wild and passionate uproar. (37-38)

이 두려움은 바로 자신과 이들 원주민이 똑같은 사람이라는 데서 오는 두려움이다. 우리는 여기에서 말로우가 보여 주는 어떤 편견과 한계를 접하게 된다.

이야기를 끌어가는 말로우와 작가 콘래드의 목소리가 서로 중첩되어 있다는 것 즉 말로우가 작가 콘래드의 대변인으로 여겨질 수 있는 만큼 앞의 관찰은 여러 가지 논의점을 남기게 된다. 이 점에 대해 우리는 우선 콘래드와 말로우 사이의 불일치를 매우 의도적이자 문학적으로 계산된 것으로 이해하거나, 아니면 반대로 둘 사이의 거리감보다는 일체감을 더 가깝게 느끼고 이것이 콘래드 자신의 시대적 한계성을 노정하는 것으로 이해할 수 있다. 전자를 택하게 된다면 콘래드 작품이 정교하게 고안된 문학적 구축물로 평가되는 반면에, 후자를 택하게 된다면 콘래드가 자신의 의견을 더욱 확대해서 자유자재로 표명하기 위한 방편으로 말로우라는 장치를 채택한 것으로 생각할 수 있다. 이 두 가지 해석 모두 어느 정도 한계를 갖는다.

콘래드와 말로우 사이의 괴리가 문학성을 높이기 위한 기술적 선택이었다는 관점을 택한다 해도, 둘의 목소리는 확연히 분리되기에는 너무 많은 부분에서 닮아 있다. 예를 들면 앞에서 언급한 바와 같이 어린 시절의 콘래드가 지도를 보면서 폴란드를 벗어나 세계를 돌아보고 싶다는 생각을 했다는 이야기는 작품에서도 그대로 그려진다. 말로우는 자신의 어린 시절에 대해 이렇게 회상한다.

> 꼬마 시절에 나는 열정적으로 지도를 보는 취미를 가지고 있었거든. 여러 시간 동안 남아메리카니 아프리카니 또는 호주니 하는 지역을 살펴보면서 그곳을 탐험한 모든 사람들의 영광스러운 이야기에 몰두하곤 했었어. 그 당시만 해도 이 지구상에는 많은 빈 공간이 있었다구. 지도에 그려진 모든 지역이 다 유혹적으로 보이기는 했지만, 특별히 유혹적인 지역을 보게 될 때마다 그 지역에 손가락을 대고 "내가 크면 이곳에 가 보아야지"라고 말하곤 했었다네. (17)

> Now when I was a little chap I had a passion for maps. I would look for hours at South America, or Africa, or Australia, and lose myself in all the glories of exploration. At that time there were many blank spaces on the earth, and when I saw one that looked particularly inviting on a map (but they all look that) I would put my finger on it and say: When I grow up I will go there. (11)

콘래드는 말로우를 통해 월씬 극적으로 자신의 목소리를 내고 또 자신을 대신하는 하나의 주인공으로 그를 제시할 수 있는 기회를 얻게 된 것이 아닐까? 그리고 말로우가 말하고 평가하는 바에 대해 우리가 일정한 비판점을 찾는 과정에서 콘래드 스스로도 젊은 날의 자신을 재평가하고자 한 것이 아닐까? 이 작품에서의 콘래드와 말로우의 관계는 이 두 가지 해석 사이의 어느 지점에 있다고 할 수 있다. 어떻든 콘래드는 어떤 경우 말로우에게 자신의 감정과 의견을 싣고, 또 다른 어떤 경우 그로부터 비판적인 거리를 두는 것으로 느껴진다.

콘래드는 말로우를 통해 이전이나 당대의 작가들이 의외로 주의를 기울이지 않았던 사실과 이에 대한 인상을 자세히 전해 준다. 이러한 사실성은 "각각 목에 쇠테가 둘러져 있었고 그 모두가 쇠줄로 연결되어 있었는데, 그들 사이에 고리들이 율동적으로 흔들리며 쨍그랑거리고 있었딘" 원주민의 모습에서부터 "눈을 감은 채 말라서 오그라들었고 마치 그 기둥 꼭대기에서 잠이 든 머리처럼 보였던" 말뚝 위의 머리들에 이르기까지 구사되고 있다. 콘래드 이전이나 당대의 영국 작가들은 영국제국의 정책과 경험을 낭만적으로 그리거나, 감추거나 혹은 당연시했고, 이러한 범주를 벗어난 경우에도 매우 한정적이었다. 이들과 달리 콘래드, 특히 《암흑의 핵심》에서의 콘래드는 유럽이 계몽의 프로젝트로 정당화한 제국주의가 자행한 참상을 가장 충격적으로 그리고 있다.

말로우는 자신이 만난 주재원 가운데 한 사람이 풀을 먹인 하이갈라에 눈처럼 하얀 바지를 입고, 반짝이는 구두에 가르마를 타고 기름을 칠한 머리카락에 귀에는 펜대를 꽂고 있었다고 말한다. 참담한 주변 세계와는 어울리지 않는 복장과 사고 방식으로 행동하는 이런 이들은 어떤 이념의 깃발을 앞세울 수 없는 오합지졸에 지나지 않는다.

> 그 헌신적인 무리는 자칭 엘도라도 탐험대라 했는데, 단원들은 비밀을 지키겠노라고 서약을 하고 있었던가 봐. 그러나 주고받는 말을 듣건대 그들은 추잡한 해적들 같았으며, 모두들 배짱도 없이 무모하기만 했고, 대담함이 없이 탐욕스럽기만 했으며, 용기는 없이 잔인하기만 했었어. 그 집단의 어느 구석을 들여다보아도 선견지명이라든가 진지한 의도라고는 한 점도 찾아볼 수 없었으며, 이 세상의 일을 위해서는 바로 그런 것들이 필요하다는 것조차 그들은 인식하지 못하고 있는 듯했어. (69)
>
> This devoted band called itself the Eldorado Exploring Expedition, and I believe they were sworn to secrecy. Their talk, however, was the talk of sordid buccaneers. It was reckless without hardihood, greedy without audacity, and cruel without courage. There was not an atom of foresight or of serious intention in the whole batch of them, and they did not seem aware these things are wanted for the work of the world. (32)

말로우는 커츠의 행위, 특히 그가 무수한 원주민을 참수해 그 머리를 걸어두는 행위가 갖는 의미를 이렇게 정리하고 있다.

나는 여기서 회사의 상거래 비밀을 폭로하고 싶지는 않아. 사실 나중에 지배인은 커츠씨의 방법이 그 일대의 상거래를 망쳤다고 하더군. 그 점에 대해서 나는 아무런 의견도 없어. 다만 그 말뚝 위에다 사람의 머리를 얹어 둔다고 해서 딱히 무슨 이익이 될 수는 없었을 것이라는 점을 자네들이 분명히 이해해 주길 바랄 뿐이야. 그 머리들은 커츠씨가 자기의 여러 가지 욕구를 충족시킴에 있어서 자제력을 결하고 있었으며, 그에게는 무엇인가 결핍되어 있음을 보여 주고 있을 뿐이었지. 그에게는 무엇인가 사소한 것이 결핍되어 있었는데, 절박한 필요성이 대두될 때 그것은 그의 그 화려한 달변에도 불구하고 아무데서도 찾아볼 수 없었어. 그가 그 결핍을 알고 있었는지 나로서는 말할 수 없다구. (131-132)

I am not disclosing any trade secrets. In fact the manager said afterwards that Mr. Kurtz's methods had ruined the district. I have no opinion on that point, but I want you clearly to understand that there was nothing exactly profitable in these heads being there. They only showed that Mr. Kurtz lacked restraint in the gratification of his various lusts, that there was something wanting in him—some small matter which, when the pressing need arose, could not be found under his magnificent eloquence. Whether he knew of this deficiency himself I can't say. (57)

말로우 이야기 가운데 콘래드는 이 모든 것들을 요약할 수 있는 촌철살인寸鐵殺人적인 에피소드 하나를 적고 있다. 그것은 주재소에 불이 나 모든 사람이 달려들어 진화하려는 과정에서 보여 준 한 주재원의 행태이다. 그 "콧수염을 한 건장한 사내는 손에 양동이를 들고 강으로 뛰어 내려오더니 모든 사람들이 '훌륭하게, 훌륭하게 행동하고 있다'고 내게 다짐한 후에 1리터도 되지 않는 물을 떠서는 왔던 길을 황급히 달려가는 것이었네. 그런데 보니까 그의 양동이에는 구멍이 나 있더군." 커츠로 대변되는 유럽의 제국주의자들은 아프리카에 걷잡을 수 없는 불을 붙이고는, 그 소모적인 프로젝트를 계속했던 것이다.

콘래드가 과연 말로우의 경험, 그리고 상당한 한계를 보여 주는 그의 도덕적 판단으로부터 비판적 거리를 갖고 있는가는 계속 문제시되어 왔다. 콘래드의 이 작품이 유럽 열강의 제국주의적 행태를 비판하는 것으로만 볼 수 없는 측면이 있다는 점에서 특히 그렇다. 가령 여기에는 아프리카 원주민들의 생각이 전혀 반영되지 않고 그저 하나의 배경이 되어 있을 뿐이며, 나이지리아의 작가 아체베Chinua Achebe가 콘래드를 인종 차별적인 작가로 신랄하게 비판하는 이유도 여기에서 찾아진다. 물론 이러한 비판에도 불구하고 콘래드 문학의 의의를 말하는 작가들도 있다. 대표적인 경우가 서인도 출신의 해리스Wilson Harris와 같은 경우인데, 그에 따르면 콘래드 문학은 언어를 통해 언어 너머의 것을 상상할 수 있도록 하는 상징적 기표로 충만한 문학이다. 말하자면 그의 문학이 당대 상황에 대해 언어로 가능한 가장 묵시론적인 메시지를 전달하고 있다는 변호인 셈이다.

III. 윤리의 핵심

당대 현실을 전달하고 판단하는 방식, 즉 리얼리즘의 관점을 넘어선 차원에서《암흑의 핵심》의 문학적 의의는 어떻게 평가해야 할 것인가? 다시 말하면, 말로우가 커츠라는 제국주의의 패륜아를 통해 전달하고자 한 또 다른 차원의 문학적 메시지는 무엇일까? 말로우는 커츠에게 호기심을 갖는 것에서 시작하여 그에게 일종의 동료의식을 느낀 점 또한 부인하지 않는다. 이를 어떻게 설명할 수 있으며 그 의미는 무엇일까? 이것에 대답하기 위해서 우리는 말로우의 경험이 갖는 내면적인 의미를 점검해 볼 필요가 있다.

말로우에게 커츠는 소문으로 다가왔다. 그것은 처음엔 여러 사람의 목소리를 통해서 들려왔고, 마지막엔 죽어 가는 커츠의 어렴풋한 목소리로 다가왔다. 커츠가 전하는 것은 어떤 뚜렷한 주장이기보다는 아프리카의 오지에서 오랜 시간을 보낸 어렴풋하면서도 분명한 목소리 그 자체였고, 그것은 가장 적나라한 인간 내면의 목소리였다. 그 목소리는 무한 권력을 통해 윤리적 제약이 없어진 상황에서 인간이 어떤 일을 저지를 수 있고 그에 대해 최종적으로 어떤 느낌을 가질 수 있는지를 알려 주는 극단적 경계로부터, 심연으로부터 들려오는 것이었다. 말로우는 여기에 다가가 이를 경험해 보려는 충동과 거기로부터 탈출하고자 하는 두려움을 동시에 느낀다. 특히 그가 커츠에 끌리는 것은 일면 상당히 높은 수준의 학식과 의지를 갖춘 인물인 동시에 인간의 도덕적 나락 역시 직접 경험한 인물이라는 점 때문이다. 말로우가 만난 커츠는 마지막 순간에도 "나의 약혼녀, 나의 주재소, 내 필생의 과업, 나의 이념"을 되뇌었다.

말로우가 의심하고 캐내고자 한 것은 이러한 경험 뒤에 남는 의미, 즉 '표면 뒤의 실체' 혹은 '내면의 진실'이다. 말로우는 이를 다음과 같이 정리한다.

> 인생이라는 건 우스운 것, 어떤 부질없는 목적을 위해 무자비한 논리를 불가사의하게 배열해 놓은 게 인생이라고. 우리가 인생에서 희망할 수 있는 최선의 것은 우리 자아에 대한 약간의 앎이지. 그런데 그 앎은 너무 늦게 찾아와서 결국은 지울 수 없는 회한悔恨이나 거두어들이게 되는 거야. (159)

> Destiny. My destiny! Droll thing life is—that mysterious arrangement of merciless logic for a futile purpose. The most you can hope from it is some knowledge of yourself—that comes too late—a crop of unextinguishable regrets. (69)

커츠를 통해 말로우가 얻은 것은 인간의 생각과 나름대로의 이상이 현실세계에 투영되는 과정에서 나타나는 파괴적 양상에 대한 자각이다. 커츠는 아프리카를 하나의 백지로 여기면서 여기에 자신의 신념을 마음대로 펼치며 강화해 나간 경우라고 할 수 있다. 그것은 그 자체로 악마적이라거나 인간 내면에 이미 존재하는 악마성이 현재화하는 경우라기보다는, 윤리적 기율이 무너진 곳에서 실체를 갖게 되는 악마성이라 할 수 있다. 말로우는 이러한 극단적 상황과 거기에서 얻어지는 진실을 확인하고자 하는 스스로의 욕망에 끌리면서도 두려움을 느낀 것이었다.

흔히 영국인의 철학적 기조와 삶에 대한 태도를 경험주의라 칭한다. 경험주의란 대륙의 합리론 혹은 관념론 즉 이성 우선주의와는 달리, 개인의 경험에 의해 형성된 법칙에 현실과 가치 판단의 기준을 두는 경우를 말한다. 콘래드의 문학과 영국적인 경험주의의 관계는 어떠한 것일까? 콘래드는 자신을 "영국의 불손한 입양아"라 표현한 적이 있다. 일차적으로는 그가 경험세계의 표피성을 부정하고 내면의 진실을 탐구하려고 한다는 점에서 경험주의와 일정한 거리를 갖는다고 할 수 있을지 모른다. 하지만 말로우는 세계와 현실의 경험은 인간 내면의 진실을 드러내는 필수적인 계기이며, 이를 통해 우리의 인식과 윤리 체계는 새로운 틀을 갖게 된다는 것을 보여 주고 있다. 이런 의미에서 콘래드의 문학은 이상주의적이거나 관념적이기보다는 훨씬 더 경험주의적인 기조 위에 있다는 것을 알 수 있다. 이것은 그가 영국을 택하고 영어로 글을 쓴 영국 작가로서 갖는 면모 가운데 하나일 것이다.

■《동서양문학고전산책》(2005)

제11장
제국 공간에서의 자유주의— 오웰

I. 1930년대의 정치적 작가

조지 오웰George Orwell(1903-1950)을 가까이 했던 한 친구는 그를 "손수건 산업에 대해 설교하지 않고서는 코를 풀 수 없는 사람"이라고 평하였다. 이 말은 현실 문제에 대해 부단히 관심을 기울이고 이를 최대한 근본적 차원에서부터 생각하려 했던 작가 오웰을 요약하고 있다. 영문학에 있어서 오웰은 모더니즘 시대 이후에 위치한다. 모더니즘의 전성기를 주로 1920년대까지라고 한다면, 오웰은 1930년대로부터 자리매김된다. 그의 시대는 모더니즘 시대에는 단지 징후로 느껴졌던 것들이 현실화된 시기였다고 할 수 있다. 1930년대는 영국 나아가 유럽의 정치적, 지적 헤게모니의 위기가 현실로 다가오고 있던 시대였고, 오웰은 이러한 상황 속에서 행동하는 자유주의적 지성으로서 철저히 현실 속에서 행동하고 글을 쓰는 작가의 모습을 보여 주었다.

오웰은 1903년 인도의 벵골 지역에 위치한 모히타리Mohitari에서 에릭 블레어Eric Arthur Blair로 태어났다. 그가 조지 오웰이라는 필명을 택한 것은 노동자 계급과의 유대감을 나타내기 위한 것으로 보인다. 그의 아버지는 인도에서 일하는 공무원이었고, 오웰에 따르면 가족의 지위는 '중산층 가운데 하층민'이었다. 태어난 다음 해에 어머니는 그와 함께 영국으로 건너왔다. 그는 불평불만 속에서도 공립학교에서 우수한 성적을 얻어 이튼교Eton College에 입학하였다. 하지만 일반의 기대와 달리 옥스퍼드나 케임브리지 같은 유수의 대학에는 진학하지 않고, 버마로 건너가 하급 경찰로 5년여 동안(1922-1927) 근무하였다. 이후 런던과 파리 등을 오가며 하층민의 생활을 관찰하고 또 직접 경험하였다. 이러한 경험들이 그의 첫 작품들인 《파리와 런던의 구석에서*Down and Out in Paris and London*》(1933)와 《버마에서의 나날들*Burmese Days*》(1934)로 출판되면서 본격적인 작가의 길로 들어섰다. 전자가 관찰과 경험의 기록이라면, 후자는 한층 허구적 틀 속에 이러한 경험을 엮어 놓고 있다. 이후, 현실의 진솔한 기록과 허구적 재현은 오웰의 저작 활동의 기본적 틀이 되었다. 이러한 틀은 영국 탄광지대로의 여행과 스페인 내전에 참여한 경험을 각각 기록하고 있는 《위건 부두로의 길*The Road to Wigan Pier*》(1936)과 《카탈로니아 찬가*Homage to Catalonia*》(1938), 그리고 여기에서의 교훈을 우화와 허구 속에 담아내고 있는 《동물 농장*Animal Farm*》(1945)과 《1984년*Nineteen Eighty- Four*》(1949)에도 적용된다고 할 수 있다.

오웰은 자유롭게 생각하고 행동하는 개인이었지만, 극단적인 개인주의자 혹은 회의주의자는 아니었다. 그의 현실 지향성은 하층민과 피억압자에 대한 관심과 함께 이러한 억압적 이데올로기에 대해 몸소 저항하는 것으로 구체화되고 있다. 그에게 어린 시절 예비학교와 이튼에서의 경험은 후일 추억거리일 수는 있어도 너무나 고통스러운 것이었다. 이러한 상황에 대한 탈출구로서의 해외 경찰직 또한 그의 양심에 오히려 부담으로 다가왔다. 젊은 시절의 이러한 경험 속에서 그는 개인의 바람직한 삶을 방해하는 생각과 제도를 고발하는 자세를 키우게 되었고, 이것이 그를 산문 작가와 소설가 사이에 위치하도록 하였다.

그는 작가가 글을 쓰는 이유를 명예욕과 같은 순진한 이기심, 어떤 미적 만족감, 역사적 기록에의 충동, 그리고 정치적 동기 등으로 요약한 적이 있다. 그 자신으로서는 글을 쓰는 데 있어 마지막의 정치적 동기가 훨씬 강하게 작용했다고 술회한다. 그는 '정치적'이라는 것은 "세계를 특정 방향으로 향하게 하고, 어떤 것이 바람직한 사회인가에 대한 다른 사람들의 생각을 바꾸려는 욕망이다. 어떠한 책도 정치적 편견으로부터 자유롭지 못하다. 예술은 정치와는 무관해야 한다는 의견 그 자체도 정치적인 태도이다"라고 설명한다(〈왜 쓰는가Why I Write〉, 392-393). 또한 같은 곳에서 그는 자신의 정치적 작가로서의 여정을 다음과 같이 요약한다. "평화로운 시대였다면 나는 수사적이거나 단지 기록적인 글을 쓸 수 있었을 것이고, 나의 정치적 신념을 거의 의식하지 못했을 수 있다. 하지만 나는 일종의 시사 논객이 되도록 강요받았다. 나는 불안정한 직업(버마 주둔 인도 제국경찰)으로 처음 5년을 보냈고, 이후 가난과 좌절을 겪었다. 이것은 자연스럽게 나에게 권위를 증오하도록 하였으며, 처음으로 노동자 계급의 존재를 충분히 인식시켰고, 특히 버마에서의 직업은 제국주의의 성격에 대해 어느 정도 이해하게끔 하였다. 하지만 이러한 경험들은 나에게 어떤 정확한 정치적 경향을 갖도록 하기에는 미흡하였다. 이후 히틀러의 등장, 스페인 내전 등이 있었다." 여기에서 볼 수 있듯, 오웰의 정치적 여정은 영국 내 노동자 계급과 버마 식민지 사업 그리고 유럽 내전과 독재체제 등에 걸쳐 있는데, 이러한 개인적이고 역사적인 과정이 그로 하여금 산문 작가와 소설가 사이의 어느 곳에 머물도록 하였다.

그의 초기 단편과 소설은 실제 경험과 개인적 문제를 직접적 목소리로 담고 있다. 그런 만큼 그의 초기 소설의 내용과 모습은 우선 산문적 세계와 서술에 머물면서 동시에 이러한 틀 속에서는 표현하지 못하는 자신의 내면을 표현하고자 하는 갈망의 산물로 이해된다. 초기의 식민지 소설, 후기의 우화적 소설, 그리고 그 사이에 위치한 많은 개인적이고도 정치적인 산문 등 세 단계 혹은 그룹을 잇는 논리 역시 이와 같은 상상적 표현과 현실적 개입 사이의 여정이라고 할 수 있다.

II. 식민지에서의 자유주의자

오웰의 식민지 경험을 담아내고 있는 대표적 단편은 〈교수형A Hanging〉(1931)과 〈코끼리를 쏘다Shooting an Elephant〉(1936)이다. 역사적으로 영국은 버마와 1824년 첫 전쟁을 치른 이후, 1886년의 3차 전쟁을 기점으로 이 지역을 인도의 한 부속지방으로 귀속시켰다. 오웰이 버마에 도착한 1922년은 1차 세계대전이 종식되고 또 영국의 지배력이 쇠퇴해 가는 한편, 버마의 민족 의식이 커나가고 있던 시점이었다.

이 무렵의 이야기를 담고 있는 〈교수형〉의 화자는 하급 간수이다. 한 힌두교도의 처형을 그리고 있는 이 이야기는 화자가 보게 되는 몇 가지 에피소드를 통해 비참한 감옥 환경, 사형수의 인간적 면모, 그리고 식민지 치안 담당자들의 비인간적 행태를 적나라하게 보여 준다. 갇힌 주인을 못 잊어 주위를 맴도는 개, 형장으로 가는 도중에도 물웅덩이를 피하는 사형수, 사형을 일상의 업무로 여기고 떠들어대는 관리 등이 작은 공간 속에 동시에 그려진다. 여기서 사형수가 어떤 죄를 지었고, 어떤 배경을 갖고 있는지는 전혀 제시되지 않는다. 오웰이 보여 주고자 하는 것은 바로 식민관료 체제하에서 주변세계에 대해 비인간적이고 무감각한 폭력을 행사하는 집단의 모습이다. 물론 여기에는 단지 식민 사업에 관여하는 영국인만이 있는 것이 아니다. 오웰은 이러한 부류에 기생하고 또 이를 적극 지원하는 원주민 관료들도 그리고 있다. 프란시스Francis라는 영어 이름의 버마인 간수장은 서툰 영어를 뽐내며 영국인 나리들과 어울리려고 한다. 이들과 말을 나누는 가운데 그는 사형집행이 이루어진 다음 의사들이 시신의 다리를 잡아당겨 죽음을 확인한다고 전한다. 여기에서 그가 사용한 영어인 "다리를 잡아 당긴다"to pull one's leg(13)라는 표현은 사람을 '희롱한다'라는 또 다른 의미를 갖고 있다. 그가 이런 '깊은' 의미를 모른 채 영어를 자랑스레 사용하자, 먼발치에 시신을 두고 영국인 관료들이 한바탕 웃어대는 것으로 이야기는 끝난다.

이 이야기에서의 긴장감은 식민 상황이 빚어내는 산혹함이 아무런 흥분이나 동요 없이 짧은 에피소드 안에 집약됨으로써 만들어진다. 피식민 문화에 대해 무지한 영국인 관료에게 사형수의 종교적 주문은 단지 소음에 지나지 않는다. 오웰은 이 이야기의 화자로부터 객관적 거리를 유지하면서 그의 사고와 행동방식에 대해 일정한 가치판단을 하고 있다. 이러한 화자와 오웰 자신의 거리의 정도는 오웰 문학의 성과이지만, 다른 작품에서와 같이 이러한 거리감이 없어진 경우에 대해서도 한층 신중한 논의가 필요하다.

이 이야기와 가장 긴밀히 연관 지어 읽을 수 있는 〈코끼리를 쏘다〉에서 화자는 이제 자신의 내면세계, 특히 식민과 제국주의적 상황에 대한 판단을 보여 주는 내면세계를 기술하고 있다. 발정이 나서 우리를 탈출한 코끼리를 쏠 수밖에 없었던 상황을 묘사하는 이 이야기는 이러한 사건의 경과에 대한 객관적 묘사에 못지않게 상황에 대처하는 화자의 내면세계를 보여 줌으로써 긴장감을 유발한다. 백인 식민 하급경찰에 대한 버마 원주민들의 비아냥거림과 원주민보다 코끼리를 더 소중히 여겨야 한다는 식민관료들의 모습 모두는 오히려 이야기의 배경에 머문다. 어떻든 코끼리를 죽이리라고 예상하고서 그 고기를 노리는 원주민을 뒤에 둔 화자가 이제는 안정을 찾아 한가로이 풀을 뜯는 코끼리에게 총을 겨누고 있는 모습은 식민체제 속의 영국인을 보여주는 가장 적절한 이미지가 되고 있다. 이러한 상황에서 깨닫는 것은 "백인이 독재자가 될 때에 그가 파괴하는 것은 자기 자신의 자유라는 사실"이다. 여기에서 주인공인 화자는 단지 이러한 체제에서 주어진 기대—식민자와 피식민자 모두에게 제국 경찰은 폭력적이라는 일반 인식—속에 하나의 꼭두각시같이 자동적으로 코끼리를 쏠 수밖에 없고, 이러한 상황에 대한 화자의 감회가 이 이야기의 주된 메시지를 이룬다.

이 이야기에서 오웰은 자신이 목도한 제국주의의 실상과 이에 대한 자신의 견해를 소설 형식에 담는 시도를 하고 있다. 이러한 시도의 의의와 한계는 이 이야기에 이미 배태되어 있다고 할 수 있는데, 이것은 그의 초기 장편 소설《버마에서의 나날들》에서 더욱 분명해진다. 버마 북부의 카이욱타다Kyauktada는 소설의 배경이자, 버마 그리고 대영제국의 축소판이다. 여기에는 법원과 감옥, 병원과 철도, 개발사업자들과 장비들, 그리고 영국인만의 클럽 등이 있고, 이를 둘러싼 원주민들의 갈등과 계략이 있다. 이야기의 주인공 플로리Flory는 이곳에서 15년여를 근무한 목재상이다. 그는 자신이 속한 영국인들에게 심한 환멸을 느끼면서 지역의 유지 가운데 한 사람인 의사 베라스와미Veraswami와 가깝게 지내고, 원주민 여성과 동거도 한다. 소설은 버마의 현실을 보여 주는 동시에 이곳 영국인들의 아집과 원주민들의 암투를 그리지만, 플로리가 버마에 새로 도착한 엘리자베스Elizabeth의 사랑을 얻지 못하고 자살하고 마는 것이 큰 줄거리이다. 이야기의 전개 과정에서 적나라하게 드러나는 것은 역시 영국인들의 피식민인에 대한 무지와 폭력이고, 다른 한편으로 이러한 상황에 대한 주인공 플로리의 충분한 이해와 동정심 그리고 그가 감추고지 하는 좌절감과 부끄러운 사생활이다.

플로리가 자신의 주변 상황을 관찰하고 또 평가할 수 있는 것은 그가 공식적으로 속한 집단으로부터 소외당하고 또 스스로 거리를 두고 있는 영국인이라는 위치에 있기 때문이다. 작품의 첫 부분에서 플로리는 베라스와미와의 대화에서 자신의 견해를 직설적으로 표명한다. 플로리와 베라스와미는 대영제국이 "늙어 가는 여자 환자"라는 사실에 동의한다. 하지만 이러한 상황 판단 가운데서도, 베라스와미는 오히려 영국이 식민 사업을 통해 버마와 인도에서 성취한 업적을 높이 평가해야 한다고 강조한다. 반면 플로리는 "대영제국은 영국인이—더 정확히는 유대인과 스코틀랜드 무리들이—교역을 독점하도록 하는 장치일 뿐"이라고 주장한다. 베라스와미가 주장하는 "영국의 지배에 의한 평화"Pax Britannica는 그에게 "영국의 지배에 의한 천연두"Pox Britannica에 불과할 뿐이다.

앞서 플로리는 베라스와미와의 대화에서도 인도가 이미 18세기에 유럽에 버금가는 총포를 만들었지만, 이제 영국이 인도를 150년 동안이나 지배한 지금은 탄약통 하나 만들지 못하게 되었다는 언급을 하고 있다. 그는 버마의 역사와 문화를 이해하고 정을 주며 이곳을 자신의 고국으로 여기면서, 식민주의가 버마의 민족문화를 망가뜨리고 있다고 개탄한다. 가령 "우리는 버마를 문명화하는 것이 아니라 그들에게 우리의 오물을 집어넣고 있다"는 말을 서슴지 않는다. 엘리자베스가 그와 외출을 나갔을 때 버마 인의 '검은' 피부에 혐오감을 느낀다고 말하자, 그는 "곧 이들의 '갈색' 피부에 익숙해질 것입니다. 사실 모두들 이곳에서 몇 년을 보내면 갈색 피부가 백색 피부보다 오히려 더 자연스럽게 보인다고 말하게 되고, 나 역시 그렇습니다. 결론적으로는 갈색이 더 자연스럽다는 것입니다. 전 세계적 차원에서 보면 백색이라는 것이 극단적인 것입니다"라고 엘리자베스를 충고한다.

플로리가 버마를 이해하는 방식은 개인주의적이며 또 문화 상대주의적이라고 정리될 수 있고, 이것은 제국주의에 대한 오웰의 견해의 근간을 이루고 있는 것으로 보인다. 특히 플로리가 버마에 대한 영국의 식민주의를 못마땅하게 생각하는 논리의 근저에는 개인주의적, 자유주의적 태도가 있다. 그는 다음과 같이 자신의 입장을 분명히 하고 있다. "나는 버마 사람들이 우리를 몰아내기를 바라는 것은 아니다. 절대 그런 일은 없어야 한다! 다른 이들과 마찬가지로 나는 이곳에 돈을 벌기 위해 왔다. 내가 반대하는 것은 간교하게 백인의 책임 운운하는 짓이다. 나리로 행세하는 고자세이다. 그 짓은 이제 지겹다." 결국 그가 혐오하는 것은 지나치게 국가주의적인 사고 속에 함몰되어 자신의 행동을 정당화하고 또 자동화하는 대영제국의 하급 경영자들이다. 그가 무엇보다도 소중히 여기는 것은 개인적 사유와 행위의 자유이다. 하지만 "이곳은 모든 말과 생각이 검열받는 곳이다. 영국에서는 이러한 분위기를 상상하기도 힘들다. 영국에서는 모두가 자유롭고, 공적으로는 우리의 영혼을 팔지만 친구들 사이에서는 우리의 영혼을 되찾는다. 그러나 모든 백인들이 독재체제의 바퀴의 한 부품이 되어 있는 마당에는 우정마저도 존재하기 힘들다. 자유로운 의견을 가진 개인은 생각할 수 없다."

플로리가 영국 혹은 영국적인 전통 자체를 부정하고 있는 것은 아니다. 앞의 인용에서도 분명해지듯이 그가 생각하는 영국의 전통이 엉뚱한 곳에 와서 수난을 받고 있다는 것이 그의 논리이다. 이러한 영국의 전통을 체현하고 있는—더 정확히는 그럴 것으로 오해되는—등장인물이 엘리자베스이다. 그의 척박한 삶에 "엘리자베스의 존재는 그의 마음의 전 궤도를 바꾸어 놓았다. 그녀는 그에게 영국의—저열한 인종을 교화시키는 관리 짓거리를 평생하도록 저주받지 않은, 생각이 자유로운 영국의—공기를 되돌려 주었다." 그에게 그녀는 점잖게 영국적으로 생각하고 행동하는 것을 되새기게 해 주고 가능하게 한 존재였다.

그의 내면에 자리하고 있는 것은 영국과 버마와의 정치 문화적 관계에 대한 불편함과 부당한 느낌보다는, 여기에서는 영국적인 것이 통용되지 않고 더 나아가 이를 대변하는 것으로 여겨진 엘리자베스가 그를 인정하지 않는 데서 오는 실망과 좌절감이다. 그가 이러한 집단적 문제를 해결하는 방식은 지극히 개인적이며, 이에 따라 집단적 문제는 개인적 차원으로 치환된다. 이것은 식민의 문제에 대한 그의 대도에도 적용된다. 플로리는 개인주의와 자유주의를 그가 생각하는 영국성과 배치되기보다는 영국성의 핵심으로 이해하면서, 이를 통해 모든 문제를 해석하고 자신의 행동을 수행한다. 전체적으로 이 소설은 분명 오웰의 초기 작품이고 그만큼 젊은 시절의 생각을 담고 있음을 부정할 수 없다. 오웰이 젊은 시절 비록 반제국주의적이었으나, 이러한 상황에서의 개인의 역할에 대해서 아직은 낭만주의적인 태도 이상을 취하고 있다고 보기 힘들다. 카인U Po Kyin과 같은 원주민 실력자의 내밀한 선동에 의한 반란 그리고 그 스스로가 이를 진압함으로써 또다시 힘 있는 권력자로 부상한다는 후반의 줄거리는 오웰의 생각의 단면을 보여 준다. 제국주의라는 국가적인 폭력에 대해 정연한 정치 문화적 견해를 산출하기보다는, 그것이 식민지에서 단지 세련된 영국적 전통이 기능하지 못하는 가운데 발생하는 것으로 여기거나, 이를 개인의 차원에서 인지하고 해석하고 있는 것은 식민과 탈식민의 문제에 대한 진지한 생각이나 실천이라고는 할 수 없다.

오웰 자신과 플로리와의 관계는 여러 가지 시사점을 갖는다. 우선 오웰은 플로리라는 가상의 인물을 통해 자신의 생각을 한층 자유롭게 표현할 수 있었다. 그런 만큼 그것은 또 리얼리스트 혹은 다큐멘터리 작가로서의 오웰이 자신의 삶과 생각을 보다 자유자재로 표현하는 장치이기도 했다. 하지만 이에 대한 대가가 없는 것이 아니다. 그는 자신과 플로리를 일치시킴으로써 그의 가장 큰 장점일 수 있는 현실세계에 대한 관찰이나 의견보다는 개인의 내면적 내러티브를 산출해 내는 데 치중하고 있다. 즉 오웰 자신이 제국주의 혹은 사회현실에 대해 체계적으로 천착된 비판하기보다는 개인주의적이고 자유주의적인 한계를 벗어나지 못하고 있다는 것이다. 그는 자신의 분신이라고 할 수 있는 플로리라는 인물을 자살로 귀착시킴으로써 제국주의에 대해 자신이 느끼고 경험한 바를 씻어 내고 있는 것이 아닌가 하는 판단이 가능한 이유가 여기에 있다.

III. 전체주의, 사회주의, 그리고 문학

《버마에서의 나날들》 이후 오웰은 유럽에서의 경험을 산문에 담는 데 몰두하였다. 이러한 산문은 그가 몸소 체험한 것을 알리고 적극적으로 현실 문제에 참여하기 위한 방식이었다. 그는 이전 소설에서보다는 자신의 책임 있는 목소리를 담은 산문에서 훨씬 양심적으로 편한 느낌을 가졌고, 한층 직접적인 효과에 의해 고무될 수 있었다.《위건 부두로 가는 길》(1937)에서는 비참한 영국 탄광노동자들의 삶을,《카탈로니아 찬가》와 《사자와 일각수*The Lion and the Unicorn*》(1941)에서는 스페인 내전과 영국사회주의 운동에서 느낀 전체주의와 현실 사회주의에 대한 환멸을 기술하고 있다.

오웰과 사회주의와의 관계는 매우 미묘하다. 우리는 자유주의자로서의 그에게서는 사회주의에 대한 근본적 거리감을 느낄 수 있는 한편, 사회적 약자에 대한 책임감에서는 강한 사회주의자로서의 면모를 느낄 수 있다. 개인의 개별적 역량을 강조하는 자유주의는 사회구조가 개인적 역량을 보장하고 이를 제고하는 데 우선적으로 기여하여야 하며, 이에 따른 개인적 자유의 확대만이 사회 제반문제를 근본적으로 해결할 수 있다고 믿는다. 오웰의 자유주의는 지극히 전체주의화된 사회주의로서의 공산주의 그리고 이와 유사한 독재체제 모두에 저항하는, 그의 용어를 빌면, "민주적 사회주의"라 불릴 수 있다. 이것은 제국주의에 대한 오웰의 거부에서도 동일하게 확인된 것이었는데, 다른 점은 이 시기의 오웰은 보다 직접적 목소리로 자신의 견해를 드러내고 있다는 것이다. 물론 이 시기에 저술된 산문의 화자가 항상 진솔한 오웰이라고만은 볼 수 없다. 어느 정도 오웰은 이러한 글에 있어서 언술의 화자를 적나라한 자신이기보다는 일정한 등장인물persona로서 배치하고 있는 경우도 있다. 이것으로 우리는 이 시기 오웰의 문제의식과 그 표현 방식이 그의 이전과 이후 시기로부터 완전히 단절되었다기보다는 내면적으로 일정한 연계성을 유지하고 있다는 것을 확인할 수 있다.

오웰이 이러한 산문의 과정을 거쳐 그의 저작 가운데 가장 널리 알려진 소설《동물 농장》을 쓰게 된 것은 당연한 순서인 것으로 보인다. 여기에서 그는 현실에 대한 직접적 메시지를 우회적 방식으로 표현하는 제3의 단계에 접어들었다고 할 수 있다. 그가 전체주의적 사고에 대한 비판적 시각을 더욱 확고히 한 계기는 그의 스페인 내전에서의 경험에서 찾아진다.《동물 농장》은 전체주의 가운데 특히 스탈린적 공산주의 체제에 대한 비판이지만, 이러한 비판의 사정권에는 전체주의에 대한 영국 내 좌파의 불분명한 태도 역시 들어 있다. 그에게 파시스트와 좌파 모두는 일반인의 삶의 질을 높이기보다는 권력을 장악하고 유지하는 것을 목적으로 하는 집단으로 여겨졌다. 어떻든 《동물 농장》에서 사회주의 운동의 주동자들을 동물로 설정한 것 자체가 당대 사회주의 현실에 대한 그의 혐오를 무엇보다도 선명하게 보여 주고 있다.

《동물 농장》의 형식은 영문학의 특기 가운데 하나인 풍자satire와 우화allegory를 결합하고 있다. 이것은 오웰이 "자신이 하고 있는 일에 대해 충분히 인식하면서 정치적 목적과 예술적 목적을 하나로 융합하려고 노력한 첫 번째 책"이 택한 형식으로서, 현실과 거리를 유지하면서 자신의 주장을 자유롭게 표현할 수 있는 정치적 형식이었다. 인간 존스Jones의 농장에서 메이저 노인Old Major의 유지를 받든 나폴레옹Napoleon, 스노우볼Snowball, 그리고 스퀼러Squealer 등이 동물 평등을 기치로 일으킨 혁명과, 이후 벌어지는 권력 다툼과 그 남용, 일인 독재, 노동 착취 등을 거쳐 마침내 혁명이 불평등한 원점으로 되돌아온다는 이야기에서 당대 공산주의의 현실과 일치하는 점이 너무나 많다. 전체적으로 마르크스와 마르크스주의 논쟁사, 러시아 10월 혁명과 경제개발계획 등을 거쳐 비인간화, 관료화, 전체주의화하면서 스스로의 논리와 인민을 배반하는 러시아 혁명의 추이가 여기에 고스란히 반영되어 있다. 여기에는 일대일의 대칭적 짝짓기가 수없이 지적될 수 있는데 가장 분명하게는 존스-러시아 황제 니콜라스 2세, 메이저-마르크스, 나폴레옹-스탈린, 스노우볼-트로츠키, 복서-노동자 계급, 스퀼러-프라우다 신문, 그리고 개-비밀경찰 등이 그 대표적 예이다. 하지만 이러한 대응에도 불구하고 이들은 우화적 분위기 속에서 어떤 특정한 시대가 아니라 인류 역사 가운데 잠복되어 반복되고 있는 징후로 읽힌다.

오웰이 누구나 알 수 있는 이러한 역사적 대응 관계를 설정하여 러시아식 공산주의를 비판하게 된 이유는 그가 원래 추상적 이념과 이상을 수상히 여기는 가운데서도 사회주의에 대해서만은 상당한 애착을 갖고 있었기 때문인 것으로 해석된다. 그는 〈고래 안에서Inside the Whale〉(1940)라는 글에서 "1935년의 세계에서 정치적으로 무관심하다는 것은 불가능했다"고 술회한다. 이해는 스페인 내전에서 그가 몸 바쳤던 공화주의나 사회주의 이념이 파시즘 혹은 공산주의로 변질되는 것을 지켜본 해였다. 그러면서도 그는 "파시즘이 직면해야 할 유일하고도 힘 있는 적은 사회주의"라고 정리하고 있다. 이런 점에 있어서 한편으로 그의 사회주의는 개인주의적이고, 감정적이며, 기질적인 수준에 머문다고 할 수 있다. 그는 "감정적으로 나는 분명 '좌익'이다. 그러나 나는 작가가 당의 소속으로부터 자유로울 때 비로소 정직할 수 있다고 믿었다"고 설명한다. 그가 과학적이고도 조직적인 사회주의에 반감을 갖거나 대립하고 또 이들 진영으로부터 비난받아 온 이유가 여기에 있다. 이러한 오웰에 대해 그의 전기 작가인 셸던Michael Sheldon은 "그는 복잡한 인간사가 단순한 이념을 받아들일 수 없으며, 사회주의 지지자들이 이념을 중대한 책임으로 느끼게 된다면 사회주의의 미래엔 희망이 거의 없다고 보았다"(293)고 평가한다.

오웰에 대한 이러한 평가는 그를 지나치게 자유주의적 개인주의자로 치부하는 것일 수 있다. 그것은 그에게 현실에 대한 이해와 참여에의 욕망 또한 부정할 수 없이 항상 병존하고 있었다는 것을 간과하기 때문이다. 그는 "소련의 신화가 서양의 사회주의 운동에 끼친 부정적 영향"에 맞서 싸우고 싶었다. 그는 개인주의적 도피나 좌절을 택하기보다는 영국의 사회주의가 소련을 모방하지 않고 성공할 수 있다는 의지를 버리지 않았던 것이다. 작가가 사회와 역사에 대해 일정한 의무감은 가져야 한다는 그의 생각은 여러 곳에서 확인된다. 가령 그는 파시즘에 대한 예이츠W. B. Yeats와 파운드Ezra Pound의 영합을 질책하면서도 동시에 "이들은 영국이 약 한 세기 동안 빠져 있었던 편협한 문화적 환경을 벗어나 역사의식을 복원하도록 했다"고 평가한다. 그는 전 시대의 위대한 모더니스트 작가들, 가령 엘리엇과 조이스를 자신의 본보기로 삼으면서도 이들처럼 될 수 없다는 것을 받아들였다. 왜냐하면 문학에 있어서 이들의 혁신은 훌륭했지만, 이들에겐 그가 추구하고자 하는 강한 사회의식이 결여되어 있다고 생각해서이다.

《동물 농장》의 형식은 그가 자신의 사회의식과 문학에의 의지 모두를 고양시킬 수 있는 방식이었다. 이솝 우화 이래 지속된 형식인 풍자와 우화 속에 다루어진 당대 현실은 특정한 역사적 순간을 넘어 인간의 보편사로 고양될 수 있었다. 이러한 문학 형식은 현실과 거리를 두고, 주어진 역사성을 넘어서면서도 또 항상 어느 역사적 순간과 경우에도 함의를 갖는 형식이다. 이러한 형식을 통해 오웰이 경고하는 것은 1940년대라는 시대에서만이 아니라 역사의 매 순간마다 대중이 깨어 있어 지도자를 감시하고 비판할 때에만 건강한 사회가 지속된다는 것이다. 이 작품에서 독재자들이 대중을 동원하고 기만하는 방식의 대표적 사례는 언어의 오용인데, 가령 혁명은 "두 발로 걷는 자는 적, 네 발로 걷는 자는 동료"라는 구호로 요약된다. 하지만 이내 이 구호는 "네 발은 좋지만, 두 발은 더 좋다" 그리고는 끝내 "모든 동물은 평등하다. 그러나 어떤 동물은 더욱 평등하다"는 구호로 귀착하면서 사회적 불평등을 정당화한다. 스탈린—그는 자신의 유명한 언어론을 제안한 바도 있다—치하의 정치적 선전의 경우에서 보는 바와 같이 언어가 주어진 현실에 대한 비판 수단으로 작용하지 못할 때 전체주의의 득세가 가능하였다. 오웰이 여기에서 채택한 풍자와 우화는 현실 비판에 일정한 문학적 차원을 부여하면서, 그 자체로 높은 단계의 언어능력을 예증하고 있다.

《동물 농장》의 성공은 그것이 다루는 문제뿐만 아니라, 2차 대전이 마무리되면서 스탈린의 소련이 영미의 동맹국이기보다는 냉전체제에서의 새로운 적대국이 된 상황에 기인한 바 크다. 이후 전체주의화하는 정치와 문화에 대한 오웰의 경고는 한층 본격적인 디스토피아 소설로 이어진다. 오웰의 《1984년》은 혁명의 배반 혹은 배반당한 혁명을 다룬다는 점에서 《동물 농장》과 맥을 같이 하지만, 그 비전에 있어서 더욱 암울하고 그만큼 전체주의에 대해 한층 신랄한 비판을 담고 있다.

이 소설이 씌어진 1948년의 마지막 두 숫자가 자리를 바꾼 1984년의 오세아니아Oceania는 외부적으로는 제국주의적 전쟁과 내부적으로는 전체주의적 통제가 극에 달한 미래이다. 외직으로는 유라시아Eurasia 그리고 동아시아Eastasia와 항상 전쟁 상태에 있다는 긴장감, 내적으로는 소위 '민중의 적' 골드스타인Goldstein으로 대변되는 반동세력의 준동에 대한 증오심, 텔레스크린에 의한 사생활의 감시 등을 동원한 대형大兄/Big Brother은 모든 이들의 삶과 욕망이 자신의 독단적인 정치적 목표와 일치하도록 강제한다. 이러한 분위기와 조건 속에 이야기의 줄거리는 윈스턴Winston Smith과 줄리아Julia의 사랑과 애정행각을 다루고 있다. 이들의 위험한 로맨스는 결국 대형에 대한 사랑으로 대체되는 끔찍한 상황을 맞게 된다. 윈스턴은 끝내 "자신과의 투쟁에서 승리를 얻었다. 그는 대형을 사랑했다"는 믿음에 (강제적으로) 도달한다.

오웰이 이 작품을 구상하게 된 직접적 계기는 1940년부터 1943년까지 BBC에서 일한 경험에서 찾아진다. 하지만 이외에도 그가 이제까지 경험해 온 스페인 내전, 소련의 공산주의, 히틀러의 파시즘, 그리고 영국 노동자들의 실상과 영국 사회주의의 퇴락 등도 여기에 크게 영향을 주고 있다. 오세아니아를 지배하고 있는 유일 정당인 영사英社/INGSOC[English Socialism]는 기실 우파적 전체주의라 할 수 있는 파시즘과 좌파적 전체주의라 할 수 있는 공산주의 모두를 표현하고 있다.

오웰이 전체주의적 통제에서 문제 삼는 것은 단지 외부의 물리적인 압력과 조작에 의해서보다는 여러 가지 문화적, 정신적 조작에 의해 다른 생각과 논리를 차단하고, 나아가 보다 적극적으로 진실을 위조해 나가는 제도들이다. 사상경찰Thought Police과 진리성Ministry of Truth으로 대변되는 생각의 조작 과정은 개인의 자유로운 생각과 사생활 그리고 본능적 활동을 뿌리 뽑고자 한다. 결국 전체주의 기재의 핵심이자 동시에 이를 전복할 수 있는 핵심으로 그가 주목하는 것은 문화의 영역 특히 인간 의식의 영역이다. 오웰은 윈스턴의 입을 통해 "인민이 의식이 있을 때까지 반란은 없을 것이며, 반란이 있은 이후가 아니면 의식을 가질 수 없다"고 말한다.

이러한 의식은 어디에서 나오는 것인가? 그것의 중요한 원천은 역사의식과 개인적 상상력으로 요약될 수 있다. "역사는 승자에 의해 쓰여진다"(*As I Please* 88). 이것은 오웰이 역사의 주체와 대상에 대해 요약하고 있는 말이다. 기실 윈스턴이 소속된 기록국Record Department은 과거 그리고 현실과의 단절과 이들의 재창조를 전담하고 있는데, 기록국이 진리성에 속해 있다는 것은 그 임무와 의미를 분명하게 한다. 이들은 인민의 일반 역사에서의 단절 못지않게 개인의 개인사로부터의 단절 또한 강화한다. 윈스턴은 가족의 행방을 모르는 등 자신의 과거로부터 소외된 그야말로 단자적 존재이다. 그가 일기를 쓰기 시작하는 것은 바로 개인적 역사를 복원하고 또 남기기 위해서이다.《로빈슨 크루소》의 일기에서 보이듯 이와 같이 쓰는 행위 특히 나름대로 하루하루의 삶을 기록하고 보관하는 것이 개인의 주체 형성과 유지에 주는 힘은 매우 크다.

나아가 역사적 기록과 현실 앞에서 개인이 나름대로의 해석과 상상력에 의해 주체적 경계를 형성하고 유지하는 것, 즉 독자적 해석과 상상을 하는 것의 중요성은 줄리아가 속한 창작국Fiction Department의 기능에서 분명해진다. 이러한 역사와 상상력의 문제는 특히 언어 문제와 가장 깊게 연관되어 제시된다.

오웰이 이 작품의 부록이라는 형식까지 동원해 설명하고 있는 '신어'Newspeak는 우리의 사유와 문화에서 언어가 갖는 중요성을 가장 단적으로 설명한다. 오세아니아 체제는 유일한 공식 사전의 개정판을 계속 내면서 그 수록 어휘 수를 줄여 간다. 이에 따르면 '나쁘다'bad는 '좋다'good의 반대 개념에 지나지 않으므로 이제 '안 좋다'ungood로 표현되고, 비교급에 있어서도 '더 좋다'plusgood 혹은 '더더욱 좋다'doubleplusgood면 족하다. 한 걸음 더 나아가 많은 개념어들이 구체적이지 않다는 이유로 금지된다. 더 이상 '명예'honour, '정의'justice, '도덕'morality, 그리고 '민주주의'democracy라는 단어는 찾아볼 수 없다. 이제껏 여러 가지 의미를 갖고 있던 단어의 경우 그 의미는 매우 한정적으로만 사용된다. '자유롭다'와 무엇이 '없다'는 의미의 'free'는 이제 전자의 의미를 갖지 않고, 오직 '이 개는 이가 없다'This dog is free from lice에서와 같이 무엇이 없다는 의미로만 사용된다. 그런 만큼 이곳에서 '다시 한번 생각한다'doublethink는 의미는 불가능하고, 명백히 모순된 사고를 아무런 저항 없이 그저 받아들인다는 의미의 '이중사고'doublethink만이 가능해진다. 이러한 상황에서 "전쟁은 평화, 자유는 구속, 무지는 힘"이라는 구호가 반복적으로 강조되면서 자연스럽게 생활화된다. 복잡하고 다양한 어휘를 단순한 논리에 의해 줄여 나감으로써, 효율적 사회통제와 사고방식의 단순화가 가능한 체제를 완성해 내는 것이다.

오웰은 영어, 나아가 언어에 대해 여러 글을 남기고 있는데, 그 가운데 하나에서 "언어는 시인과 노동자의 공동 창작품이어야 하지만, 오늘날 영국에서는 이 두 계급이 만나기 어렵다"(《영국인*The English People*》, 1947)고 적고 있다. 그의 언어관은 어떤 추상적이거나 초월적 가치의 차원보다는 현실을 올바로 전할 수 있는 능력을 갖는 매개로서의 차원을 중시하는 것에 기초하고 있다. "희망이 있다면 노동자 계층뿐이다"라는 윈스턴의 선언은 이의 연장선에서 이해되어야 한다. 《1984년》에서의 노동자Proles[Proletariats]는 단지 비참한 현실에 적응하고 있는 부류에 머무는 듯하면서도 윈스턴이 유일하게 자신의 개인적 일을 처리하기 위해 방문하는 집단이다. 하지만 그는 이렇게 노동의 근본적 건전성에 대한 믿음에서 노동자들을 긍정적으로 여기면서도, 다른 한편으로 아직 깨어나지 못한 즉 의식화되지 못한 그들에 대해 아쉬움을 느끼고 있는 것도 사실이다. 그들은 나름대로의 개별성을 키우고 현실에 대해 비판적 사고와 행동을 하는 것까지는 미치지 못하고 있다. 이러한 상황 속에서 윈스턴이 줄리아와 은밀한 사랑을 키워 나가는 것은 한층 값지고도 용감한 실천으로 보인다.

이 소설은 어느 정도 로맨스 전통을 이어받고 있다. 중세의 이야기에서와 마찬가지로 어둡고 암울한 분위기에서의 남녀의 사랑과 성은 본능의 영역이자 동시에 개인의 영역으로 작용하면서 사적인 자유와 삶을 추구하는 거점으로 기능한다. 그런 만큼 이들의 사랑은 개인적 행위이자 노 폭넓은 사회적 함의를 갖는 행위인데, 이들이 처한 사회는 이러한 본능을 가장 중요한 통제 대상으로 삼는다. 한편으로 윈스턴과 줄리아를 통해 오웰은 통제적 사회와 이에 대한 원초적 반항의 면모를 끌어내고 있는 데는 성공하였지만, 이로써 그가 성해방과 같은 차원을 주장하고 있는 것은 아니다. 그는 성의 문제를 상당히 한정된 사회적 의미의 차원에서 접근하고 있다. 이런 점에서 오웰의 자유주의는 여성에 대한 평등한 시각까지는 미치지 못하고 있다는 평가를 받을 수 있다.

우리는 윈스턴의 성姓이 스미스Smith임을 알고 있는 반면, 줄리아Julia의 성은 알지 못한다. 성적 욕망에 있어 윈스턴과 달리 줄리아는 무척 성애 그 자체에 몰두하고 있는 것으로 그려진다. 이런 점에 있어서 그녀가 더욱 삶의 생기가 충만한 건강한 모습을 보여 주는 것으로 생각할 수 있지만, 동시에 그녀는 사회적이거나 철학적 의미 탐구에까지는 미치지 못하는 존재로 머물고 있다. 더구나 그녀가 비밀경찰의 압력과 고문에 쉽게 굴복하고 마는 상황은 그녀의 이와 같은 내면성의 결여에 기인하는 것으로 여겨지게 된다. 물론 이는 전체주의 체제가 윈스턴보다 훨씬 젊은 그녀에게 심어 놓은 내면에 기인한 것으로 해석되기도 하지만, 오웰과 같이 자유주의적이고 진보적인 작가에게서도 여성에 대해 관성적으로 내비쳐지는 일정한 한계는 페미니즘 비평가들에게 실망을 안겨 주기도 했다. 가령 캐나다의 현대 여성 작가 애트우드Margaret Atwood의 《시녀 이야기*The Handsmaid's Tale*》(1985)는 《1984년》을 여성의 입장에서 다시 쓰면서 여기에 내재한 남성 위주의 가치관을 고발한다.

이것은 오웰이 자신의 시대적 한계 속에서 무의식적으로 범한 오류일지 모른다. 이에 비해 사회주의에 대한 그의 진단은 가장 신랄한 평가를 받아 왔다. 그것은 오웰이 감정적으로 그리고 실천적으로 사회주의에 대한 지지를 철회하지 않은 작가였기 때문에 더욱 신랄하게 받아들여질 수 있다. 가령 20세기 후반의 대표적 좌파 비평가인 윌리엄스Raymond Williams는 오웰의 후기 소설들이 오늘날 계급 정치학에 있어서 반동적이고도 치명적인 영향력을 행사하고 있다고 평가한다. 그는 《동물 농장》에서 핍박받는 자들이 동물로 그려지고, 이들이 '인간'에게 반란을 일으킨다는 것에 주목한다. 윌리엄스와 같은 좌파 비평가들이 제기하는 의문은 그가 사회주의에 대해 지나치게 혹은 부당하게 비관적인 예측을 하고 있다는 것이다. 달리 말하자면 오웰이 현실 사회주의의 모순을 과장하고 지극히 비판적으로 그리면서도 어떤 대안적 상상을 하지 못하고 있다는 것이다. 또한 오웰의 이와 같은 비전이 과연 역사적 추이를 반영하고 있는지, 그리고 어느 정도 논리성을 갖는 미래 예측인 것인지 등에 대해 의문이 제기될 수 있다.

이러한 평가에 대해 오웰은 자신의 의도가 사회주의에 대한 예언보다는 이의 가능한 미래에 대한 경고에 있었던 만큼 이 이야기가 사회주의 일반에 대한 비판적 기여로 받아들여지길 원했을지도 모른다. 그는 분명 유토피아 문학 전통의 반대 축인 디스토피아 문학 전통을 되살리면서, 오늘의 현실에서 "무엇이든 억압적인 것은 의심스러운 정책이다"라는 자유주의자의 정신을 구현하고자 했다. 여기에서 더 나아가 그의 소설을 정당히 평가하기 위해서는 거기에 단지 전체주의에 대한 경고만이 있은 것은 아니라는 점을 지적할 필요가 있다. 가령, 그가 문학 형식 속에 여러가지 과학적, 사회적 도구 특히 대중매체에 대한 생각을 담고 있다는 점도 간과해서는 안 될 것이다. 이런 점에서 이 소설이 제시하는 오늘날 과학문명의 사회문화적 의미와 그 적절성이 충분히 검토되어야 할 것이다.

《1984년》에서 과학기술은 인간과 대립하고 또 인간을 감시하며 통제하는 도구로 등장한다. 텔레스크린으로 대표되는 전자 매체는 차갑고, 비인간적인 것으로 인간을 위해 봉사하기보다는 권력자의 횡포에 동조하고 이를 촉진하면서 뭇 대중의 주인으로 군림한다. 오웰과 같은 자유주의적 성향의 지식인이 과학적 도구에 대해 품는 의구심은 오랜 역사를 갖고 있다. 이러한 경향은 메리 셸리Mary Shelley의 《프랑켄슈타인*Frankenstein*》(1818)에서 시작하여 아놀드Matthew Arnold 등 19세기의 많은 지식인들에게서 찾아볼 수 있다.

하지만 오늘의 시점에서 볼 때 과학기술이 반드시 통제사회를 구축하는 가에 대해서는 한층 충분한 논의가 필요하다. 역사적으로 인간과 기술은 불가분의 관계를 형성해 왔다. 인간을 '도구를 사용하는 동물'로 정의하는 것과 같이, 구석기 시대 이래 도구는 인간을 인간답게 진화하게 만든 중요 기재로서의 수준을 넘어, 극히 인간적인 것의 일부로 여겨야 할 정도의 위상을 형성해 왔다. 그럼에도 인본주의적 자유주의는 기술이 인간을 오히려 인간답게 만드는 측면을 지나치게 간과하고 있다. 최근에 제시되고 있는 '사이보그' cyborg 이론이나 사이버스페이스 문화이론이 지적하고 있듯이 인간과 과학기술의 상보적 관계형성의 가능성에 대한 지나친 비관주의는 재론되어야 한다.

이와 같이 오웰의 소설은 인간 중심적이면서도 오히려 인간의 능력을 가끔—인간이 스스로가 만들어 낸 이념, 제도 그리고 도구에 복속된다는 생각에서와 같이—과소평가하면서 인간을 고양하려는 구도를 취하고 있다. 그는 사회적 이념의 문제에서처럼 기술의 미래에 대한 문제를 다루는 데 있어서도 상당히 단선적인 경고에 치중하고 있는 것이다. 이러한 경향은 가령 그가 가장 중시하고 정교한 의견을 제시해 온 언어의 문제에 있어서도 확인된다. 그가 설정한 '신어'라는 가상의 언어상황에서는 어휘가 줄고 또 그 의미의 사전적 정의와 규제가 점점 강화된다. 여기에서 이러한 언어 사용자의 삶과 사고가 단순해진다는 논리는 오웰이라는 작가에 걸맞게 언어의 능력을 중시하고 있는 것을 반영하지만, 동일한 논리로 언어 자체의 내재적 능력을 과소평가하고 있다고도 할 수 있다. 역사적으로 언어가 자기 증식적, 변용적 능력이 뛰어난 매체인 것으로 주목받아 온 사실을 기억한다면, 정작 언어의 능력을 매우 중요시한 오웰의 언어관이 언어 현실에 대한 지나친 우려와 오해를 범하고 있음을 알 수 있다.

물론 이와 병행해서 지적되어야 할 것은 어떻든 과학기술과 언어가 그 자체로 존재하기보다는 문화 의존적이라는 점이다. 기술과 언어의 문화의존성이란 이들의 기능과 의미가 중립적이기보다는 좁게는 이들을 사용하는 개인과 집단 그리고 넓게는 이들이 처한 문화에 의해 결정된다는 것이다. 여기에서 문화는 정치·경제를 포함하는 것으로 이해되어야 한다. 기술 분야에서는 최근의 인터넷 매체에서와 같이 기술의 민주적 사용은 기술 그 자체에 고유한 것이기보다는 이러한 기술을 둘러싼 문화에 의해 결정된다는 견해가 그것이다. 인터넷과 영상 매체의 확산 가운데 언어 현상 역시 이와 유사한 전개 양상을 보이고 있는데, 이미지 위주의 서사에 직면하여 언술을 통한 서사가 갖는 의미의 깊이와 논리적 정교함이 새삼 부각되고 있기 때문이다. 이런 점에 있어서 오웰의 과학기술과 언어에 대한 견해는 이들 기재의 내재적 논리를 파악함에 있어서 지나치게 비관적이기도 하지만, 어떻든 이들의 외재적 문화 의존성을 가장 적절하게 예시하고 있다는 긍정적 평가 또한 받아야 할 것이다.

IV. 평가

오웰은 영국의 작가로서는 드물게 계층적으로 그리고 국제적으로 매우 포괄적인 경험을 전하고 있다. 그는 식민지로부터 영국의 하층민과 유럽의 혁명에까지 직접 그리고 깊이 관여하였다. 그런 만큼 산문작가로서의 그에게 기대되었던 것은 이러한 경험 세계에 대한 최대한의 객관화된 기술이었다. 하지만 그가 자신이 속한 집단인 영국을 진정으로 정확하게 기술하고 판단하고 있는지에 대해서는 어느 정도 회의적일 수 있다. 그가 다양한 세계를 경험하고 영국에 돌아온 후 조국에 거리를 두고 조국을 판단하는 차원에는 미치지 못하고 있다는 것이다. 이러한 판단은 특히 그가 자신의 후반기에 표명한 영국에 대한 견해 등에서 가능해진다. 그의 후기 글을 모아 사후에 출판된《영국 당신의 영국*England Your England*》(1953)에서 볼 수 있듯이, 그는 오히려 상당 부분 영국의 계급구조의 필연성과 가치를 인정하고 있다. 그의 이와 같은 선회는 2차 대전 전후의 혼란 그리고 파시즘과 스탈린 체제에 비해 영국적인 전통이 상대적 우위를 갖는다는 결론적 생각에서이다. 이러한 판단은 정황적 설득력을 갖는 것은 사실이지만, 오웰의 삶이 보여 주었던 비판 정신에 기반한 긍정적 대체 모델에 대한 기대를 무산시키면서, 오웰이 영문학에서 혹은 영국적 체제로부터의 진정한 국외자로서의 모습에는 미치지 못하고 있다는 판단을 가능케 한다.

영국 그리고 영문학에 대해 자유롭고도 공정한 거리를 갖는 작가에의 기대는 오웰에게서 완전히 충족되었다고 할 수 없다. 우리가 세계적 차원에서 진정 자유주의적이고 비판적인 문학을 만나기 위해서는 영국의 식민지 체제에서 벗어난 지역에서 글을 쓰는 작가들을 기다려야 했다. 그럼에도 20세기 전반기의 작가로서는 드물게 그에게서 영국인과 동시에 어느 정도 이방인인 모습을 동시에 찾아볼 수 있는 것도 사실이다. 오웰은 당대 상황에 대한 치열한 현실 의식, 지배자와 피지배자가 아닌 인간의 모습, 리얼리스트로서의 갈등과 로맨티스트로서의 정서, 그리고 자신의 정치적 메시지 등을 교직하여 문학에 담아내려는 현실 속의 자유주의적 산문작가였다.

■《20세기 영국소설의 이해 I》(2003)

제12장
영문학에서 영어문학으로—아체베와 그 이후

I. 영문학에 대한 조망과 반성

치누아 아체베Chinua Achebe(1930-)의 문학은 우리로 하여금 영문학 전반에 대해 다시 생각하게 하는 계기를 제공한다. 한 작가의 글쓰기는 많은 경우 자신의 이전 세대와 당대 작가들로부터 도움을 받으면서도 자신만의 영역을 찾으려는 노력이다. 이것은 그 작가에 대한 문학적 가치판단 혹은 작가를 에워싼 문학세계 전반에 대한 평가의 기준으로 제시되기도 한다. 아체베는 여러 가지 의미에서 이러한 경향을 더욱 두드러지게 하는 존재이다.

아체베는 나이지리아에서 태어났고, 또 이곳을 그의 문학의 주된 배경으로 삼고 있다. 나이지리아가 영국 식민지 체제에 흡수되고 거기에서 탈피하는 과정을 시간적 배경으로 하는 그의 주요 소설은 영국, 나아가 서구의 정치와 문화에 대한 국외자적 입장에서의 평가도 담고 있다. 이러한 입장은 그의 작품 활동에서 영국과 영문학 전통 전반에 대해 총괄적인 비판적 거리두기를 가능하게 하는 요소로 작용한다. 물론 이러한 비판적 거리두기는 19세기 말 영국의 제국주의적 팽창이 절정에 달하면서 콘래드, 로렌스, 포스터, 그리고 오웰 등에 의해 제기되기 시작하였다. 하지만 이들의 문제제기는 궁극적으로 영국적 테두리에서 벗어났다고 할 수 없었다. 영국 바깥으로부터의 조망은 특히 20세기에 와서 양적·질적으로 확대된다. 바로 이러한 경향의 한가운데에 소위 영연방이라 불린 지역의 문학이 있으며, 그 문학적 성과를 대표할 수 있는 작가 가운데 하나가 아체베이다.

하지만 아체베의 문학이 영국의 정치적 지배와 영문학에 대한 반응태로서만 생성된 것은 아니다. 그것은 분명 영국의 식민지배에 대한 저항 담론적 성격과 역할을 갖고 있지만, 그와 동시에 자신의 공동체가 식민지배 형태에서 새로운 유럽형 국가 형태로 나아가는 과정에서 겪는 부조리와 고뇌를 담고 있기 때문이다. 물론 탈식민적 과도기에서 직면하게 되는 이러한 혼란은 주로 식민 기간 동안 자기 결정이나 훈련의 기회를 빼앗긴 사정에 기인한다. 이러한 역사적 맥락에서 아체베의 문학은 외부적 폭력에 대한 저항과, 내적으로 아직 질서 잡히지 못한 사회를 관찰하면서 이 속에서 고민하고 상처받는 삶을 얘기하고 있다.

이러한 과도기적 혼란의 한 요인은 민족국가의 문제이다. 탈식민 과정에서 영국이 나이지리아로 묶어 놓은 지역은 200개가 넘는 다른 언어를 사용하는 민족들로 구성되어 있었다. 이러한 지역이 진정한 하나의 정치단위로 독립하고 또 이를 유지한다는 것은 참으로 지난한 일이었다. 나이지리아 남부의 최대 종족은 요루바Yoruba, 에도Edo(혹은 비니Bini), 익보Igbo(혹은 이보Ibo), 그리고 이비디오Ibidio이다. 아체베는 익보족 출신으로, 자신의 종족이 지켜온 문화적 전통을 새롭게 하면서 이를 나이지리아라는 새로운 정치체제에 연결시키는 것도 그의 문학의 중요한 문제의식 가운데 하나이다.

아체베 문학이 사용하는 언어, 즉 영어의 문제도 앞에 언급된 영국의 식민지배의 유산과 새로운 국가건설이라는 과제와 긴밀히 연결되어 있다. 이 지역에서 영어는 어쩔 수 없는 유산일 뿐만 아니라, 다언어 상태에서 하나의 국가단위를 형성하고 유지하는 데 일정한 순기능을 할 수 있었다. 아체베가 작품에서 영어를 사용하는 것은 이러한 사회적 요구에 의한 것만은 아니다. 그는 개인적으로 영어가 자신의 생각과 감정을 표현하는 데 아무런 불편이 없고 오히려 더 자연스럽게 느껴지는 매개체라고 말한다. 어떻든 그에게 영어는 주어진 것이고, 그는 그것을 쓰기를 원한다는 것이다.

자국어로 쓰였다 하여 그 문학이 반드시 서구의 영향으로부터 오염되지 않았다고 말할 수 없듯이, 영어로 쓰인 문학이 반드시 아프리카의 문학현장에서 배제되어야 할 이유는 없다는 것이 아체베의 생각이다. 이러한 생각의 저변에는 이제 영어가 영국의 영어English만이 아니라 여러 종류의 영어english이며, 영문학English literature만이 아니라 영어문학english literatures의 존재도 인정되어야 한다는 주장이 깔려 있다. 다시 말해 문제는 누가 어떤 목소리를 내는가이며, 이야기의 내용이 영어의 성격을 바꾸게 된다는 점이 중요하다는 것이다.

II. 영문학 되받아쓰기

《모든 것이 무너져 내리다》는 그의 첫 소설이자 대표작이다. 최근까지 이미 3백만 부 이상이 팔리고, 30개 이상의 언어로 번역된 작품이다. 이 소설은 한편으로 익보족 마을인 우무오피아Umuofia에서의 오콩코Okonkwo의 자수성가와 좌절 그리고 죽음을 다루면서, 다른 한편으로는 그가 속한 우무오피아와 그 주변 세계의 몰락을 보여 주고 있다. 이런 점에서 오콩코의 죽음 전까지는 일종의 교양소설Bildungsroman로 여겨질 수 있는데, 이후 그가 자살에 이르는 마지막 부분에서는 그의 개인사와 부족사가 결합되면서 민족 문학적 서사시의 성격을 띤다.

작품의 시대적 배경은 19세기 중반에서 말에 걸쳐 있다. 역사적으로 영국의 세력이 나이지리아에 당도하게 된 것은 매우 긴 과정이었다. 이집트를 포함한 북아프리카 지역과 유럽의 교류는 서구문명 형성의 중요한 동인이었다고 할 수 있다. 그것이 상호 호혜적이기보다는 일방적 수탈의 양상을 띠게 된 것은 노예무역이 본격화되면서부터이다. 근대적 형태의 노예무역은 15세기 초에 북아프리카로부터 시작되어, 1480년대에는 포르투갈인들, 1562년에는 영국인들에 의해 베닌까지 확대되었다. 특히 영국은 17세기 중반 이후 아프리카와 서인도제도 그리고 유럽을 잇는 삼각무역 구도 속에서 자국의 부를 지속적으로 증가시킬 수 있는 체제를 구축하면서, 영국 신사의 호주머니는 해외에서 온 돈으로 채워지게 되었다. 영국이 중간노예상을 거쳐 아프리카 내륙에 영향을 미치던 단계에서, 직접적으로 그 내부로 들어가게 되는 것은 19세기 중반부터이다. 영국에게 아프리카는 정복해야 할 가치순위와 용이도에 있어서 마지막 대륙이었고, 그 선두에는 1841년부터 시작되는 리빙스턴David Livingston(1813-1873)의 탐험이 있었다.

나이지리아 지역 전체에 대한 영국의 지배는 1861년 라고스Lagos를 점령함으로써 본격화되어, 1900년에 남부와 북부 나이지리아에 각각 독립적인 보호령을 세우고, 이후 1914년 이를 다시 나이지리아 식민국Colony of Nigeria으로 통합하는 과정을 거쳤다.《모든 것이 무너져 내리다》는 이러한 역사적 맥락과 시대를 배경으로 한다. 그렇다면《모든 것이 무너져 내리다》의 전반부에 보이는 풍요로움은 역사적으로도 풍전등화와 같은 것이었음을 알 수 있다. 나이지리아의 공식적 독립(1960) 이전에 한동안 영국이 정권이양을 준비하는 기간이 있었는데, 이 소설은 그 기간 동안에 쓰인 것이다. 사실 그 시기의 아체베의 소설을 좀더 정확히 파악하기 위해서는 2년 후에 발표된 《평온의 종언*No Longer at Ease*》(1960)을 함께 고려해야 할 것이다. 이 작품에는 그가 《모든 것이 무너져 내리다》를 쓸 무렵에 직면하고 있던 현실이 그려진다. 본격적인 국가건설로 가는 길목인 정권 이양기에 이미 적나라하게 드러나는 경제적·도덕적 해이와 부패 앞에 좌절하는 오콩코의 손자가 《평온의 종언》의 주인공이다. 《모든 것이 무너져 내리다》는 자신들의 공동체와 전통이 서구에 의해 폭력적으로 해체되는 과정을 되돌아보고, 풍요로웠던 전통문화를 되새기면서 이에 내재한 정신을 새로운 국가건설의 도덕적·문화적 토대로 삼으려는 노력을 담고 있다.

《모든 것이 무너져 내리다》는, 그 제목이 예이츠의 시 〈재림The Second Coming〉에서 왔듯이, 기존체제의 붕괴가 또 다른 체제를 잉태하는 계기가 될 수 있음을 암시한다. 하지만 여기에는 이제까지의 문화를 대체할 수 있는 자신들만의 문화의 복원이 가능한 것인지, 가능하더라도 오늘날의 상황(익보 공동체가 아닌 나이지리아 국가체제)에서도 유효할 것인지는 불투명하다는 불안감이 내재해 있다. 다시 말해, 《모든 것이 무너져 내리다》에는 서구의 폭력에 대한 고발과 함께, 독립 국가건설의 시점에 당면하여 새로운 사회모델의 구성을 향한 의지와 이에 대한 불안이 담겨 있는 것이다.

《모든 것이 무너져 내리다》는 영국 출신 작가들이 아프리카를 대하는 방식에 대한 이 지역 출신 작가들의 자기주장이기도 하다. 여러 영국 작가들은 아프리카를 작품의 배경으로 삼아 왔다. 이들 가운데 19세기 말 제국주의적 피상성이 가득한 해거드H. Rider Haggard가 대표적이라 할 수 있는데, 아체베의 《모든 것이 무너져 내리다》에는 특히 케리Joyce Cary와 콘래드에 대한 거리두기와 반작용이 눈에 띈다. 나이지리아에서 영국 식민관료를 지낸 경험이 있는 케리는 《미스터 존슨*Mister Johnson*》(1939)에서 영국의 식민통치를 위해 일하는 흑인 사무원의 우스꽝스럽고 천연덕스러운 낙천주의와 그것이 그의 비극적 처형으로 귀착하는 과정을 그리고 있다. 주인공 존슨은 철저히 영국적인 것을 신봉하면서 영국화되려고 하지만, 그것은 어울리지 않는 것일 뿐만 아니라 불가능한 것이다. 케리는 이러한 소재를 다루는 데 있어서, 해거드의 경우와 달리 주인공에게서 영국인에게는 없는 장점을 보고, 그의 상황을 이해하며, 영국적 정의의 모순을 고발하고 있다. 그래서 일면 케리는 원주민의 상황을 변호하는 듯하지만, 이는 또 다른 제국주의적 서술행위일 수 있다. 서방의 동방에 대한 견해가 항용 경멸과 경외심이라는 양극단을 진자운동해 왔듯이, 케리는 해거드의 경우에 대한 동전의 양면처럼 아프리카의 현실을 직시하지 못하고 이를 낭만적으로 그리는 오류를 범하고 있는 것이다.

케리의 경우와 달리 콘래드의 《암흑의 핵심》에서 콩고 강 유역의 아프리카는 멈춰 버린 인류의 역사이며, 원주민은 원시인이자 단순한 배경에 지나지 않는다. 커츠, 그리고 그를 찾아 나선 말로우가 콩고 강을 따라 올라가는 여정은 역사를 거슬러 올라가는 것이자 무지와 광란으로 되돌아가는 과정으로 여겨진다. 아체베는 한 에세이에서 이 작품이 흑인들의 인간으로서의 면모마저 의심하고 있다고 비판한다. 《암흑의 핵심》이 발표된 이후 커츠의 삶에 주목한 비평들은 이 주인공의 경험을 인간 내면의 악의 문제라는 보편적이고도 실존적인 차원에서 설명해 왔다. 커츠의 경우가 굳이 말해 실존적이라면, 아체베는 의도적으로 원주민에게도 이러한 삶이 비일비재함을 보여 주고자 한다. 오콩코의 인간적이면서도 영웅적인 면모, 실수하는 인간, 그리고 전통과 문화가 있는 사회는 무엇보다도 원주민이 스스로의 삶에 대해 얘기할 수 있도록 목소리를 부여받음으로써 부각될 수 있었다. 특히《암흑의 핵심》의 마지막에서 커츠가 유럽의 인류학자들에게 보고서를 보내는 것과 같이,《모든 것이 무너져 내리다》에서 지방 행정관은《니제르 강 상류 원시종족의 평정*The Pacification of the Primitive Tribes of the Lower Niger*》이라는 책 속에 자신이 심혈을 기울이는 '문명화사업'을 기록해 간다. 하지만 여기에서 우리는 소위 '원시종족'의 입장에서 모든 이야기를 들은 이후이므로, 이러한 보고서가 그야말로 무지와 문화적 폭력에 불과하다는 것을 안다.

다른 한편 아체베의 문학은 아프리카, 특히 나이지리아에서 영어로 쓰인 문학들에 대한 비판적 반응이라는 면을 간과할 수 없다. 가령《모든 것이 무너져 내리다》가 나오기 몇 해 전 런던에서 출판된 투투올라Amos Tutuola의《야자주 술꾼*The Palm-Wine Drinkard*》(1952)의 경우, 아프리카에서 변형된 구어체 영어와 토속적인 이야기 구조 속에 주인공이 취한 듯 죽음의 땅으로 여행하는 그 원시적 건강함 때문에 딜런 토머스Dylan Thomas 등의 열렬한 환영을 받지만, 그것이 뚜렷한 문화·사회·정치 의식이 결여되어 있다는 점에서 케리의 작업과 크게 다를 바 없다.

이러한 역사적 부담 속에서 아체베의 문학은 영국 작가들의 제국주의적 글쓰기와 토속 작가들의 향수적 글쓰기를 지양하는 글쓰기이고자 한다. 여기에는 수많은 전통설화와 격언과 유머 그리고 문화적 의식들로 가득 차 있다. "태양은 자신 앞에 무릎을 꿇은 자보다 서 있는 자를 먼저 비춘다", "어린아이도 손만 씻으면 왕과 같이 식사할 수 있다", "두꺼비는 대낮에 괜스레 뛰지 않는다" 등의 속담은 의도적일 만큼 이야기 전개 가운데 적절히 배치되어 있다. 이 소설의 서사양식은 서양문학 일반의 소설 형식과 이러한 전통적·구술적 요소들을 결합함으로써, 변화해 가는 시대와 인물을 담는 적절한 매체가 되고 있다. 여기서 과연 소설이라는 형식이 나이지리아의 역사와 현실을 담기에 적절한 것인가 하는 질문이 있을 수 있다. 하지만 소설 형식이 서구의 장르라는 전제는 그 역사적 형성과정을 살펴보면 당연한 것만은 아니다. 소설 형식이 동·서양의 부단한 교류에 의해 더욱 구체화된 것임을 간과할 수 없기 때문이다.

III. 평화적·개방적 문화를 위한 희원

《모든 것이 무너져 내리다》에는 충돌하는 두 문화 사이에서 오늘에 적절한 삶의 양식을 찾기에 앞서 요구되는 것이 있는데, 그것은 오콩코와 그가 속한 우무오피아 문화의 한계를 인식하는 것이다. 오콩코는, 이웃마을에서 온 인질로서 자신의 식솔로 보살피고 있던 이케메푸나Ikemefuna를 직접 처형한다. 오콩코로서는 정이 든 그를 자기 손으로 처리하겠다는 마음에서 행한 것이지만, 마을사람들에게는 좋게 받아들여지지 않는다. 어쩌면 이것은 오콩코의 자만심을 반증하는 것이었다. 영웅적 오콩코의 비극적 결함에 못지않게, 그가 속한 사회의 문화 또한 여러 가지 약점을 갖고 있다. 그 가운데 하나가 강고한 가부장적 제도이다. 이것은 단순히 일부다처제만을 의미하지는 않는다. 사회 전반에서 남성의 공적 영역과 여성의 사적 영역이 철저히 이분화되어 있다는 것이다. 이는 오콩코로 하여금 지나치게 남성적 성향을 갖도록 했으며, 그의 삶 가운데 피할 수도 있었던 몇몇 고통의 원인이 되기도 한다.

물론 《모든 것이 무너져 내리다》에서 여성의 역할이 과소평가되고 있는 것만은 아니다. 여기에서 풍부한 민담 등 구술문화의 전승자는 여성이다. 어머니가 거북이 등이 조각난 까닭 등을 아이들에게 설명하는 장면은 한 사회가 나름의 체계 속에서 세상을 이해하고 해석하며 살아가는 모습을 보여 준다. 그만큼 여성은 한 집단의 내적 문화와 안정성을 유지하는 기능을 수행한다. 아체베는 여성의 이러한 측면을 주로 사회적 전통의 차원에서 인정하고 있는 것으로 보인다. 그는 여성과 남성의 영역이 분명한 사회를 원한다. 오콩코의 아들이면서도 기독교로 개종하는 은워예Nwoye는 오콩코가 일생 동안 거부해 온 '여자 같은' 남자이다.

여기에서 문제되는 것은 한 개인과 사회의 내적 유동성과 변화의 문제이다. 남과 여의 공간적 구별은 필연적으로 내적 유동성의 한계를 드러낸다. 이러한 유동성의 결핍은 사회계급 간의 관계에서도 관찰된다. 마을의 종교상 금기시되는 '소외계급'osu, 관습적으로 항상 버림받게 되는 쌍둥이, 그리고 자신이 한동안 형처럼 따르던 이케메푸나를 죽인 아버지를 두려워하는 은워예 등 마을의 외곽에 위치한 존재들이, 막 들어온 기독교에 매료되는 것은 당연한 일이었다. 하지만 여기서 분명하고도 중요한 것은 아체베의 문제의식과 이를 판단하는 중립적 목소리이다. 아체베는 기독교가 소외된 집단을 끌어안는 것 자체에 대해서 부정적이지는 않다. 오히려 그러한 소외된 집단을 만들어 낸 사회를 꼬집는다. 하지만 그는 기독교가 마을의 의견과 전통을 전적으로 무시해 가는 과정에 대해서는 매우 비판적이다. 기독교도들은 마을 사람들이 신성한 존재로 여기는 비단뱀을 죽인다. 이는 마을전통을 극단적으로 부정하는 행위이다. 이 사건에 대해 마을의 원로들은 오히려 인간이 신의 일에 간섭해서는 안 되고 이는 신과 신성한 뱀을 죽인 자 사이에 해결해야 할 문제로 여길 뿐이다. 그 며칠 후 범인은 죽고 만다. 이와 같이 《모든 것이 무너져 내리다》는 문화와 문화의 접촉에서 관용보다는 폭력이 유발되는 경우가 많으며, 이는 주로 기독교와 서구에 의해 촉발되고 있음을 보여 준다.

《모든 것이 무너져 내리다》는 문화적 접촉과 교류의 문제에 대해서도 많은 것을 시사한다. 아체베는 우선적으로 서구가 노예거래와 같은 폭력적 행위로 문화적 공동체를 와해시키는 한편, 서구의 기독교 역시 진정한 문화적 교류를 이끌어 내지 못한 오류를 고발하고 있다. 이에 비해 우무오피아의 전통사회는 어느 정도 다른 문화에 대해 열려 있는 것으로 보인다. 이들은 자신들의 생활이 간섭받지 않는 한 기독교도들에게 교회터를 제공하는 등 그들을 용인하면서, 그 '괴이한' 교리를 여유 있게 받아넘기려고 노력한다. 하지만 아체베가 서구의 편협성과 폭력성을 고발하고, 자신의 전통문화의 관용성을 내세우는 이분법적 사고를 하고 있는 것은 아니다. 오히려 그는 서구의 이러한 폭력적 역사를 고발하는 만큼, 자신의 전통문화와 그러한 공동체에 내재해 있는 오류 또한 동등하게 지적하고 있다.

'하나님 아버지'를 섬기는 기독교(142)는 전통적 가족관계 특히 아버지와 아들의 관계를 파괴함으로써 한 사회의 붕괴를 가져온다. 하지만 여기에는 전통적 가족관계가 폭력적인 경우가 있다는 지적 또한 담겨 있다. 이에 덧붙여 이 사회가 시대의 변화에 적응할 만큼 그렇게 충분히 준비되어 있지 못하다는 단점도 지적하고 있다. 주인공 오콩코의 비극은 이러한 자기 폐쇄적이고 변화하지 못하는 삶에서 찾아진다. 그는 제국주의의 횡포 앞에서 자신의 존엄성을 지키기 위해 자결한다. 이러한 그의 삶과 죽음이 비극인 것은 이미 그가 어렵게 쌓아 올리고 지켜 온 자신과 공동체의 가치관이 허물어지고 아무런 힘을 발휘하지 못하는 상황이 도래했기 때문이다. 오콩코에게 가해진 7년간의 유배는 형벌이라기보다는 자신의 삶과 공동체에 대해 거리를 두고 바라볼 수 있는 좋은 기회였고, 그는 이를 긍정적으로 활용한 것으로 보인다. 하지만 불행히도 서구와의 교류라는 시대적 변화는 이러한 방식에 의해 이해될 수 있는 성질의 것이 아니었다. 민담과 속담의 세계 역시 이 시점에서는 너무나 단순한 것으로, 새로운 시대의 지표로서는 충분한 것만은 아니었다.

주인공 오콩코의 이러한 한계는 우무오피아, 익보, 나아가 나이지리아의 과거에서 발견되는 것이며, 아체베가 이를 되뇌는 이유는 이것이 분명 나이지리아의 오늘과 내일을 위한 지침이 될 수 있기 때문이다.《모든 것이 무너져 내리다》에서 진정한 혼란의 원인은 전 시대의 문화가 폭력적으로 해체된 후, 적절한 대체문화를 찾지 못하는 데 있다. 아체베가 오콩코의 예에서 환기하고자 하는 것은 서구의 폭력적 역사를 기억하면서, 외부에 대해 더욱 적극적으로 자신을 열 수 있는 문화와 사회체제를 정립하는 일이다.

IV. 비판적 공간으로서의 글쓰기—살만 루시디

역사적 배경에 있어서《모든 것이 무너져 내리다》는 19세기 후반을 다루었다면, 이후 아체베의 작품들 가운데《신의 화살*Arrow of God*》(1964)은 영국의 지배가 완성되는 1920년대,《평온의 종언》은 독립으로 가는 정권이양기로서 가치관의 부재가 두드러진 1950년대,《민중의 사람*A Man of the People*》(1966)은 독립 후의 무질서와 부패가 만연한 좌절의 시대인 1960년대를 다루고 있다. 이들은 아체베의 4부작으로 불릴 만큼 상호연계성을 갖는다. 우리가 여기에서 주목할 점은 아체베의《모든 것이 무너져 내리다》는 이미 그의 후기작에서 더 많은 비중을 갖게 되는 자기 비판적 시각을 내비치고 있다는 것이다. 이와 같이 식민주의 정치와 문화에 대한 저항 못지않게 독립 이후의 자신의 상황에 대한 자기반성적 성찰은 여타 많은 탈식민 영문학의 주제가 되었다. 이러한 기조의 글쓰기 가운데 특히 눈에 띄는 작가로는 루시디Salman Rushdie(1947-) 를 들 수 있다.

탈식민 영문학은 지역적으로 아프리카와 인도 그리고 서인도제도 등으로 삼분된다. 루시디는 이 지역 가운데 인도를 그 출발점으로 하고 있지만, 그의 작품세계는 출신지인 인도와 유년기 이후에 살게 된 영국 모두로부터 일정한 거리를 두고 있다. 좀더 엄밀하게 얘기하자면, 그의 작품은 두 나라 혹은 동서양 사이의 어떤 중간 지점에 위치해 있고, 나아가 식민과 피식민 혹은 탈식민의 이분법 자체가 식민적 유산이라는 생각을 담고 있다고 할 수 있다. 그런 만큼 저항적 탈식민을 강조하는 입장에서 보면 그것은 또 매우 이상주의적이고 유희적이며, 제3세계를 무대로 한 무책임한 '포스트모던적' 행위로 여겨질 수 있다.

루시디의 《한밤의 아이들*Midnight's Children*》(1980)은 이러한 그의 작품세계를 대표한다. 그 방대한 분량에도 불구하고 이 소설의 골격은 비교적 단순하다. 이 소설은 영국으로부터 인도가 독립한 시각인 1947년 8월 15일 자정에 태어난 주인공 살림 시나이Saleem Sinai의 개인적 운명이 인도의 격동하는 역사 속에 얽히게 되는 과정을 이야기한다. 살림의 할아버지와 할머니의 만남, 살림이 자신과 거의 같은 시각에 태어난 다른 동료들과 텔레파시에 의해 형성하게 되는 네트워크, 종교문제로 인한 인도와 파키스탄의 분리, 그에 따른 전쟁들, 파키스탄과 인도의 부패정권과 독재정권 아래에서의 고단한 삶, 이런 가운데 살림이 피클 공장의 주인이라는 평범한 시민으로 귀착하는 모습 등이 대체적인 줄거리를 이루고 있다. 그러나 정작 중요한 것은 이러한 줄거리보다는 이에 덧붙여진 여러 가지 사건과 이야기들이다. 독자는 오히려 이러한 곁

가지 이야기를 통해 자신이 원하는 바, 특히 인도에 대해 매우 인상 깊은 정보를 접하는 기쁨을 느끼게 된다. 물론 이러한 에피소드들은 일목요연한 일직선적인 이야기로 정리되기를 거부한다. 이는 단선적 이야기가 주인공의 지난한 삶을 담아낼 수 없고 복잡다기한 인도 전체와 그 역사적 궤적을 그려낼 수 없기 때문이기도 하다. 루시디가 인도는 존재하지 않는다고 언급하거나 자신을 단지 봄베이 출신으로 규정하고자 하는 것은 인도의 이러한 다양성을 강조하고자 해서일 것이다. 그는 인도를 단지 영국의 구식민지라고 정의하는 것은 너무나 터무니없는 오류라고 강조한다. 동일한 논리로, 살림의 정체성 또한 한마디로 규정되지 않는다. 실제로 살림은 철수한 영국 식민지 관료와 인도인 가정부 사이에서 태어난 힌두교도였지만 태어나자마자 다른 아이와 바뀌어 회교도 집안에서 자랐다. 이러한 정황은 모든 것들은 바뀌어 왔고 바뀔 수 있는 잠정적인 것에 불과하다는 인식을 담고 있다.

루시디의 이러한 서술 형식은 항용 포스트모더니즘과 연계되어 논의되어 왔다. 하지만 이 작품이 분명하게 보여 주고 있는 것은 이러한 이야기가 포스트모더니즘과 서구소설 형식에 못지않게 인도를 포함한 동양적 전통에 뿌리 박고 있다는 사실이다. 화자 살림의 원형은 《아라비안 나이트》에서 끊임없는 이야기로 자신의 생명을 구한 세헤라자데Scheherazade에서 찾을 수 있다. 특히 이러한 동양의 이야기들이 18세기 초엽부터 본격적으로 유럽에 번역되기 시작하고, 이것이 서구소설의 형성에 일정한 역할을 한 것을 감안한다면, 루시디의 소설은 그 형식에 있어서 동서양 모두에 뿌리를 두고 있다고 할 수 있다.

루시디가 이와 같이 동서양을 아우르는 서술 형식에 담고 있는 내용은 동서양 모두에 대해 비판적인 것으로, 특히 인도에 대해서는 '자기 비판적 애정'을 담고 있다고 할 수 있다. 그가 전 세계적으로 알려지게 된 것은 그의 《악마의 시*The Satanic Verses*》(1988)가 모하메드와 이슬람교의 권위를 훼손했다 하여 이란의 종교지도자 호메이니가 그에게 파문의 선고(사실상 처형을 허용하는 교시)를 내린 것을 통해서이다. 하지만 루시디는 이 소설에서 서구의 독자를 겨냥해 인도와 이슬람교에서 발견되는 여러가지 현상을 상업화한 면이 있지만, 그와 동시에 식민 종주국인 영국의 문화적 편견을 심도 있게 비판하고 있다. 특히 소설의 마지막에서 주인공이 인도로 귀향하는 결말은 작가의 인도에 대한 태도를 알 수 있는 지표라 하겠다. 바바를 비롯한 탈식민주의 문화 이론가들이 혼종성hybridity나 혼성모방mimicry의 개념에 가장 걸맞은 작가로 루시디를 들고 있는 이유가 여기에 있다. 즉 이들은 루시디에서와 같이 동서양 혹은 식민과 탈식민이 혼재하는 양상을 지적하면서 이러한 이분법이 안정적이기보다는 항상 그 경계가 유동적임을 보여 줌으로써 식민의 논리로부터 자유롭고자 한다. 이러한 과정에서 이들은 모두 물리적 지도보다는 문화적 지도를 염두에 두면서, 문화적 논리를 강조하는 또 다른 공통점을 갖게 된다. 루시디의 경우 이는 소설적 세계가 현실세계로부터 일정한 독립을 유지하면서 자유로울 것을 요구하는 것으로 나타나기도 한다. 이는 많은 작가들이 이제껏 식민과 탈식민이라는 논리 속에서 어쩔 수 없이 구속된 느낌을 받던 것에서 벗어나 바야흐로 진정 창조적이고 비판적인 문학공간을 확보하려는 움직임이라 평가할 수 있다. 물론 여기에서 궁극적으로 문제될 수 있는 것은 이러한 공간이 일정한 경제·사회적 여건에 의해 극히 일부에게만 가능하게 된 것이 아닌가 하는 점이다.

루시디 문학은 내용과 형식 그리고 문화적 의의라는 측면에서 볼 때 20세기 후반에 영미 이외의 지역을 배경으로 영어로 쓰인 소설작품을 대변하고 있다. 한편으로 이는 전 시대의 경우와 마찬가지로 서구세계가 비서구세계의 여러 면모를 왜곡하고 상업화하는 것에 스스로 편승하는 것이 될 수 있고, 다른 한편으로 비서구 세계는 이를 자신의 문화에 대한 일정한 반성의 계기로 삼을 수도 있을 것이다. 이런 점에 있어서 현재는 식민적 전유appropriation의 지속, 이에 대한 저항, 그리고 이러한 구별 자체에 대한 부정 등이 교직되는 시점이라고 할 수 있다. 이들 가운데 어느 것이 더 지배적 방식이 되고 있는지에 대한 평가는 최소한 그 판단의 시점과 위치에 따라 변화할 수 있을 것이며, 이에 따라 세계화 혹은 전 지구화된 영어문학의 구체적 의미 또한 결정될 것이다.

■《영미문학의 길잡이》(2001)

IV. 편입과 전복 사이, 그리고 개별성

제13장

탈식민 이후의 제국의 논리—미국의 다문화주의

이 장은 미국의 문화 특히 문학이 추구하는 다양성이 세계적 준거가 되기보다는 얼마나 자국 내의 공간에 국한된 다양성인가를 살펴보고자 한다. 오늘의 미국문학과 비평계의 관심은 다문화주의multiculturalism라는 한마디로 요약될 수 있을 것이다. 혹자는 혹세무민의 가능성이 높은 이 개념의 시대가 아직도 지속되고 있느냐고 반문할 것이다. 다문화주의는 미국의 국경 내에 존재하는 여러 인종적 민족 집단의 문화적 정체성을 인정하면서, 이러한 정체성이 조화롭게 어우러진 짜깁기와 같은 문화지형학을 지향하는 이념이다. 미국의 문화는 그 역사적 형성에 있어서 복수의 문화가 섞인 것이지만 어떻든 독특한 하나의 미국문화를 형성하고 있는가, 아니면 그저 복수적 문화에 하나의 정체성을 운운한다는 것은 매우 독선적인 시각인가는 미국의 건국 초기부터 문제될 수 있는 것이었다.

하지만 이러한 애초의 여러 가지 갈래와 구도들은 단지 가능성들이었을 뿐, 대부분 역사와 교육에 의해 단선적인 문화계보학으로 재정립되었다. 이것은 새삼 여러 가지 의미의 층위를 갖는 행동과 생각 그리고 과정이 거대한 구도에 의해 단순화되고 그만큼 왜곡된다는 것을 보여 주는 예이다. 미국의 다양한 문화 활동 특히 문화적 계보에 있어서 인디언 문화, 스페인계 문화, 영국 문화, 이후 중국 등 동양계 문화 등등은 미국문화라는 명목적 테두리 속에서 나름의 독자성을 유지하여 왔다고 할 수 있다. 콜럼버스가 소위 신대륙을 발견한 15세기 말부터 청교도가 정착하기 시작한 17세기 초까지 북미에서의 유럽문화는 스페인계 문화였다. 또한 이들에 의해 강제로 유입된 아프리카계의 역사는 실제로 영국계보다는 오래된 것이었다. 그리고 영국민으로 제일 먼저 미국에 정착한 집단은 버지니아에 근거를 둔 스미스John Smith 선장(바로 포카혼타스 전설의 주인공) 등의 영국 국교도 일행으로서 이들은 청교도들의 정착보다 앞서 있었다. 메이플라워호에 의해 극적으로 상징되는 청교도의 정착은 실제 역사에 있어서는 명맥이 끊긴 사업이었다. 그나마 그들이 첫 겨울과 몇 년간을 생존할 수 있었던 것도 주변 인디언들의 식량과 농사문제에 대한 도움이 없이는 불가능한 것이었다.

그럼에도 우리에게, 그리고 미국인 대부분에게 청교도를 미국의 시초로 여기게 하는 것은 실제의 역사가 역사이기보다는 역사책이 역사임을 증명하는 사례이다. 청교도를 중심으로 하는 미국역사의 서술이 본격화된 것은 그리 오래된 것이 아니다. 당대로서는 소수집단에 지나지 않았던 청교도들을 역사적 전환과 시초로 설정하는 것은 그들의 사상적, 문화적 위치를 정착시키는 작업에 의해 이루어졌다. 이러한 작업이 구체화된 것은 사실 20세기에 와서이다. 미국은 20세기에 들어서면서 특히 자신을 한층 본격적으로 세계적인 차원에서 생각하게 된 것으로 여겨진다. 또 미국의 이러한 위치를 다른 나라들이 인정하게 되는 것도 주로 20세기 초에 와서이다. 문화적 의미에 있어서의 이러한 지위 변화는 몇몇 에피소드에 의해서도 알 수 있다. 주요 유럽의 귀족들과 장시가들의 지위와 재력이 나락으로 빠졌을 때, 미국의 신흥 재벌가들은 이들의 장서를 통째로 사들였다. 한 재벌가가 구텐베르크 성경의 구입에 유럽문화가 미국으로 이동하는 것이라는 의미를 붙이면서 그의 심부름꾼에게 백지수표를 건네 준 것도 이때이다. 프로이트가 미국을 방문하고 그 문화의 천박함을 빈정거린 것도 이때이다.

이러한 시대에 미국의 문화를 다양한 재료를 섞어 하나의 맛을 내는 것으로 해석한 것이 멜팅 포트melting pot 이론이다. 미국문화는 모든 것이 녹아 하나의 맛을 내는 수프와 같다는 것이다. 어떻든 이것은 미국문화가 있음을 말하며, 그 일관성을 말하는 것이었다. 물론 이 맛의 가장 중요한 인자는 영국적인 것이었다. 오늘날 청교도 정신을 미국지성사의 중심에 놓는 데 가장 큰 역할을 한 사람은 청교도 자신들이기보다는, 1930년대의 하버드대 종교와 지성사 학자였던 밀러Perry Miller이다. 그는 청교도 자료를 집대성하고, 그들에게 신학만이 아닌 매우 체계적인 사회이념이 있음을 밝히려고 노력하였으며, 미국의 국가이념에 보다 깊은 역사성을 부여하는 작업으로 나아갔다. 종교와 사상은 그렇다 하더라도, 문학의 경우는 어떠하였는가?

우리에게도 친숙한 《모비 딕*Moby-Dick*》(1851)을 예로 들어 보자. 주로 19세기 중반에 활동한 작가인 멜빌은 미국문학에서 여러 가지 중요한 의미를 갖는다. 그 가운데서도 그는 당대까지의 미국작가로서는 드물게 세계를 한 바퀴 돌아 본 경험이 있는 작가이다. 그는 비록 명문가의 자손이었지만 가세가 기울어 고래잡이 선박에서 일할 수밖에 없었다. 당시의 포경선은 일 년이 넘는 기간에 걸쳐, 세계를 일주하면서 고래를 잡고 기름을 짜는 작업을 수행하는 공장과 같은 것이었다. 멜빌은 이 과정에서 특히 폴리네시아나 남미에 정박하는 동안 다른 문화와 삶을 살펴볼 기회를 가졌었다. 멜빌은 어떤 의미에서는 미국문학 최초로 전 지구적 경험을 담고 있는 작가이다. 그의 타이티 섬에서의 모험을 소설화한 초기 두 작품은 당시 미국독자들의 이국적 정서에 대한 욕구를 충족해 주고, 간혹 다른 문화에 대한 긍정적 이해를 담고 있다. 이후 나온 그의 가장 중요한 작품인《모비 딕》은 피쿼드호의 에이헙 선장이 흰 고래인 모비 딕을 추적하는 과정과, 여기에서 벌어지는 여러 가지 사건과 깨달음을 화자인 이쉬미얼이 기록해 나가는 소설이다. 피쿼드호에 탄 선원들의 구성은 가히 미국의 다양한 민족문화를 대변한다고 할 수 있을 만큼 다양하다. 특히 우리의 눈에 띄는 특이한 존재는 퀴퀙이다. 그는 폴리네시아의 왕자로 선진국의 문물을 배우고자 미국에 들어온 기이한 인물이다.

피쿼드호와 에이헙의 운명은 모비 딕과의 기다리고 기다리던 조우에서 결정된다. 이쉬미얼을 제외한 에이헙과 모든 선원들은 모비 딕의 힘에 함몰되어 죽음을 맞는다. 오직 이쉬미얼만 퀴퀙이 자신의 장례식을 위해 마련한 관을 구명보트 삼아 살아남는다. 발간 당시 소수를 제외한 일반 독자들은 이 작품이 도무지 무엇을 의미하는지 의아해 했으며, 심지어는 이것이 단지 고래잡이에 대한 기술을 말하고 있는 것 이상으로 여기지 않으려 했다. 멜빌에게 공적으로 이 작품은 분명 실패작이었다. 이후 그는 거의 일반 독자에게서는 멀어졌으며, 이후 작품은 냉소적인 자기만의 세계에 몰입하고 있다는 느낌을 주었다. 멜빌의 소설이 또다시 주목을 받게 된 것은 20세기 초에 와서이다. 이러한 잊힌 소설의 화려한 재기의 동인 가운데 하나는 당시 미국의 문화적 자산에의 염원에서 찾아진다. 미국의 문화적 자신감은 자신에 걸맞은 비극을 원하고 있었다. 인간의 한계를 넘어 신적인 미지의 존재에 과감하게 작살을 꽂으려는 에이헙만큼 이러한 요구에 부합하는 인물은 없었다. 그러면, 위대한 국가는 왜 위대한 '비극'을 원하는가? 거기에는 어떤 복잡한 화학작용이 있는가? 위대한 국가는 비극을 원한다. 그것은 비극은 오직 위대한 인물과 위대한 국가에게만 가능한 것이기 때문이다. 이제《모비 딕》은 세계와 우주를 배경으로 한 미국이 낳은 비극으로 보이기 시작했다.

문학을 보는 시각이 세련되면서도, 이러한 구도는 변함이 없었다. 이 이야기에서 이쉬미얼이 살아남는 것은 그가 살아남아야만 이 이야기를 전하고, 또 이러한 소설이 가능하다는 형식논리에 의한 선택만은 아닐 것이다. 많은 비평가들은 이 소설의 궁극적 주인공으로 이쉬미얼을 주목한다. 그는 사변적 인물로서 스쳐 지나가는 모든 사건의 내면적 의미를 독자에게 설명하는 역할을 한다. 그런 만큼, 이 소설은 흰 고래와의 운명적 투쟁을 그리기보다는, 이러한 과정의 형이상학적 의미를 추구하는 매우 상징적인 작품으로 설명되어진다. 이제《모비 딕》은 에이헙의 비극적 장대함과 이쉬미얼의 미적 감수성이 어우러진 완벽한 비극이 되었다. 그 중간에 보이는 백과사전적 지식의 나열과 고래잡이에 관한 길고 긴 묘사—실제로 멜빌이 포경업에 관한 책에서 많은 부분을 그대로 전재하였고, 따라서 한동안 도서관 서가에 수산업의 고래에 관한 책으로 분류되어 왔던 이유—는 이제 소설의 마지막에 맞게 되는 극적 긴장감을 조성하는 데 순기능을 하는 매우 적절하고도 필수적인 장치로 보이게 되었다.

이 작품의 비극은 이러한 과정에서 어떤 문화적 의미를 갖게 되었는가? 멜빌은 에이헙의 비극을 통해 미국의 제국주의에 대한 선견 있는 경고를 발하고 있다고 해석될 여지가 있다. 멜빌은 작품의 곳곳에서 몇 해 전에 발생한 미국과 멕시코와의 전쟁을 떠올리고 있으며, 에이헙의 독재적 행태를 언급하기도 한다. 당시를 기준으로 말한다면, 에이헙은 일종의 나폴레옹과 같은 인물로서 경외와 실망감을 동시에 갖게 하는 인물이다(Reynolds 참조). 어떻든 에이헙의 비극은 미국에 대한 경고로 받아들여질 수 있지만, 이러한 경고가 함의한 정치적 성향은 매우 다면적이다. 그것은 미국의 제국주의적 성향에 대한 비난성 경고인 동시에 미국의 위대함을 놓치지 않으려는 의지 또한 갖는 것으로 보인다. 이것은 예레미야의 한탄이 이스라엘에 대한 회의이기보다는, 경고를 통한 재활의 의미를 갖는 것과 같을 것이다(Bercovitch 참조). 다른 예로 2차 대전을 전후해 할리우드에서 유행한 로마제국의 흥망을 배경으로 한 거대한 스펙터클의 영화들은 미국의 제국으로서의 면모와 불가분의 관계가 있음이 분명하다. (같은 관점에서 기본Edward Gibon의 《로마제국 흥망사》와 영국 제국주의의 발흥은 어떤 관련이 있을 것이다.)

어떤 측면에서 해석하건, 우리는 《모비 딕》이라는 작품이 시간의 흐름 속에, 그리고 그러한 문학이 소비되는 과정에서 애초의 미국의 제국주의적 행태에 대한 비판보다는 제국주의적 작업에 음과 양으로 동원되는 측면을 보게 된다. 다시 한번 멜팅 포트에서처럼 여러 가지 의미는 결국 하나의 의미를 띠게 되는 것인가? 혹자는 그래서 멜팅 포트보다는 샐러드 볼salad bowl을 좋아한다. 샐러드에서와 같이 여러 재료가 섞여 있으면서, 각각의 재료가 나름의 맛을 간직하고 있는 음식이 오늘의 미국의 문화적 이상이 되어야 한다는 것이다. 하지만 이러한 구도대로 이제까지의 미국문화가 재해석될 수 있을지는 두고 볼 일이다. 그리고 이러한 구도가 미국이라는 국경을 넘어 보다 넓은 공간적 지평으로 확대되면서, 미국의 세계적 영향력을 문제시하는 문학으로 나아갈지는 얼마나 미지수이다. 그것은 근래의 미국문학에서 보이는 몇 가지 예를 되뇌어 봐도 그렇다.

아마도 미국의 제국주의적 면모를 가장 적나라하게 드러낼 수 있었던 문학은 월남전을 소재로 한 것일 수 있었다. 하지만 월남전을 배경으로 하는 대부분의 작품은 미국이라는 집단이 다른 집단에게 가하는 제국주의적 양상을 드러내기보다는, 주로 전쟁이라는 것의 비인간성, 여기에 기인하는 개인의 정신적 방황과 사회적 부적응의 문제를 다루고 있다. 영화 〈디어 헌터The Deer Hunter〉(1978)에서 예증되고 있는 이러한 경향은 최근의 월남전 소설들(가령 오브라이언Tim O'Brian의 소설들)에서도 반복되고 있다. 물론 이 소설들은 레이건 시대의 람보 시리즈 수준의 쇼비니즘류는 아니며, 전 시대인 히틀러 시대에 등장한 미국적 영웅인 슈퍼맨의 정의관을 반복하고 있지는 않다. 하지만 미국 작가의 월남전 소설은 미국의 세계적 의미를 심도 있게 제시하기보다는 개인적 체험의 수준에 국한하고 있다는 느낌이다.

이러한 개인적인 것에의 경도는 소위 포스트모더니즘이라는 문학적 스타일과 세계관에 기인한 것인지도 모른다. 물론 포스트모더니즘 계열의 소설로 미국의 전쟁 행태를 다룬 소설은 여럿 있다. 그 가운데 대표적인 것이 보니거트Kurt Vonnegut의 《제5도살장*Slaughterhouse-Five, or The Children's Crusade*》(1969)이다. 이 소설은 2차 대전 당시 미군의 드레스덴 융단폭격을 다루고 있다. 이러한 주제는 분명히 한층 체계적인 의미 추구로 이어질 수 있었음에도, 주로 현란한 스타일에 묻혀 있다. 물론 이러한 스타일에 의해서 그 주제가 어느 정도 언급되고 다루어질 수 있었다는 긍정적 측면을 부정할 수 없다. 하지만 소설의 마지막에서와 같이 드레스덴의 고통이 단지 새소리와 같은 짹짹거림으로밖에 표현되지 못하는 상황은 형언 불능의 고통을 전하기보다는 그러한 고통의 전달을 포기하고 있다는 평가를 면키 어렵다. 이것은 단지 포스트모더니즘보다는 리얼리즘을 선호한다는 것이 아니라, 리얼리즘적 프로젝트일 수밖에 없는 주제에 당면하여 포스트모더니즘의 무력함을 보고 있다는 불만에 기인한다.

월남전에 대한 미국의 의미를 보다 극명하게 전하고 있는 작품은 영국작가 그린Graham Greene의 《조용한 미국인*The Quiet American*》(1955)이다. 아직 프랑스가 월남을 포기하지 못하고 있는 시점에서 한 미국인의 '선의'가 어떻게 왜곡된 결론으로 귀착하게 되는지를 그리고 있는 이 소설은 미국에 대한 객관적 관찰이 저물어 가는 제국의 작가들에 의해 한층 날카롭게 행해지고 있음을 알 수 있다. 역사적으로 이를 가장 먼저 행하고 있는 작가는 콘래드였다. 그의 《노스트로모*Nostromo*》(1904)는 장대한 스타일과 스케일로 남미의 한 지역이 중앙정부에서 빠져나와 독립을 쟁취하는 혁명과정을 다루고 있다. 여기에는 토착 지식인, 유럽식 교육을 받은 지식인, 혁명 전문가에 해당하는 이탈리아인들이 등장한다. 콘래드에게 이 독립혁명을 이끄는 힘은 세 가지로 구성되어 있다. 첫째는 지역의 이익을 대변할 국가건설이라는 이념의 힘이며, 둘째는 이러한 추상적 이념을 구체적으로 실천하는 행동하는 인물들, 셋째는 이러한 모든 것을 경제적으로 지배하는 자본의 힘이다. 특히 이 소설의 제목은 두 번째 요소를 대변하는 이탈리아계 영웅 노스트로모에서 온 것이며, 세 번째 요소는 영국계 백인으로 이곳에서 은광을 경영하는 찰스 골드Charles Gould와 이에 실질적 자본을 대고 있는 미국인 홀로이드Joshua Holroyd가 그 대변자이다. 이들 가운데서도 콘래드는 미국인 홀로이드의 자본과 이를 보호하고 확대하려는 미국이 이 조그만 나라의 독립혁명에 절대적 역할을 하는 것으로 그리고 있다. 미국 함대의 출현은 혁명의 성패만이 아니라, 혁명 이후 이 조그만 나라의 향방을 암시하고 있다.

사실 콘래드는 논쟁의 여지가 매우 많은 작가이다. 그의 언명 하나하나는 정확하기보다는 고도의 상징을 내포하면서, 보수와 진보의 양면을 오가는 것으로까지 여겨질 수 있다. 하지만 우리는 그의 정치적 성향과는 상관없이 인뜻인뜻 드러나는 관찰이 날카롭다 하지 않을 수 없다. 공교롭게도 그 역시 멜빌의 경우와 같이 해양생활을 하면서 아프리카와 남미 그리고 동남아를 체험한 작가이다. 폴란드 출신으로 내면 깊숙이 망명 작가와 같은 갈등을 갖고 있었던 그는 주변의 모든 것들을 한걸음 물러나 관찰할 수 있었을 것이다.

월남전과 포스트모더니즘이라는 물결을 벗어나, 세계 속에서의 미국의 행태에 대해 진단해 줄 것을 기대하게 되는 작가 가운데 하나로 드릴로Don DeLillo를 드는 것은 자연스러운 것이다. 그는 분명 포스트모더니즘의 연장에 있으면서도 지속적으로 이를 문제화하는 작가이기 때문이다. 그는 일찍이 《화이트 노이즈*White Noise*》(1985)에서 시식사회의 포스트모더니즘화를, 《리브라*Libra*》(1988)에서 케네디 대통령의 암살을 소재로 역사와 음모의 문제를 제기하였다. 그의 사회·문화 분석은 단편적이기보다는 매우 체계적이어서 시스템 소설이라는 명칭을 얻기도 했다. 오늘의 미국문화에 대한 그의 진단은 《마오 II*Mao II*》(1991)에서 잘 나타난다. 하지만 여기에서도 세계적 지평에서의 미국의 의미는 충분히 제시되지 못하고 있다. 이 작품에서는 소설가 빌Bill Gray이 작품으로가 아닌 실제 삶에서 중동의 정치적 사건에 휘말리게 된다. 이를 통해 그는 미국의 자본주의적 출판체계가 중동의 정치·군사적 소용돌이를 단순히 감각적으로 접근하면서 상업적으로 이용하려는 의지밖에 없음을 말한다. 사실 드릴로의 초기 소설인 《이름들*The Names*》(1982)은 희랍 등 유럽의 외곽을 누비는 한 미국인들의 행태를 보여 주면서, 미국의 국제적 자본주의 체제에 대한 소설적 접근의 가능성을 보여 주었다. 하지만 그의 근작인 《지하세계*Underworld*》(1988)는 다시 야구와 같은 미국적 대중문화의 의미를 궁구하는 데 그치고 있다.

미국의 세계적 의미를 한층 본격적이고도 대중적으로 보여 주고 있는 작가는 크라이튼Michael Crichton이다. 특히 영화로도 만들어진 그의 《떠오르는 태양*Rising Sun*》(1992)은 분명 오늘의 세계적 경제 시스템을 다루고 있다. 하지만 이러한 판단에 앞서 있는 주제는 일본식 자본주의에 대한 경고이다. 이것은 작품의 마지막에서 (작가의 목소리로밖에 들리지 않는 경고에서) 너무나 분명해진다. 크라이튼에게 일본식 자본주의는 경쟁이기보다는 전쟁이다. 그는 이제부터의 자본주의 체제는 근본적으로 다른 형태를 갖게 될 것이라고 경고한다. 그는 바로 세계적 경제 체제의 변화를 말하고 있는 것이다. 그는 또 미국과 미국인은 이를 간과하고 있다고 경고한다. 이제 우리는 그에게 총체적 시각에서의 미국에 대한 반성적 사유를 기대할 수 없음을 본다. 그의 이러한 사고방식에 대한 암시는 다른 작품들의 곳곳에도 숨어 있다. 그를 가장 유명하게 만든 《쥐라기 공원*Jurassic Park*》(1990)의 배경은 어디인가? 그곳은 항상 미국인에게 환상적 공간임과 동시에 극단적 무질서의 공간인 서인도제도의 한 섬이다. 미국인 일반이 갖는 서인도제도의 이미지는 디즈니 만화영화 〈인어 공주The Little Mermaid〉(1989)에서 보이는 환상과 낭만의 공간임과 동시에, 〈양들의 침묵The Silence of the Lambs〉(1991)의 마지막 장면에서 렉터가 도피할 수 있는 곳(이미지상 분명 에이즈와 무질서가 난무하는 하이티)이다. 서인도제도는 북미의 상상적 환상과 피해야 할 무질서 모두를 그때그때 대변하는 지역에 지나지 않는다.

이제까지 살펴본 바는 집단적 단위로서의 미국이 문학을 통해 과연 얼마만큼 자기 반성적인 과정에 있었는지에 대해 회의적인 것이었다. 그렇다면, 미국의 외곽 혹은 외부집단에게는 이를 바랄 수 있는가? 가령 미국의 원주민 집단인 인디언 계열의 작가에게 이를 바랄 수 있는가? 2차 대전이 인간의 영혼에 미친 파괴적 양상은 실코Leslie Marmon Silko의 《의식儀式/*Ceremony*》(1977)에서 볼 수 있다. 하지만 여기서 미국이라는 존재에 대한 분석은 개인적인 것과 인류학적인 것이라는 두 극단을 오가고 있다. 다른 인디언계 작가인 모마디N. Scott Momaday나 웰치James Welch 또한 비슷한 시야를 유지하고 있다. 사실 인디언의 문제는 〈늑대와의 춤Dances with Wolves〉(1990)이나 〈모히칸족의 최후The Last of the Mohicans〉(1992, 쿠퍼James Fenimore Cooper의 1826년 소설이 원작) 등의 영화에서와 같이 현실적으로 인디언들의 삶의 원리가 오늘의 미국을 판단하고 변화시키기는 지난함을 보여 준다. 특히 19세기 초기의 소설을 영화화한 후자는 어떻든 인디언의 최후를 말하고, 인디언적 이상이 백인 주인공에게 이어진다는 묵시적 이념을 영화화하고 있어, 오히려 미국의 원초적 죄악에 대한 면죄부가 되고 있다.

마지막으로 미국의 외곽에서 미국의 세계적 행태와 이념이 갖는 의미를 짚어 가는 작품 가운데 하나로 클리프Michelle Cliff의 《천국으로 전화할 수 없다*No Telephone to Heaven*》(1987)가 있다. 서인도제도의 자메이카 출신인 클리프는 미국과 영국 등에서 교육을 받았다. 《그들이 내게 경멸하도록 가르친 자아를 찾아*Claiming an Identity They Taught Me to Despise*》(1980) 등에서와 같이, 그녀는 영미의 정치와 문화에 의해 지배받아 온 서인도제도인의 목소리를 담고자 한다. 《천국으로 전화할 수 없다》는 기독교인이나 기타 사람들을 실어 나르는 트럭에 쓰여 있는 문구로부터 온 것이다. 이 소설은 크게 세 부분으로 되어 있다. 첫 부분은 가난과 소외에 찌들릴 대로 찌든 크리스토퍼Christopher가 땅때기를 요구하면서 지주 등을 몰살하고 이어 지주의 아들이자 그의 소싯적 친구였던 폴Paul마저 살해하는 이야기이다. 두 번째는 클레어 세비지Clare Savage와 그녀 가족의 이야기로, 이들이 미국으로 이주하며 겪게 되는 인종적 차별을 다루고 있다. 자신들의 음식인 카레조차 마음대로 먹을 수 없는 생활을 벗어나 다시 자메이카로 돌아오는 어머니와, 그래도 미국에 남아 있게 되는 아버지, 그리고 이 모두를 벗어나 자신이 '본래의' 고향으로 여기는 영국에서 공부를 하는 클레어의 이야기이다. 클레어 역시 끝내는 자메이카로 돌아오고, 우리는 세 번째 이야기로 옮아간다. 여기서는 영미의 합작영화 제작 팀이 자메이카의 전설적 여자 영웅을 오늘의 낭만적 주인공으로 되살리는 영화를 찍는 과정에서 크리스토퍼는 그저 나무에 올라가 소리를 지르는 엑스트라로 고용되고 있다. 이야기는 클레어와 그녀가 알게 된 해리/해리엇Harry/Harriet이라는 성별불명의 동료가 게릴라로 잠복하여 이들 영화 제작자들을 노리는 것으로 끝난다.

이러한 줄거리와 달리 이야기의 서술은 여러 단편적인 사건들이 마지막에 짜 맞춰지는 형식으로 되어 있다. 이것은 소설의 처음에 발생한 살인사건의 진정한 원인이 밝혀지는 과정으로 볼 수 있다. 기실, 가족이 모두 살해된 와중에 폴은 하녀인 메이비스Mavis의 죽음을 놓고서 어디에 연락을 해야 할지 난감해 한다. 그녀는 평생 그의 곁에 있어 온 존재이지만, 그저 하녀일 뿐 그 이상도 이하도 아니었다. 이렇게 난감해 하고 있는 현장에서 폴은 크리스토퍼를 다시 만나게 된다. 물론 크리스토퍼는 이 살인사건의 첫 번째 근원지이다. 하지만 그는 붙잡히지 않으며, 마지막 장면에서 영화의 엑스트라로 재등장하고 있다. 이러한 이야기를 통해 작가 클리프가 제시하고자 하는 문제의식 가운데 하나는 초국가적 관계의 망이라 할 수 있다.

서인도제도의 한 섬인 자메이카에서 엽기적 살인사건을 일으킨 원인들의 동심원은 단지 개인들 간의 갈등을 넘고, 이 섬나라의 경계를 넘어, 초국가적인 세계구조와 맞닿아 있다. 한 조그만 사건만이 아니라 세비지의 가족이 웅변하고 있는 것은 자메이카인의 삶이 자메이카 안에 머물 수만은 없다는 것이다. 하지만 이 당위적일 수 있는 명제는 불합리한 차별에 봉착한다. 경계를 넘을 수밖에 없는 구조(세비지 가족)와 이를 필요로 하면서도 차별하려는 구조(뉴욕) 사이의 갈등은 국가적 경계가 사라져 가면서도 엄존하는 현상을 표현하고 있다. 허물어진 국경은 세상의 원래의 모습이면서도 혼란의 동인이다. 사실 이러한 혼란은 클레어가 가까이 하게 되는 해리/해리엇의 정체에서도 나타나고 있다. 그녀는 어린 시절 영국수병에게 추행당한 후 남성과 여성의 경계를 잃어버린 존재가 되었다.

이러한 경계의 부재가 가져온 혼란을 무엇보다도 가장 잘 표현하고 있는 기재는 소설의 마지막에 등장하는 필름 느와르를 찍는 장면이다. 카리브해변을 지중해변으로 착각하게끔 하면서, 투사적 영웅을 로맨스의 여주인공으로 그리고 있는 할리우드식 영화제작이 다뤄지는 마지막 장에 클리프는 '필름 느와르' 즉 엽기적 사건을 풀어 나가는 영화라는 제목을 붙이고 있다. 이러한 영화산업은 초국가적 힘이고, 현실을 뛰어넘는 이미지의 힘이며, 동시에 없는 것을 있게 하는 힘이다. 또 이러한 현실 가운데 드러나는 것은 과거가 현재에 드리우고 있는 힘이다. 소설의 마지막에서 영화감독의 지시에 따라 크리스토퍼가 지르고 있는 단순한 소리는 옛날 노예가 맞았던 채찍 소리와 닮아 있다. 그것은 크리스토퍼가 이제껏 내면에 간직하고 있었던 것으로 언어화될 수 없는 것이었고, 이러한 분명치 않은 과거의 목소리가 바로 이 모든 혼란의 중심에 자리하고 있음을 느끼게 한다.

클리프는 영국과 미국이라는 어제와 오늘의 제국주의가 어떻게 자메이카의 여러 삶에 개입하는가를 보여 주고 있다. 작가는 이 소설에서 분명 오늘날 무엇이 가장 논쟁적 사안들인가를 인식하면서 이를 총괄하는 원인을 찾고자 한 것으로 보인다. 국가, 인종, 성, 상업적 이미지, 그리고 서술 형식의 문제 등이 제국주의적 힘의 자장 안에 있음을 보여 주고 있는 것이다. 한 가지 눈에 띄는 것은 이러한 구도가 유기적 연계로 보이기보다는 독자에 대한 교육적 차원으로 여겨질 만큼 다소 인위적 면모를 갖는다는 점이다. 이러한 느낌은 작품이 자신의 명제를 분명히 하고자 하는 의욕이 낳은 한계이기보다는, 세련이라는 이름으로 치장된 독자 자신의 감수성에 기인한 것인지 모른다.

어떻든 우리는 오늘날 미국의 문화적 화두가 되고 있는 다문화주의가 자신의 집단적 정체성이 대외적으로 갖는 함의를 반성적으로 파악하는 데 미진하다는 결론을 내리게 된다. 이것은 미국이 항상 자신을 예외적 존재로 여기는 미국 예외주의American exceptionalism에서 충분히 빠져나오고 있지 못하다는 것을 보여 준다. 인류 역사 가운데 예외적이고도 인위적인 명제에 의해 세워진 나라로서, 이제까지의 어떤 전통적 이념을 계승하기보다는 미래 국가적 면모를 예증하고 있다는 미국적 자부심은 아직 계속되고 있는가? 무엇보다도 개인과 집단에게 자신을 되돌아보는 반성적 계기를 마련하려는 문학적 작업이 미국의 문화과정 속에서는 그러한 시선을 주로 자신의 내부문제에 국한하고 있다고 여겨진다. 이제 미국문학은 자신의 외곽에 위치한 문학에서 묘사되고 있는 자신의 모습을 한층 적극적으로 받아들이는 과정으로 접어들어야 할 단계이다.

■《내일을 여는 작가》(1999)

제14장
민족문학과 코즈모폴리턴 문학

영어의 경우 '코즈모폴리턴'cosmopolitan은 어원적으로 르네상스 후기에 희랍어의 '세계'kosmos와 '시민'polites이 결합된 '세계시민'이라는 뜻의 'cosmopolite'(1598)와 'cosmopolitan'(1645) 등으로 나타나기 시작하였다.[1] 물론 이러한 단어들은 같은 시기에 세계정신esprit cosmopolite에서와 같이 형용사적으로 쓰이기도 했다. 하지만 한결 광범위한 형용사적 용법인 '코즈모폴리턴'cosmopolitan은 19세기 중반에야 정착된 것으로 보인다. '코즈모폴리턴'의 일차적 의미는 지역적인 것을 넘어 국제적인 혹은 세계적인 사람과 준거를 가리킨다. 특히 '코즈모폴리턴'이라는 용어의 역사는 그것이 민족국가나 국민국가의 형성이나 민족주의 운동보다 시대적으로 앞선 것임을 말해 주며, 이런 점에서 코즈모폴리턴이 넘고자 하는 경계가 영토적, 문화적, 언어적 경계였고, 민족적인 것 이전에 있었음을 염두에 둘 필요가 있다.

1 'Cosmopolite' & 'cosmopolitan,' *The Oxford English Dictionary*, 2nd ed., CD-ROM version 1.13 (Oxford: Oxford UP 1994).

코즈모폴리턴 혹은 코즈모폴리터니즘cosmopolitanism은 애초부터 일부 계층에게는 바람직한 이상이었지만 다른 일부 계층에게는 폄하의 대상이었다. 이러한 예와 적확한 개념의 문제를 접어두고 오늘의 코즈모폴리턴 이념에 대한 논의의 틀은 칸트와 마르크스에서 시작할 수 있을 것이다. 칸트 철학의 정치적 측면을 보여 주는 그의 《영구 평화론*Zum ewigen Frieden*》(1795)과 《세계시민적 견지에서 본 보편사의 이념*Idee zu einer allgemeinen Geschichte in weltbürgerlicher Absicht*》(1784)에서 인간은 '코즈모폴리턴적 권리'ius cosmopoliticum를 갖는 보편적인 '세계시민적 존재'weltbürgerlicher Zustand; cosmopolitan existence로 규정된다.[2] 물론 칸트는 당대의 절대왕정을 넘어 공화제적 체제와 더 나아가 국가 간의 연합 혹은 통합을 제안하고 있으며, 이는 그의 이성적 프로젝트의 일환임을 알 수 있다. 칸트의 코즈모폴리터니즘이 이성적이고 이상적인 목표였다면, 마르크스와 엥겔스의 코즈모폴리턴에 대한 관찰은 더 현실적이다. 그들은 《공산당 선언》(1848)에서 부르주아지가 세계시장의 착취를 통해 모든 나라의 생산과 소비에 '코즈모폴리턴적 성격'cosmopolitan character을 부여했다고 설명한다(Marx & Engels, *Manifesto* 46). 이러한 상황에 비추어 보면 "노동자는 나라를 갖지 않는다"는 주장은 자본주의의 세계화에 대해 노동자들의 대항의식을 제고하기 위한 명제로서의 의미를 갖는다. 그럼에도, 우리는 칸트와 마르크스·엥겔스의 코즈모폴리터니즘 사이에 커다란 변화가 있음에 주목하지 않을 수 없다. 이는 근본적으로 이 두 생각의 틀의 차이와 19세기 초반의 반세기가 만들어낸 간극에 기인한다. 칸트의 시대가 민족국가의 형성기였다면, 마르크스와 엥겔스의 시대는 이미 민족국가가 자본주의와 연계되면서 제국주의적 팽창

---

2 Kant, *Idee zu einer allgemeinen Geschichte* 18; "Idea for a Universal History" 51 참조.

으로 나아가고 있음을 느끼기 시작하는 단계였다고 할 수 있다.[3]

코즈모폴리터니즘을 칸트는 보편적 이상으로 제시하고, 마르크스와 엥겔스는 현실 진단적이면서도 동시에 처방적으로 제시하고 있다. 하지만 이러한 시각들이 서양이라는 지역적인 틀을 벗어날 때 그것은 매우 제국주의적이고 식민주의적이라는 혐의를 갖게 될 수 있다. 가령 칸트 철학에서의 보편성은 단지 서구의 특수성이 세계적 보편성을 갖는 것으로 논리화하는 것임을 지적할 수 있을 것이다. 철학으로든 역사적 현실의 장에서든 코즈모폴리터니즘이 서구 내에서 자국의 경계를 넘어 다른 문화를 향유하려는 일부 특권 계층의 행태로 비난받을 여지가 많았다면, 서구 내에 국한해 볼 때 이것은 상대적으로 심각한 문제로 제기될 정도는 아니었다. 그들의 코즈모폴리터니즘에 동방이 포함된 것은 근대에 와서도 극히 드문 일이었고, 그 역시 사이드가 밝히고 있듯이 오리엔탈리즘적인 것으로, 진정한 코스모폴리터니즘이라기보다는 최소한 무의식적 차원에서의 제국주의와 식민주의적 제스처로 여겨질 가능성이 많았기 때문이다.

살만 루시디를 둘러싼 논의의 중심은 그의 문학이 이러한 서구의 오리엔탈리즘적 코즈모폴리터니즘의 한 예인지, 혹은 바야흐로 동양이 이러한 경향을 주체적으로 전복하는 경우인지에 있다. 루시디는 인도의 봄베이 출신으로 중학교부터 영국으로 유학을 간 다음, 영어로 글을 쓰고 있는 작가이다. 그 사이에 이슬람교도인 그의 가족들은 파키스탄으로 이주할 수밖에 없었다. 그의 작품 가운데 오늘의 코즈모폴리터니즘의 문제와 연관될 수 있는 작품으로는 초기 3부작이라 할 《한밤의 아이들》과 《부끄러움*Shame*》(1983) 그

3 이에 대한 자세한 논의는 Cheah 참조. 코즈모폴리터니즘에 대한 정의 역시 이 논문에서 많은 도움을 받았다.

리고《악마의 시》가 있다. 이 작품들은 그가 관련된 세 국가 즉 인도, 파키스탄, 영국을 배경으로 하면서, 세 국가에 대한 자신의 관계를 정리하고 있는 것으로 보인다. 이 장은 루시디의 문학과 그를 둘러싼 소위 '루시디 현상'을 코즈모폴리턴적 관점에서 살펴보고, 이것이 민족국가와 민족문학론에 어떤 시사점을 갖고 있는지 논의하고자 한다. 루시디가 일반의 주목을 받은 것은《악마의 시》가 커다란 물의를 일으키면서부터이다. 하지만 그의 문학은 이러한 스캔들의 차원을 넘어, 개인과 국가, 민족, 그리고 문화권이라는 집단 형식이 오늘과 같은 세계체제 속에서 어떤 관계의 망을 형성해야 되는가에 대한 매우 진지한 문제제기이기도 하다. 이 글은 특히 루시디 문학과 '루시디 현상'이라는 문제의 틀이 한층 분명한《한밤의 아이들》과《악마의 시》를 그 구체적 예로 삼고자 한다.

《한밤의 아이들》은 한 개인의 운명이 그 국가의 운명에 한데 어우러지는 제임슨적인 제3세계 알레고리론을 희화화하는 결과를 낳고 있다. 이 작품은 인도를 "새로운 신화—집단적 허구"the new myth—a collective fiction(*Midnight's Children* 129-130)라 정의한다. 이러한 간단한 정의에는 좁게는 루시디의 인도, 서구 전체가 보아 온 인도, 나아가 인간의 집단의식에 대한 진단이 내재해 있다. 한 개인과 집단이 연결되는 방식을 신화나 허구라고 정의하는 것은 개인과 집단이 상징적이고도 비유적으로 연결되어 있다는 기존의 논리를 극적으로 표현하면서, 동시에 개인과 한 집단 사이에 강조되어 온 비유적 유대와 상관의 논리에 내재한 이념을 더욱 구체화한다.

이 소설의 화자인 살림 시나이는 "인도에 있어서 알레고리는 하나의 질병"(3)이라고 말한다. 그는 개인과 개인이 속한 집단 사이의 알레고리적 상관관계를 네 가지 유형—능동적이고 문자 그대로, 수동적이고 은유적으로, 능동적이고 은유적으로, 수동적이고 문자 그대로—으로 분류한다(285-286). 형태는 다를지라도 개인은 집단의 흐름에서 빠져나올 수 없다는 것이 이러한 조합의 결론이다.

작품의 제목인 "한밤의 아이들"은 시간적으로 살림과 같이 인도의 독립(1947. 8. 15)과 정확히 같은 시간에 태어난 아이들을 일컫는다. 이때 인도의 첫 수상이었던 네루Jawaharlal Nehru가 살림의 출생을 축하하며 보낸 서한은 그가 오랜 역사와 젊음이 함께하고 있는 인도를 새롭게 구현하는 인도인의 거울이라고 칭송하면서, 한 어린이의 삶을 국민 및 국가 전체의 삶과 일치시키고 있다(143). 단순한 시간적 우연이 그를 인도의 역사사슬에 묶어 놓게 된 것이다. 하지만 좀더 면밀한 관찰의 대상이 되어야 하는 것은, 여기에서 놓칠 수 없이 나타나는 것으로 국가 형식은 역사성과 현재성을 동시에 요구한다는 것이다. 다시 말하면, 민족주의의 이상은 집단적 정체성의 유구함과 이를 계속적으로 새롭게 해야 한다는 약간은 모순된 이상에 기반하고 있다는 것이다. 이러한 모순에도 불구하고 그 허위적 일체감은 여러 가지 의식儀式과 제도에 의해 표상되고 지속된다. 살림은 이러한 집단적 허위의식을 다음과 같이 요약한다.

> 우리 국민 모두는 상응관계에 집착한다. 이것과 저것 사이에서, 분명한 연관성이 없는 것들 사이에서 유사성을 발견하며 우리는 열렬히 박수를 친다. 이것은 일정한 틀에 대한 국민적 염원이거나, 아마도 단순히 현실 밑바닥에 숨은 틀이 있다는 우리의 깊은 믿음을 표현한다. 그래서 우리는 여러 가지 징조들에 휩쓸린다… 가령, 인도 국기가 처음 게양되었을 때, 저 델리의 벌판 위로 무지개, 노랑과 초록의 무지개가 나타났을 때, 우리는 행복했다.

> As a people, we are obsessed with correspondences. Similarities between this and that, between apparently unconnected things, make us clap our hands delightedly when we find them out. It is a sort of national longing for form—or perhaps simply an expression of our deep belief that forms lie hidden within reality; that meaning reveals itself only in flashes. Hence our vulnerability to omens… when the Indian flag was first raised, for instance, a rainbow appeared above that Delhi field, a rainbow of saffron and green; and we felt blessed. (359-360)

현실적으로 살림의 국가체제로부터의 분리와 그에 대한 환멸은 영국의 식민통치와 인도의 독립 이후 겪게 되는 파키스탄의 분리(1947), 이에 이은 두 나라 사이의 카시미르와 방글라데시에서의 전쟁(1948, 1965), 그리고 중국과의 국경분쟁(1962) 등 그의 삶을 질곡으로 이끈 주요 사회적 사건들에 의해 촉진된다. 나아가 이 사건들은 살림이 일종의 탈영토화deterritorialization라는 염원을 갖게 하는 계기로 설명될 수 있을 것이다. 살림의 많은 문제가 영토문제에서 기인함에 따라, 현실적으로 영토적 조건을 벗어난 삶이 가능한가의 문제가 제기될 수밖에 없다. 누구나 이러한 물음 자체가 두렵고 위험한 것임을 느낄 수 있을 정도로, 우리에게 영토는 바로 현실 자체라 할 수 있다. 우리가 현실 속의 인간이기 때문인가, 아니면 우리의 삶 그리고 상상력의 경계는 바로 영토이기 때문인가의 물음을 제기하는 것마저 두려워하고 있는 것이다. 하지만, 이것은 루시디가 제시하고 있는 문학행위의 의의, 좀더 구체적으로는 오늘날 세계화 속에서의 소설 장르의 의의를 제시하는 대목이기도 하다는 점에 주목할 필요가 있다.

루시디는 자신을 인도인보다는 봄베이인으로 규정하기를 좋아한다. 그는 봄베이의 이슬람교도 집안에서 태어났다. 인도 대륙의 독립 이후 힌두교인 인도와 이슬람교인 파키스탄으로 분단partition되고, 그의 가족들 모두가 타의에 의해 카라치로 이주할 수밖에 없었던 역사는 루시디의 성장기에 가장 큰 영향을 미친 사건 가운데 하나였다. 루시디는 이러한 영토분단이라는 고통스러운 역사의 전개를 암시하고 동시에 이를 변형하고 있는 장면을《한밤의 아이들》의 서두에 묘사하고 있다. 그것이 살림의 할아버지인 아지즈 박사Dr. Aziz—포스터의《인도로 가는 길》의 주인공과 같은 이름—가 오로지 이불보의 구멍을 통해서만 장차 자신의 아내가 될 나심Naseem을 진단하는 장면에서 느껴진다고 말하면 너무 과도한 해석일까?

> 그래서 아지즈 박사의 마음속에서 나심의 모습은 부분적으로 검사한 부위들을 얼기설기 짜 맞춘 콜라주 모양을 갖게 되었다. 이 분할된 여성의 환영은 그를 떠나지 않았는데 그것은 단지 꿈속에서만이 아니었다. 그의 상상력에 의해 짜 맞춰진 그녀의 모습은 왕진을 다닐 때 항상 따라다녔고, 마음 한가운데 자리 잡았으며, 그는 자나 깨나 그녀의 간지럼 잘 타는 피부나 완벽하고 조그마한 손목의 부드러움이나 발목의 아름다움을 손끝으로 느낄 수 있을 것 같았다. 그는 그녀의 라벤더와 잼벨리 향기를 맡고, 그녀의 목소리와 조그만 소녀의 쏟아지는 웃음소리를 들을 수도 있었지만, 정작 얼굴을 본 적이 없는 그녀는 머리가 없는 존재였다.
>
> So gradually Doctor Aziz came to have a picture of Naseem, in his mind, a badly-fitting collage of her severally-inspected parts. This phantasm of a partitioned woman began to haunt him, and not only in his dreams. Glued together by his imagination, she accompanied him on all his rounds, she moved into the front room of his mind, so that waking and sleeping he could feel in his fingertips the softness of

her ticklish skin or the perfect tiny wrists or the beauty of the ankles; he could smell her scent of lavender and chambeli; he could hear her voice and her helpless laughter of a little girl; but she was headless, because he had never seen her face. (23)

여기에는 '분할된'partitioned 육체를 하나로 상상해 내려는 미학, 현실에서의 하나의 유기적 형태의 모색, 인도 반도의 분단이라는 여러 층위가 중첩되어 있다고 할 수 있다. 하지만 이러한 장면은 정치와 문화적 배경 그리고 문학 사이의 여러 긴장관계 가운데 산출되는 짧은 위안의 순간에 불과할지 모른다. 왜냐하면 이러한 개인적 삶과 집단적 역사 사이의 일치와 차이—영토분단과 육체의 부분 사이에 존재하는 비유적 동일성과 실질적 차이—가 만들어 내는 유머와 미적 잉여는 현실적으로 편재한 일치에의 의지에 의해 짓밟히고 있기 때문이다.

이와는 다른 차원에서 한 인간이 전체를 강제적으로 대변하는 경우가 현실 정치에서 일어나고 있었다. 가령, 인디라 간디Indira Gandhi는 자신을 마하트마 간디Mahatma Gandhi 나아가 어머니 인도Bharat-Mata를 연상케 하는 신화로 인도를 다스린 정치가이다(483).[4] 이러한 의미에서 《한밤의 아이들》에 실린 루시디의 의도는 새롭게 태어난 아이들이 새로운 생각을 향유할 수 있는 자유를 갖게 하는 데 있다고 할 수 있다. 물론 이러한 희원의 중심에 루시디의 소설적 자유가 있음도 분명하다.

하지만 루시디의 이러한 소설이 소설미학의 세계 속에서만 판단될 수 없

4 루시디는 인디라 간디의 성이 마하트마 간디"Mahatma" M. K. Gandhi와는 전혀 연관성을 갖지 않는다는 것을 밝히기도 하고(501), 살림의 아들 아담 시나이Aadam Sinai의 출생일과 인디라 간디의 선거법 위반 확정 판결일을 일치시켜, 인디라 간디 정권에서와는 다른 삶에 대한 염원을 분명히 하고 있다(497).

는 것도 사실이다. 사실 루시디의 존재는 1981년 이 작품으로 영국의 부커상Booker Prize을 받으며 문학계에 알려지기 시작했다. 루시디 이전의 많은 수상자들도 영국 식민지 출신의 작가들이었다. 루시디는 이를 "옛 세국의 문학적 반격"The empire writes back이라 평하고 있다(Rushdie, "The Empire Writes Back"). 루시디의 수상은 한편으로 전후 영국 내의 소설들과는 현저하게 다른 분위기 속에서, 분명 소설다운 소설은 현실과 밀착된 갈등을 다루는 것이어야 한다는 판단에 기인한 것이었다고 할 수 있다. 다른 한편으로 영국의 출판계가 기존 식민지에 대한 영국의 문화적 향수에 편승해 기이한 나라의 신기한 이야기를 상업화하고 있는 것으로 보인다. 루시디 또한 이러한 시류에 편승하고 또 부채질했다는 혐의를 부정하기는 어려울 것 같다. 현실의 진지한 제시와 디불어 이의 과장(때로는 왜곡)이 병존하는 《한밤의 아이들》은 또다시 문학을 둘러싼 현실 공간 안에서 재생산되고 소비되며 그 성격이 규정되고 있는 것이다. 더구나 그 현실 공간은 단지 한 국가나 문화권이 아니라 문화와 문화의 접점에서도 형성되어 있다. 이러한 전 지구적 자장 안의 문학의 논리를 더욱 확대해서 보여 주는 것이 《악마의 시》라 할 수 있는 바, 이 작품을 살펴본 후 이러한 문제적 틀에 대한 논의로 되돌아오고자 한다.

《악마의 시》에서는 《한밤의 아이들》의 문제의식이 방향을 분명히 하고 심도를 더하고 있다. 이 소설은 단지 인도의 다양성만이 아니라 영국의 다양성을 이야기하고 있다. 이야기는 조이스의 《율리시즈*Ulysses*》에 비견될 만한 현란한 도약과 혼란스러움 속에, 형식적으로는 한때 인도의 일류 배우였던 지브리일 파리시타Gibreel Farishta와 삼류 구술 공연가인 살라딘 참차Saladin Chamcha를 중심으로 전개된다. 하지만 내용적으로는 이 두 인물이 중심이라 할 수 없을 정도로 이들의 이야기에 못지않게 다른 이야기들이 편재해 있다.

특히 힌두교나 이슬람교의 주요 신들이 희화화되어 나타나는데, 대표적으로 마훈드Mahound나 아예샤Ayesha를 들 수 있을 것이다.《한밤의 아이들》에서와 같이 여기에서도 전설적 인도를 다루는 단편적 장면들이 연이어지면서, 인도에 대한 서양의 향수를 자극하고 또 충족해 주고 있다.

이 소설의 이야기가 진행되고 있는 곳은 분명 영국이다. 소설의 첫머리는 인도를 떠나 영국으로 오는 비행기가 납치 폭파되는 사건과 이로부터 극적으로 빠져나와 영국에 착륙하게 되는 두 주인공의 이야기이다. 이후 이들의 영국과의 관계와 거기에서의 삶 그리고 인도에 대한 생각과 상상이 한데 얽혀진다. 이 역시 인도를 상업화하는 전략으로 읽힐 수 있지만, 실상 루시디의 의도는 양면적인 것으로 여겨진다. 모든 사건이 인도보다는 영국에서 일어나는 이 작품은 한편으로 인도 특히 이슬람교의, 다른 한편으로 영국의 자기 논리에 바탕한 편협한 자만심을 질타하고 있다.

그러므로《악마의 시》에서는《한밤의 아이들》에서와 같이 개인을 알레고리적으로 민족 혹은 국가에 견강부회牽强附會하는 것에 대한 항의에서 한 걸음 더 나아가, 민족이나 국가 그리고 그 문화가 순정성보다는 혼종성에 기초함을 보여 준다. 그래서 살라딘과 지브리일이 영국을 '공격'하기에 앞서 루시디는 인도문화의 혼종성을 먼저 강조한다. 지브리일은 비행기 안에서 이런 노래를 부른다.

> "아, 내 신발은 일제죠." 지브리일은 다가서는 이민의 땅에 대해 조금은 의식적으로 존경을 표하고자 옛 노래를 영어로 번역하여 불렀다. "죄송합니다. 바지는 영국제이고. 머리엔 빨간 러시아제 모자, 그래도 마음은 인도제이죠."
>
> "O, my shoes are Japanese." Gibreel sang, translating the old song into

English in semi-conscious deference to the uprushing host-nation, "These trousers English, if you please. On my head, red Russian hat; my heart's Indian for all that." (*The Satanic Verses* 5)

〈내 신발은 일제Mera joota hai japaani〉라는 제목의 이 노래는 〈420 씨Shree 420〉라는 1955년도 영화에서 온 것으로, 이런저런 것들이 섞여 있어도 전혀 개의치 않는 낙천성을 웅변한다. 루시디는 살라딘의 애인인 지니Zeeny Vakil의 경우를 들어 이를 이렇게 다시 설명한다.

그녀는 미술 비평가였다. 모든 인도문화는 아리안, 무갈, 영국식에서 맞다고 생각되는 복장은 빌리고, 최고의 것만 택하고 나머지는 버리는 원칙에 기초하고 있지 않은가? 그렇기 때문에 진짜 우리 것입네 하고 옥죄는 신화, 그 민속학적 올가미 대신 역사적으로 정당화된 절충주의를 주장한 그녀의 책은 예상대로 골칫거리였다. 특히 그 제목,《참으로 착한 인도인》때문이었다. 그녀는 "그것은 죽은 인도인이지"라고 말하면서 참차에게 한 권를 건넸다. "왜 인도 놈되는 데 착하고 바른 길이 있어야 되는 거야? 그건 힌두 근본주의야. 사실 우리는 모두 불량한 인도인이지. 어떤 사람은 다른 사람보다 더 불량하고."

She was an art critic whose book on the confining myth of authenticity, that folkloristic straitjacket which she sought to replace by an ethic of historically validated eclecticism, for was not the entire national culture based on the principle of borrowing whatever clothes seemed to fit, Aryan, Mughal, British, take the best and leave the rest?—had created a predictable stink, especially because of its title. She had called it *The Only Good Indian.* "Meaning, is a dead," she told Chamcha when she gave him a copy. "Why should there be a good, right way of being a wog? That's Hindu fundamentalism. Actually we' re all bad Indians. Some worse than others." (52)

비행기에서 추락한 살라딘은 영국인 파멜라 러블리스Pamela Lovelace와 결혼한 사이지만, 경찰에 연행되어 심문을 받는다. 그가 이 자리에서 자신의 공식 이름인 살라후딘 참차왈라Salahuddin Chamchawala를 대자, 경찰은 영국인에게 무슨 그런 이름이 있느냐고 신경질적으로 반응한다(163). 영국인들에게 그는 외계인alien이다. 그에게 이곳은 "온건한 상식의 땅인 영국"(158)이 아니다. 이후에 루시디는 살라딘의 머리에 뿔이 나게 함으로써, 영국 사회가 이방인을 얼마나 악마화하는가를 보여 주고자 한다. 인도에서 영국으로는 몇 시간에 날아갈 수는 있지만, 그 외 모든 것에는 엄청난 거리가 있다는 것이 확인된다(41).

하지만, 순정성에 기초한 기만은 영국만의 전유물이 아니다. 우리는 여기서 루시디를 유명하게 한 직접적 계기를 이야기해야 한다. 루시디가 전 세계적으로 문제된 것은 이 소설이 이슬람교의 모하메드를 모욕했다는 혐의 때문이다. 우리는 여기에 등장하는 마훈드가 중세 십자군 이래로 서방세계에서 모하메드를 악마시하는 표기임을 상기할 필요가 있다(Goonetilleke 99-100). 이러한 구도 속에 마훈드의 공식 서기인 살만Salman은 마훈드가 활동한 자힐라에 모하메드의 아내들의 이름—아예샤Ayesha, 사다Sawdah, 하프사Hafsah, 람라Ramlah 등—을 사용하는 매춘부들을 언급한다(381-382). 루시디는 심하게 책임을 추궁당할 수 있는 이 부분에 두 가지 문학적 안전판을 설치하고 있다. 첫째는 이 부분을 살림이 꿈을 꾸는 것으로 처리하고, 둘째는 그러한 창녀들이 후일 모하메드의 부인들이 되는 것인지, 혹은 매춘부들이 단지 사업상 성스러운 이름을 도용하고 있는지 (이야기의 흐름은 도용으로 느껴지며, 루시디 역시 이 같이 자신을 변호하고 있지만) 모호하게 처리한다.

좀더 근본적 차원에서 정통 이슬람교의 입장에서 벗어난 예 또한 문제된다. 작품의 제목이기도 한 "악마의 시"에 대한 논쟁은 이슬람교 역사의 내밀한 한 장을 이룬다고 할 수 있다. 내용은 기실 간단한 것이어서, 모하메드 이외에 세 명의 여신(Lat, Manat, Uzza)의 존재를 둘러싼 에피소드로 이루어져 있다. 모하메드와 동등한 위치를 갖는 세 여신에 대한 언급들[5] 역시 살림의 현실에서 이루어지는지 혹은 꿈(혹은 꿈속의 꿈)에서 이루어지는지 불분명하게 처리되어 있다. 정통 이슬람교에서 이러한 에피소드는 사탄의 장난에 의한 것으로 여겨져 애초부터 빛을 보지 못했으며, 대부분의 이슬람교도들에게는 오히려 낯선 이야기이다. 루시디 역시 이러한 이야기를 자신의 어린 시절이나 집안에서 들었다기보다는, 후에 케임브리지의 도서관에서 발견한다. 마훈드를 비롯한 이러한 이야기는 루시디가 오리엔탈리즘적인 기록을 무비판적으로 반복한다는 비난을 받아 왔다.

하지만 이 소설이 모하메드보다는 이란의 종교 지도자 호메이니를 적나라하게 비방조로 그리고 있다는 것이 그를 현실적으로 곤궁에 빠뜨린 더 직접적인 동인일지 모른다. 가령 루시디는 호메이니의 망명생활만이 아니라 그의 외모를 다음과 같이 묘사함으로써 우리로 하여금 그의 정치적 견해를 예측하게 한다.

> 그 이맘〔이슬람의 지도자〕은 기대한 침묵이며 움직임이 없다. 그는 살아 있는 바위다. 그의 크고 마디 굵은 회색빛 손은 등받이가 높은 의자의 팔걸이에 무

5 가령 "이들은 고귀한 여성들로 그들의 개입은 바람직하다"(These are exalted females whose intercession is to be desired. *Satanic Verses* 340). 또한 24, 366-367 등 참조.

겁게 놓여 있다. 몸통에 비해 너무나 커 보이는 머리는 퇴색한 수염다발 사이로 비쳐지는 섬뜩하게 야윈 목 위에서 무겁게 움직인다.

> The Imam is a massive stillness, an immobility. He is living stone. His great gnarled hands, granite-grey, rest heavily on the wings of his high-backed chair. His head, looking too large for the body beneath, lolls ponderously on the surprisingly scrawny neck that can be glimpsed through the grey-black wisps of beard. (210)

루시디의 이러한 측면은 그가 한편으로 제3세계 출신의 네오오리엔탈리스트이거나, 결국에는 동서 양 진영을 무책임하게 오가는 코즈모폴리턴이라는 비판의 여지를 남긴다. 전자가 주로 그의 이슬람교에 대한 '말 걸기'[6]에 기인한 것이라면, 후자는 문화이론적 측면에서 더 진지한 대답을 요한다.

루시디가 제3세계 코즈모폴리턴으로 규정된 것은 그에 대한 주요 비평서를 낸 브레넌Timothy Brennan에 의해서이다. 그는 제3세계에서 태어나 주로 서방에서 활동하거나 서방에서부터 인정받기 시작한 작가들—가령 요사Mario Vargas Llosa, 월코트Derek Walcott, 루시디, 아옌데Isabel Allende, 마르케스Gabriel García Márquez, 무커르지Bharati Mukherjee 등—을 '제3세계 코즈모폴리턴들'Third-World cosmopolitans이라 부르고자 한다(viii). 브레넌의 주장은 특히 그람시Antonio Gramsci의 문학론과 맞닿아 있다. 브레넌은 현재 제3세계의 문화적 구도가 그람시가 직면했던 이탈리아의 그것에 비교된다는 것을 재강조하면서, 민족-민중문학national-popular literature이 국가 내의 모순을 조화롭게 풀

6 스피박은 타자의 목소리를 복원하는 데 있어서, 타자에 대한 대변보다는 타자에게의 말 걸기를 더 권하고 있다. "Can the Subaltern Speak?" 294 참조.

어 나가는 반면, 모더니즘과 같은 엘리트주의 코즈모폴리턴 문학은 피상적이고 이기적인 재간주의에 빠져 있다는 그람시의 설명을 환기한다. 그람시에게 코즈모폴리턴 문학은 대화와 행동의 문학이기보다는 독백과 사변의 문학이며, 이에 따라 현실을 변형할 아무런 힘도 발휘하지 못하는 무기력한 문학에 지나지 않는 것이었다. 브레넌은 이러한 그람시에 기반하여 루시디의 코즈모폴리턴적 보편성 혹은 포스트모던 코즈모폴리터니즘이 얼마나 현실과는 유리되고 현실에 무감각한 문학인가를 주장하고자 한다(Brennan 40-50, 165-166). 브레넌의 주장은 여러 가지 시사점과 아울러 문제점을 갖는 것이 사실이며, 루시디에서 폐기처분할 것보다는 재활용할 것을 주로 궁구하고자 한다면 브레넌의 주장은 재고되어야 한다.

루시디라는 존재와 그를 둘러싼 '루시디 현상'은 한 작가만의 독특한 예외적 상황으로 치부하기보다는 이제껏 엄연히 존재해 왔고, 존재하고 있으며, 또 최소한 앞으로 중요한 의미를 갖게 될 상황에 대한 징후로 주목할 필요가 있다. 우리는 현재 괴테가 말하는 세계문학의 이념과는 차원이 다른 방식으로, 문화와 문화 사이에 있는 세계의 문학에 당면해 있다고 할 수 있다. 이는 민족단위 문학의 존재를 부정하는 것이라기보다는 이제 그것이 세계화의 구도 속에 있으며, 문학에 대한 이론은 이러한 민족 사이의 문학에서 현시대 문학의 본령 가운데 하나를 찾을 수 있는지를 생각해야 한다는 것을 말한다. 루시디는 여러 문화의 사이에 있는 문학의 속성을 웅변하고 있다. 그리고 이러한 웅변에 담긴 제안의 내용 가운데 하나는 결국 어느 특정 문화에도 속하지 않을 수 있는 것도 문학의 한 속성이라는 것이다. 참차가 "외계인 쇼"The Alien Show를 공연했을 때, 보수적인 사람들로부터는 너무나 충격적이고 성적으로 문란하다는 비난을, 소위 의식 있는 비평가로부터는 이방인은 모두 변종이라는 고정관념을 강화하고 있다는 비난을 받는다. 이에 대해 참차는 "이런 쇼는 알레고리가 아니야. 이것은 오락거리야. 즐기기 위한 것이지"The damn show isn't an allegory. It's an entertainment. It aims to please(63)라고 항변한다. 루시디 문학과 현상에 담긴 제안의 다른 하나는 문화의 상대주의적 차원으로 요약할 수 있다. 그가 문제시된 것은 한 문화 안에서 절대적인 거대담론에 말다운 말을 걸면서, 그러한 절대적 담론의 '저자'와 오늘의 작가를 동등한 위치에 놓았기 때문이다. 이제 루시디 자신의 언급대로 "사회적 담론 혹은 서사의 권위를 누가 갖는가의 문제"가 제기되지만,[7] 그 권위자 역시 다른 문화와의 접촉의 장에서 궁극적으로 상대적 위치를 갖게 된다.

각도를 달리하면, 루시디와 같은 코즈모폴리턴 문학은 문화와 문화의 사이에서 어느 것에도 속하지 않기보다는 양쪽 모두에 비판적 차원을 갖는다고 할 수 있다. 이러한 측면에서의 코즈모폴리터니즘은 새삼 문화의 의미를 재점검하는 계기가 된다. 문화는 자연물 혹은 기왕에 이루어진 문화물을 일정한 사유양식으로 처리하는 형식이라 할 수 있으며, 이것이 진정한 의미의 문화의 내용일 것이다. 데리다는 "한 문화에 적절한 것은 그 스스로에게 일치하지 않는 것"이며, 문화는 스스로를 전복하는 힘이라고까지 말한다(*The Other Heading* 9-10; 또한 82-83 참조). 이런 점에서 루시디 소설이 런던을 중심으로 한 제국주의적 자본의 산물인가, 혹은 이에 대한 독자적인 비판적 차원을

7 "The row over *The Satanic Verses* was at bottom an argument about who should have the power of the grand narrative, the Story of Islam, and that power must belong to equally to everyone"(Rushdie, "One Thousand Days in a Balloon" 17). 루시디의 담론적 저항에 관해서는 Bhabha, *The Location of Culture*, 225-226 참조. 루시디의 《악마의 시》는 신성모독에 대해 신중한 태도를 견지하면서(*The Satanic Verses* 49, 69, 102, 209, 233, 236, 288, 331, 380, 483, 539 참조), 문화 상대주의적으로 자신이 원하는 바를 추구하고 있다.

갖는 작품인가를 결정하는 문제는 객관적이기보다는 주관적으로 결정되어야 한다. 여기에서 객관적이라 함은 서양과 동양 모두에게 공평무사할 수 있는 결론을 말하지만, 주관적이라 함은 구체적으로 동양의 경우에 추구할 수 있는 태도를 결정하는 방식이다. 이러한 의미의 주관적 관점에서, 이슬람 세계는 루시디 문학과 그 현상을 서방세계의 이념을 다시 한번 파악하는 계기로뿐만 아니라, 자신의 문화를 반성적으로 성찰하는 계기로 삼아야 할 것으로 보인다. 이는 제3세계가 루시디의 경우와 같이 서양과 동양에 걸쳐 있는 문학현상에서 오리엔탈리즘과 문화제국주의적 혐의를 지적하는 한편으로, 이것에서 '문화적,' 즉 자기 반성적 계기 또한 끌어내는 적극성이 요구된다는 것이다. 자신에게서 또는 자신을 배경으로 도출된 상상적 차원의 것을 자신의 문화—'반성과 성찰'로서의 문화—로 삼는 것의 가능성과 의의가 여기에 있다.

다시 이야기하면 이는 문화와 문학을 위한 상상력의 필요성과 중요성을 말하는 대목이기도하다. 문학은 상상된imagined 공동체를 문학/문화적으로, 즉 상상적imaginative/imaginary으로 해체할 수 있는 차원을 갖는다는 점이 항용 간과되고 있는 것 같다. 더구나 코즈모폴리턴 문학은 이제 상상의 공동체가 민족국가에 국한되지 않고 전 지구적으로 작용하고 있음을 보여 준다. 이에 기반한 문학의 내용과 기능을 재점검하는 작업은 민족단위 문학지평의 재고와 확대로 이어질 수 있을 것이다. 특히 자본이라는 거대한 에너지의 순환 속에서도 문학적 상상력과 역사적 조건은 상호 타자적 관계를 형성하면서, 문학으로 하여금 기술적 차원과 당위적 차원, 사실적 차원과 상상적 차원, 윤리적 차원과 미학적 차원, 어떠한 질문에 대한 답변자로서의 차원과 끝없는 질문 제기자로서의 차원을 끝없이 포월包越하도록 하는 전제이자 동인임을 확인해야 한다.

코즈모폴리턴 문학의 논리와 그 내면은 코즈모폴리턴 문학과 민족단위 문학이 결코 대척적이거나 배타적으로 작용하지 않음을 보여 준다. 한편으로 코즈모폴리턴 문학은 민족단위 문학과 항상 긴장관계 속에서 생성된다고 할 수 있으며, 다른 한편으로 그것은 민족단위의 문학이 스스로의 내적 원리에 못지않게 외부세계와의 운동과정 속에서 자신을 재구성해야 한다는 것을 인식시킨다. 이제 우리는 자신이 생각하는 곳에 자신이 있지 않다는 정신분석학의 한 명제를 떠올리면서, 주어진 것을 외부적 조건과 무관하게 고수하거나 그것이 한층 광역의 전체를 자동적으로 대변하는 것으로 여기는 것은 일종의 물신숭배에 지나지 않을 수 있음을 인정해야 할 것이다.《악마의 시》 마지막에서 우리는 참차와 지브리일이 인도로 돌아오는 것을 본다. 참차는 아버지 그리고 젊은 계모와 화해하지만, 지브리일은 자살하고 만다. 참차의 귀국이 잠시 동안의 방문이 될지 영구 귀국이 될지 알 수 없다. 어떻든 그것은 분명 문화적 화해를 내비치면서, 코즈모폴리턴 문학이 나라와 나라 사이에 단지 머무는 것이 아니라 한 나라에 착륙하고 이륙하는 여행의 과정에 있다는 것을 말해 준다. 코즈모폴리턴의 문학은 민족단위의 문학을 초월해서 존재하지 않고, 민족단위의 문학은 코즈모폴리턴 문학과 무관하지 않다.

■《안과 밖》(2000)

제15장
영문학 정전 다시쓰기의 이념과 성과

I

전통적 영문학에 대해 소위 타자적 위치에 있다고 할 수 있는 많은 작가들이 영문학의 고전적 작품들을 자신의 입장에서 다시 쓰는 작업을 활발히 진행하고 있다. 이전 시대 작가에 대한 상당한 고려가 있을 수밖에 없는 것이 일반적인 글쓰기 작업이며, 영미 이외의 지역을 기반으로 하는 작가들의 이러한 작업 역시 예외적 사안은 아닌 것으로 여겨질 수 있다. 하지만 영국의 정치문화적 지배 대상이었던 지역의 작가에게 있어, 전 시대 특히 영문학사의 고전적 작가에 대한 의식은 단순한 후발 작가로서의 것에 머물지 않는 의지와 내용을 담고 있다. 고전으로 평가되는 작품에서는 억압되고 소외되며 또 무관심하게 외면된 인물들의 관점에서 전체 작품을 재조명하는 경우에서와 같이, 이러한 작업은 일정한 목표와 형태를 취하면서 일명 '다시쓰기' 작업이라 명명할 수 있는 독특한 위상을 얻고 있다. 영국으로부터의 정치적 독립 이후, 이러한 명시적 혹은 묵시적 다시쓰기 작업의 주된 대상으로는 콘래드의 《암흑의 핵심》과 셰익스피어의 《태풍*The Tempest*》(1611)을 꼽을 수 있다. 《암흑의 핵심》을 다시 쓴 대표적 경우로는 아체베의 《모든 것이 무너져 내리다》와 해리스의 《공작의 궁전》을 들 수 있다. 물론 이는 영어권에만 국한되지 않는데, 비영어권에서 행해진 반응으로는 수단의 작가 살리Tayeb Salih의 《북으로의 이주의 계절*Season of Migration to the North*》(1966)이 있다. 《태풍》에 대해서는 래밍George Lamming이 그의 산문집 《망명의 즐거움*The Pleasures of Exile*》(1960)에서 많은 문제를 제기하였고, 이는 그의 소설 《나의 종족*Natives of My Person*》(1972)과 《베리 음료*Water with Berries*》(1972)로 이어지고 있다. 최근의 예로는 워너Marina Warner의 《인디고*Indigo*》(1992), 그리고 영어권 이외에서의 대표적 예로는 세제르Aimé Césaire의 《태풍*Une tempête*》(1969)을 들 수 있다.

이들에 버금가는 무게를 갖는 다시쓰기의 예는 많다. 샬럿 브론테의 《제인 에어》(1847)에 대한 리스Jean Rhys의 《드넓은 사가소 바다*Wide Sargasso Sea*》(1966), 디포의 《로빈슨 크루소》(1719)에 대한 월코트Derek Walcott의 《판토마임*Pantomime*》(1978)과 쿳시의 《포》(1986)가 빼놓을 수 없는 예이다. 이 밖에도 가장 근래의 경우는 키플링의 《킴》(1901)과 포스터의 《인도로 가는 길》에 대한 루시디의 《한밤의 아이들》(1980)에서부터, 호손Nathaniel Hawthorne의 《주홍 글자*The Scarlet Letter*》(1850)에 대한 무커르지Bharati Mukherjee의 《세계를 담는 그릇*The Holder of the World*》(1993), 그리고 에밀리 브론테Emily Brontë의 《폭풍의 언덕*Wuthering Heights*》(1847)에 대한 비영어권 콘데Maryse Condé의 《마음의 여정*La migration de coeurs*》(1995, 영역본 *Windward Heights*, 1999)에 이르기까지 걸쳐 있다.

이 장은 이러한 다시쓰기 작업의 문화 정치적 의미를 논의하기 위해, 다시쓰기의 전형으로 월코트의 《판토마임》과 쿳시의 《포》에 주목하고자 한다. 이는 두 작품이 다시쓰기를 하고 있는 대상인 《로빈슨 크루소》가 영문학상의 고전일 뿐만 아니라 서구문화를 대변할 수 있는 차원을 갖는 문화 텍스트로서, 이에 대한 다시쓰기는 단지 주어진 문학 텍스트만이 아니라 문화와 글쓰기의 의미, 문화적 틀의 재구성, 그리고 문화적 접촉과 전이의 문제를 재점검하는 계기가 될 수 있기 때문이다.

II

서인도제도(카리브해 제도) 세인트 루시아St. Lucia 출신의 월코트의 문학은 이 지역의 복잡다기한 역사를 배경으로 시와 드라마 그리고 산문에 걸쳐 50년 넘게 지속되고 있다. 이러한 그의 방대한 작품세계는 명백하게 혹은 암시적으로 제1세계의 역사와 문학을 다시 쓰려는 의지를 담고 있다. 특히 그의《판토마임》은《로빈슨 크루소》를 변용하면서 매우 직설적으로 이 영문학의 고전을 문제화하고 있기 때문에, 다시쓰기의 문제의식을 가장 선명하게 구현하고 있는 작품이라 할 수 있다.

이 드라마의 배경은 서인도제도의 토바고에 있는 한적한 휴양지 모텔이고 등장인물은 단 두 명이다. 한때 연극배우였던 해리 트루이Harry Trewe는 모텔의 소유주이며, 자칭 은퇴한 칼립소 가수인 잭슨 필립Jackson Phillip은 종업원이다. 두 사람은 표면적으로도 분명한 대조를 이룬다. 우선 해리가 백인이고 잭슨이 유색인이라는 것은 많은 사회적 의미를 갖는다. 전자는 주인이고 또 모든 면에서 자신감에 차 있으나, 후사는 피고용사로서 항상 신중함과 망설임 그리고 반신반의하는 모습을 보인다. 사건은 한적하기만한 모텔 사업에 활기를 넣어 보려는 아이디어를 내는 것으로 시작한다. 해리는 새로운 계획의 일환으로 손님들을 위한 연극을 하나 상연하고자 하는데, 특히《로빈슨 크루소》를 희화화해 보는 것이 "재미있을 것"(93)이라고 제안한다. 구체적으로 이는 《로빈슨 크루소》를 "크게 바꾸는, 아이러니를 갖게끔 바꾸는 것"(100)이고, 무엇보다도 이 고전 작품에서의 주와 종 즉 크루소Crusoe와 프라이데이Friday를 바꾸어서 연기하는 것을 말한다. 여기에서 바꾸어서 한다는 것의 기준은 단지 주종만을 바꾼다는 것이 아니라, 일상화된 '인종적 위계'를 거슬러 백인이 하인인 프라이데이를, 유색인이 주인인 크루소를 연기한다는 것이다.

해리와 잭슨의 역할 바꾸기가 갖는 의미는 곧바로 너무나 분명해지면서, 이것은 '역할 바꾸기' 혹은 단순한 '다시쓰기'에 머물지 않고 주어진 문화와 체제의 다시쓰기이자 전복으로 느껴지게 된다. 해리는 애초에 이러한 해석에 대해 진지한 의미를 붙이지 않지만, 잭슨은 이를 매우 심각하게 받아들일 수밖에 없다. 해리가 크루소와 프라이데이의 역할을 바꾸자는 것은 사려 깊은 동기보다는 장난기 어린 시도에 기인한 것이었고, 그는 군대에 있을 당시 팔레스타인에서 크리스마스 판토마임으로 《알라딘과 요녀*Aladin and His Wonderful Vamp*》를 쓰고 음악도 만들어 무대에 올린 적이 있다고 자랑한다. 그의 연극 안에서의 생각은 바깥 세계의 실제 아랍여성들과의 관계에도 그대로 이어졌었다. 그는 이번 《로빈슨 크루소》 판토마임 역시 자신과 잭슨의 '상호 존중'의 표현임을 강조한다. 그는 이러한 상호존중 가운데 단순하고 일시적인 흥미에서 출발한 이번 판토마임이 단지 희화의 수준을 넘지 않도록 명령함으로써 보이지 않는 일정한 선을 분명히 한다. "알다시피 주종관계를 근사하게, 기분을 거스르지 않게 풍자해 보자는 거지. 노사관계, 흑백관계 등등을…"(108-109).

그러나 해리는 곧 모든 것이 뒤죽박죽되어 간다는 것을 깨닫게 된다. 아니, 뒤죽박죽의 수준을 넘어 위험수위에 도달함을 목도하게 된다. 주인이 된 잭슨은 해리에게 "3백 년 동안 나는 너를 내 하인으로 만들어 왔다. 3백 년 동안…"이라고 말하게 하거나, "3백 년 동안 저는 당신을 모셔왔지요. 3백 년 동인 저는 하얀 베란다에서 하얀 옷을 입고 당신에게 아침을 대령해 왔지요. 주인 나리… 태양이 지지 않는 당신의 제국에서 저는 당신의 그림자였지요"(112)라고 말한다. 여기 두 대사에서 보이듯, 잭슨이 연기하는 프라이데이는 기실 이중적인 것이다. 하나는 하인으로서의 프라이데이이고 다른 하나는 자신의 목소리를 내는 프라이데이이다. 이 가운데 물론 지배적인 목소리는 후자의 것이고, 그것은 그런 만큼 전복적이고 저항적이다.

어떻든 잭슨은 이제껏 그림자와 같았던 존재의 승리와 프라이데이에 대한 이야기로 옮아가고, 그의 항의성 대사는 한층 폭넓은 문화적 의미를 갖게 된다. "일다시피, 우리를 이런 문화에 끌어들인 것은 당신네들이 아닌가? 셰익스피어, 《로빈슨 크루소》, 고전 나부랭이 등등. 우리가 이제 이런 것들의 수준에 접근하고 있는 마당에, 중도하차 할 수는 없지 않는가." 이 부분에서 해리의 제지는 단호해지지만, 그래도 잭슨의 항변은 여기서 멈출 수 없는 가속도가 붙어 있다. "우리가 지금 연기하고 있는 이 순간은 바로 제국주의의 역사 그 자체이지요"(124-125). 그는 이제 자신이 로빈슨 크루소, 콜럼버스, 그리고 이 지역에 활약한 해적 출신의 드레이크 경Sir Francis Drake 등 누구든 연기할 수 있다고 목소리를 높인다. 이러한 잭슨과 그저 가볍고도 간단한 '예술'을 하면서 '골치 아픈' 것들을 멀리하자고 주장하는 해리 사이의 팽팽한 대결구도 속에 첫 막이 내린다.

제2막은 해리의 과거와 오늘의 삶에 대한 대화로 시작한다. 그는 한때 꿈이 있는 연극 배우였었고 연극계에서 만난 부인과의 사이에 아들 하나를 두고 있었지만, 직업과 가정 모두에서 실패하고 새로운 삶을 일구고자 이곳을 선택한 것이었다. 해리의 자기 연민의 분위기가 한동안 계속된 후, 잭슨은 다시《로빈슨 크루소》로 돌아가자고, 이번에는 개인 대 개인으로서, 사나이 대 사나이로서 해 보자고 제안한다. 이는 자신과 해리의 정체성이 사회문화적인 것이지, 개인적이고 내면적인 것은 아니라는 생각에서이고, 여기에서부터 둘 사이의 관계와 대화는 한층 개인적 차원으로 옮아간다. 그리고 그것은 주로 해리의 과거와 오늘에 대한 것으로 집중된다. 우리는 이제 그의 불행했던 결혼생활과 가족사를 접하게 된다. 해리는 자신의 모든 것을 뒤로 하고자 서인도제도에까지 흘러온 것이었다. "나는 젠장할 로빈슨 크루소처럼 매일 이 울화통을 터트리며 석양을 바라볼 수 있는 곳으로 왔지. 그래 내겐 이 역할이 제격이야"(162). 하지만 이 모든 것에도 불구하고 해리는 영국을 잊지 못한다. "아 고요한 바다여, 아 골백번이나 바라다본 찬란한 석양이여, 누가 이 처절한 황량함으로부터 나를 구할 것인가?"(166)

사실 작품의 후반은 진지한 문제제기와 긴장감이 감도는 전반과 달리 매우 사사로운 대화와 장면으로 이어진다. 작품은 해리의 고단하고 도피적인 삶을 내비치는 멜로드라마적 분위기와 그와 잭슨과의 현실적 관계를 피상적으로 다룬 용두사미적 유희로 끝나고 있다. 혹자는 이러한 결말의 원인으로 작중 인물들만큼이나 월코트 자신이 이 드라마에서 제기하는 문제가 얼마나 심각한 것이 될 수 있는지를 점차 깨닫는 것 같지만, 이에 대한 진지한 답 역시 스스로 도출하지 못하고 있다고 평한다(Hamner 111 참조). 하지만 이러한 평가는 극의 전반과 후반에 대한 총체적 파악과 한층 넓은 사회문화적 동심원에 대한 이해 속에서 재론되어야 할 것이다.

월코트는 노벨상의 작가이고, 남아프리카의 백인 작가 쿳시는 두 번에 걸친 부커상의 작가이자 노벨상의 작가이다. 쿳시의 작품은 아프리카와 유럽이 접촉해 온 역사 속에 위치한 백인작가로서의 의식과 문학에 대한 포스트모던적인 사유를 결합하고 있다. 특히 그의《포》는《로빈슨 크루소》를 다시 쓰기하면서 문학과 글쓰기의 내재적 특성과 사회적 의미 등을 재점검하고 있다.

《포》는《로빈슨 크루소》에 등장하지 않는 여성 주인공 바튼Susan Barton으로 하여금 로빈슨 크루소의 섬에 난파하게 함으로써 시작한다. 실종된 딸을 찾아 나섰던 그녀는 브라질 연안에서 선상 반란으로 인해 선장이 살해되면서 바다에 버려지게 되다. 파도에 휩쓸려 당도한 섬에서 그녀가 맨 처음 대면하는 존재는 프라이데이이고, 그녀는 자신이 '당연히' 식인종의 섬에 표류한 것으로 생각한다. 이윽고 접하게 되는 크루소—'Cruso'로《로빈슨 크루소》에서의 'Crusoe'와 달리 마지막에 'e'가 없음에 주목할 필요가 있다—는 강건하기보다는 늙고 쇠약해져 가고, 기억력과 의욕 모두가 감퇴되어, 구조되기를 원하지도 않는 사람이다. 그는 종이가 없어 일기를 쓸 수도 없었으며, 또 쓸 의향도 없었고, 썼다 해도 잃어버렸을 것이며, 먹고 자면서 살면 되지 도구들이 무슨 필요가 있느냐는 투이다(*Foe* 16, 32). 그녀가 지켜본 크루소는 철학적이지도 않고 근면하지도 않다. 밤에는 이를 갈고 손도 씻지 않은 채 음식을 먹고, 아직은 여자에 대한 욕망이 남아 있으며, 밭을 가는 것은 그저 심심해서이다. 바튼의 생각에 이러한 크루소는 구조된다 해도 전혀 세상의 관심거리가 될 수 없는 존재이다.

시간이 지남에 따라 바튼의 관심은 점차 크루소보다는 프라이데이에게로 옮아간다. 그녀는 이제까지 말이 없었던 프라이데이에게 혀가 없다는 것을 새삼 의식하게 되며, 이후 그에 대한 연민의 정이 쌓여 간다. 프라이데이의 혀는 크루소나 다른 누군가에 의해 절단된 것이라는 확신 속에 그녀는 이에 대한 확증을 잡으려고 노력한다. 하지만 이내 영국 상선에 의해 그들이 발견되어, 그녀가 프라이데이와 크루소를 억지로 싣고 영국으로 항해하던 중에 크루소는 죽음을 맞게 된다.

이후 소설의 무대는 런던으로 옮겨진다. 바튼이 자신의 이야기를 팔아 자신과 프라이데이의 생계비를 마련코자 접근한 소설가 포에게 보내는 편지 형식으로 된 이야기 중반에서 우리는 역사상의 작가 디포를 만나게 된다. 그는 이러한 표류객의 경험을 돈이 되는 소설로 만드는 사람이다. 포가 빚 독촉을 피해 어디론가 숨어 버린 사이에 바튼과 프라이데이는 그의 서재를 방문해 그곳에 거주하게 되며, 그녀는 포와 서신을 통해 이번 소설의 전개에 대해 이야기를 나누게 된다. 작가 포가 생각하고 있는 것은 구조가 엄연한 소설이다. "소설은 모두 다섯 부분으로 구성된다—어머니가 딸을 잃어버리고, 브라질까지 딸을 찾아다니다가, 찾기를 포기하자, 딸이 어머니를 찾아 나서고, 모녀가 재결합한다. 책은 이렇게 만들어진다—상실 그리고 찾기 그리고 회복, 시작 그리고 중간 그리고 끝. 홍밋거리는 섬에서의 사건들과—이것들은 당연히 이야기의 중·후반에 위치하고—어머니는 딸 찾기를 포기하지만 딸이 어머니를 찾아 나서는 반전으로 구성된다"(117). 이러한 그의 구도는 소설 형식의 논리를 따른 것이다. 바튼은 이렇게 미리 정해진 틀에 대해 반발한다. 그것은 이 구도에서는 프라이데이라는 존재가 빠졌기 때문이다. 바튼은 프라이데이야말로 자신이 경험한 이야기의 "실질적 본체"a substantial body(53, 122)이며, 이를 뺀 소설은 단지 상업적 목적에 휘둘리는 이야기에 지나지 않는다고 항변한다.

이런 가운데 포가 보낸 것이 분명한 소녀가 바튼에게 나타나 바로 자신이 그녀가 찾아 헤매던 딸임을 주장하는 일이 발생한다. 이것은 바튼의 이야기가 이렇게 결론지어져야 소설다운 소설이 될 수 있다고 생각한 포가 자신의 소설 구도가 현실에서 일어나도록 만든 것이었다. 현실을 반영하는 것이 내러티브가 아니라, 내러티브가 현실을 만든다는 포의 바튼에 대한 경고인 것이다. 극단적인 궁핍, 이웃 사람들이 프라이데이에 대해 괜히 느끼는 공포감, 그리고 정신적 혼란 속에서도 바튼은 프라이데이로 하여금 자신의 경험을 표현할 수 있도록 그에게 말과 글을 가르치려고 한다. 이런 가운데 프라이데이가 관심을 갖는 것은 음악이나 춤 그리고 옷을 바꿔 입는 정도이다. 결국 그에게 글을 가르치지도 못하고 또 그의 여러 가지 몸 동작이 의미하는 바도 파악해 내지 못하면서, 바튼은 그를 이제 그의 고향으로 보낼 계획도 해보지만 또다시 노예로 팔릴 것이 염려돼 이마저 실행에 옮기지 못한다. 마지막에서 바튼은 이제까지의 자신의 노력에 대해 반성도 해본다. 자신이 프라이데이를 돕고자 하는 것은 결국 자신의 욕망을 충족하기 위한 것이 아니었던가 하는 것이다(150). 하지만 바튼은 그에게 철자를 하나하나 가르쳐 나가는 것을 포기하지 않는다. 이것이 전체 4부 가운데 3부까지의 이야기이다. 4부에서는 바튼이 아닌 다른 화자가 물속에 잠긴 채 죽은 수잔과 웅크린 채 움직이지 않는 프라이데이를 묘사하고 있다. 소설은 "여기야말로 몸들이 그들의 언어인 곳이다. 이곳이 프라이데이의 고향이다"(157)는 언급으로 끝을 맺는다.

III

월코트의 《판토마임》은 일면 매우 단순한 상황과 형식 그리고 주제를 갖는 것으로 보인다. 그러나 더 정확히 말하자면 이러한 단순성으로 인해 월코트와 이 시대가 당면한 문제의식이 한층 극명하고도 직선적으로 제기되어 있다고 할 수 있다. 유색인인 잭슨이 크루소가 되고 백인인 해리가 프라이데이가 되는 상황은 단순한 희화나 일회적이고도 우발적인 에피소드를 넘는 정치·문화적 차원을 갖는다. 이는 무엇보다도 《로빈슨 크루소》의 문학적, 사회정치적 위치로 인해서이다. 문학적 차원에 한정할지라도, 그것은 영소설사적인 것에만 머물지 않는다. 월코트의 《판토마임》에서 《로빈슨 크루소》가 언급되고 있는 것은 동서양과 세대를 뛰어넘는 이 고전의 배경이 바로 서인도 제도이기 때문이기도 하다. 《로빈슨 크루소》의 실질적인 이야기는 주인공 로빈슨 크루소가 브라질의 농장에서 여러 가지 모험과 사업의 대미를 장식하고 있는 것에서 시작된다. 이 커다란 농장의 운영은 전적으로 노예에 의존하고 있었지만 노예의 값이 폭등하고 있었다. 그 이유는 포르투갈의 왕이 인도적 차원에서가 아니라 자신의 재정수입을 위해 노예거래에 고액의 관세를 부과하고 있었기 때문이다. 그래서 크루소 주변의 다른 농장주들은 아프리카에서 노예를 직수입하고자 (더 정확히는 밀수입하고자) 공모하는데, 크루소의 다양한 여행 전력을 아는 농장주들의 제안으로 그는 이들과 함께 아프리카로 출발하게 된다.

얼마 되지 않아 폭풍우 속에 크루소의 배가 난파한 곳은 남미 오루노코 강 입구쯤의 바다이다.[8] 크루소가 이곳에 난파하여 여러 가지 두려움에 떨게 되는 이유는 작품 자체에서보다는 당대에 팽배했던 일반적 관념에 의해 더

8 오루노코 강과 그 주변인 수리남은 영문학사에서 매우 중요한 지역이다. 초기 영소설사에서 중요한 위치에 있는 애프라 벤의 《오루노코*Oroonoko, or The Royal Slave: A True Story*》(1688)의 배경이 바로 이곳이고, 이전에 월터 롤리 경Sir Walter Raleigh이 여행기를 남긴 곳이다. 일찍이 유럽에는 이곳이 엘도라도라는 황금의 땅으로 알려져 있어, 그의 발길이 왜 이곳에 닿았는지를 짐작하게 해 준다.

잘 설명될 수 있다.

원래 '서인도 제도'라는 표현은 콜럼버스가 인도로 가는 길에 마주친 지역이라는 의미에서 생긴 것이다. 하지만 이 지역을 지칭하는 또 다른 표현인 '카리브 제도'는 이 지역 원주민인 카립Caribbs과 아라왁Arawak에 기인한다. 여기에서 눈여겨 보아야 할 것 가운데 하나는 바로 영어의 '식인종'cannibal이라는 용어의 어원이 이 카립족에서 기원한다는 것이다(*The Oxford English Dictionary* 2판 참조). 이보다 한 세기가 앞선 시대에 셰익스피어의 《태풍》에서 야수와 같이 그려진 원주민 칼리반Caliban 역시 이러한 문화적 분위기 속에 이해되어야 한다.

어떻든 이러한 정황은 초기 영국의 식민지 개척과 확장에 있어서 이곳 서인도제도가 갖는 경제적, 문화적 중요성을 말해 준다. 삼각무역의 가장 중요한 축을 형성하는 서인도제도라는 경제적 바탕 위에 《로빈슨 크루소》라는 영소설의 시조격인 작품이 나올 수 있었던 것이다. 더구나 이 작품은 그 역사적 의의를 확장해 보면, 서구소설의 시조라 평가될 수 있다. 그 이유는 단지 이 소설의 출판연대(1719) 혹은 소설 형식적 차원에만 기인하지 않는다. 그것은 여러 가지 의미에서 문화적 정전 즉 당대의 문화를 반영하고 이후 문화를 주도하는 역할을 담당했다는 점에서이다. 《로빈슨 크루소》는 푸코를 비롯한 이론가들의 다양한 분석이 내린 결론에 버금가는 소위 근대적 주체의 성립과 그 이념을 담고 있다. 그리고 그것은 주로 개인주의적 인간과 자본주의적 인간의 모습으로 요약된다. 후일 루소와 마르크스 등 사회와 개인에 대한 대표적 이론가들이 자신의 이론을 설명하는 가운데 《로빈슨 크루소》를 예로 든 이유가 여기에 있다.[9]

월코트의 다시쓰기는 식민 지배를 배경으로 한 작품을 약자의 입장 즉 식민지배의 대상자의 입장에서 기술한다. 그런 만큼 그것은 식민적 주인공에 가려지고 그 내러티브 가운데 함몰된 채 자신의 목소리를 전혀 내지 못해 간과되어 왔던 인물들에게 목소리를 주고 있는 것이다.《판토마임》에서 프라이데이는《로빈슨 크루소》에서와는 전혀 다르게 자신의 목소리로 자신의 주장을 펼치고 있다.《로빈슨 크루소》에서 크루소에게 구출된 원주민이 프라이데이란 이름을 갖게 되는 장면은 불합리하기보다는 너무나 '실용적'이다. 크루소는 프라이데이와의 첫 만남을 다음과 같이 기록하고 있다.

> 마침내 그는 조금 전에 했던 것처럼 머리를 내 한 발 가까이 땅에 바짝 조아리고, 내 다른 한 발을 그의 머리 위에 올려 놓았다. 그런 다음에 그가 살아 있는 한 얼마나 나를 위해 일할 것인가를 알리기 위해 나에게 전적인 복종, 봉사, 그리고 굴복을 나타내는 모든 몸짓을 했다. 나는 그의 많은 부분을 이해할 수 있었고, 나도 그에게 매우 만족해 한다는 것을 알릴 수 있었다. 오래지 않아 나는 그에게 말을 하기 시작했고 그가 나에게 말을 할 수 있도록 가르쳤다. 먼저 나는 그의 이름이 '프라이데이'임을 알도록 했는데, 내가 그를 구한 것이 바로 금요일이었다. 나는 그 날짜를 기억하고자 그를 이렇게 불렀던 것

---

9 루소의《에밀*Émile*》과 마르크스의《자본론*Das Capital*》의《로빈슨 크루소》에 대한 언급은 *Robinson Crusoe*, Norton Critical Edition, 262-264, 274-277 참조. 또한 영소설의 발생이 로빈슨 크루소의 사회계층이자 소설의 독자인 중산층의 형성과 함께한다는 와트Ian Watt의 견해는 한동안 영소설 발생이론에 있어서도 정전으로 여겨져 왔었다. 하지만 이 모든 논의는 영국 중산층을 영국의 내적인 조건을 넘어 전 세계적 자본의 움직임 속에서 파악하지 못하고 있다는 한계를 갖는다. 이에 대한 자세한 논의는 오스틴Jane Austen을 예로 들어 설명하고 있는 사이드의 *Culture and Imperialism*, 80-97을 참조할 것. 탈식민적 관점에서《로빈슨 크루소》를 읽는 대표적 예는 칠즈Peter Childs가 편집한 책 가운데 Dabydeen, Hulme, Phillips, Wheeler의 논문을 참조할 것.

이다. 또한 나는 그에게 '주인님'이라는 말을 가르쳤고, 그것이 내 이름인 것으로 알게 했다.

At last he lays His Head flat upon the Ground, close to my Foot, and sets my other Foot upon his Head, as he had done before; and after this made all the Signs to me of Subjection, Servitude, and Submission imaginable, to let me know how he would serve me so long as he liv'd. I understood him in many Things, and let him know I was very well pleas'd with him. In a little Time I began to speak to him; and teach him to speak to me: and first, I let him know his Name should be *Friday*, which was the Day I saved his Life: I call'd him so for the Memory of the Time. I likewise taught him to say *Master*; and then let him know that was to be my Name. (149)

크루소는 자신이 구한 원주민의 이름을 곧바로 프라이데이라고 짓는데 이 이름은 단지 그가 이날을 기억하기 위한 수단이었다. 반면 프라이데이에게 그는 오직 '주인님'Master으로만 존재하게 된다. 이와 같이 원주민과 지역에 대한 명명은 소위 발견자의 편의에 의한 것이고 이러한 명명행위는 가장 중요한 식민행위임을 알 수 있다.[10] 특히 우리는 역사적으로 이러한 식민행위에 언어적 매개가 개입하면서 식민을 완성하고 지속하는 데 상당한 역할을 하고 있음을 관찰할 수 있다.

한 개인이 절해고도에서 삶을 이끌어 가는 이야기는 개인주의적이지만은 않고 당대의 지배적 문화를 보여 주고 있다. 항용 주인공의 한 개인으로서의 삶과 또 이를 즐기는 독자들에 주목해서, 《로빈슨 크루소》는 영국적 개인주

10 지역의 명칭을 새로이 정함으로써 식민화를 이루는 과정에 대한 연구로는 토도로프Tzvetan Todorov와 카터Paul Carter 참조.

의가 가장 극명하게 표현된 작품이라고 평가하는 것은 그 배면에 반대의 논리와 욕망을 담고 있다. 그것은 바로 이 작품이 사회적, 집단적 삶을 긍정적이고도 필연적인 것으로 받아들이게끔 한다는 것이다. 즉《로빈슨 크루소》는 당대 영국의 가장 개인주의적이고 집단주의적인 문화 사이의 갈등을 지적하는 만큼 또 이를 상징적으로 해소하려는 의지가 내재해 있는 작품이라 할 수 있다. 한마디로 이 작품은 개인주체의 성립과 확장이 국가체제의 확대에 대해 갈등보다는 상호보완관계에 있음을 제안하고 있다는 것이다. 크루소가 프라이데이를 명명하는 장면은 바로 이러한 관계를 웅변하고 있다. 크루소가 프라이데이를 만나는 것은 개인 대 개인이기보다는 국가라는 틀 즉 왕과 신하라는 틀 안에서이다.《로빈슨 크루소》의 후반에 프라이데이와 유사한 방식으로 자신의 신하가 늘어나는 것을 크루소는 다음과 같이 기술한다.

> 이제 이 섬에는 많은 사람이 살게 되었고, 내게는 신하들이 많다고 생각하게 되었다. 이것은 내가 종종 떠올린 기분 좋은 생각이었다. 나는 얼마나 왕과 같이 보였는가. 무엇보다도, 섬 전체가 전적으로 나의 재산이었고, 의심할 여지없이 그 지배권은 나에게 있었다. 또한, 신하들은 완전히 내게 복속되어 나는 절대적 군주이자 입법자였고 그들의 모든 삶은 내가 부여한 것이어서, 만약 필요하다면 그들은 나를 위해 자신의 생명도 기꺼이 바칠 준비가 되어 있었다.
>
> My island was now peopled, and I thought myself very rich in Subjects; and it was a merry Reflection, which I frequently made, How like a King I looked. First of all, the whole Country was my own mere Property, so that I had an undoubted Right of Dominion. *2dly*, My People were perfectly subjected: I was absolute Lord and Lawgiver; they all owed their Lives to me, and were ready to lay down their Lives, *if there had been occasion for it,*

for me. (174)

사람 간의 첫 만남에 있어서 개인적이거나 가족적인 틀보다는 국가 형식 나아가 제국주의적 형식이 사용되고, 이것이 서구 이외의 지역에서 자연스럽게 행해질 때 식민주의라 명명될 수 있을 것이다. 이러한 정황을 고려할 때,《판토마임》이 다시 쓰고 있는 것은 단순히《로빈슨 크루소》만은 아니라고 할 수 있다. 그것은《로빈슨 크루소》를 가능하게 한 제반 사회문화적 조건, 특히 국가주의적, 식민주의적 조건을 다시쓰기하고 있다.

물론 월코트의《판토마임》은 여러 가지 제약으로 인해 본격적인 혹은 완성된 저항적 글쓰기에 미치지 못한다고 평가할 수도 있다. 특히 작품의 후반과 결말 부분에서 이러한 판단이 가능하다. 급여를 인상해 달라는 잭슨의 마지막 대사에서와 같이 극의 전반부에서 거론된 모든 것은 '태산명동 서일필' 泰山鳴動 鼠一匹You making a mole hill out of a mountain, sir(170)식으로 미봉된다. 이러한 협의에도 불구하고《판토마임》의 대미는 극의 전후반을 총체적으로 볼 경우 중요한 의미를 담고 있는 것으로 보인다. 즉, 전반부에서《로빈슨 크루소》가 담고 있는 정치 문화적 불평등이 지적되었음에도 후반부에서는 이것이 일상의 개인적 삶에서는 아무런 변화를 낳지 못하고 또다시 모든 것이 여전히 지속되고 있는 오늘의 삶이 적시되고 있는 것이다. 어떻든 이 짧은 작품이 문제를 모두 해결하지 못했다 하여 여기에서 제기된 문제가 월코트 문학에서 하나의 일과성 이벤트로 처리될 수는 없다.[11]《판토마임》은 두 사람만의 등장

11 가령,《시선집*Selected Poems*》(1964)의 마지막에 실린 가장 중요한 시인 〈크루소의 일기Crusoe's Journal〉나 또한 가깝게는 호메로스의《오디세이아》를 다시 쓴《오메로스*Omeros*》(1990)에서와 같이 월코트의 크루소와 다시쓰기 문제에 대한 관심은 지대하고도 지속적이다. 월코

인물, 즉흥적 분위기, 개인적 내면으로의 이동, 그리고 그 지리적, 문화적 위치 등을 좁은 극적 공간 속에 담으면서, 서구문학을 저항적으로 다시 쓰려는 월코트의 의지와 다시쓰기 일반이 갖는 정치 문화적 문제의식을 매우 직선적으로 제시하고 있다.

월코트의《판토마임》이《로빈슨 크루소》를 정치 문화적 차원에서 재점검하고 있다면, 쿳시의《포》가 행하는 작업은 정치 문화적 차원에서 출발하여 윤리적·미학적 차원에까지 이르고 있다. 그런 만큼 그 서술 형식과 내용 또한 매우 복합적인 층위와 짜임을 갖는다. 이러한 구조 속에《로빈슨 크루소》에 의해 억압되고 침묵당한 여러 가지 요소와 시각이 드러나게 된다.《판토마임》에서와 같이 여기에도 국가주의적 체제가 문제되면서 다시쓰기의 주요 대상이 되고 있다. 바튼은 스스로가 프라이데이에 이어 크루소의 두 번째 신하였다고 말하지만(11), "아무도 그[크루소]에게 아니오라고 말할 사람이 없는 자신의 섬 왕국에서 늙어감으로써—그렇게 광대하고 웅장한 수평선이 우리를 감싸고 있었지만—그의 수평선은 좁아질 대로 좁아져 마치 자신이 세상의 모든 것을 알고 있는 것처럼 믿을 정도가 되었다"(13)고 지적한다. 그는 오히려 죄수였다는 평가가 옳을 것이었다(43). 바튼이라는 여성으로 하여금 크루소의 왕국에 틈입해 들어오게 하고 또 그녀가 화자가 됨으로써 이러한 국가주의적 체제의 연장선에 있는 권위주의적 가부장제 또한 그 실체가 더욱 선명해지고 있다. 사실 위계질서가 분명한 크루소에게 바튼은 단지 성적 대상에 지나지 않은 것으로 보인다(35).

국가주의적 혹은 가부장적 틀에 더하여 여기에 내재되어 있는 것은 흑

트 문학에서의 크루소의 중요성은 챔벌린J. Edward Chamberlin, 162와 모리스Mervyn Morris, 179를 참조할 것.

백의 틀이다.《로빈슨 크루소》와《판토마임》이 프라이데이를 카리브 제도의 인디언 혹은 그저 유색인으로 그리고 있다면,《포》는 프라이데이를 흑인으로 만들고 있다. 이는 흑백의 문제를 보다 첨예화하면서, 사실 백인 이외의 모든 인종을 유색인colored으로 여기는 서구의 분류체계를 한층 정확히 표현하고 있다. 바튼과 프라이데이가 다른 시각을 통해 현실을 한층 명확하게 제시하고 있다면, 여기에서의 크루소 또한 이러한 움직임에 합류하고 있다.《포》에서의 크루소Cruso에는 크루소Crusoe의 'e'가 빠져 있다. 여기에는 단지 영어의 철자를 간략화하려는 것 이상의 의미가 있는 것 같다. 이는 영국England 혹은 영국성이 빠진 크루소를 가리키고자 하는 것일 수 있다. 영국인으로서의 자부심이 없는 크루소Cruso는 우리가 그려볼 수 있는 더욱 개연성 있는 표류자의 모습이기도 하다. 그는 근면하지도 않았고, 일을 하는 것에도 크게 의미를 부여하지 않았다. 더구나 독실한 기독교도 또한 아니었고, 미적 감각이 발달하지도 않았다. 그리고 무엇보다도 그는 글로써 기록을 남기려고 노력하지도 않았다.

그가 일기는커녕 아무런 기록을 남기지 않고 있다는 설정은《포》가《로빈슨 크루소》에 대해 갖는 문제의식의 가장 중요한 부분으로 여겨진다.《포》의 로빈슨 크루소는 "내가 잊어버린 것은 기억할 가치가 없는 것이다"라는 신념을 갖고 있다(16-17). 이로 인해 바튼이 표류기를 쓰고자 하는데 이는 단지 일반인들이 그녀와 같은 경험을 한 사람에게 항상 그것을 원하기 때문이다. 그리고 그것은 일정한 기대수준을 충족해야 하는데, 수잔에게는 실망 그 자체인 크루소가 일반의 기대에 부응하여 인식되고 존재하게 된 것은 그가 단지 이야기라는 내러티브에 의해 창조된 인물임을 재확인해 준다. 이것은《포》가 중요하게 제기코자 하는 말하기와 글쓰기 문제의 근간을 이룬다.

바튼이 이후 런던에서 겪게 되는 경험담은 말하는 자와 글을 쓰는 자만이 존재를 확립하고 확인받는다는 냉혹한 현실을 인식시켜 주기에 충분하다. 바튼은 자신의 경험이 거짓되게 이야기될 수 있음을 인식하면서 스스로 자신의 이야기의 저자가 되고자 한다(40). 그녀는 저자author가 권위authority를 갖고 있다는 것을 알고 있다. 또 그녀는 자신의 이야기 가운데 가장 중요한 내용substance이 프라이데이의 이야기이며, 프라이데이는 바로 "진리 내용"the substance of truth임을 강조한다(51). 이러한 과정을 통해 우리는 작가 디포Defoe와 그의 원래 성姓을 쓰고 있는 포Foe의 역학관계를 알게 된다. 일반인 포가 작가 디포가 되는 과정은 적(foe)을 없앰(defoe)으로써라고 해석한다면 과도한 것일지 모른다. 하지만 여기에서 분명한 것은 포(Foe)가 담론적 해체를 거쳐 작가로서의 디포(Defoe)로 나아가는 과정이다. 나아가 이러한 과정 모두를 정확히 알고 실천하고 있는 존재가 바로 작가 포/디포라고 할 수 있다. 글의 내적 논리와 사회적 논리를 너무나 잘 아는 작가로서의 그의 면모는 바튼에게 낯선 여자아이를 보내 그녀의 딸이라 우기게 하는 부분과, 나아가 이 소녀가 오히려 바튼을 대신할 수도 있음을 암시하는 듯한 장면에서 극명하게 드러난다. 그는 바튼에게 기표signifier로서의 내러티브가 기의signified로서의 실제 존재와 삶을 대체한다는 현실논리를 전달하고자 한 것이다.

바튼은 이제 이러한 글쓰기의 내·외적 논리를 알게 되지만 이렇게 주어진 조건을 극복할 수는 없다. 그럼에도 중요한 것은 바튼이 글쓰기를 둘러싼 물질적, 사회문화적 조건이 글쓰기의 본령을 이루고 있다는 사실을 깨달으면서도, 감히 이를 혼자의 힘으로 극복할 수 있다고 믿었다는 사실이다. 런던에서의 글쓰기 문화일반은 프라이데이를 침묵에 머물게 하거나 그가 식인종 이상도 이하도 아니라는 상상에 기초하고 있다. 크루소가 외딴 섬에서 또 영국의 사회문화적 공간에서 살아남을 수 있었던 반면, 영국에 표류한 프라이데이는 모든 면에서 살아남지 못하고 우리 눈에 띄지도 못하게 된다. 바튼이 이러한 상황에 대처하면서 프라이데이의 존재를 '성립'시킬 수 있는 방식은 두 가지로 요약된다. 하나는 그녀가 프라이데이를 대신해 이야기하는 것이고, 다른 하나는 그로 하여금 말과 글을 배우게 하는 것이다. 하지만 두 가지 방식 모두 실패로 끝나고 만다. 우선 바튼이 프라이데이를 대변하려는 시도는 그녀의 글쓰기 역시 이에 전제되는 사회문화적 조건이 허용하는 범위에서만 가능하다는 깨달음만을 남겨 놓는다. 두 번째 방식 또한 혀가 잘리고 말과 글에 대한 의욕이 없는 것으로 보이는 프라이데이로 인해 성공하지 못한다. 그의 잘린 혀는 혀가 사지와 다르면서도 오히려 신체의 움직임을 가장 극적으로 구현하고 있는 부분임을 웅변한다. 사실 바튼은 프라이데이의 혀가 없다는 것을 알게 된 이후부터 자신이 말을 할 때 혀가 얼마나 생동감 있게 움직이는가를 새삼스럽게 의식하게 된다(24). 혀는 몸의 일부로서 삶을 가장 생기 있게 구현하면서 또 그것이 속한 몸이 문화적, 언어적 세계로 나아가게 하는 첨단尖端인 것이다.

물론 프라이데이는 여러 차례 자신의 몸으로 얘기를 하려고 노력하고 있는 것으로 보인다. 그는 몸을 움직여 다른 상징을 만듦으로써 얘기하고자 한다. 그가 바다에 꽃을 뿌리는 것이나(31), 포의 서재에서 가발과 옷을 입고 춤을 추는 행위(92-93) 등은 그가 무엇인가를 표현하고 있는 대표적 예이다. 하지만 이 "내용 있는 존재"a substantial being(31)가 일반에게 한층 구체적 의미를 갖기에는 한계가 있다. 그 한계는 한편으로는 이러한 몸에 의한 표현에 기인한 것이고, 다른 한편으로는 포, 바튼 그리고 서구의 문화적 한계에 기인한 것이다. 이와 같은 상황은 주체의 객관화 과정에서 제기되는 고전적 난관이기도 하지만, 탈식민주의 논의가 직면한 가장 첨예한 문제이기도 하다. 가령, 프라이데이 특히 마지막 장의 프라이데이는 스피박이 인도 하층계급의 지워진 목소리를 복원하는 과정에서 주목고자 하는 "주체적 존재와 객체적 존재 사이의 격렬한 아포리아"a violent aporia between subject and object status 혹은 "격렬한 움직임"a violent shuttling의 영역이라 할 수 있을 것이다("Can the Subaltern Speak?" 306). 이러한 영역—작품의 마지막 장에서와 같이 프라이데이의 몸과 언어가 혼융되어 해석을 거부하는 공간—이 갖는 중요성은 바로 우리의 해석 체계에 대한 엄중한 경고라는 데 있다.[12] 바튼과 프라이데이의 경우를 통해 쿳시가 문제시하고 있는 것은 포와 바튼을 포함한 서구사회가 자신의 기표방식에 대해 회의하고 이를 성찰하기보다는, 이에 최대한 맞추어야만 상호 의사소통이 가능하다는 묵시적 명제를 전혀 의심치 않고 있다는 점일 것이다.

이와 같이《포》가 서구의 언어에 대한 관념을 변화시키고 또 확장하도록 하면서 제기하는 문제는 말 자체를 중시하는 것이 바로 글쓰기 문화가 자신의 입지를 강화하는 논리로 작용하고 있다는 역설이다. 바튼은 프라이데이에게 말의 개념이 없어졌을 것이라고 여기고(57) 모든 노력을 프라이데이의 목소리를 복원하는 것에 경주한다. 그것은 프라이데이가 몸짓과 복장 그리고 춤 등으로 표현하는 의미를 해득하지 못한 그녀의 어쩔 수 없는 선택이었다. 어떻든 프라이데이의 의사표현을 파악할 수 없다면, 무엇보다도 그것은 서구가 갖는 언어 구조와 관념의 한계를 지적하는 것으로 이해되어야 했다. 이러한 바튼에게 글쓰기가 말로부터 독립되어 있고 또 나름대로의 물질성을

12 이는 단순한 정치학이기보다는 문화정치학, 나아가 윤리학과 미학의 문제로 귀착함을 알 수 있다. 쿳시 작품의 해석에 있어서 정치적 차원과 윤리적 차원에 대한 구분은 마레스 Michael Marais를 참조할 것.

갖는다는 것을 깨우쳐 주려고 하는 이는 작가 포이다(142-143). 이것은 데리다의 글쓰기론이 사회적 차원에서 증명되고 있는 부분이라고 할 수 있다. 즉 말과 글의 논리와 위계에 있어서 순수한 목소리를 강조하는 것은 바로 글쓰기의 논리를 감추고 억압하기 위한 기재로 작용한다는 것이다. 특히 이것은 글쓰기 안팎의 논리를 타자의 위치에 있는 이들에게 감추기 위한 기재가 되면서, 식민화의 한 방식으로 작용하게 된다.

문자매체의 사회적 의미 특히 권력과의 관계를 새삼 강조한 인류학자는 레비 스트로스Claude Lévi-Strauss였다. 그는 남미의 남비크와라Nambikwara족이 처음으로 문자매체를 접했을 때, 문자의 내적 논리에 의한 의미전달보다는 그것을 단지 사회적 지위를 내보이고 권력을 행사하는 도구로 사용하고 있음에 주목하였던 것이다. 이에 대한 데리다의 비판은 많은 함의를 갖는다. 그는 레비 스트로스의 관찰이 매우 음성 중심적이라고 지적한다. 즉 레비 스트로스는 남비크와라족을 음성 중심적으로만 관찰한 결과, 이미 이 종족들이 문자라고 할 수 있는 여러 가지 다양한 표현양식을 갖고 있음을 간과하고 있다는 것이다. 나아가 데리다는 레비 스트로스의 이러한 방식이 주로 서구와 그 외 문화를 구분 짓고 또 이러한 구분을 견고히 하는 데 기여하고 있다고 비판한다. 물론 레비 스트로스와 인류학 일반의 문자관은 주로 남비크와라족과 다른 소위 원시부족의 순수성을 강조코자 한 것이었지만, 이것이 궁극적으로 서양과 여타 문화를 이분법적으로 구분 짓는 데 결정적 역할을 하고 있다는 것이다. 그런 만큼 음성중심주의는 서구가 자신들의 방식으로 된 문자매체만을 문자로 인정하려는 편협한 구도 속에 있으며, 이것이 바로 서구중심주의의 전형을 이룬다고 비판될 수 있다(Derrida, *Of Grammatology* 101-140).

바튼과 레비 스트로스의 경우 그리고 이러한 논의에서 분명해지는 것은 결국 '어떻게 침묵을 복원하고 읽을 것인가?' 하는 질문이, 무엇보다도 주어진 문자와 언어 그리고 담론의 틀이 유지하고자 하는 자기정당성에 대한 비판과 반성의 계기가 되어야 한다는 것이다. 드넓은 수평선 앞에서 비전이 한없이 좁아지는 죄수와도 같았던 크루소는 바로 주어진 지평 안에 갇힌 문화체제에 대한 은유일 것이다.

IV

《판토마임》과 《포》에 대해 느끼는 마지막 의구심은 이러한 다시쓰기 작업이 《로빈슨 크루소》라는 기존의 '고전적' 텍스트와 식민지로서의 문화적 틀에서 벗어나기보다는 거기에서 유래하고 그 안에서 살아남을 뿐이며, 궁극적으로는 오히려 그들의 의미를 재확장하고 있지 않는가 하는 것이다. 이러한 회의에 대한 답은 넓은 의미에서의 번역의 문제를 논함으로써 우회적으로 대답할 수 있다.

"번역은 배반이다"Translation is treason라는 말은 식민 상황 내에서 재조명될 필요가 있다. 번역의 불완전성을 지적하는 것에서 나아가 번역의 필연적 불가능성을 경고하는 이 말은 식민과 탈식민 논의에서는 그 의미의 긍정적 조율이 요구된다. 동서양의 초기 식민 상황에서의 문제는 동양의 고전이 일방적이고도 자의적으로 서양어로 번역되는 것이었다.[13] 사실 오늘날은 일방적으로 서양의 것이 우리말로 번역되고 있다. 이것은 바야흐로 동서양 지식의 교환이라는 수준을 넘어, 또다시 일방적으로 서양의 지식이 수입되고 지배력

13 서구 이외 지역의 고전만이 아니라 일상의 삶과 문화에 대한 서구적 해석체계를 연구한 역작은 물론 사이드의 《오리엔탈리즘》이다. 특히 이를 제국주의적 '번역'의 문제로 해석하면서, 번역의 언어적 측면보다는 정치성을 강조한 연구는 세이피츠Eric Cheyfitz를 참조할 것.

을 확대한다는 문제를 안고 있는 것이다. 이러한 상황에서 바람직한 번역은 어떤 것일까? 이에 따라 반역적 번역을 말할 수도 있을 것이다. 반역을 위한 번역이 그것으로, 영문학 정전의 다시쓰기는 문화적 지평 속에서 행해지는 이러한 반역적 번역의 한 예라고 할 수 있다.

서양의 정전에 관하여 이제까지 논의되어 온 것은 그것을 어떻게 번역하느냐 였다고 해도 과언이 아니다. 그만큼 서양권에서 다른 언어 혹은 문화와의 '관계적' 쓰기는 유럽어 내부 특히 유럽의 고전어에서 현대어로의 번역에 국한되면서, 그 번역에 있어서도 최대한 원전에 가깝게 번역하려는 것이었다. 하지만 이러한 묵시적 동의에 대한 면밀한 재고가 몇몇 중요한 이론가들에 의해 행해지기 시작했고, 이는 제3세계의 번역 작업에도 어떤 암시를 제공한다. 한층 정교한 수정적 번역론, 나아가 번역에 대한 면밀한 재고의 한 예는 벤야민으로서 그의 〈번역자의 임무Die Aufgabe des Übersetzers〉(1923)는 이러한 논의의 단초가 되고 있다. 여기서 설명이 필요한 것은 벤야민이 서구 비평사에서 포스트모더니즘, 해체주의, 마르크시즘과 신역사주의 등 다양하고 긴 변화의 흐름 속에서도 항상 높은 평가를 받아 온 매우 드문 존재라는 사실이다. 이러한 평가는 또 탈식민주의 논의에서도 지속되고 있다.[14]

벤야민에 대한 이러한 평가는 그의 독특한 언어관과 역사관에 있다고 할 수 있다. 그의 유대적 배경에 의한 언어관과 역사관은 신비주의적인만큼 유토피아에의 희원을 담고 있다. 이러한 언어관의 연장선에 있는 것이 그의 번역관이다. 벤야민에 따르면 원어와 번역어 사이의 상호 소통성은 그 내석 논

14 가령 이글턴과 니란자나Tejaswini Niranjana 참조. 특히 니란자나는 벤야민 등을 논의하면서 "패권적 서구를 그 내부로부터 해체하려는 탈구조주의의 시도는 탈식민주의적 실천과 그 맥을 같이 한다"(171)고 평가한다.

리에 있어서 이 두 언어 사이에 어떤 순수언어의 존재를 유추하게 한다. 따라서 한 언어를 다른 언어로 옮기는 것과 이에 따른 이해, 즉 번역은 두 언어가 순수언어를 지향하도록 하는 작업이라고 할 수 있다. 여기서 벤야민이 특히 마음에 두고 있는 장르는 시적 언어이지만, 어떻든 이와 같이 순수 언어를 상정함으로써 이제 번역은 원본만큼이나 독자적인 지위를 갖게 되며 결코 원본에 종속되지 않는다. 오히려 원본 역시 번역이라는 끊임없는 재창조를 통해 그 삶을 지속한다. 그런 만큼 번역가의 임무는 원본의 불안정성을 보여 주는 것이며 또 번역은 언어와 언어 사이의 화해의 도구가 된다("The Task of the Translator" 72). 그러나 동일한 논리로 번역은 자신의 언어세계 자체에도 일정한 반성적 시각으로 작용해야 한다. 벤야민의 말을 인용하면,

> 번역가의 임무는 여타 언어의 마법에 걸려 있는 순수언어를 자신의 언어 속에서 풀어 놓고, 주어진 작품을 재창조함으로써 그 작품에 갇혀 있는 순수언어를 해방하는 것이다. 순수언어를 위해서 그는 자기 언어의 퇴락한 벽을 깨 나간다. (80)

그 신비주의적 경향에도 불구하고 벤야민의 번역론이 오늘날 의미를 지닐 수 있는 이유가 여기에 있다. 그의 신비주의적 부분은 오늘의 세속적 유럽에 대한 거리두기를 가능하게 하면서, 이러한 구도 속에 궁극적으로 제시되는 것은 번역이 자기 반성적 작업이어야 한다라는 것이다. 그는 번역이 유럽의 자기반성적 계기가 되어야 함을 판비츠Rudolf Pannwitz의 말을 인용하여 제안하고 있다.

> 우리의 번역 가운데 가장 최고의 번역도 잘못된 전제에서 출발하고 있다. 이들 번역은 독일어를 힌디와 희랍어, 영어로 바꾸는 대신 이런 언어들을 독일어로 바꾸려고 한다. 우리 번역가들은 외국 작품의 정신보다는 자신의 언어의 용법을 훨씬

소중히 여긴다. … 번역가의 기본적 오류는 자신의 언어가 외국어에 의해 큰 영향을 받게 되도록 허용하기보다는 자신만의 언어가 우연히 취하게 된 현재 상태를 유지하는 것에 있다. (81)

그렇다면 벤야민의 순수 언어론은 유럽어 중심의 사고이기보다는 유럽에 대한 상당한 반성적 모멘트라고 해야 할 것이다.

벤야민의 논리를 종합하면, 번역이란 원본에 종속되지 않으면서 자기 반성의 계기를 마련하는 작업이어야 한다.[15] 이러한 논리를 탈식민적 상황으로 옮겨 온다면, 저항적 다시쓰기는 원본 앞에서 자기 반성적이며 동시에 원본에 종속되지 않고 이로부터 자유로운 일종의 번역행위라 할 수 있다. 하지만 무엇보다도 자기 반성적 차원이 현 단계 탈식민 문학에 어느 정도까지 요구될 수 있는지는 의문이다. 오히려 탈식민적 다시쓰기의 타자로부터의 시작이, 가령 타자의 문학 형식과 내용의 이어받기 자체가, 현 단계에서는 어느 정도 자기 반성적 노력의 한 모습이라고 할 수 있을 것이다.

벤야민의 순수 언어론을 바탕으로 한 번역론은 "거의 같지만 다른"almost the same but not quite 행위의 필연성과 가치를 말해 준다. 여기에서 "거의 같지만 다른"이라는 말은 바로 바바가 그의 중심적 개념 가운데 하나인 혼성모방mimicry을 설명하기 위해 쓰는 표현이다. 그의 혼성모방이란 피식민 주체가 식민적 지배세력을 "거의 같지만 다른"(*Location* 89) 차원에서 복사하는 것이다. 이러한 차원의 연장선에 있는 것이 그의 혼종성과 양가성ambivalence의 논리이다. 바바는 문화적 접촉의 이러한 내면 논리를 강조하면서 피식민인의 정

---

15 드 만Paul de Man은 벤야민의 독일어 용어 'Aufgabe'가 일반적으로 '임무'task로 번역되지만 정반대로 '부정'renunciation 혹은 '거부'rejection의 의미도 있음을 강조한다(80).

체성이 일방적으로 단순화되지—그의 용어를 쓰자면 '물화'되지—않는다고 설명한다.

바바의 이론에 대한 여러 가지 논쟁과 반론에도 불구하고 탈식민론에 있어 그의 이론이 갖는 위치를 부정할 수는 없을 것이다. 우리는 앞서 본 벤야민의 번역론과 바바의 혼성모방이 거의 같은 층위에 있음을 알 수 있다. 또한 이 양자를 동시에 고려함으로써, 번역이라는 행위가 문화와 문화의 만남과 충돌에 대한 일종의 전형이 될 수 있고 이제 한층 깊은 의미를 갖게 됨을 알 수 있다. 바바가 지적한 바와 같이 탈식민적 문화상황은 한 문화가 다른 문화를 만나는 양식으로 요약되는데, 이는 특히 상호 전환transition의 모델이 아니라 상호 번역translation의 모델에 의해 설명될 필요가 있다. 여기에서 전자는 자동사적이고 피동적이라면 후자는 타동사적이고 능동적인 문화행위이다. 특히 '번역'의 개념은 '전환'의 개념보다는 두 언어 혹은 문화 사이에서 실제 번역될 수 없는 부분을 상정하고 주목하며 또 그 가치를 인정하고 이를 통해 새로운 것이 생성된다는 모델이다.[16] 바로 이러한 비상동적이고도 잉여적인 부분은 단지 임시적이거나 극복되어야 할 공간으로 정의되지 않는다. 오히려 이러한 공간에서의 활동을 바바는 "재조정과 재개입의 시학"poetics of relocation and reinscription(*Location* 225)이라 명명하면서, 그 긍정적 가치를 높이 평가하고 있다. 따라서 번역이야말로 바로 문화와 문화의 차이를 드러내는 행위라는 것이 분명해진다. 특히 이러한 논리를 이끌어 내는 데 있어, 바바는 벤야민의 번역론에 도움을 받고 있는 것이다.

이러한 우회적 방식에 의해 우리는 번역이, 그리고 여기에서 더 나아가 훨

16 이러한 잉여에 대한 중요한 논의는 Spivak, *In Other Worlds*, 259; Thomas, 185를 참조할 것.

씬 저항적 쓰기를 지향하고 있는 다시쓰기가 새로운 문화를 낳을 수 있다는 논리를 확인하게 된다. 벤야민의 번역론이 원본과 번역본의 상호의존적 관계와 이와 연장선에 있는 자기 비판적 계기를 강조하고 있다면, 바바의 탈식민론은 보다 적극적으로 이러한 번역을 통한 제3공간의 성립을 이론화하고 있다. 이러한 강조점의 차이에도 불구하고 이들 이론은 공통적으로 다시쓰기의 전략이 원전의 강화가 아닌 제3의 공간을 형성해 가는 포월의 과정일 수 있음을 설명해 준다. 이런 점에 있어서, 다시쓰기는 번역의 역할을 문화적 지평 속에서 이해하도록 하는 촉매제가 될 수 있고, 또 이러한 이해의 바탕 위에서 번역과 글쓰기 작업이 원전 혹은 식민문화의 또 다른 강제로부터 자유로울 수 있을 것이다.

월코트의 《판토마임》과 쿳시의 《포》는 《로빈슨 크루소》에 대한 단순한 판토마임이나 모방 혹은 우발적이고도 우연한 기획이 아니다. 그것은 영문학상의 고전뿐만 아니라 대영제국의 문화와 정치 그리고 서구중심의 역사를 뒤집어 보고 다시 쓰는 작업이다. 하지만 여기서 또 분명한 것은 이러한 작업이 그 순서와 논리에 있어서 서구 고전을 이어받고 있다는 것이다. 이런 의미에서 그것이 단지 서구적 전통에 대해 단절적인 것(Gilbert & Tompkins 51)은 아니라고 할 수 있다. 우리는 여기에서 표면적으로도 분명한 내용적, 형식적, 그리고 언어적 '연속성'을 부정할 필요가 없다. 오히려 월코트와 쿳시의 작업은 한층 이러한 연속성과 단절성의 이분법적 틀 자체를 넘어서려는—"어떤 언어 안에서도 안주하지 않으려는"(Simon 72)—몸짓과 논리의 측면에서 이해되어야 하며, 이러한 새로운 제3의 문화지형을 통해 문화적 탈식민을 모색하고 있는 것으로 평가되어야 한다.

루시디의 "이전의 식민지가 영국에 대해 복수의 되받아 쓰기를 한다"The

Empire writes back with a vengeance는 평가에 첨언해야 할 것은 이러한 최근의 작업이 단순히 번역, 다시읽기, 나아가 되받아쓰기writing back를 넘어 다시쓰기rewriting의 차원에서 이해되어야 한다는 것이다. 다시쓰기는 고전적 텍스트만이 아니라 이제까지의 식민적 지배문화를 해석과 논의의 공간으로 끌어들이면서 지배문화와 피지배문화의 이분법적 구도와는 다른 차원의 전복적 논리와 공간의 형성에 기여하고 있다고 평가되어야 한다.

■《비평과 이론》(2000)

제16장

탈식민 문학 읽기—개별성의 윤리와 미학

I

이 장은 영어권의 탈식민 문학을 어떻게 읽을 것인가를 정치사회적 인식과 개인의 감성이라는 두 측면을 포월하는 '개별성의 윤리와 미학'이라는 방식으로 설명하고자 한다. '포스트콜로니얼', '포스트 식민', '후기 식민', '신식민' 등을 뒤로하고 '탈식민'이라는 용어가 선호되는 이유는 이 용어가 갖는 미래 지향성으로 인해서이다. '탈식민'은 이미 탈식민되었다는 것이기보다는 어떻게 탈식민할 것인가라는 숙제를 담고 있는 용어 선택이라는 것이다.

최근 영문학계에 설정된 탈식민 문학작품의 범주는 그 이전 시대의 영연방 문학과 사뭇 다르다. 즉, 영문학이 그 영토적 범주를 넓혀 실질적으로 영어가 모국어인 문학을 인성해 주는 혜택을 부여한 것이 영연방 문학이라 할 수 있다. 이러한 과정에는 이들 지역이 문학적 성과물을 내기 시작한 것도 무시할 수 없는 역할을 하였지만, 어떻든 이것은 '문학적 백호주의'라 불릴 수 있을 정도로 인종적 근친성에 기인한 문학적 입양이었다고 할 수 있다. 이에 반해 근래의 탈식민 문학의 범주는 민족과 인종 그리고 특정 지역을 뛰어넘고 있다는 특징을 갖는다.

현 영문학계 내에서 이러한 탈식민 문학의 범주적 변화를 이끈 가장 중요한 주체는 이론적 논의임을 부인할 수 없다. 그것은 우리가 항용 접하는 문학이론서에서 가늠할 수 있다. 가령, 일반적으로 오늘의 현대 문학이론 입문서는 신비평과 러시아 형식주의로 시작하여 구조주의, 후기 혹은 탈구조주의, 여성주의, 정신분석, 포스트모더니즘, 그리고 해체주의를 거쳐 거의 마지막 부분에 탈식민주의를 소개하고 있다. 이는 물론 해당 이론이 등장하는 시대적 순서에 의거한 것이기도 하지만, 이러한 순서는 이전 이론에 대한 연속과 반론의 계보학이기도 하다. 문학이론으로서의 탈식민주의의 등장 역시 예외는 아니어서, 그것이 계보상 그리고 특히 영문학 연구 영역에 있어 이전 이론理論에 대한 이론異論으로 부상한 점을 간과할 수 없을 것이다.

탈식민주의 이론이 탈식민주의 문학작품을 낳았다. 이러한 주장은 즉각적으로 반론에 직면할 수 있다. 지난 20년여 전부터 문학 이론적 측면에서 주목을 받고 있는 탈식민주의 이론 이전에, 이미 주요 탈식민 문학작품들이 스스로 자리 매김을 해 오고 있었기 때문이다. 다만 이들이 하나의 주제로 엮여 논의되고 정리되지 않았을 뿐이었다. 하지만 이러한 문학에 (인위적이라 할 수 있는) 집단적 정체성을 부여한 것이 이론으로서의 탈식민주의였다는 것은 사실이다.

영문학에서 탈식민 문학이 본격적으로 읽히기 시작한 것은 분명 다문화주의와 신역사주의에 이은 현상이었고, 그것은 1980년대 중반 이후라 할 수 있다. 무리가 있을 수 있음에도 불구하고 한층 분명하게 선을 그어 본다면 그것은 1985년이라 할 수 있다. 탈식민과 관련된 스피박의 첫 논문인 〈세 여성

텍스트와 제국주의 비판Three Women's Texts and Critiques of Imperialism〉과 역시 바바의 첫 논문인 〈경이로운 기호Signs Taken for Wonders〉가 발표된 것이 1985년이다. 더불어 이 해에 비로소 사이드의 《오리엔탈리즘》이 재조명받게 되면서 그는 〈오리엔탈리즘 재고Orientalism Reconsidered〉를 발표하였다.[17]

물론 1985년의 이러한 성과는 이미 오래 전부터 있어 온 업적에 기반하고 있다. 그 업적으로 오늘날에도 항상 언급되는 것으로는 앞서 언급된 사이드의 《오리엔탈리즘》과 함께 아체베의 〈아프리카의 이미지—콘래드의 "암흑의 핵심"에 나타난 인종주의An Image of Africa: Racism in Conrad's *Heart of Darkness*〉(1977)가 대표적이다. 이들 이전에도 영문학의 제국주의적 성격에 대한 연구는 있어 왔다. 그 대표적 예는 샌디슨Alan Sandison의 《제국의 수레바퀴*The Wheel of Empire*》(1967), 월쉬William Walsh의 《영연방 문학*Commonwealth Literature*》(1973), 마후드Molly Mahood의 《식민적 만남*The Colonial Encounter*》(1977), 그리고 그린Martin Green의 《모험의 꿈, 제국의 행동*Dreams of Adventure, Deeds of Empire*》(1980) 등이다. 하지만 이들은 영국의 제

17 사이드의 이 글은 영국 에섹스 대학에서 1984년에 '유럽과 그 타자'를 주제로 개최된 중요한 학술대회에서 발표된 후, 이듬해 출판되었다. Francis Baxter, Peter Hulme, Margaret Iverson and Diana Loxley, eds., *Europe and Its Others: Proceedings of the Essex Conference on the Sociology of Literature, July 1984*, Colchester: University of Essex, 1985, 14-27 참조. 이 책 역시 매우 중요한 계기로 언급될 필요가 있다. 여기에는 스피박의 논문 "The Rani of Simur"(128-151)도 실려 있다. 더불어 스피박과 바바의 1985년 논문이 발표된 *Critical Inquiry*의 12권 1호 1985년 가을 특집호 *'Race,' Writing, and Difference*, ed., Henry Louis Gates, Jr. 또한 기억되어야 한다. 여기에 실린 또 하나의 중요한 논문은 Abdul R. JanMohamed의 "The Economy of Manichean Allegory: The Function of Racial Difference in Colonialist Literature"(59-87)이다. 그해에 발표된 스피박의 중요 논문 가운데는 "Can the Subaltern Speak?: Speculations on Widow-Sacrifice," *Wedge* 7/8(Winter/Spring 1985): 120-130; "Subaltern Studies: Deconstructing Historiography," ed., Ranajit Guha, *Subaltern Studies IV: Writings on South Asian History and Society*, New Delhi: Oxford UP, 1985, 330-363도 있다.

국주의적 문화 행태에 대한 연구에서 멈추었을 뿐, 탈식민 텍스트들을 소개하고 있는 것은 아니다. 영문학에 대한 비판이 어떤 대안적 문학의 소개로 나아가기보다는 그 안에 머물고 있는 한계를 갖는다는 것이다.

이와는 반대로 아프리카 등의 지역에서 이곳의 문학을 소개하고 이론화하고자 하는 작업으로 해외에까지 알려진 것도 있었다. 그 대표적 예로는 소잉카Wole Soyinka의 《신화, 문학, 그리고 아프리카 세계*Myth, Literature and the African World*》(1976), 그리고 친웨이주Chinweizu, 제미Onuchekwa Jemie, 마두뷰케Inechukwu Madubuike의 《아프리카 문학의 탈식민화를 위하여*Toward the Decolonization of the African Literature*》(1980)가 있다. 하지만 이 역시 영문학에 대한 성찰적 논의 과정에 직접적 영향을 미치지는 못하였다.

어떻든 이러한 업적에 기반하면서 이를 가장 충격적으로 조직한 사건은 1985년도 이후에 이어지고 있다고 정리할 수 있다. 이에 부응하여 가령 애쉬크로프트Bill Ashcroft,, 그리피스Gareth Griffiths, 그리고 티핀Helen Tiffin이 액센트 시리즈로 1989년 공동으로 출판한 《옛 제국의 되받아쓰기*The Empire Writes Back*》는 탈식민 이론과 함께 어떤 작품을 읽어야 할지를 체계적으로 알려 준 저술이 되었다. 이로써 사실 탈식민론은 탈식민 문학과 만나면서 1990년대에 탈식민 문학이 본격적으로 연구되고 읽히는 데 정지 작업 역할을 한 것이다. 최소한 영문학계 내의 경우 탈식민 이론과 문제가 먼저 있고, 그와 부수적으로 혹은 최소한 병렬적으로 탈식민 문학이 논의되기 시작한 것이다.

II

바바가 〈경이로운 기호〉에서 자신의 논지 전개를 위해 동원하고 있는 작가와 이론가는 콘래드, 나이폴V. S. Naipaul, 데리다, 파농, 그리고 라캉 등이다. 그리고 여기에서 문학 작품을 인용한 경우는 콘래드의 《암흑의 핵심》에 머물고 있다. 문학 작품에 대한 언급이 한층 구체적이고, 영문학 이외의 지역으로 넓어진 것은 그의 다음 논문인 〈흉내 내기와 인간에 대해—식민 담론의 양가성 Of Mimicry and Man: The Ambivalence of Colonial Discourse〉(1987)에서이다.

이 글에서 바바는 콘래드의 《노스트로모》에 등장하는 주인공 가운데 하나인 드쿠Decould를 인용한다.

> …치욕보다 어리석음이 오히려 더 견디기 힘든 끝없는 내전… 모든 인종으로 구성된 민중들의 무법천지와 야만성, 고질적인 폭정… 남미는 통치가 불가능하다.
>
> …the endlessness of civil strife where folly seemed even harder to bear than its ignominy… the lawlessness of a populace of all colours and races, barbarism, irremediable tyranny… America is ungovernable. (Bhabha, "Of Mimicry and Man" 88; Conrad, *Nostromo* 161)

드쿠는 파리에서 교육을 받은 젊은 지식인으로 작품의 배경이 되는 술라코 Sulaco 지역의 언론인이다. 가장 중요한 주인공이라 할 수 있는 노스트로모가 행동하는 결단력의 인물이라면, 드쿠는 생각이 많은 우유부단한 인물이다. 무질서와 폭정 그리고 연이은 반란과 혁명으로 점철된 남미 지역의 모습을 담은 이 작품에서 두 사람의 생각과 활동 역시 이러한 흐름 속에 함몰되고 만다. "남미는 통치가 불가능하다"는 말은 원래 남미 혁명의 아버지로 추앙되는 볼리바르Simón Bolívar가 말년에 했다는 유명한 말—"남미는 통치가 불가능하다. 혁명은 바다를 일구는 것과 같다"—에서 온 것이다.

바바가 드쿠의 말에 이어 바로 인용하고 있는 말은 나이폴의 《흉내 내는 사람들*The Mimic Men*》(1967)에서 주인공 싱Ralph Singh이 하는 자기변호이다.

> 참되고, 배워 가며, 삶을 준비하는 척하지만, 신세계의 이름 없는 구석에서 흉내 내는 우리는 새로운 것이 이렇게도 빨리 부패한다는 것을 일깨울 뿐이다.
>
> We pretended to be real, to be learning, to be preparing ourselves for life, we mimic men of the New World, one unknown corner of it, with all its reminders of the corruption that came so quickly to the new. (Bhabha, "Of Mimicry and Man" 88; Naipaul 146)

나이폴의 이 소설은 카리브제도의 독립기의 한 국가인 이사벨라Isabella를 배경으로 개인적으로 정치적 성공과 패퇴를 겪은 이후 런던으로 망명을 한 인도계 주인공 싱의 이야기이다. 싱의 런던에서에서의 삶과 본국에서의 회고담으로 되어 있는 이 소설은 그의 삶이 얼마나 본국 정부인 영국을 모방하고 있는가를 보여 준다.

바바는 드쿠와 싱의 삶을 흉내 내기mimicry의 경우로 해석한다. 이것은 가령 아우어바흐Erich Auerbach의 미메시스mimesis와 달리 리얼리즘에서의 반영 능력보다는 이러한 과정과 결과에서 발생하는 필연적인 어긋남에 주목한다. 특히 그것은 애초의 의도와 목표에서 벗어나는 경우에 주목한다. 식민 상황에서 지배자의 의도와 권위는 애초의 의도대로 행사되지 못하며, 식민 지배자는 상당한 한계를 갖는 불안정성을 노정하게 된다. 식민 지배자의 반대편에 있는 피식민자의 경우 또한 이에 상응하는 과정을 겪게 되어, 그 또한 일방적 지배관계를 벗어나 치환과 환상, 정신적 방어와 개방된 해석을 통해 나름대로의 자율적, 창조적 차원을 갖게 된다. 파농이 《검은 피부 하얀 가면

Black Skin, White Masks》(1952)에서 흑인의 백인 모방 심리를 하얀 가면을 쓰고 자신의 정체성의 정당성을 찾으려는 환각적 행위a hallucinatory whitening라는 부정적 해석을 하고 있는 것에 대해(100),[18] 바바는 그것이 일정한 잉여불을 산출해 내는 위장된 저항적 차원을 갖고 있음을 설명하고자 한다.

이런 점에 있어서, 콘래드 특히 나이폴의 긍정적 의미가 분명해진다. "역사는 업적과 창조로 이루어진다. 그런데 서인도제도에서는 아무것도 창조된 것이 없다"고 말하는 나이폴에 대해 카리브제도 등 제3세계에서의 평가는 다분히 부정적인 것이었다. 바바에게 이러한 나이폴의 언명들은 카리브제도의 상황에 대해 일방적으로 비관적인 목소리만으로 여길 수 없는 측면이 있다. 한편으로는 나이폴이 '서인도제도의 만다린'이라 불리기도 하지만, 다른 한편으로는 오히려 그의 이러한 목소리에 다른 의지와 뜻이 있다는 해석이 가능하다는 것이다. 바바의 전략은 《흉내 내는 사람들》에서 이러한 '흉내 내기'의 '한계'를 지적함으로써, 오히려 흉내 내기 자체가 '흉내 내기'라는 행위를 어떻게 완성할 수 없는가라는 역설과 아이러니에 도달하는 과정을 추출코자 하는 것이다. 어떻든, 이 논문을 통해 나이폴의 존재는 더욱 눈에 띄게 된 것이 사실이다. 바바가 콘래드와 짝을 지어 나이폴을 논의함으로써, 나이폴은 콘래드에 분명 버금가는, 최소한 영어권문학에 있어서 그에 버금가는, 그리고 식민과 탈식민의 틀을 더욱 전형적으로 보여 주는 작가로 여겨질 수 있게 되었다.

스피박이 〈세 여성 텍스트와 제국주의 비판〉에서 다루고 있는 세 작품은 샬럿 브론테의 《제인 에어》, 진 리스의 《드넓은 사가소 바다》, 그리고 메리 셸리의 《프랑켄슈타인》이다. 스피박은 작품을 근본적으로 이들 작품을

---

18 흉내 내기라는 용어와 개념은 Lacan, *Écrit*, 3 참조.

산출한 시대의 반영으로 보면서, 이들 시대의 특징으로 제국주의의 확산을 꼽는다. 먼저 스피박은 《제인 에어》가 "페미니즘이 숭배하는 작품"cult text of feminism이라 평가되고 있지만 그것이 어떻게 다른 세계의 다른 여성들을 배제하고 있는지를 밝힌다. 또한 스피박은 리스가 《드넓은 사가소 바다》에서 버사 메이슨Bertha Mason에 주목하여 그녀를 되살려 내고, 더불어 카리브제도에서의 흑인 유모 크리스토핀Christophine을 창조해 내고 있음에 주목한다. 《프랑켄슈타인》의 경우, 이것이 또 하나의 페미니즘 관련 작품으로 평가되고 있지만 이 역시 서간체 담론의 수신자인 마가렛 사빌Mrs. Margaret Saville에서와 같이 수동적 여성성과 수동적 읽기에 동의하고 있는 작품으로 보일 수 있다. 하지만 스피박의 평가는 여기에 머물지 않는다. 스피박은 사빌 부인이 모든 이야기를 받아 내 그것의 존재를 가능하게 하고 이를 독자에게 연결해 주었듯이, 오늘의 독자 역시 이 작품을 받아 내고 해석하는 적극적 위치에 있어야 한다고 강조한다. 이런 점에서 이 이야기는 일정한 틀에 갇혀 있으면서도 갇혀 있지 않는 모형을 보여 주는 "결함 있는 위대한 작품"great flawed text으로 평가된다. 이러한 스피박의 읽기 가운데 가장 주목받고 지속적인 영향을 미친 것은 《제인 에어》에 대한 것이었다고 할 수 있다. 그리고 여기에서 소개된 《드넓은 사가소 바다》는 이후 대표적인 탈식민 여성주의 작품이 되었다. 이후 스피박이 논의한 작품 가운데 주목할 만한 것은 나라얀의 《안내인》(1958)과 데비의 단편들이다.[19]

나라얀의 소설은 회고 형식을 취한다. 관광 안내인 라주Raju는 무용수인 로시/나리니에 매혹되어 그녀의 매니저가 되고 많은 돈을 벌게 되지만 결국

19 전자는 Spivak, "How to Read a 'Culturally Different' Text," 후자는 Spivak, ed. & trans., *Imaginary Maps*의 역자 서문과 후기에서 논의되고 있다.

사기죄로 감옥에 가게 된다. 출옥 이후 자신의 뜻과 달리 그는 비도 내리게 할 수 있는 성인으로 마을 사람들이 추앙하는 존재가 된다. 여기에서 스피박이 특히 주목한 것은 로시의 신분 혹은 직업이다. 그녀의 공식 신분인 데바다시devadasi는 원래 사원의 무용수이자 신을 모시는 여성 시녀였다. 사회적 지위가 낮은 이들의 모든 것은 후원자의 전권에 맡겨져 있었고, 특히 근대 사회에서는 그저 매춘부로 여겨질 수밖에 없게 되었다. 로시에 대한 논의를 통해 스피박이 지적하고자 하는 것은 역사적으로 항상 희생자이자 오늘의 사회구조 속에서는 자신의 위치를 정할 수 없고 적절히 대변될 가능성 또한 없는 존재에게 제 목소리를 낼 여지를 주지 않는 작품과 이러한 작품에 대한 해석이 갖는 한계점이다. 로시에 대한 독자의 관심은 그녀의 이국적 매력에 끌려 "부심히 옮겨다니는 국제적 독지"casual unmoored international audience("How to Read" 130)가 보이는 관심일 뿐이고, 나라얀의 로시에 대한 묘사와 견해 역시 상당한 한계를 안고 있다는 것이다. 이런 점에서 스피박은 결국 "누가 어떻게 탈식민화하는가?"who decolonizes, and how?("How to Read" 138)의 문제를 재점검하기를 요구하고 있다.

스피박이 가장 중요하게 제시하고 있는 탈식민 문학은 인도의 여성운동가이자 작가인 데비의 작품들이다. 스피박은 특히 데비의 단편 세 편을 벵골어에서 영어로 번역하고 엮어 《상상의 지도*Imaginary Maps*》라는 제목으로 발간하였다. 이러한 제목은 데비 자신의 것이 아니라 스피박의 것이다. 이 제목이 갖는 의미와 그것이 작품 해석에 갖는 이익를 설명하기 위해서는 여기에 실린 단편 가운데 하나인 〈아낌없이 베푸는 도우로티〉를 살펴볼 필요가 있다. 이 이야기는 집안을 위해 자신을 매음굴에 맡길 수밖에 없었던 순진무구한 도우로티가 끝없는 착취와 질병 속에 죽어 가는 모습을 그리고 있다. 그녀는 인도 독일기념일을 맞이하여 학교 운동장에 그려진 커다란 지도 위에 온통 피를 토한 채 성병으로 만신창이가 된 몸으로 쓰러져 죽는다.

> 오늘, 8월 15일에, 도우로티는 [교장인] 모한과 같은 사람이 인도의 독립을 기념하는 깃발을 인도에 꽂을 여지를 남기지 않고 있다. 모한이 할 수 있는 일은 무엇인가? 도우로티가 인도를 모두 뒤덮고 있는데.
>
> Today, on the fifteenth of August, Douloti had left no room at all in the India of people like Mohan for planting the standard of the Independence flag. What will Mohan do now? Douloti is all over India. (93)

이러한 결어는 인도라는 '국가적 정체성'으로는 정의될 수 없고 또 그로부터 제외된 존재들에 대한 우리의 관심을 요구하고 있다. 스피박은 "탈식민 혹은 신세계 질서라는 이름의 새로운 '상상'의 지도가 진지한 지적 점검의 대상이 될 수 없는 그렇게 중요한 기획인가?"라고 질문한다(xxiv). 이런 점에서 이 단편집의 제목인 '상상의 지도'란 실제 현실의 지도이기보다는 왜곡된 지도이다. 이와 동시에 이러한 용어의 선택은 또 다른 의미의 '국제적 시각'a vision of inter-nationality을 통해, 세계은행과 같은 기관에 의한 새로운 상상적 지도 만들기에 대항하고자 하는 의지와 희원을 담고 있다고 하겠다(198).

이러한 조건 속에서 스피박의 관심은 도우로티가 갖는 의미에 더욱 집중되어 있다. 사실 스피박은 이 단편들의 번역과 역자 서문과 후기가 나오기 전에 도우로티의 의미에 대해 상술한 바 있다.[20] 여기에서 스피박은 오늘날 사

20 Spivak, "Woman in Difference: Mahasweta Devi's 'Douloti the Bountiful'" 참조.

회에 있어 도우로티가 어떤 위치에 있는가를 다음과 같이 설명한다.

> 도우로티는 노동을 파는 것이 아니다. 그녀는 몸을 파는 존재이다. 그녀는 자신의 상품의 가격을 스스로 결정하지 못하는데다가, 상품을 만들어 낼 수도 없는 존재이다. 따라서 그녀는 노동자가 아니며, 동시에 인간적 주체로서의 존재도 아니다. 그녀는 전적으로 타자에 의해 결정되는 존재이다. 그녀는 스스로의 몸으로부터 철저히 소외되어 있다. 이런 점에서 그녀는 오늘의 사회에서 제외된 존재이다. (103)

도우로티는 자본주의 세계 원리 속에 철저히 함몰되어 있으면서도 동시에 그로부터 완전히 소외된 존재이다. 다시 말해 그녀는 바로 데리다가 말하는 "진정한 아포리아 지점"the real site of aporia에 다름 아니다(Spivak, "Woman in Difference" 111). 스피박은 이러한 난관 속에서 우리에게 모든 제도적 장치를 넘어 도우로티와 "내밀한 만남"secret encounter을 이룰 수 있도록 노력하기를 주문한다. 이는 개인과 개인의 만남, 책임과 의무 그리고 윤리에 바탕한 사랑의 관계로 "윤리적 개별성"ethical singularity(xxiv-xxv)이라 명명되고 있다. 이해를 넘어 타자를 배워 나가는 과정으로서의 이러한 윤리적 개별성이라는 개념의 근간은 사실 데리다에 있고, 그 의미의 정확한 이해를 위해 데리다에게로 거슬러 올라가 이를 살펴볼 필요가 있다.[21]

데리다에게 개별성singularity은 보편성universality과 대척점에 있지 않다. 개별성은 개별성 자체만으로 존재하는 것은 아니며, 그것은 오히려 보편성이라는 지평이 있기에 가능하고 또 우리에게 인지되는 지점이다. 이런 점에서 개

---

21 스피박은 자신의 이 개념이 데리다의 책임에 대한 여러 논의에 도움을 받았다고 밝히고 있다. Spivak, *A Critique of Postcolonial Reason*, 384, 주 98 참조.

별성과 보편성은 각각 자체적으로 존재하기보다는 상대적으로 결정된다. 데리다는 법 너머의, 법 이전의 계기를 정의의 차원이라 말한다. 정의는 주어진 법을 자동적으로 적용하고 해석하는 과정이기보다는 법의 시원적 계기를 생각하고 이를 실천하려는 의지라 할 수 있다. 즉 정의는 법이라는 이미 보편성을 획득한 틀을 넘어, 이러한 틀이 사상捨象한 개별적 존재에 대해 인지하고 관심을 가지며 이를 새롭게 판단한다. 하지만 우리가 원초적 개별성을 포착할 수 있는 방법은 없으며 더 나아가 그것은 보편성과의 이항 대립적 구도에 의해 생성된 것인 만큼, '원초적 차원의' 개별성이라는 존재 자체가 부정될 수 밖에 없다. 따라서 오늘의 시점에서 정의는 법으로 행사되는 보편성과 이에서 벗어나 있는 개별성이라는 양자의 조율에 의해 추구되어야 한다. 또한, 보편과 개별은 순수한 보편과 순수한 개별이 아니라 상대적이며, 그런 만큼 각각은 이미 서로에 의해 오염differential contamination되어 있다. 이미 서로 오염된 채 우리에게 주어져 있다 해도 보편과 개별이라는 양자를 동시에 극대화하는 작업은 지난하고 불가능한 차원에 있는 것이 사실이다. 하지만 그것은 불가능하기 때문에 지속적으로 추구해야 할 작업으로 설정된다. 가령, 이러한 정의의 차원에서 데리다는 가장 보편적 동의를 얻고 있는 오늘의 민주주의 체제에도 부단히 새로운 해체적 운동성을 요청한다. 진정한 민주주의 힘은 구성원 개개인의 개별성을 부화시키지 않으면서 집단적 보편성을 달성하려는 노력, 즉 형식논리에 있어서는 실현 불능의 상황(aporia) 속에도 그 지속적인 조정 과정을 포기하지 않는 데 있다. 그는 우리로 하여금 이러한 불가능이 가능하다는 믿음을 포기하기 않고 행동하여 이러한 방향으로 나아가길 요구한다.

이러한 구도 속에서 데리다는 문학을 개별성의 구현체로 논의하고자 한다. 개별성과 보편성이라는 두 봉우리가 서로 교차하는 협곡 속에서 문학은 어떤 것에 대한 예증적 사건exemplary event이다. 어떤 사건에 대해 예증적이라 함은 그 개별성이 순수하게 개별적이기보다는 그것이 최소한 은유적 반복성iterability을 갖는다는 것을 의미한다. 반복성이 없는 참으로 순수하고 참으로 사건적인 것은 우리가 다시 인지할 수 없는 차원에 있다. 이런 가운데 문학은 개별자를 예증적 사건으로 제시하면서 이를 보편자와 대비해 더욱 선명하게 하는 작업이라 할 수 있다. 이를 다시 요약하자면, 문학은 개별성을 보편적 틀 속에서 인지시키기 위해 예증적 사건을 제시하는 공간이다. 이런 점에서 문학은 개별적 존재와 그것이 담지한 개별성을 살피려는 행위, 물론 그것이 보편성의 논리에 이미 영향을 받아 성립하는 것이라는 인식 속에서, 즉 보편적 시평 가운데 개별성에 주목하려는 노력이라 할 수 있다.[22]

스피박은 이와 같은 데리다의 개별성론에 윤리적ethical이라는 수식어를 붙여 그것이 텍스트 해석에 있어 가질 수 있는 의미를 더욱 분명히 하고 있다. 그것은 우선적으로 전 지구적 논리에서 빠져나올 수 없고 또 희생될 수밖에 없는 것들에 귀 기울이고 다가가려는 노력이다. 그리고 그것은 공공연한 것이거나 공식적인 것이기보다는 상대의 개별성을 우선시하고자 하려는 노력이다. 그것은 사랑을 기초로 한다. 한층 분명한 이해를 위해 스피박의 논리를 단순히 인용하기보다는 풀어서 이해하기 쉽게 설명하자면 다음과 같다.

---

22 개별성, 보편성, 문학 등에 대한 데리다의 논의는 "Declaration of Independence," "Force of Law: The Mystical Foundation of Authority," "At This Very Moment in This Work Here I Am," 그리고 "This Strange Institution Calld Literature: An Interview Jacques Derrida"와 "Before the Law"(*Acts of Literature*, 33-75, 181-220) 참조. 이들에 대한 논의는 Beardsworth와 Kronick 참조.

사랑이란 바로 노력이다. 그것은 매우 세세하게 상대방에 귀 기울이는 것이며, 양쪽의 마음이 변하는 것이고, 순간적으로나마 실천될 수 있는 윤리적 개별성의 실현 가능성 속에서 이루어진다. 이를 통해 집단적 노력이 법, 생산관계, 교육체제, 그리고 의료체계를 바꾸게 될 것이다. 일대일로 서로가 서로에게 개인적인 책임을 지지 않고서는 어느 하나 가능하지 않을 것이다. 한 개인이 개인을 만나 깊이 있게 이야기할 때에 그 반응은 두 사람 모두에게서 나온다. 반응response은 책임responsibility 혹은 대답가능성'answer' ability이나 책무accountability의 첫 걸음이다. 이런 행복한 만남 속에서 우리는 서로에게 아무것도 감추지 않고 모든 것을 밝히고자 한다. 이런 가운데 마지막으로 등장하는 것이 바로 비밀이다. 비밀은 우리가 감추고자 하는 것이 아니라 이러한 개별성과 책임 그리고 책무 가운데 몹시도 밝히고자 하는 것이다. 이런 점에서 윤리적 개별성이란 비밀스런 만남이라고 불릴 수 있다. 윤리적 개별성은 양쪽으로부터 반응이 있는 경우 가능해진다. 상대를 나와 유사한 관점에서 보거나 비교하는 것은 이 불가능하게 보이는 윤리적 관계를 설정하기보다는 지워버리는 것이다. 반대로 한 개인을 한 문화의 전형으로 받아들이면서 무조건적으로 평가하는 태도 역시 윤리적 개별성에 기초한 판단이 아니다. (*A Critique of Postcolonial Reason* 383-384)

이런 점에서 스피박은 이를 "(불)가능한 윤리적 관계"(im)possible ethical relation이라 명명하고 있다. 이는 그러한 작업의 지난함과 이를 포기할 수 없는 상황을 동시에 인식시키고자 하는 노력의 소산이다.

III

스피박의 이러한 노력과 요구를 가장 잘 설명해 주는 이야기가 데비의 《상상의 지도》에 실린 가장 긴 단편인 〈익수룡, 퓨란 샤이, 그리고 피르타Pterodactyl, Puran Sahay, and Pirtha〉이다. 익수룡翼手龍Pterodactyl이란 '날개'를 뜻하는 'Ptero'와 손을 뜻하는 'dactyl'이 결합된 말로 날개 달린 공룡Pterosauria의 한 종에 붙인 속칭이다. 기자이자 활발한 시민운동가인 퓨란이 인도 중부 마디야 프라데시 주Madhya Pradesh(주의 수도는 1984년 유니온 카바이드의 가스누출 사고가 일어난 보팔Bhopal)의 피르타에 거주하는 인도의 소수 원주민Ādivāsīs을 취재차 방문하여, 그곳에서 원주민들과 함께 익수룡의 장례식에 참여하는 것이 이 이야기의 골격을 이루고 있다.

퓨란이 피르타 지역에 관심을 갖게 된 것은 이곳의 한 소년이 그렸다는 익수룡 그림으로 인해서이다. 하지만 이에 앞서 역사적으로 이곳이 중앙 정부의 무관심 속에 기아가 만연한 지역이라는 것 또한 그의 관심을 이끌었다. 인근 공무원들과 함께 방문한 그곳에서 퓨란은 우연히 내린 비와 자신이 연관성이 있다고 생각한 주민들에 의해 주목을 받는다. 이후 그는 익수룡을 만나게 되는데, 주민들이 조상의 영혼이 환생한 것으로 믿는 이 큰 새 모양의 존재에서 그는 어떤 의사 교환도 불가능한 상황을 경험할 뿐이다. 퓨란은 익수룡 앞에서 다음과 같은 생각을 한다.

> 그대는 날개를 접은 채 움직이지 않고, 나는 그대를 만지고 싶지 않고, 그대는 나의 지혜와 이성 그리고 느낌의 바깥에 있다. 중생대 3기의 말미와 신생대 지질 연대가 시작되는 지점에 누가 손을 내밀 수 있겠는가?
>
> You are moveless with your wings folded, I do not wish to touch you, you are outside my wisdom, reason, and feelings, who can place his hand on the axial moment of the end of the third phase of the Mesozoic and the beginnings of the Cenozoic geological years? (156)

익수룡은 이해 너머의 존재이다. 그리고 그만큼 피르타 원주민의 처지를 표현하는 은유적 존재이다. 그러면서도 익수룡은 다음과 같이 말하는 듯하다.

> 우리는 자연의 지질학적 진화에 의해 멸종하였다. 당신 역시 멸종 위기에 있다. 당신 역시 핵폭발로, 혹은 전쟁으로 멸종하게 될 것이며, 혹은 약자를 제거하는 강자의 폭력적 행태로 인해 벌거벗고 원시적이고 야만적으로 변해서 과연 미래로 나아가고 있는 것인지 과거로 퇴보하고 있는 것인지 골똘히 생각하게 될 것이다.
>
> We are extinct by the inevitable natural geological evolution. You too are endangered. You too will become extinct in nuclear explosions, or in war, or in the aggressive advance of the strong as it obliterates the weak, which finally turns you naked, barbaric, primitive, think if you are going forward or back. (157)

익수룡이 죽은 이후 퓨란은 이곳 사람들로부터 그 장례식에 참석하도록 허락받아 익수룡에 대한 그들의 애도에 동참한다. 그리고 그는 익수룡의 존재와 그 장례식을 외부세계로 보도하지 않기로 결심한다. 이런 과정에서 마침내 퓨란은 다음과 같은 깨달음에 도달한다.

> 우리와 익수룡 사이에 의사소통의 접점은 없다. 둘은 각자의 세계에 속하고 '의사소통의 접점이 없다'. 사실이든 아니든, 익수룡은 분명 '하고 싶은 말'이 있었는데, 우리는 이해할 수 없다. 우리는 그것을 '놓치고 말았다'. 우리는 커다란 손실을 겪은 것이지만, 그것 또한 알지 못한다. 익수룡은 애초부터 '신화'이자 '예언'이었다.

There is no communication-point between us and the pterodactyl. We belong to two worlds and *there is no communication point.* There was a *message* in the pterodactyl, whether it was a fact or not, and we couldn't grasp it. We *missed* it. We suffered a great loss, yet we couldn't know it. The pterodactyl was *myth* and *message* from the start. (195)

퓨란은 익수룡과 직접 대화를 나눌 수 없었고, 또한 어떤 상호 이해에 이를 수도 없었다. 그러니까 그것이 품고 온 메시지 자체는 알 수 없었다. 그럼에도 그의 존재는 분명 하나의 메시지가 된다. 이러한 상황 속에서 그는 그 메시지를 통해 바로 이 멸종 위기에 처한 종족에 대한 자신의 책임을 자각한다. 그리고 이러한 책임을 자각하고 실천하는 첫 걸음이 무엇보다도 이 원주민들에 대한 사랑임을 깨닫는다.

오직 사랑, 거대하고 지극하며 전폭적인 사랑만이 이 세기의 태양이 서쪽 하늘로 져가고 있는 이때에 아직 이러한[원주민을 보호하는] 작업에 임하게 할 수 있을 뿐, 그렇지 않다면 이 파괴적 문명은 끔찍한 대가를 치러야 할 것이다. 역사를 보라. 파괴적 문명은 매번 발전이라는 이름으로 스스로 자멸해 왔다.

사랑, 지극한 사랑, 이것이 첫 발걸음이 되도록 하라. 퓨란은 이제 그의 뭉클해진 가슴속에 있는 파르타를 향한 사랑을 깨닫게 되었고 아마 그가 어느 곳에 살든 먼 곳에서 지켜보는 구경꾼으로 남아 있진 않을 것이다.

Only love, a tremendous, excruciating, explosive love can still dedicate us to this work when the century's sun is in the western sky, otherwise this aggressive civilization will have to pay a terrible price, look at history, the aggressive civilization has destroyed itself in the name of progress, each time.

> Love, excruciating love, let that be the first step. Now Puran's amazed heart discovers what love for Pirtha there is in his heart, perhaps he cannot remain a distant spectator anywhere in life. (196)

마을 사람들과 익수룡의 장례식에 동참하면서 퓨란은 이제 이들을 마음속으로 받아들인다. 그는 더 이상 이들의 기이한 행태를 외부에 알리는 기자이기를 멈춘다. 그는 이들에게서 초자연적인 것, 신화적인 것, 공식적인 역사는 아닐지라도 면면히 이어져 오는 것들을 빼앗아서는 안 된다는 생각을 하게 된 것이다(178).

피르타의 원주민은 기원전 15세기경 아리안족에게 밀려난 이후 모든 것에서 추방당한 존재들이자, 오늘날에도 인도 안의 국외자들로, 인도로부터는 아무런 혜택을 받지 못하는 사람들이다. 퓨란은 이런 상황에서 익수룡 사건과 이것에 얽혀 있는 이곳 주민들의 피폐한 삶을 외부에 적극적으로 기사화함으로써, 외부의 관심을 불러일으켜 사회경제적 개선을 도모해 나가는 방식을 택해야 한 것일 수도 있다. 하지만 퓨란은 이러한 선택과 함께해야 하는 또 다른 것이 있다는 인식에 도달한 것이다. 이들에 대한 충분한 이해의 수준을 넘는 공감이 그것이다. 그리고 그것은 이러한 인식에 달하고, 이후 그저 거기에 머무는 것을 의미하지는 않는다. 그는 이들을 위한 적극적 행동이 또한 함께해야 함을 익히 알고 있다.

> 우선 필요한 것은 땅의 전매와 농업대여법 위반이 불법적이라는 점을 근간으로 하여 법을 가차 없이 적용함으로써 이들을 노예제와 빚으로부터 해방시키는 것이다.

> The first necessity is to free them from slavery and indebtedness by applying the law ruthlessly on the basis of the illegality of the handover of land and the cancellation of the Agricultural Loans Act. (190)

피르타 지역의 공룡 사건은 인도 정부가 이들 하층민과 원주민을 위한 법은 나름대로 마련해 두고 있으나, 정작 그것이 적극적으로 적용되지 않는 현실이 문제임을 퓨란에게 각인시키는 또 하나의 계기가 된다. 퓨란은 그 법이 철저히 준수되도록 하는 데 주력해야 한다는 결심을 굳히는 한편, 이들에 대한 절대적인 공감—그들의 삶에 익수룡이라는 기적은 사실이고 또 필요한 것이라는 절실한 깨달음—또한 함께 갖게 된다. 여기에서 전자는 객관적 이성이라면, 후자는 주관적 감성이라 할 수 있다.

이 이야기의 독자들은 퓨란이 선택한 내용을 막상 자세히 이해하는 데 있어 상당한 어려움이 있을 것이다. 퓨란이 결론적 선택에 이르는 과정이 매우 조심스럽고도 어렵게 제시되고 있기 때문이다. 우선 독자들은 퓨란과 원주민 사이에 감성적 교류가 가능하게 되는 과정에 주로 주목한다. 이 과정이 어느 정도 정리된 이후, 이러한 퓨란의 선택을 평가하게 되는데, 이 경우 독자들은 항용 매우 실용적인 시각 속에서 퓨란의 선택이 다분히 감상적이고 순진한 수준으로의 회귀를 의미하는 것으로 읽을 수 있다. 이러한 읽기는 앞에서 지적한 바와 같이 퓨란의 선택이 대상에 대한 이해에 있어 객관적 이성 혹은 실천과 주관적 감성의 결합을 추구하고 있다는 점을 간과하고 있다. 일반적으로 이성과 감성이 대립적이고 이분법적으로 파악된다는 것을 말해 주는 대목이다. 이런 점에서 볼 때, 퓨란의 선택은 양자택일의 선택이 아니라 양자의 병행이 진정한 선택임을, 또 그것이 가능하다는 것을 예증하고 있다는 점이 강조되어야 할 것이다.

이러한 이야기가 문학 읽기에 대해 던지는 제안은 무엇인가? 이 이야기에 대해 스피박은 "익수룡은 이해 불능의 타자일 뿐 아니라 우리의 과거와 미래에 출몰하는 유령이다. 퓨란이 그랬던 바와 같이, 우리는 의사소통의 불능에 비추어 사랑('개별성에 기반한 윤리적 책임'ethical responsibility-in-singularity을 간단히 이름)을 배울 수 있다"라고, 또 "문학 읽기는 우리에게 개별적인 것과 증명할 수 없는 것으로부터 배우도록 가르친다"Literary reading teaches us to learn from the singular and the unverifiable라고 말하고 있다(*Imaginary Maps* 200; Ethics and Politics 23). 개별적 대상에 대한 윤리적 판단 방식은 바로 문학이라는 영역의 중요한 논리라는 것이다. 이러한 스피박의 문학론은 또한 데리다의 문학론과 긴밀히 연계되어 있다.

데리다에게 있어서 문학의 존재성은 어떤 물건의 존재성과는 다르다. 문학은 본질성을 갖기보다는 불확정성 속에 열린 존재이며, 일정한 총체적인 해석에 대해 저항하는 어떤 절대적 개별성을 갖는 존재라고 할 수 있다.[23] 이런 점에서 문학 그 자체의 개별성에 주목하는 과정은 바로 문학 형식에 대한 긍정이자 그것에 대한 윤리적, 미학적 자세가 된다. 이와 같은 데리다의 문학관에 상당 부분을 기대고 있는 스피박의 문학 읽기는 모든 구조와 틀 그리고 기존 이론에 앞서 문학이라는 개별자의 논리를 재정초하려는 의지의 표현이라고 할 수 있다.

하지만 앞서 논의한 바와 같이 이러한 개별성은 동시에 사회적 배경과 기준을 상정하는 행위이기도 하다. 개별성은 역으로 일정한 사회적 준거에 의

---

23 데리다의 문학에 대한 간명한 논의는 "'This Strange Institution Called Literature': An Interview with Jacques Derrida," *Acts of Literature*, 33-75 참조.

해서만 판단될 수 있기 때문이다. 그러므로 사회적인 것은 오히려 개별성을 가능하게 하는 배경 원리라는 것이 더 논리적이다. 이런 점에 있어 주어진 작품의 역사와 사회문화에 대한 이해는 필수적이다. 사회적 배경과 미적 개별성의 문제가 갖는 의미는 영어권 탈식민 문학 읽기야말로 전 지구적인 것과 가장 국지적인 것에 대한 동시적이고 균형 잡힌 관찰이 가능하고 또 요구되는 곳이라는 점이다. 이는 바로 객관과 주관을 이분법적 대립 관계에 놓지 않고 이 양자가 부단한 병행과 결합관계에 있어야 한다는 퓨란의 선택과 연장선에 있는 교훈이기도 하다. 이것은 일면 불가능한 프로젝트이기도 하다. 하지만 데리다와 스피박의 선택은 이것이 불가능한 것이기에 하나의 프로젝트로 지속되어야 하는 것으로, 이를 현실 개선과 이해에 있어 가장 중요한 추동력으로 삼고자 한다. 이런 가운데 특히 문학은 이러한 불가능이 가능할 수 있다는 한 예를 보여 주는 영역이다. 우리가 영어권 탈식민 문학을 우리의 삶과 동등한 정치사회적, 이성적 지형 속에 위치시키면서도, 이를 동시에 개별자로서 즉 그 자체의 입장에서 윤리적이자 미적으로 판단하려는 거리 두기 혹은 거리적 배려가 필요한 이유가 여기에 있다.

오늘날 신역사주의적, 문화이론적, 탈식민론적 지평들은 문학 해석에 있어 매우 중요한 틀로서 기능하고 있다. 하지만 이들에서 한 걸음 더 나아가, 문학 작품의 가장 중요한 존재 논리와 정치성이 그 개별성에서 찾아질 수 있음을 재인식하게 된다면, 이제는 문학 읽기에 있어 이성적 차원과 감성적 차원의 적절한 배분과 그 균형 또한 논의되어야 할 시점에 도달한 것으로 여겨진다. 이는 문학 읽기의 틀에 있어 정치사회적 지평하에 문학의 영역을 상정하고, 인정하고, 동의할 수 있는 길과 여지의 모색을 말한다. 문학의 윤리와 미학은 개별성에서 출발한다. 스피박이 자본주의의 교환가치론을 비판하면서, 이러한 교환가치체계 속에 남게 되는 것—가령 도우로티의 몸—은 사용가치의 측면에서 고려되어야 한다고 주장하는 것처럼, 문학 역시 교환적 체계에서는 소화될 수 없는 잉여로서 순수한 사용가치 측면에서도 접근되어야 할 것이다.

IV

영문학계에서 탈식민론 형성에 가장 중요한 역할을 한 두 이론가인 바바와 스피박의 이론과 탈식민 문학 읽기에는 미시적 해석과 거시적 이론이 결합되어 있다. 바바는 나이폴의 '흉내 내기'를 매우 치밀하게 읽어 내면서 이를 그의 가장 핵심적 이론 가운데 하나로 발전시켜 나가고 있다. 스피박 역시 로시와 도우로티를 읽어 나가면서 하위 주체의 위치와 이들에게 강요된 침묵의 문제를 설명해 나가고 있다. 그런데 여기에서 더욱 분명한 것은 바바와 스피박이 거론하는 탈식민 문학 작품들은 이들의 이론 체계에 기인하는 즉 가장 잘 부합하는 면이 많다는 인상을 지울 수 없다는 것이다.

바바와 스피박의 체계와 읽기를 비교한다면 분명 일정한 차별성을 갖는다. 바바의 흉내 내기나 혼종성에 비해 스피박의 하위 주체론과 윤리적 개별성론은 아주 개인적이고 구체적인 것에 천착하고 있다. 그리고 그 논의는 분명 바바의 경우에서와 같이 개별적인 것에서 국가적인 차원을 거쳐 전 지구적인 차원으로 이행하는 궤적을 보여 준다. 하지만 스피박의 논지는 바바와 달리 이러한 전 지구적 혹은 추상적 수준을 지향하여 거기에 머무는 것으로 보이지 않는다. 스피박의 탈식민 문학 읽기는 다시 개인적인 차원의 실천적 중요성을 강조하는 환원적 운동을 하고자 한다. 이런 점에서 그것은 문학 읽기의 과정에 훨씬 유효한 모델로 보인다.

사실, 우리는 탈식민 문학 작품을 선택하는 데 있어서도 바바와 스피박이 그랬던 것처럼 기시적 이론에 기반하는 경우가 많음을 부인할 수 없다. 탈식민 문학은 암묵적으로 정치사회적인 것을 선택의 기준으로 삼아 민족주의, 세계화, 여성, 계급 등 탈식민론의 현안을 거론할 수 있는 작품들로 구성되는 경우가 많다. 일명 규정적 선별이라 할 수 있는 이러한 방식은, 위에서 증명하고자 한 바와 같이 애초에 탈식민 이론을 논하는 방식을 무의식적으로 반복하려는 충동을 담고 있는 것이라 할 수 있다. 하지만 이것은 이러한 반복을 통해 해소되어야 할 경향이며, 탈식민론과 그 문학 읽기는 자신의 규정적, 구조적 안정성을 구축하고 유지하는 것이 아니라 원래의 추동력을 지속적으로 견지해 나가야 한다는 명제를 낳고 있다.

포괄적이고, 역사적이며, 구조적인 차원과 함께 개별적이고, 미시적이며, 감성적인 차원에 대한 관심은 문학과 문학 읽기의 고유 영역이다. 우리는 여기에서 특히 문학의 여러 차원 가운데 그 미학적 차원의 복권을 말할 수 있을 것이다. 이제 짧지 않은 여정을 거친 탈식민 문학 읽기는 스스로의 계기가 복합적인 갈등 관계 속에 있었고 바로 그것이 스스로의 추동력이었던 점을 기억하고 이를 이어 나가는 작업을 지속해야 할 것이다.

■《영미문학교육》(2005)

|인용문헌|

강두형. 〈신역사주의의 도전—문학, 사회와 권력〉. 《세계의 문학》 60(1991 여름). 217-239쪽.

김광명. 〈칸트의 미와 도덕성의 문제〉. 《칸트와 윤리학》. 한국칸트학회 편. 민음사, 1996. 223-246쪽.

김상봉. 〈칸트와 숭고의 개념〉. 《칸트와 미학》. 한국칸트학회 편. 민음사, 1997. 223-273쪽.

김석수. 〈칸트의 반성적 판단력과 현대 철학〉. 《칸트와 미학》. 한국칸트학회 편. 민음사, 1997. 347-395쪽.

김종갑. 〈숭고의 이데올로기—초월성과 물질성〉. 《비평과 이론》 4.1(1999 봄·여름). 183-209쪽.

깁슨, 윌리엄. 《뉴로맨서》. 김창규 옮김. 황금가지, 2005.

레비, 피에르. 《사이버 문화—뉴 테크놀로지와 문화협력 그리고 커뮤니케이션》. 김동윤, 조준형 옮김. 문예출판사, 2000.

류보선. 〈전환기적 현실과 민족문학의 운명〉. 《문학동네》 1.1(1994 겨울). 64-80쪽.

몬트로스, 루이. 〈신역사주의〉. 《경계선 다시 긋기》. 김용권 외 옮김. 한신문화사, 1998. 569-603쪽.

셸던, 마이클. 《조지 오웰—감춰진 얼굴》. 김기애 옮김. 성훈출판사, 1992.

아렌트, 한나. 《칸트 정치철학 강의》. 1982. 김선욱 옮김. 푸른숲, 2000.

에쉬, 데보라. 〈해체구성〉. 《경계선 다시 긋기》. 김용권 외 옮김. 한신문화사, 1998. 539-568쪽.

오웰, 조지. 《1984》. 김병익 옮김. 문예출판사, 1999.

______. 《동물 농장》. 도정일 옮김. 민음사, 1998.

오인용. 〈낭만주의 비평의 이념적 지형—숭고 담론의 정치학〉. 《비평과 이론》 10.1(2005 봄·여름). 5-28쪽.

우에노 치즈코. 《내셔널리즘과 젠더》. 이선이 옮김. 박종철출판사, 1999.

울프, 버지니아. 《등대로》. 박희진 옮김. 솔출판사, 1996.

유홍림. 〈타자성에의 개방—해체주의의 윤리적 함의〉. 《데리다 읽기》. 이성원 편. 문학과지성사, 1997. 87-119쪽.

윤호병. 〈신역사주의는 어떻게 한국에 수용되었는가〉. 《문학사상》(1993년 3월). 274-292쪽.
이남호, 《문자제국쇠망약사》. 생각의 나무, 2004.
이택후李澤厚, 유강기劉綱紀 주편. 《중국미학사》. 김승심, 권덕주 옮김. 대한교과서, 1992.
장미경. 《페미니즘의 이론과 정치》. 문화과학사, 1999.
정문영. 〈라깡 정신분석학에서의 개인 주체의 위상〉. 《비평과 이론》 2(1997). 29-66쪽.
콘래드, 조셉. 《암흑의 핵심》. 이상옥 옮김. 민음사, 1998.
쿳시, 존. 《포》. 조규형 옮김. 책세상, 2003.
플라톤. 《국가政體》. 박종현 역주. 서광사, 1997.
홍성욱. 〈몸과 기술—도구에서 사이버네틱스까지〉. 《몸 또는 욕망의 사다리》. 이거용 외. 한길사, 1999. 177-203쪽.

Aarseth, Espen J. *Cybertext: Perspectives on Ergodic Literature.* Baltimore: Johns Hopkins UP, 1997.
Achebe, Chinua. *Hope and Impediments: Selected Essays.* New York: Doubleday, 1989.
______. *Things Fall Apart.* New York: Fawcett Crest, 1969.
Adorno, Theodor. *Aesthetic Theory.* Trans. C. Lenhardt. Ed. Gretel Adorno & Rolf Tiedemann. London: Routledge, 1984.
Ahmad, Aijaz. "Orientalism and After: Ambivalence and Metropolitan Location in the Work of Edward Said." *Theory: Classes, Nations, Literatures.* London: Verso, 1992. pp. 159-219.
Anderson, Benedict. *Imagined Communities: Reflections on the Origins and Spread of Nationalism.* London: Verso, 1991.
Appadurai, Arjun. "Disjuncture and Difference in the Global Cultural Economy." *Colonial Discourse and Postcolonial Theory: A Reader.* Ed. Patrick Williams & Laura Chrisman. New York: Columbia UP, 1994. pp. 324-339.
Aristotle. "Poetics." Trans. Richard Janko. *The Norton Anthology of Theory and Criticism.* New York: Norton, 2001. pp. 90-117.
______. *The Politics.* Trans. T. A. Sinclair. London: Penguin, 1981.
Ashcroft, Bill, Gareth Griffiths & Helen Tiffin. *The Empire Writes Back: Theory and Practice in Post-Colonial Literature.* London: Routledge, 1989.
Bakhin, M. M. *The Dialogic Imagination: Four Essays.* Ed. Michael Holquist. Trans. Vadim Liapunov & Kenneth Brostrom. Austim: U of Texas P, 1982.
Balsamo, Anne. "Forms of Technological Embodiment: Reading the Body in Con-

temporary Culture." *Feminist Theory and the Body.* Ed. Janet Price & Margrit Shildrick. New York: Routledge, 1999. pp. 278-289.

Beardsworth, Richard. "In Memorium Jacques Derrida: The Power of Reason." *Theory & Event* 8.1(2005). 〈http://muse.jhu.edu/journals/theory_and_event/v008/8.1beardsworth.html〉

Behn, Aphra. *Oroonoko or The Royal Slave: A True Hisotry. Oroonoko, The Rover and Other Works.* Ed. Janet Todd. London: Penguin, 1992. pp. 73-141.

Bell, David & Barbara M. Kennedy, eds. *The Cybercultures Reader.* London: Routledge, 2000.

Bender, John. *Imagining the Penitentiary: Fiction and the Architecture of Mind in Eighteenth-Century England.* Chicago: U of Chicago P, 1987.

Benhabib, Seyla, Judith Butler, Drucilla Cornell & Nancy Fraser. *Feminist Contentions: A Philosophical Exchange.* New York: Routledge, 1995.

Benjamin, Walter. "Eduard Fuchs: Collector and Historian." *The Essential Frankfurt School Reader.* Ed. Andrew Arato & Eike Gebhardt. New York: Continuum, 1982. pp. 225-253.

______. "The Task of the Translator: An Introduction to the Translation of Baudelaire's Tableaux Parisiens." *Illuminations.* Ed. Hannah Arendt. Trans. Harry Zohn. New York: Schocken Books, 1969. pp. 69-82.

______. "The Work of Art in the Age of Mechanical Reproduction." *Theory of the Novel: A Historical Approach.* Ed. Michael McKeon. Baltimore: Johns Hopkins UP, 2000. pp. 673-695.

Bercovitch, Sacvan. *The American Jeremiad.* Madison: U of Wisconsin P, 1978.

Berlant, Lauren. *The Anatomy of National Fantasy: Hawthorne, Utopia, and Everyday Life.* Chicago: U of Chicago P, 1991.

Bhabha, Homi K. "How Newness Enters the World: Postmodern Space, Postcolonial Times and the Trials of Cultural Transaction." *The Location of Culture.* London: Routledge, 1994. pp. 212-235.

______. *The Location of Culture.* London: Routledge, 1994.

______. "Of Mimicry and Man: The Ambivalence of Colonial Discourse." 1987. *The Location of Culture.* London: Routledge, 1994. pp. 85-92.

______. "Signs Taken for Wonders: Questions of Ambivalence and Authority under a Tree outside Dehli, May 1817." 1985. *The Location of Culture.* London: Routledge, 1994. pp. 102-122.

Birkerts, Sven. *The Gutenberg Elegies: The Fate of Reading in an Electronic Age.* New

York: Fawcett Columbine, 1994.
Blackman, Lisa M. "Culture, Technology and Subjectivity: An 'Ethical' Analysis." *The Virtual Embodied: Presence/Practice/Technology*. Ed. John Wood. London: Routledge, 1998. pp. 132-146.
Bolter, J. David. *Writing Space: The Computer, Hypertext, and the History of Writing*. Hillsdale, New Jersey: Lawrence Erlbaum Associates, 1991.
Booth, Wayne Booth. *The Company We Keep: An Ethics of Criticism*. Chicago: U of Chicago P, 1988.
Bourdieu, Pierre. *Distinction: A Social Critique of the Judgement of Taste*. Trans. Richard Nice. Cambridge: Harvard UP, 1984.
Brennan, Teresa. *History after Lacan*. London: Routledge, 1993.
Brennan, Timothy. *Salman Rushdie and the Third World*. New York: St. Martin P, 1989.
Brown, Kristen. "Possible and Questionable: Opening Nietzsche's Genealogy to Feminine Body." *Hypatia* 14.3(1999). pp. 39-58.
Bush, Vannever. "As We May Think." *The Atlantic Monthly* 176(July 1945). pp. 101-108.
______. "Memex Revisited." *Science Is Not Enough*. New York: William Morrow, 1967. pp. 75-101.
Butler, Judith. "Foucault and the Paradox of Bodily Inscriptions." *The Body*. Ed. Donn Welton. Oxford: Blackwell, 1999. pp. 307-313.
Carlyle, Thomas. *A Carlyle Reader: Selections from the Writings of Thomas Carlyle*. Ed. G. B. Tennyson. Cambridge: Cambridge UP, 1984.
Carter, Paul. *The Road to Botany Bay: An Exploration of Landscape and History*. New York: Knopf, 1988.
Castoriadis, Cornelius. *The Imaginary Institution of Society*. Trans. Kathleen Blamey. Cambridge, MS: MIT P, 1987.
Chamberlin, J. Edward. *Come Back to Me My Language: Poetry and the West Indies*. Urbana: U of Illinois P, 1993.
Cheah, Pheng. "Introduction Part II: The Cosmopolitical-Today." *Cosmopolitics: Thinking and Feeling beyond the Nation*. Ed. Pheng Cheah & Bruce Robins. Minneapolis: U of Minnesota P, 1998. pp. 20-41.
Cheyfitz, Eric. *The Poetics of Imperialism: Translation and Colonization from* The Tempest *to* Tarzan. New York: Oxford UP, 1992.
Childs, Peter, ed. *Post-colonial Theory and English Literature: A Reader*. Edinburgh: Edinburgh UP, 1999.

Chinweizu, Onsucheka Jemie, and Ihechukwu Madubuike. *Toward the Decolonization of African Literature.* 1980. Washington, D. C.: Howard UP, 1983.
Chow, Rey. "The Politics of Admittance: Female Sexual Agency, Miscegenation, and the Formation of Community in Frantz Fanon." *Frantz Fanon: Critical Perspectives.* Ed. Anthony C. Alessandrini. London: Routledge, 1999. pp. 34-56.
Clark, Michael P. *The Revenge of the Aesthetic: The Place of Literature in Theory Today.* Berkeley: U of California P, 2000.
Cliff, Michelle. *No Telephone to Heaven.* New York: Vintage, 1989.
Cocks, Geoffrey & Travis L. Crosby, eds. *Psycho/History: Readings in the Method of Psychology, Paychoanalysis, and History.* New Haven: Yale UP, 1987.
Coetzee, J. M. *Foe.* London: Penguin, 1986.
Connor, Steven. *Theory and Cultural Value.* Oxford: Blackwell, 1992.
Conrad, Joseph. *Heart of Darkness.* Norton Critical Edition. Ed. Robert Kimbrought. New York: Norton, 1988.
______. *Lord Jim.* 1900. London: Penguin, 1986.
______. *Nostromo.* London: Penguin, 1979.
Crichton, Michael. *Jurassic Park.* New York: Knopf, 1990.
______. *Rising Sun.* New York: Knopf, 1992.
Csordas, Thomas J. "Embodiment and Cultural Phenomenology." *Perspectives on Embodiment: The Interpretations of Nature and Culture.* Ed. Gail Weiss & Honi Fern Haber. New York: Routledge, 1999. pp. 143-162.
Cubitt, Sean. *Digital Aesthetics.* London: Sage, 1998.
Defoe, Daniel. *Robinson Crusoe.* Norton Critical Edition. Ed. Michael Shinagel. New York: Norton, 1994.
DeLillo, Don. *Libra.* New York: Viking, 1988.
______. *Mao II.* New York: Viking, 1991.
______. *The Names.* New York: Knopf, 1982.
______. *Underworld.* New York: Scribner, 1997.
______. *White Noise.* New York: Viking, 1985.
Derrida, Jacques. *Acts of Literature.* Ed. Derek Attridge. New York: Routledge, 1992.
______. *Aporias.* Trans. Thomas Dutoit. Stanford: Stanford UP, 1993.
______. "At This Very Moment in This Work Here I am." Trans. Ruben Berezdivin. *Re-Reading Levinas.* Ed. Robert Bernasconi & Simon Critchley. Bloomington: Indiana UP, 1991. pp. 11-48.
______. "Declarations of Independence." *New Political Science* 15(Summer 1986). pp.

7-15.
______. "Force of Law: The 'Mystical Foundation of Authority.'" Trans. Mary Quintance. *Deconstruction and the Possibility of Justice.* Ed. Drucilla Cornell et al. London: Routledge, 1992. pp. 3-67.
______. *Of Grammatology.* Trans. Gayatri Chakravorty Spivak. Baltimore: Johns Hopkins UP, 1974.
______.*The Other Heading: Reflections on Today's Europe.* Trans. Pascale-Anne Brault and Michael B. Naas. Bloomington: Indiana UP, 1992.
______. *Positions.* Trans. Alan Bass. Chicago: U of Chicago P, 1982.
______. "The Violence of the Letter: From Lévi-Strauss to Rousseau." *Of Grammatology.* 1967. Trans. Gayatri Chakravorty Spivak. Baltimore: Johns Hopkins UP, 1976. pp. 101-140.
Derrida, Jacques & Mustapha Tlili, eds. *For Nelson Mandela.* New York: Seaver Books, 1987.
Devi, Mahasweta. "Breast-Giver." *One World of Literature.* Ed. Shirley Geok-Lin Lim & Norman A. Spencer. Boston: Houghton Mifflin, 1993. pp. 266-286.
______."Douloti the Bountiful." *Imaginary Maps: Three Stories by Mahasweta Devi.* Trans. & ed. Gayatri Chakravorty Spivak. New York: Routledge, 1995. pp. 19-93.
______.*Imaginary Maps: Three Stories Mahasweta Devi.* Trans. & ed. Gayatri Chakravorty Spivak. New York: Routledge, 1995.
Dimock, Wai Chee. *Residues of Justice: Literature, Law, Philosophy.* Berkeley: U of California P, 1996.
Dolar, Mladen. "The Legacy of Enlightenment: Foucault and Lacan." *Cultural Remix: Theories of Politics and the Popular.* Ed. Erica Carter, James Donald, Judith Squires. London: Lawrence & Wishart, 1995. pp. 261-278.
Eagleton, Terry. *The Ideology of the Aesthetic.* Oxford: Blackwell, 1990.
______. *The Illusions of Postmodernism.* Oxford: Blackwell, 1996.
______. *Literary Theory: An Introduction.* Minneapolis: U of Minnesota, 1996.
______. *Walter Benjamin or Towards a Revolutionary Criticism.* London: Verso, 1981.
Eisenstein, Zillah. *Global Obscenitites: Patriarchy, Capitalism, and the Lure of Cyberfantasy.* New York: New York UP, 1998.
Elliott, Emory, Louis Freita Caton & Jeffrey Rhyne, eds. *Aesthetics in a Multicultural Age.* Oxford: Oxford UP, 2002.
Fanon, Frantz. *Black Skin, White Masks.* 1952. Trans. Charles Lam Morkmann. New York: Grove Weidenfeld, 1967.

______. *The Wretched of the Earth.* 1961. Trans. Constance Farrington. New York: Grove Weidenfeld, 1991.

Febvre, Lucian & Henri-Jean Martin. *The Coming of the Book: The Impact of Printing 1450-1800.* Trans. David Gerard. London: Verso, 1976.

Fishkin, Shelley Fisher. "Desegregating American Literary Studies." *Aesthetics in Multicultural Age.* Ed. Elliott, Caton, Rhyne. pp. 121-134.

Fluck, Winfried. "Fiction and Justice." *New Literary History* 34.1(2003). pp. 19-42.

Forster, E. M. *A Passage to India.* 1924. London: Penguin, 1971.

Foucault, Michel. "An Aesthetics of Existence." *Politics, Philosophy, Culture: Interviews and Other Writings 1977-1984.* Ed. Lawrence D. Kritzman. Trans. Alan Sheridan et al. New York: Routledge, 1988. pp. 47-53

______. *Discipline and Punish: The Birth of the Prison.* New York: Vintage Books, 1979.

______. *Mental Illness and Psychology.* Trans. Alan Sheridan. Berkeley: U of California P, 1987.

______. "Nietzsche, Genealogy, History." *The Foucault Reader.* Ed. Paul Rabinow. New York: Pantheon, 1984. pp. 76-100.

______. "On the Genealogy of Ethics: An Overview of Work in Progress." *The Foucault Reader.* Ed. Paul Rabinow. New York: Pantheon, 1984. pp. 340-372.

______. *Order of Things: The Archaeology of the Human Sciences.* New York: Vintage, 1973.

______. *Politics, Philosophy, Culture: Interviews and Other Writings 1977-1984.* Trans. Alan Sheridan et al. Ed. Lawrence D. Kritzman. New York: Routledge, 1988.

______. *Power/Knowledge: Selected Interviews and Other Writings 1972-1977.* Ed. Colin Gordon. Brighton: Harvester, 1980.

______. "What Is Enlightenment." *The Foucault Reader.* Ed. Paul Rabinow. New York: Pantheon, 1984. pp. 32-50.

Freud, Sigmund. "The Dissection of the Psychical Personality." *The Standard Edition of the Complete Psychological Works of Sigmund Freud.* Vol. 22. Trans. & ed. James Strachey et al. London: Hogarth P, 1964. pp. 57-80.

______. *The Ego and the Id.* The Penguin Freud Library. Vol. 2. Trans. James Strachey. London: Hogarth, 1961. pp. 339-407.

______. "The Question of Lay Analysis." *The Standard Edition of the Complete Psychological Works of Sigmund Freud.* Vol. 20. Trans. & ed. James Strachey et al. London: Hogarth P, 1964. pp. 183-250.

Fukuyama, Francis. *The End of History and the Last Man.* New York: Free P, 1992.

Gadamer, Hans-Georg. *Truth and Method.* Trans. Joel Weinsheimer & Donald G. Marshall. London: Sheed and Ward, 1989.

Gaggi, Silvio. *From Text to Hypertext: Decentering the Subject in Fiction, Fim, the Visual Arts, and Electronic Media.* Philadelphia: U of Pennsylvania P, 1997.

Garber, Majorie, Beatrice Hanssen, & Rebecca L. Walkowitz, eds. *The Turn to Ethics.* New York: Routledge, 2000.

Gasché, Rodolphe. "Of Aesthetic and Historical Determination." *Post-structuralism and the Question of History.* Ed. Derek Attridge et al. Cambridge: Cambridge UP, 1987. pp. 139-61.

Gatens, Moira. *Imaginary Bodies: Ethics, Power, and Corporeality.* New York: Routledge, 1996.

Geertz, Clifford. *Local Knowledge: Further Essays in Interpretive Anthropology.* New York: Basic Books, 1983.

Geldof, Koenraad. "Authority, Reading, Reflexivity: Pierre Bourdieu and the Aesthetic Judgment of Kant." *Diacritics* 27.1(1997). pp. 20-43.

Gibson, Andrew. *Postmodernity, Ethics and the Novel: From Leavis to Levinas.* London: Routledge, 1999.

Gibson, William. *Neuromancer.* New York: Ace Books, 1986.

Gilbert, Helen & Joanne Tompkins. *Post-Colonial Drama: Theory, Practice, Politics.* London: Routledge, 1996.

Godzich, Wlad. "Correcting Kant: Bakhtin and Intercultural Interactions." *boundary 2* 18.1(Spring 1991). pp. 5-17.

González, Jennifer. "The Appended Subject: Race and Identity as Digital Assemblage." *Race in Cyberspace.* Ed. Beth E. Kolko, Lisa Nakamura & Gilbert B. Rodman. New York: Routledge, 2000. pp. 27-50.

______. "Envisioning Cyborg Bodies: Notes from Current Research." *The Cybercultures Reader.* Ed. Bell & Kennedy. pp. 540-551.

Goonetilleke, D. C. R. A. *Salman Rushdie.* London: Macmillan P, 1998.

Gragert, Edwin H. *Landownership Change under Colonial Rule: Korea's Japanese Experience, 1900-1935* Honolulu: U og Hawaii P, 1994.

Green, Martin. *Dreams of Adventure, Deeds of Empire.* London: Routledge, 1980.

Greenblatt, Stephen. "'Intensifying the surprise as well as the school': Stephen Greenblatt Interviewed by Noel King." *Textual Practice* 8.1(1994). pp. 114-127.

______. "Invisible Bullets: Renaissance Authority and Its Subversion, *Henry IV* and *Henry V*." *Political Shakespeare: New Essays in Cultural Materialism.* Ed. Jonathan

Dollimore & Alan Sinfield. Ithaca: Cornell UP, 1985. pp. 18-47.

______. *Learning to Curse: Essays in Early Modern Culture.* New York: Routledge, 1990.

______. *Marvelous Possessions: The Wonder of the New World.* Chicago: U of Chicago P, 1991.

______. "Psychoanalysis and Renaissance Culture." *Literary Theory/Renaissance Texts.* Ed. Patricia Parker & David Quint. Baltimore: John Hopkins UP, 1986. pp. 210-224.

______. "Resonance and Wonder." *Literary Theory Today.* Ed. Peter Collier & Helga Geyer-Ryan. Ithaca: Cornell UP, 1990. pp. 74-90.

______. *Renaissance Self-Fashioning: From More to Shakespeare.* Chicago: U of Chicago P, 1980.

______. *Shakespearean Negotiations: The Circulation of Social Energy in Renaissance England.* Berkeley: U of California P, 1988.

______. "Towards a Poetics of Culture." *The New Historicism.* Ed. H. Aram Veeser. New York: Routledge, 1989. pp. 1-14.

Greene, Graham. *The Quiet American.* New York: Bantam, 1957.

Grieveson, Lee. "'The Death of Psychoanalysis?': Foucault on Lacan." *New Formations* 31(Spring/Summer 1997). pp. 189-201.

Guha, Ranajit & Gayatri Chakravorty Spivak, eds. *Selected Subaltern Studies.* New York: Oxford UP, 1988.

Hall, Stuart. "Encoding/Decoding." *Culture, Media, Language.* Ed. Stuart Hall et al. London: Hutchinson, 1980. pp. 128-140.

Hamilton, Paul. *Historicism.* The New Critical Idiom. London: Routledge, 1996.

Hamner, Robert D. *Derek Walcott*. Updated Edition. New York: Twayne Publishers, 1993.

Haraway, Donna J. "A Cyborg Manifesto: Science, Technology, and Socialist-Feminism in the Late Twentieth Century." 1985. *Simians, Cyborgs, and Women: The Reinvention of Nature.* New York: Routledge, 1991. pp. 149-181.

Harris, Wilson. "The Frontier on Which Heart of Darkness Stands." *Heart of Darkness.* Ed. Robert Kimbrought. New York: Norton, 1988. pp. 262-268.

______. *The Palace of the Peacock.* London: Faber and Faber, 1960.

Hayles, N. Katherine. "The Condition of Virtuality." *The Digital Dialectic: New Essays on New Media.* Ed. Peter Lunenfeld. Cambridge, MS: MIT P, 2000. pp. 69-94.

Hebdige, Dick. *Subculture: The Meaning of Style.* London: Methuen, 1979.

Hendley, Steven. "Lyotard and the Question of Community." *Phenomenology, Inter-*

pretation, and Community. Ed. Lenore Langsdorf, Stephen H. Watson & E. Marya Bower. Albany: State U of New York P, 1996. pp. 207-220.

hooks, bell. *Yearnings: Race, Gender and Cultural Politics*. Boston: South End, 1990.

Jameson, Fredric. "Cognitive Mapping." *Marxism and the Interpretation of Culture*. Ed. Cary Nelson & Lawrence Grossberg. Urbana: U of Illinois P, 1988. pp. 347- 360.

______. *The Political Unconscious: Narrative as a Socially Symbolic Act*. London: Methuen, 1981.

Jay, Martin. "'The Aesthetic Ideology' as Ideology; or, What Does It Mean to Aestheticize Politics?" *Cultural Critique* 21(Spring 1992). pp. 41-61.

Jowers, Peter. "Towards a Politics of Lesser Evil: Jean-François Lyotard's Reworking of the Kantian Sublime." *The Lesser Evil and the Greater Good: The Theory and Politics of Social Diversity*. Ed. Jeffrey Weeks. London: Rivers Oram P, 1994.

Joyce, James. "Daniel Defoe." *Robinson Crusoe*. Norton Critical Edition. Ed. Michael Shinagel. New York: Norton, 1994. 320-323.

Joyce, Michael. *Afternoon: A Story*. Electronic Hypertext. Watertown, MA: Eastgate Systems, 1987.

Kant, Immanuel. "An Answer to the Question: 'What is Enlightenment?'" *Political Writings*. Ed. Hans Reiss, Trans. H. B. Nisbet. Cambridge: Cambridge UP, 1991. pp. 54-60.

______. *Critique of Pure Reason*. Trans. Norman Kemp Smith. New York: St. Martin's P, 1965.

______. *Critique of Judgment*. Trans. J. H. Bernard. New York: Hafner, 1968.

______. "Idea for a Universal History with a Cosmopolitan Purpose." *Political Writings*. Ed. Hans Reiss, Trans. H. B. Nisbet. Cambridge: Cambridge UP, 1991. pp. 41-53.

______. *Idee zu einer allgemeinen Geschichte in weltbürgerlicher Absicht*. Leipzig: Verlag von Felix Meiner, 1913.

Kaplan, Nancy. "Literary beyond Books: Reading When All the World's Web." *The World Wide Web and Contemporary Cultural Theory*. Ed. Andrew Herman & Thomas Swiss. New York: Routledge, 2000. pp. 207-234.

Kearney, Richard. "Derrida's Ethical Re-Turn." *Working through Derrida*. Ed. Gary B. Madison. Evanston: Northwestern UP, 1993. pp. 28-50.

______. "Jacques Derrida: Deconstruction and the Other." *States of Mind: Dialogues with Contemporary Thinkers*. Washington Square: New York UP, 1995. 156-177.

Keep, Christopher F. "The Disturbing Liveliness of Machines: Remembering the

Body in Hypertext Theory and Fiction." *Cyberspace Textuality: Computer Technology and Literary Theory.* Ed. Marie-Laure Ryan. Bloomington: Indiana UP, 1999. pp. 164-81.

Khanna, Ranjana. *Dark Continents: Psychoanalysis and Colonialism.* Durham: Duke UP, 2003.

Kipling, Rudyard. *The Jungle Book.* 1894-1895. New York: Doubleday, 1948.

______. *Kim.* 1901. New York: Doubleday, 1928.

______. *Rudyard Kipling's Verse.* New York: Doubleday, 1940.

Kristeva, Julia. "About Chinese Women." Trans. Seán Hand. *The Kristeva Reader.* Ed. Toril Moi. New York: Columbia UP, 1986. pp. 139-59.

______. *Desire in Language: A Semiotic Approach to Literature and Art.* Ed. Leon S. Roudiez. Trans. Thomas Gora, Alice Jardine, & Leon S. Roudiez. New York: Columbia UP, 1980.

______. *Revolution in Poetic Language.* Trans. Margaret Waller. New York: Columbia UP, 1984.

______. "The Women's Time." Trans. Alice Jardine & Harry Blake. *The Kristeva Reader.* Ed. Toril Moi. New York: Columbia UP, 1986. pp. 187-213.

Kronick, Joseph G. *Derrida and the Future of Literature.* Albany: SUNY P, 1999.

Lacan, Jacques. *Écrit: A Selection.* Trans. Alan Sheridan. New York: Norton, 1977.

______. *The Ethics of Psychoanalysis.* The Seminar of Jacques Lacan, Book VII. Ed. Jacques-Alain Miller. Trans. Dennis Porter. New York: Norton, 1992.

______. "A Love Letter." *Feminine Sexuality: Jacques Lacan and the école freudienne.* Ed. Juliet Mitchell & Jacqueline Rose. New York: Norton, 1982. pp. 149-161.

______. "The Mirror Stage as Formative of the Function of the I as Revealed in Psychoanalytic Experience." *Écrit: A Selection.* Trans. Alan Sheridan. New York: Norton, 1977. pp. 1-7.

______. "The Split between the Eye and the Gaze." *The Four Fundamental Concepts of Psycho-Analysis.* Tans. Alan Sheridan. Ed. Jacques-Alain Miller. New York: Norton, 1978. pp. 67-78.

Laclau, Ernest & Chantal Mouffe. *Hegemony and Socialist Strategy: Towards a Radical Democratic Politics.* London: Verso, 1985.

Lehan, Richard. "The Historical Limits of the New Historicism." *New Literary History* 21(1990). pp. 533-553.

Lévi-Strauss, Claude. "A Writing Lesson." *Tristes Tropiques.* 1955. Trans. John & Doreen Weightman. New York: Washington Square P, 1973. pp. 331-343.

Lévy, Pierre. *Becoming Virtual: Reality in the Digital Age.* New York: Plenum, 1998.

Librett. Jeffrey S. "Afterword: Positing the Sublime: Reading Heidegger Reading Kant." *Of the Sublime: Presence in Question.* Ed. Jean-François Courtine et al. Albany: State U of New York P, 1993. pp. 193-219

Lichtman, Richard. *The Production of Desire: The Integration of Psychoanalysis into Marxist Theory.* New York: Free P, 1982.

Liu, Alan. "The Power of Formalism: The New Historicism." *ELH* 56(Winter 1989). pp. 721-771.

Lloyd, David. "Analogies of the Aesthetic: The Politics of Culture and the Limits of Materialist Aesthetics." *New Formations* 10(1990). pp. 109-126.

______. "Kant's Examples." *Representations* 28(1989). pp. 34-54.

Lukács, Georg. *The Theory of the Novel: A Historic-Philosophical Essay on the Forms of Great Epic Literature.* 1920. Trans. Anna Bostock. Cambridge, MS: MIT P, 1971.

Lyotard, Jean-François. *The Differend: Phrases in Dispute.* Trans. Georges Van Den Abbeele. Minneapolis: U of Minnesota P, 1988.

______. *The Postmodern Explained: Correspondence 1982-1985.* Trans. Don Barry et al., Ed. Julian Pefanis & Morgan Thomas. Minneapolis: U of Minnesota P, 1992.

MacDonogh, Steve, ed. *The Rushdie Letters: Freedom to Speak, Freedom to Write.* Lincoln: U of Nebraska P, 1993.

Mahood, Molly. *The Colonial Encounter: A Reading of Six Novels.* London: Rex Collings, 1977.

de Man, Paul. "Conclusions: Walter Benjamin's 'The Task of the Translator.'" *The Resistance to Theory.* Manchester: Manchester UP, 1986. pp. 73-105.

Marais, Michael. "'Little Enough, Less Than Little: Nothing': Ethics, Engagement, and Change in the Fiction of J. M. Coetzee." *Modern Fiction Studies* 46.1(2000). pp. 159-182.

Marx, Karl & Friedrich Engels. *Manifesto of the Communist Party.* Moscow: Progress Publishers, 1952.

Maugham, W. Somerset. *The Moon and Sixpence.* Harmondsworth: Penguin, 1944.

McLuhan, Marshall. *Understanding Media: The Extension of Man.* 1964. London: Routledge, 2002.

Melville, Herman. *Moby-Dick; or, The Whale.* 1851. London: Penguin, 1972.

Michaels, Walter Benn & Stephen Knapp. "Against Theory." *Against Theory: Literary Studies and the New Pragmatism.* Chicago: U of Chicago P, 1985. pp. 11-30.

Mohanty, Satya. P. *Literary Theory and the Claims of History: Postmodernism, Objectivity,*

Multicultural Politics. Ithaca: Cornell UP, 1997.

______. "Us and Them: On the Philosophical Bases of Political Criticism." *Yale Journal of Criticism* 2.2(1989). pp. 1-31.

Montrose, Louis A. "Professing the Renaissance: The Poetics and Politics of Culture." *The New Historicism.* Ed. H. Aram Veeser. New York: Routledge, 1989. pp. 15-36.

Morris, Mervyn. "Derek Walcott." *West Indian Literature.* Ed. Bruce King. London: Macmillan, 1995. pp. 176-193.

Naipaul, V. S. *The Mimic Men.* London: Penguin, 1967.

Nancy, Jean-Luc. *The Inoperative Community.* Ed. Peter Connor. Trans. Peter Connor, Lise Garbus, Michael Holland, & Simone Sawhney. Minneapolis: U of Minnesota P, 1991.

Narayan, R. K. *The Guide.* New York: Viking, 1958.

Nelson, Theodor Holm[Ted]. "A File Structure for the Complex, the Changing, and the Indeterminate." *Proceedings of the ACM 20th National Conference.* New York: Association for Computing Machinery. 1965. pp. 84-100.

Niranjana, Tejaswini. *Siting Translation: History, Post-Structuralism, and the Colonial Context.* Berkeley: U of California P, 1992.

Nussbaum, Martha. *Love's Knowledge: Essays on Philosophy and Literature.* Oxford: Oxford UP, 1990.

______. "Narrative Emotions: Beckett's Genealogy of Love." *Ethics* 98(Jan. 1988). pp. 225-254.

______. *Poetic Justice: The Literary Imagination and Public Life.* Boston: Beacon P, 1995.

Oliver, Kelly. *Reading Kristeva: Unraveling the Double-bind.* Bloomington: Indiana UP, 1993.

Orwell, George. *Animal Farm.* London: Secker & Warburg, 1945.

______. *As I Please, 1943-1945.* London: Secker & Warburg, 1968.

______. *Burmese Days: A Novel.* New York: Harper & Brothers, 1934.

______. *Down and Out in Paris and London.* London: V. Gollancz, 1933.

______. *England Your England.* London: Seeker & Warburg, 1953.

______. "A Hanging." *The Orwell Reader.* San Diego: Harvest, 1984. pp. 9-13.

______. *Homage to Catalonia.* London: Secker & Warburg, 1938.

______. "Inside the Whale." *A Collection of Essays.* Orlando: Harvest, 1981. pp. 210-251.

______. *The Lion and the Unicorn: Socialism and the English Genius.* London: Secker & Warburg, 1941.

______. *Nineteen Eighty-Four.* London: Secker & Warburg, 1949.
______. *The Road to Wigan Pier.* London: V. Gollancz., 1937.
______. "Shooting An Elefhant." *The Orwell Reader.* San Diego: Harvest, 1984. pp.3-9.
______. "Why I Write." *The Orwell Reader.* San Diego. Harvest, 1984. pp. 390-396.
Parry, J. H. and Sherlock, Philip. *A Short History of the West Indies.* 3rd edition. London: Macmillan, 1971.
Paulson, Ronald. *The Beautiful, Novel, and Strange: Aesthetics and Heterodoxy.* Baltimore: Johns Hopkins UP, 1996.
Radway, Janice. *Reading the Romance: Women, Patriarchy and Popular Literature.* Chapel Hill: U of North Carolina P, 1984.
Ragland-Sullivan, Ellie. "Lacan's Seminars on James Joyce: Writing as Symptom as 'Singular Solution.'" *Psychoanalysis and*…. Ed. Richard Feldstein & Henry Sussman. New York: Routledge, 1990. pp. 67-86.
Redfield, Marc. *Phantom Formations: Aesthetic Ideology and the Bildungsroman.* Ithaca: Cornell UP, 1996.
Reynolds, Larry J. *European Revolution and the American Literary Renaissance.* New Haven: Yale UP, 1988.
Rorty, Richard. *Contingency, Irony, and Solidarity.* Cambridge: Cambridge UP, 1989.
______. *Philosophy and the Mirror of Nature.* Princeton: Princeton UP, 1979.
Rushdie, Salman. "The Empire Writes Back with a Vengeance." *(London) Times*(July 3, 1982), 8.
______. *Midnight's Children.* 1980. New York: Penguin 1991.
______. "One Thousand Days in a Balloon." *The Rushdie Letters: Freedom to Speak, Freedom to Write.* Ed. Steve MacDonogh. Lincoln: U of Nebraska P, 1993. pp. 13-24.
______. *The Satanic Verses.* New York: Consortium, 1992.
Said, Edward W. *Culture and Imperialism.* New York: Knopf, 1993.
______. *Orientalism.* New York: Vintage Books, 1979.
______. "Orientalism Reconsidered." *Cultural Critique* 1(Fall 1985). pp. 89-107; *Race & Class* 27.2 (Autumn 1985). pp. 1 15.
______. *The World, the Text, and the Critic.* Cambridge, MA: Harvard UP, 1983.
Salih, Tayeb. *Season of Migration to the North.* Trans. Denys Johnson-Davies. New York: Michael Kesend, 1989.
Samuels, Robert. *Between Philosophy and Psychoanalysis: Lacan's Reconstruction of Freud.* New York: Routledge, 1993.

Sandison, Alan. *The Wheel of Empire: A Study of the Imperial Idea in Some Late Nineteenth and Early Twentieth-century Fiction.* New York: St. Martin's P, 1967.

Sangari, Kumkum & Sudesh Vaid, eds. *Recasting Women: Essays in Indian Colonial History.* New Brunswick: Rutgers UP, 1990.

Scarry, Elaine. *The Body in Pain: The Making and Unmaking of the World.* New York: Oxford UP, 1985. pp. 4-6.

Shepherdson, Charles. "The Intimate Alterity of the Real: A Response to Reader Commentary on 'History and the Real.'" *Postmodern Culture* 6.3(May 1996). 〈http://jefferson.village.virginia.edu/pmc/text-only/issue.596/shepherdson.596〉

Shields, Rob. "Hypertexts Links: The Ethic of the Index and Its Space-Time Effects." *The World Wide Web and Contemporary Cultural Theory.* Ed. Andrew Herman & Thomas Swiss. New York: Routledge, 2000. pp. 145-160.

Shilling, Chris. *The Body and Social Theory.* London: Sage, 1993.

Silko, Leslie Marmon. *Ceremony.* New York: Viking, 1977.

Silverman, Kaja. *The Threshold of the Visible World.* New York: Routledge, 1996.

Simon, Sherry. "Translating and Interlingual Translation in the Contact Zone: Border Writing in Quebec." *Post-Colonial Translation: Theory and Practice.* Ed. Susan Bassnett & Harish Trivedi. London: Routledge, 1999. pp. 58-74.

Simons, Jon. *Foucault and the Political.* London: Routledge, 1995.

Soyinka, Wole. *Myth, Literature, and the African World.* Cambridge: Cambridge UP, 1976.

Spivak, Gayatri Chakravorty. "Can the Subaltern Speak?" *Marxism and the Interpretation of Culture.* Ed. Cary Nelson & Lawrence Grossberg. Urbana: U of Illinois P, 1988. pp. 271-313.

______. *A Critique of Postcolonial Reason: Toward a History of the Vanishing Present.* Cambridge: Harvard UP, 1999.

______. "Ethics and Politics in Tagore, Coetzee, and Certain Scenes of Teaching." *Diacritic* 32.3/4 (2002). pp. 17-31.

______. "How to Read a 'Culturally Different' Text." *Colonial Discourse/Postcolonial Theory.* Ed. Francis Barker, Peter Hulme & Margaret Iversen. Manchester: Manchester UP, 1994. pp. 126-150.

______. *In Other Worlds: Essays in Cultural Politics.* New York: Routledge, 1988.

______. "Subaltern Studies: Deconstructing Historiography." *Subaltern Studies: Writings on South Asian History and Society IV.* Ed. Ranajit Guha. Delhi: Oxford UP, 1985. pp. 330-363.

______. "Theory in the Margin: Coetzee's *Foe* Reading Defoe's Crusoe/Roxana." *Consequences of Theory*. Ed. Jonathan Arac & Barbara Johnson. Baltimore: Johns Hopkins UP, 1991. pp. 154-180.

______. "Three Women's Texts and a Critique of Imperialism." *Critical Inquiry* 12 (1985). pp. 242-261.

______. "Who Claims Alterity?" *Remaking History*. Ed. Barbara Kruger & Phil Mariani. Seattle: Bay Press, 1989. pp. 269-275.

______. "Woman in Difference: Mahasweta Devi's 'Douloti the Bountiful.'" *Cultural Critique* 14(Winter 1989-90). pp. 105-128; *Nationalisms and Sexualities*. Ed. Andre Parker et al. London: Routledge, 1992. pp. 96-117.

Springer, Claudia. "The Pleasure of Interface." *Screen* 32.3(Autumn 1991). pp. 303-323.

Sterne, Laurence. *Tristram Shandy*. Norton Critical Edition. New York: Norton, 1980.

Stone, Allucquère Rosanne. *The War of Desire and Technology at the Close of the Mechanical Age*. Cambridge, MS: MIT P, 1995.

Theunissen, Michael. *The Other: Studies in the Social Ontology of Husserl, Heidegger, Sartre, and Buber*. Trans. Christopher Macann. Cambridge, MS: MIT P, 1988.

Thomas, Sue. "Modernity, Voice, and Window-Breaking: Jean Rhy's 'Let them call it jazz.'" *De-Scribing Empire: Post-Colonialism and Textuality*. Ed. Chris Tiffin & Alan Lawson. London: Routledge, 1994. pp. 185-200.

Timpanaro, Sebastiano. *The Freudian Slip*. Trans. Kate Sper. London: Verso, 1976.

Todorov, Tzvetan. *The Conquest of America: The Conquest of the Other*. Trans. Richard Howard. New York: Harper, 1984.

Tu Wei-Ming. "Selfhood and Otherness: The Father-Son Relationship in Confucian Thought." *Confucian Thought: Selfhood as Creative Transformation*. Albany: State U of New York P, 1985. pp. 113-130.

Viswanathan, Gauri. *Masks of Conquest: Literary Study and British Rule in India*. New York: Columbia UP, 1989.

Vonnegut, Kurt. *Slaughterhouse-Five, or The Children's Crusade*. New York: Dell, 1969.

Walcott, Derek. *Remembrance & Pantomime: Two Plays*. New York: Farrar, Strauss and Giroux, 1980.

Walsh, William. *Commonwealth Literature*. London: Macmillan, 1979.

Watt, Ian. *The Rise of the Novel: Studies in Defoe, Richardson, and Fielding*. Berkeley: U of California P, 1957.

White, Hayden. *Metahistory: Historical Imagination in Nineteenth Century Europe*. Baltimore: Johns Hopkins UP, 1974.

Whitehead, Jim. "Orality and Hypertext: An Interview with Ted Nelson." 20 Aug. 2004. ⟨http://www.ics.uci.edu/~ejw/csr/nelson_pg.html⟩.

Winnicott, D. W. *Playing and Reality.* New York: Routledge, 1982.

Wilson, Rob & Wimal Dissanayake, eds. *Global Local: Cultural Production and the Transnational Imaginary.* Durham: Duke UP, 1996.

Woolf, Virginia. "On Being Ill." *Collected Essays.* Vol. 4. New York: Harcourt, 1953. pp. 193-203.

______. *To the Light House.* San Diego: Harcourt, 1989.

Žižek, Slavoj. "Is It Possible to Traverse the Fantasy in Cyberspace?" *The Žižek Reader.* Ed. Elizabeth Wright & Edmond Wright. Oxford: Blackwell, 1999. pp. 102-124.

______. *The Sublime Object of Ideology.* London: Verso, 1989.

|찾아보기|

인문사회과학총서 · 67

탈식민 논의와 미학의 목소리

초판발행 2007년 11월 15일
초판 1 쇄 2007년 11월 15일
지은이 조규형
펴낸곳 고려대학교출판부
www.kupress.com
kupress@korea.ac.kr
136-701 서울특별시 성북구 안암동
02-3290-4230, 4232
Fax 923-6311
찍은곳 이환 D&B

ISBN 978-89-7641-619-3 94840
ISBN 978-89-7641-359-8 (세트)

값 16,000원

* 잘못 만들어진 책은 바꿔드립니다.